U0943390

中国社会科学院创新工程学术出版资助项目

2006年
美国养老金保护法

中国社会保险学会
中国社会科学院世界社保研究中心
中国证券投资基金业协会
—— 组织翻译 ——

中国社会科学出版社

图书在版编目（CIP）数据

2006年美国养老金保护法／中国社会保险学会，中国社会科学院世界社保研究中心，中国证券投资基金业协会组织翻译．—北京：中国社会科学出版社，2017.10

（世界社会保障法律译丛）

ISBN 978-7-5161-8963-4

Ⅰ．①2… Ⅱ．①中…②中…③中… Ⅲ．①退休金—法规—美国 Ⅳ．①D971.225

中国版本图书馆CIP数据核字（2016）第227454号

出 版 人　赵剑英
责任编辑　王　衡
责任校对　朱妍洁
责任印制　王　超

出　　版　中国社会科学出版社
社　　址　北京鼓楼西大街甲158号
邮　　编　100720
网　　址　http://www.csspw.cn
发 行 部　010－84083685
门 市 部　010－84029450
经　　销　新华书店及其他书店

印　　刷　北京明恒达印务有限公司
装　　订　廊坊市广阳区广增装订厂
版　　次　2017年10月第1版
印　　次　2017年10月第1次印刷

开　　本　710×1000　1/16
印　　张　31.25
插　　页　2
字　　数　512千字
定　　价　116.00元

凡购买中国社会科学出版社图书，如有质量问题请与本社营销中心联系调换
电话：010－84083683

序一　社会保障法律的国际视野

社会保障是现代社会不可缺少的制度安排，是人民群众的“安全网”、社会运行的“稳定器”和收入分配的“调节器”，在促进经济发展、维护社会公平、增进国民福祉、保障国家长治久安等方面具有重要作用。改革开放以来，我国社会保障事业取得了显著成就，基本医疗保险实现全覆盖，基本养老保险参保率超过80%，覆盖城乡居民的社会保障体系基本建立，这些对于保障人民群众的基本生活、促进人民群众更加公平合理地分享经济社会发展成果发挥了重要作用。在改革开放的大背景下，随着我国计划经济体制逐步向社会主义市场经济体制的根本转变，我国社会保障制度实现了由政府和企业保障向社会保障、由职工保障向城乡全体居民保障的重大制度性变革，基本形成了社会保障、社会救助、社会福利和慈善事业相衔接的总体制度框架。在充分肯定成绩的同时，还必须看到，目前社会保障制度设计和运行还存在一些深层次的矛盾和问题，风险隐患不容忽视；以往改革实践中所呈现出来的制度碎片化，以及相关制度不能有效协同的现象，表明我国社会保障体系建设中面临的客观困难、观念障碍、机制约束仍然很深刻，极其需要从理论上理清是非曲直，在制度选择上实现统筹布局，在发展战略上分清轻重缓急。社会保障制度是最具有政治经济意义的一项社会制度，需要我们特别用心、特别用功，还要特别“用情”，就是说，我们要始终满怀深厚、热烈的感情，帮助那些特别需要帮助的困难群众。

制度建设贯穿于社会保障体系的方方面面，而法制建设在其中起着引领和基础性的作用。法治是治国理政不可或缺的重要手段，法制化是社会保障事业持续良性发展的根本保障。用法律保护多元主体的社会保障权利，从法治上提供解决社会保障问题的制度化方案，是中国法制建设和社会保障事业发展的必由之路。2010年，《社会保险法》问世，这是新中国成立以来中国第一部社会保险制度的综合性法律，也是一部在中国特色社会主义法律体系中起支架作用的重要法律。这部法律的制定实施，标志着我国社会保险制度建设进入法制化轨道，有力地促进了社会保险各项事业的持续、稳定、健康发展。但是，社会保险只是社会保障的一部分，仅仅一部《社会保险法》远不能涵盖社会保障领域的所有问题。同时，《社会保险法》实施7年多来，又出现了不少新情况，加上一些原有矛盾的激化，都迫切要求对这部法律加以修订和完善。例如，机关事业单位的养老保险制度已经出台，亟须在《社会保险法》中加以明确和补充；基本养老保险全国统筹仍然步履维艰，劳动力跨地区、跨部门转移社会保险关系存在障碍；补充社会保险的政策支持还未到位；“三医联动”机制尚待完善；生育保险和医疗保险即将合并、社会保险连续降低费率等实践已经突破现有法律的规定，等等。我们在立足国情，总结历史经验，将多年积累形成的有效政策做法提炼上升为法律制度的同时，也要多做国际比较，重视国际经验的学习借鉴。因为社会保障制度作为人类应对自身风险的科学机制，面对的风险具有相通性，尽管各国所采取的对策可能因国情不同会有所差别，但必然都要符合一定的客观发展规律。在我国社会保障制度变革从试验性状态走向定型、稳定、可持续发展的关键阶段，特别需要树立社会保障历史观和国际视野，以开放的心态吸取他国的智慧。

德国是现代社会保障制度的起源国。19世纪末，世界第一部社会保险法律在德国诞生，经过百年发展，推动德国成为社会保险体系最健全、机制运行最有效的福利国家之一。社会组织是德国社会保障的管理主体，16家养老保险经办机构、134家医疗保险经办机构构成了高密度的管理体系，也正是得益于健全的法制，方能良性运转、高效运营。美国的《社会保障法》出台较晚，但内容详尽，自1935年面世以来，美国各项社会保障事业无不遵循该法确立的自我维持、自我发展的宗旨，尽管社会保障制度随经济社会变化不断调整，但始终未脱离这一原则，确保了美国远离福利陷阱。英国等一些国家则采用平行法制模式，如自1908年颁布《老年年金保险法》、1911年颁布《失业保险和健康保险法》，此后相继出台覆盖全民的《国民年金法》、覆盖特殊群体的《妇女儿童保护法》《寡妇孤儿及老年年金法》《家庭津贴法》《工伤保险法》《健康服务法》《救助法》等。此外，瑞典是名义账户制的“权威”，丹麦是主权养老金投资的“典范”，澳大利亚是第二支柱养老金的“标杆”，韩国是第一支柱养老金的亚洲的“范例”，智利是养老金私有化和市场化改革的“开拓者”，新加坡与马来西亚是账户制管理的“先行者”，加拿大是公务员退休金管理的“模版”，等等。这些国家在世界社会保障改革创新方面做了有益探索，其社会保障法律体系经过不断修订更趋完整，可以为我们构建中国特色的社会保障法律体系提供重要参考。

多年来，我国理论学术界围绕中国社会保障体系的建立和完善开展了大量研究，取得了重要的成果，做出了重大的贡献。略感缺憾的是，在国际比较方面，以前还没有人将国外社会保障法律体系完整地介绍给国内，导致社会保障法律研究资料不足，引用资料也有失偏颇，很大程度上制约和影响了我国社会保障制度改革的学术研究。令人高兴的是，中国社会科学院世界社保研究中心用时 8 年，组织翻译出版了《世界社会保障法律译丛》。目前出版的六卷 500 多万字的巨作，是我国第一部全面完整引入国外社会保障法律的译丛，填补我国社会保障法律研究的空白，使我国社会保障改革和社会保障法律的研究基础更加扎实。这是一项重要的学术贡献，再次体现了我国社会保障学界心系国家发展、心系人民福祉的责任与担当。

党的十八届三中全会提出“建立更加公平可持续的社会保障制度”，在社会保障方面有许多理论突破，例如“完善个人账户制度”“坚持精算平衡原则”“降低社会保险费率”“制定渐进式延迟退休年龄政策”等，其中有很多提法已经超出了现有法律所涵盖的内容；十八届四中全会提出“全面推进依法治国”，要求“加快保障和改善民生、推进社会治理体制创新法律制度建设”；十八届五中全会进一步提出“建立更加公平更可持续的社会保障制度”。这就要求我们必须将社会保障法制建设摆到更加突出的位置，以法治化引导和规范社会保障制度的改革与创新，加快构建起中国特色的社会保障体系。我相信，在社会各界特别是学术界的共同努力下，我国社会保障理论研究一定会更加繁荣，社会保障法制化的进程一定会加速推进，为实现我国社会保障体系的全面建成和更加公平更可持续的发展做出重要的历史贡献。

华建敏

第十一届全国人大常委会副委员长

原国务委员兼国务院秘书长

序二　社会保障法治的鸿篇巨制

前些时日，收到中国社会科学院世界社保中心翻译的《世界社会保障法律译丛》，看着这部鸿篇巨制，敬佩之情油然而生。8 年时间，500 多万字，作为一名社会法学研究工作者，我深知这需要付出多少心血和努力。拜读之后，更为本套译丛内容之浩渺、体现精神之深邃所震撼。当郑秉文教授邀请我为本套译丛作序的时候，我不愿也不能推托，因为这套译丛不仅凝聚着世界社保中心多年来的心血，也和中国法学会、中国社会法学研究会一贯以来促进社会法学研究的宗旨深深切合。

法律法规是社会利益与社会行为的规范，劳动关系是最基本、最重要的社会关系，社会保障法律体系不仅涉及最重要的社会关系，也涉及方方面面的利益。社会保险法、社会保障法、劳动法、劳动合同法等，均属于社会法学中的核心内容，相对于民法学、刑法学、行政法学等，社会法学研究的人数较少，学科不是很发达，与国外的学科研究规模差距也大一些，与中国社会保障事业发展和广大劳动民众的需求相比，存在的差距就更大了。应当讲，社会保障法律这个中国社会保障研究与法学研究的交叉领域，整体水平尚待提升。现有的社会保障法律相关著作数量偏少，而且往往偏重于一隅，缺乏社会保障和法学研究的融合。学界甚至有人认为在国内目前还未完全形成社会法的完整的学科体系。

这部鸿篇巨制的适时出版，可以弥补国内社会法学领域的严重不足。至今，国内还没有系统完整地翻译过国外的社会保障法律，从教学到科研，从政策建议到法规制订，从理论到实践，都急迫地期待一套较为系统完整的社会保障法律的原滋原味的译著，以满足国内社会保障事业、社会法学发展的需求。

展开译丛，可以清晰地感受到不同法系国家社会保障法律历史与现状在眼前流淌：美国社会保障法律占据四卷，从《1935 年社会保障法》到现今影响极大的《2006 年养老金保护法》，在具体的机构职能、流程、管理与监督条文的变化中，80 余年法律的传承和制度的变革的融合静静展现在读者面前。

英国的《1977 年社会保障管理（欺诈）法》《1998 年公共利益信息披露法》《2001 年社会保障欺诈法》和《2004 年养老金法》，这些法规充分体现了海洋法系注重延续性的特征。加拿大、澳大利亚与新加坡历史上是英国的殖民地，这些国家社会保障法律规定与宗主国之间的差异更是值得我们关注。尤其是澳大利亚超级年金相关法律，已成为世界范围内研究企业年金立法的重要参照之一。

在大陆法系国家方面，德国是现代社会保障制度的发源地，法国的社会保障制度也独具一格，译丛中也不乏韩国、新加坡等亚洲国家与智利等拉丁美洲国家国的社会保障法律。智利养老体系的 3500 号律令首创了养老保险制度的个人账户模式；日本的《养老金公积金经营基本方针》为我国基本养老金投资运营提供了可资借鉴之经验；韩国《国民年金法》包括从 1986 年到 2005 年一系列的修订，条文无声的体现着法律变更的动因所在。

本套译丛中还包括了丹麦、瑞典等典型福利的社会保障法律，他们构建福利国家的努力以及再改革，都在书中呈现。此外，还有俄罗斯、马来西亚等卓有特色的法律规章。这套译丛，不仅是实用的工具，也是不同的社会保障制度、模式与道路的发展和演化的缩影，堪称世界社会保障比较法治的一个丰富的智库。中国的社会保障制度自建立以来，尤其是自 20 世纪 90 年代以来取得了举世瞩目的成就，但是相关的法律发展却相对滞后，亟待构建完整的中国社会保障法律体系。目前，中国经济进入新常态，社会保障事业的发展也步入了关键的变革时期。机关事业单位养老保险制度已经建立，劳动力跨地区、跨部门转移社会保险关系仍存在障碍，关于法定退休年龄调整以及十八届五中全会提出的“实现职工基础养老金全国统筹，划转部分国有资本充实社保基金，全面实施城乡居民大病保险制度”“深化医药卫生体制改革，理顺药品价格，实行医疗、医保、医药联动，建立覆盖城乡的基本医疗卫生制度和现代医院管理制度”的各个目标明确，以上新老问题交织叠加在一起，在实践中已触碰到了现有法律的边界。

在这种情势下，落实贯彻十八届四中全会精神，“坚持立法先行，发挥立法的引领和推动作用”，“坚持立改废释并举，增强法律法规的及时性、系统性、针对性、有效性”，以立法促进制度改革已刻不容缓。这也是实现十八届三中全会要求，“建立更加公平可持续的社会保障制度”的关键所在。

一个国家的社会保障法制毫无例外的都具有本国特色和适合本国国情。但像其他事物一样，社保法制具有自身发展的规律性和特点。这些规律和特点，是人类的共同财富，是社会保障法制设立、发展的基础和支撑。从立法工作角度看，中国在立法过程中，一直坚持科学立法、民主立法，而开门立法是做到科学、民主立法的最重要方法；因此几十年来一贯注重吸收借鉴国际相关经验。在中国社会保障法制发展的关键时刻，《世界社会保障法律译丛》的出版发行，为系统了解世界社会保障立法情况提供了最宝贵的一手资料。这套译丛全面覆盖了不同法系国家、不同福利制度国家以及不同社会保障制度模式国家的相关法律资料，其翔实丰富程度是前所未有的。

最后，我再次向本书的译者们表示敬意，他们用了8年的时间，为完善中国的社会保障法律体系带来了一套完整的第一手资料，在这里我衷心希望，这套译丛能够在完善中国社会保障法律体系乃至社会保障制度改革中发挥更大的作用；希望这套著作尽快地普及开来，成为每一个法学界、社会保障学界人士手边的工具。

张鸣起

第十二届全国人大法律委员会副主任委员

中国法学会副会长，中国社会法学研究会会长

前全国总工会副主席、书记处书记

序三　他山石　攻我玉

2009年年底，我国《社会保险法》草案经过全国人大常委会三读审议，接近面世，但还有一些难题在深入讨论；企业年金市场化运营已经3年了，也遇到进一步完善监管法规制度的问题。这些都亟须在更好总结自身经验的同时，更多参考国际经验。于是，当时担任中华人民共和国人力资源和社会保障社部副部长分管社会保险工作的我，责成当时的社会保障基金监督司尽快搜集国外相关法规资料，为我所用。后来得知，中国社会科学院世界社保研究中心承接了这项任务，2010年组织翻译了十多部计70多万字的外国社会保障法律，满足了当时的急迫需求，应该说，这项工作的及时完成，对我国《社会保险法》的出台和企业年金监管制度的健全是做出了贡献的。

我以为，这件事至此就算过去了。直到不久前，该中心郑秉文主任告诉我，他们在那70万字的基础上，又经过5年努力，翻译了500多万字，编成了一部六卷的《世界社会保障法律译丛》。这确实令我惊讶。早年间，由于工作需要，我自己也曾尝试翻译过国际劳工组织有关社会保障的一些公约，深知翻译法律文件是最吃力、最枯燥的事情。该中心锲而不舍、孜孜以求，把当年我提出的“一件事”用8年心血演绎成“一项事业”，值得敬佩。

我敬佩此举，不仅出于赞赏这种做事的精神，更在于这部译著的现实和历史价值。回想我从事社会保障工作20多年，正是我国改革开放不断深化、社会保障事业蓬勃发展的时段，立足国情、勇于创新，同时又广泛借鉴国际经验是我们屡试不爽的成功之道。但客观地说，也不乏这样的尴尬情景：有时讨论起一个问题来，各方缺乏对基本事实的共同认知，都声言自己在国外考察时亲眼所见、亲耳所闻某种情况（政策、标准、处置方式等），引用的资料也出入甚大，并据此坚持己见、互不退让，结果往往使本应理性的论辩变成一场根本不在同一事实基础上的无谓争吵。这着实令人烦恼！如果那时有网络可以大量、方便、快捷地搜集相关信息，如果那时有经过翻译的成熟的国外法规集作相对准确的参照，而不是过度局限于个人体验，我们将减少多少时间和精力的消耗，并或许可以由此找到解决问题的更加经济有效的方法。我不是法学专家，在外语方面造诣亦浅，所以无从评价这部译著的质量；但我从它提供了诸多国家社会保障现行法律状态的基本事实的角度，足以肯定其价值：它不仅是一个可随时查阅的实用工具——对某国某项制度规定认知不清，查一查该国法规资料即可；更是为社会保障专业人士的科学比较、论证、辨识、借鉴乃至批判提供了事实基点，从而有助于摆脱这一领域或多或少的“盲人摸象”的困境。

我肯定这部译著的价值，还在于其广泛的包容性——所翻译的几十部外国法律，不是单一的模式，而是各式各样、多姿多彩的，甚至体现着不同的社会保障理念：美国的社会保障制度结构，政府提供直接援助较少，更多通过市场机构依法运作，反映了这个国度高度尊崇自由市场经济原则；德国这类雇佣双方缴费、由公法指定社会组织管理的社会保险模式，其法律规制体现着100多年来始终秉持的社会团结、代际赡养理念；曾被称为“第三条道路”典型的北欧丹麦、瑞典等国的社保法律，践行着贝弗里奇“从摇篮到坟墓”的梦想；韩国、新加坡、马来西亚等国的社保法规，可以让我们更多感受到东亚文化的基因……如此色彩纷呈、各具千秋的社保法规展示的“画廊”，使人很容易记起那个著名的感悟——我们不能照抄照搬外国某种模式！也实在是无法照抄照搬，因为外国也是多种模式并存的。我们由此也更明了，“立足国情”原来并非是我国的独有理念，实际上各国都在作这样的选择。

我肯定这部译著的价值，又在于其所译各国社保法律反映出内在的生命律动——单独看各部法律，充满了冷冰冰、硬邦邦的“法言法语”，似乎是僵化的；但多部法律彼此联系，就可以从中看出变异、发展、演进。例如，美国有《1935年社会保障法》与《2006年养老金保护法》的延展关系；英国以1942年为中点，其前后的社会保障法律要旨差别明显，体现出贝弗里奇报告对重构制度体系的深刻影响；加拿大、澳大利亚这些前英殖民地的社会保障法律，隐隐透出对宗主国既继承又发展的关联；所翻译的智利社会保障法规集中于20世纪80年代后，反映了那一时期包括养老金在内的一大批公共品私有化的国际风潮。触摸着时间流动冲刷下的印痕，我们也很容易记起耳熟能详的那句话——与时俱进！几十年来，国际政治、经济大格局发生了翻天覆地的变化，各国在国际大棋局中的绝对或相对位置都今非昔比，各国面对的国内主要矛盾和发展任务也随之变化，没有哪个治国理政者可以靠固守多年前的法规而获得进步。这也再次印证了不能照抄照搬外国理论和制度的必然性，因为人家也在变。如果说有什么共同规律，最本质的便是——法随势易、令因时变。所以，研究国外资料获取的真正价值，不是熟知或死抠哪个法条是如何规定的，而是明白他们在什么背景和条件下做出了这样的规定。如果研究国外法律、制度、经验能够达到“知其然，更知其所以然”的境界，就说明我们更加成熟了。

郑秉文主任邀我为《世界社会保障法律译丛》作序，这本非我擅长之事，但想到自己毕竟与这部译著还有些渊源，便不好推托，写下以上实话、实感、实情聊充序言。如果可以加一点对未来的期许之语，那就是：我希望有一天，中国的社会保障法律也被外国广泛翻译、引用和研究，那时就是中国更深融入世界，并对世界做出更大贡献的时候。

胡晓义

第十二届全国政协委员

中国社会保险学会会长

中华人民共和国人力资源和社会保障部原副部长

2006 年 8 月 17 日 ［H. R. 4］

《2006 年养老金保护法》

《美国法典》第 29 编第 1001 节注

《公法》第 109—280 期

第 109 届国会

由美国国会参议院及众议院制定的一部为实现向所有美国人提供经济保障等目的法案

第 1 节　简称标题及目录表

（a）简称标题

本法可援引为《2006 年养老金保护法》。

（b）目录表

本法目录表（而非第十四编第 1401 节目录表）如下[①]：

---

① 第 1 节　简称标题及目录表。

目　录

第一编　单雇主定额给付金、养老金计划筹资条例改革

第A子编　《1974年雇员退休收入保障法》修正

第101节　最低筹资标准

（a）**废除现有筹资条例**。《1974年雇员退休收入保障法》第302—308节（《美国法典》第29编第1082—1086节）现予废除。

（b）**新设最低筹资标准**。该法第一编第B子编第3部［经第（a）子节修正］在第301节后插入以下新节予以修正：

"第302节[①]　最低筹资标准

（a）**须符合最低筹资标准**。

（1）**总体而言**。本部适用的计划，应满足适用于该计划任何计划年份的最低筹资标准。

（2）**最低筹资标准**。在第（1）段中，一项计划视为满足某计划年份最低筹资标准的前提为：

（A）定额给付金计划属于单雇主计划的，雇主为该计划年份向计划缴费或根据计划缴费，总计不低于第303节下为该计划的该计划年份确定的规定最低缴费额；

（B）现金购买计划属于单雇主计划的，雇主为该计划年向计划缴纳或根据计划缴纳该计划之条款规定的费用；

（C）对于一项多雇主计划，雇主为任何计划年份向计划缴费或据计

① 《美国法典》第29编第1082节。

划缴费，总额足以确保该计划在该计划年份结束时不存在第304节下的累计筹资缺额。

（b）**缴费额责任**。

（1）**总体而言**。除第（2）段中有规定外，本节规定的任何缴费数额［包括第303节第（j）节第（3）段和第（4）段下规定的任何分期款］应由负责向该计划或根据该计划支付缴费额的雇主支付。

（2）**在受控集团雇主成员情况下的连带责任**。倘若第（1）段所指雇主系受控集团的一名成员，该集团各成员应对该等缴费额的支付承担连带责任。

（c）**最低筹资标准方差**。

（1）**在业务艰难的情况下予以蠲免**。

（A）**总体而言**。倘若：

（ⅰ）一名雇主（或，对于一项多雇主计划，向计划或根据计划缴费的雇主中10%以上者）在未经历暂时性业务艰难（对于多雇主计划，未经历在未经历业务艰难）的情况下无法满足某计划年份最低筹资标准；

（ⅱ）运用标准时，宜总体上不以计划参与人利益为重，财政部部长可根据第（C）子段就最低筹资标准全部或部分蠲免第（a）子节对该年份的要求。就一项计划而言，财政部部长不得在连续15个计划年中的3个年份以上蠲免最低筹资标准（对于多个雇主计划，则连续15个计划年中的5个年份以上）。

（B）**蠲免效力**。若对任何计划年份准予第（A）子段下豁免的：

（ⅰ）在单雇主计划的情况下，根据第303节对该计划年份规定的最低缴费应按蠲免筹资缺额降低，而所述缺额应根据第303节第（e）子节的规定摊销；

（ⅱ）对于多雇主计划，应根据第304节第（b）子节第（3）段第（C）子段将蠲免的筹资缺额记入筹资标准账户贷方，且缺额应根据第304节第（b）子节第（2）段第（C）子段的要求摊销。

（C）**不得蠲免摊销部分**。对于某一计划年份，第（a）子节下最低筹资标准的任何部分可归于任何过往计划年份任何已蠲免筹资缺额的，部长不得根据第（A）子段蠲免。

（2）**判定业务属于艰难**。在本子节中，在判定业务属于暂时性艰难（对于多雇主计划，判定业务属于艰难）时考虑的因素应包括（但不限于）是否：

（A）雇主运营出现经济亏损；

（B）在交易或业务及相关行业中存在大量失业或就业不足；

（C）相关行业的销售和利润低迷或走低；

（D）可合理预期，唯有准予豁免，计划方可得继续。

（3）**已豁免筹资缺额**。在本部中，术语‘豁免筹资缺额’一词系指财政部部长为某一计划年份豁免且雇主未缴清的第（a）子节下最低筹资标准（未考虑豁免时确定的）部分。

（4）**单雇主计划豁免担保、咨询**。

（A）**可能要求提供担保**。

（ⅰ）**总体而言**。除第（c）子节有规定外，否则维持其属于［符合第4001节第（a）子节第（15）段定义的］单雇主计划的定额给付金计划的雇主，财政部部长可要求其为该等计划提供担保，作为准予或修改第（1）段下豁免的条件。

（ⅱ）**特殊条例**。根据第（ⅰ）条提供的任何担保，仅可由养老金给付金担保公司，或经该公司指示由一名［符合第4001节第（a）子节第（13）段定义的］缴费出资人，或由该等出资人的一名［符合第4001（a）节第（13）段定义的］控股集团成员使之生效并执行。

（B）**咨询养老给付金担保公司**。除第（C）子段规定外，否则财政部部长应于根据本子节准予或修改第（A）子段第（ⅰ）条所述计划一项豁免之前：

（ⅰ）向养老给付金担保公司提供（Ⅰ）[①] 完成豁免或修改申请的通知；及（Ⅱ）[②] 有机会在收到该通知后30天内对该申请提出意见。

（ⅱ）考虑（Ⅰ）第（ⅰ）条第（Ⅱ）子条下公司任何意见；及（Ⅱ）代表计划参与人的［符合第3节第（4）子节定义的］任何雇员组织对标准运用情况的看法，以书面形式提交给财政部部长。

根据本子段提供给该公司的信息应被视为纳税申报信息，并应符合《1986年国内税收法》第6103节第（p）子节的维护及报告要求。

---

① 通知。

② 截止日期。

（C）**某些豁免的例外情况。**

（i）**总体而言。**本段前述规定不适用的计划，其总额：（Ⅰ）该计划年份及所有过往计划年份最低规定缴费未付总额；及（Ⅱ）第303节第（e）子节第（2）段下为该计划年份及后续计划年份确定的所有豁免摊销分期款的现值；小于100万美元。

（ii）**标准暂未运用时的豁免处理。**就所述计划对豁免暂未运用的本子节下最低筹资标准，其不予运用而使第（i）条第（Ⅰ）子条所述数额上调的，则所述额数应包括该等上调。

（iii）**未付的最低规定缴费在本子段中：**

（Ⅰ）**总体而言。**术语'未付的最低规定缴费额'系指，对于任何计划年份，在该计划年份［第303节第（j）子节第（1）段下确定的］应付日期或之前未付的第303节下该任何计划年份任何最低规定缴费额。

（Ⅱ）**排序条例。**在第（Ⅰ）子条中，向一项计划或依一项计划对任何计划年份支付的款项，应以先进先出为原则，先拨配给所有过往计划年份的未付最低规定缴费额，再拨配给该计划年份第303节下最低规定缴费额。

（5）**单雇主计划特殊条例。**

（A）[①] **申请必须于年末两个半月前提交。**在单雇主计划的情况下，本子节之下不得为任何计划的任何计划年份豁免，豁免申请于该等计划年份结束起倒数第3个月15日之前提交的除外。

（B）**雇主为控股受控集团的成员情况下的特殊条例。**在单雇主计划的情况下，若一名雇主为一家受控集团的成员，则仅当满足以下该等要求时，视为满足第（1）段下的暂时性业务艰难要求：

（i）就该雇主而言；

（ii）就（通过将该集团所有成员视为单个雇主而确定）该雇主身为一名成员所属的受控集团而言。

若财政部部长认为，因为即便将所述成员纳入考虑对本段下的身份确定亦无显著影响，所以不必进行交易或业务或行业分析的，其可规定不需要该等分析。

---

① 截止日期。

（6） **预先告知**。

（A） **总体而言**。财政部部长应于准予本子节下的蠲免前，要求每名申请者提供令该部长信服的证据，即该申请者已经向［第 4001 节第（a）子节第（21）段定义的］受影响各方提供了该等蠲免申请备案通知。该等通知中应包括该计划为第四编下所担保给付金的筹资情况及为给付金责任的筹资情况。

（B） **考量相关信息**。财政部部长应考量第（A）子段下通知对象所提供的任何相关信息。

（7） **计划修正限制**。

（A） **总体而言**。若本子节下一项蠲免，或第 304 节第（d）子节下的延期对一项计划有效，或在过往 12 个月之内（对于多雇主计划，24 个月之内）任何时候做出了第（d）子节第（2）段下所述修正，则不得因给付金任何上调、给付金累算额任何变化，或计划下给付金不可罚没率的变动而采用加重计划负债的计划修正。若违反前一句对一项计划做出修正，任何此类蠲免或延期不适用于做出该修正之日或之后结束的任何计划年份。

（B） **例外**。第（a）子节不适用的任何计划修正：

（ⅰ） 财政部部长认为合理，且其仅规定最低限度计划负债增加的；

（ⅱ） 仅废除第（d）子节第（2）段所述修正；

（ⅲ） 或者，作为《1986 年国内税收法》第 1 章第 D 子章第Ⅰ部下资质条件要求的。

（8） **交互参照**。财政部部长执行《1986 年国内税收法》的相应职责，请参见该法第 412 节第（c）子节。

（d） **杂项条例**。

（1） **方法或年份变更**。倘若一计划的筹资方法、评估基准日或计划年份有变，该等变更应依财政部部长的批准方可生效。

（2） **某些追溯性计划修正**。在本节中，任何适用于一计划年份的修正，其：

（A）① 于该计划年份结束后但不迟于该计划年份结束后两个半月内（或，对于多雇主计划，不迟于该等计划年份结束后 2 年内）采用；

① 截止日期。

（B）不削减该修正适用的首个计划年份之初确定的任何参与人累算给付金；

（C）不削减采用之际确定的任何参与人累算给付金，受情形所需的除外；

应经计划管理人选择，被视为于该等计划年份第一天做出。本段中所述修正，若其削减任何参与人的累算权益的，不予生效，除非计划管理人向财政部部长提交一份通知，敬告其所述修正，而该部长批准该等修正，或于提交所述通知之日起90天内未驳复所述修正。本子节所述修正，财政部部长不得批准，除非该部长认为，在多雇主计划的情况下，因［第（c）子节第（2）段确定的］暂时性业务艰难或（按此确定的）业务艰难，所述修正有必要且第（c）子节下的豁免［或，在多雇主计划的情况下，第304节第（d）子节下任何摊销延期］不可用或不充分。

（3）**受控集团**。在本节中，术语‘受控集团’一词，系指视为《1986年国内税收法》第414节第（b）子节、第（c）子节、第（m）子节或第（o）子节下单雇主的任何集团。”

（c）**文书修正**。《1974年雇员退休收入保障法》第1节中的目录经删除第302—308节有关项并插入以下新项予以修正：“第302节　最低筹资标准。”

（d）[①] **生效日期**。本节做出的修正适用于2007年后起始的计划年份。

第102节　单雇主定额给付养老金计划筹资条例

（a）**总体而言**。《1974年雇员退休收入保障法》（经本法第101节修正）第一编第B子编第3部在第302节后插入以下新节，予以修正：

“第303节[②]　单雇主定额给付养老金计划最低筹资标准

（a）**最低规定缴费额**。在本节及第302节第（a）子节第（2）段第（A）子段中，除第（f）子节规定外，术语‘最低规定缴费额’一词，就单雇主计划任何计划年份而言系指：

（1）在该计划［经第（f）子节第（4）段第（B）子段下削减的］

① 《美国法典》第29编第1082节注。

② 《美国法典》第29编第1083节。

资产值低于该计划的该计划年份筹资目标的任何情况下，其下之和：

（A）该计划的该计划年份正常目标成本；

（B）第（c）子节下确定的该计划的该计划年份缺口摊销费用（若有）；

（C）第（e）子节下确定的该计划的该计划年份豁免摊销费用（若有）。

（2）或者，在该计划［经第（f）子节第（4）段第（B）子段下削减的］资产值等于或超过该计划的该计划年份筹资目标的任何情况下，该计划的该计划年份正常目标成本削减（但不低于零）该等超额后所余部分。

（b）**正常目标成本**。在本节中，除第（i）子节第（2）段中就处于危险状况的计划所作规定外，术语‘正常目标成本’一词，对任何计划年份而言系指预计在计划年份内在该计划下累算或赚取的所有给付金现值。在本子节中，倘若可归于前一计划年份中所履行服务的给付金，因当前计划年份报酬所作任何上调而上调的，该等给付金的上调部分应视为于当前计划年份内累算的。

（c）**缺口摊销费用**。

（1）**总体而言**。在本节中，计划的任何计划年份缺口摊销费用，就该计划年份及前6个计划年份各年的缺口摊销基数而言，为该计划年份缺口摊销分期款总额（不小于零）累计。

（2）**缺口摊销分期款**。在第（1）段中：

（A）**确定**。缺口摊销分期款，为自该计划年份起始的7个计划年份之期内以等额年度分期款摊销任一计划年份缺口摊销基数所需数额。

（B）**缺口分期款**。就任何缺口摊销基数而言，第（A）子段下7个计划年份之期中任何计划年份缺口摊销分期款，系第（A）子段下确定的年度分期款。

（C）**分段利率**。确定本段下任何缺口摊销分期款时，计划出资人应采用第（h）子节第（2）段第（C）子段下确定的利率，根据与第（h）子节第（2）段第（B）子段条例类似的条例予以运用。

（3）**缺口摊销基数**。在本节中，某计划年份的缺口摊销基数为：（A）该计划的该计划年份的筹资缺口，减去（B）就该计划任何该计划年份之前的任何计划年份缺口摊销基数及豁免摊销基数而为该计划年份及任何过往年份确定的缺口摊销分期款及蠲免摊销分期款累计总额［根据与第（h）子节第（2）段第（B）子段条例类似的条例予以运用第（h）子节第（2）段第（C）子段下确定的分段利率确定的］现值。

（4）**筹资缺口**。在本节中，任何计划年份的筹资缺口为：（A）该计划年份筹资目标，超过（若有）（B）该计划在评估基准日所持有的该计划［经第（f）子节第（4）段第（B）子段削减的］该计划年份计划资产值的部分。

（5）**从新缺口摊销基数免除**。

（A）**总体而言**。在该计划［经第（f）子节第（4）段第（B）子段下削减的］资产值等于或超过该计划的该计划年份筹资目标的任何情况下，该计划的该计划年份缺口摊销基数应为零。

（B）**过渡条例**。

（ⅰ）**总体而言**。除第（ⅲ）条及第（ⅳ）条中有规定外，对于2007年后但2011年前起始的计划年份，在为第（A）子段起见确定该计划年份筹资缺口时，应根据第（3）段第（A）子段仅将筹资目标适用百分比纳入在考虑之内。

（ⅱ）**适用百分比**。在第（A）子段中，适用百分比应按下表确定：

计划年份起始所在日历年	适用百分比（%）
2008年	92
2009年	94
2010年	96

（ⅲ）**限制**。第（ⅰ）条不适用于2008年后的任何计划，2007年后起始的过往各年份（本子段适用后确定的）缺口摊销基数为零的除外。

（ⅳ）**过渡救济不可用于新削减计划或赤字削减计划**。第（ⅰ）条不适用的计划，其（Ⅰ）在2007年后起始的某个计划年份无效；或（Ⅱ）对在2007年内开始的一个计划年份有效，受（对2007年内开始的计划年份有效的）第302节第（d）子节的规限，在运用该条第（6）段和第（9）段后确定。

（6）**实现筹资目标后提前视为摊销**。在任何情况下，倘若一项计划的一计划年份筹资缺口为零，为确定该计划年份及后续计划年份的缺口摊销费用，所有过计划年份的缺口摊销基数（以及就此基数确定的所有缺口摊销分期款）应削减至零。

（d）**筹资目标相关条例**。在本条中：

（1）**筹资目标**。除第（i）子节第（1）段中就处于风险状况的计划所作规定外，计划某一计划年份的筹资目标，为该计划下该计划年份年初起累算或赚取的所有给付金现值。

（2）**筹资目标实现率**。计划某一计划年份的‘筹资目标实现率’系指（以百分比表示的）一个比率，其为：

（A）［经第（f）子节第（4）段第（B）子段削减的］该计划年份资产值；

（B）该计划的该计划年份［不考虑第（i）子节第（1）段的情况下确定的］筹资目标之比。

（e）**蠲免摊销费用**。

（1）**确定蠲免摊销费用**。计划任一计划年份的蠲免摊销费用（若有），为就过往5个计划年份各年蠲免摊销基数而言的该计划年份蠲免摊销分期款累计总额。

（2）**蠲免摊销分期款**。在第（1）段中：

（A）**确定**。蠲免摊销分期款，为自后续计划年份起始的5个计划年份之期内以等额年度分期款摊销该计划任一计划年份蠲免摊销基数所需数额。

（B）**蠲免分期款**。就任何蠲免摊销基数而言，第（A）子段下5个计划年份之期中任何计划年份蠲免摊销分期款，系第（A）子段下确定的年度分期款。

（3）**利率**。确定本子节下任何蠲免摊销分期款时，计划出资人应采用第（h）子节第（2）段第（C）子段下确定的利率，根据与第（h）子节第（2）段第（B）子段条例类似的条例予以运用。

（4）**蠲免摊销基数**。计划某一计划年份的豁免摊销基数，为第302节第（c）子节下该等计划年份蠲免筹资缺额（若有）。

（5）**实现筹资目标后提前视为摊销**。在任何情况下，倘若一项计划的一计划年份筹资缺口为零，为确定该计划年份及后续计划年份的蠲免摊销费用，所有过计划年份的蠲免摊销基数（以及就此基数确定的所有蠲免摊销分期款）应削减至零。

(f) **依筹资前余额及筹资标准结转结余削减最低规定缴款额。**

(1) **选择维持余额。**

(A) **筹资前余额。**单雇主计划的计划出资人可选择维持筹资前金额。

(B) **筹资标准结转余额。**

(ⅰ) **总体而言。**在第（ⅱ）条所述单雇主计划的情况下，计划出资人可选择维持筹资标准结转结余，直至该余额减至零。

(ⅱ) **2007 年维持筹资标准账户的计划。**一项计划符合本条描述的前提为：（Ⅰ）在 2007 年后起始的某个计划年份有效；及（Ⅱ）第 302 节第（b）子节下该计划年份年底确定的筹资标准账户余额为正，在该计划年份有效。

(2) **余额之使用。**根据本段维持的筹资前余额及筹资标准结转余额。

(A) 根据第（3）段下的选择，用于抵免最低规定缴费额；

(B) 第（4）段有规定的，作为本节中视为计划资产值的数额之削减部分使用；

(C) 根据第（5）段下所作选择，可随时削减。

(3) **选择用余额支付最低规定缴费额。**

(A) **总体而言。**除第（B）子段和第（C）子段规定的外，在任何计划年份，该计划出资人选择以当前计划年份所有或部分筹资前余额或筹资标准结转结余（不超过上述最低规定缴费额）抵免当前计划年份最低规定缴费额的，该计划年份的最低规定缴费额应自该计划年份第一天起依计划出资人按此减免的数额削减。在前一句中，最低规定缴费额应在考量第 302 节第（c）子节下任何豁免之后方可确定。

(B) **与筹资标准结转余额统筹。**任何计划，其筹资标准结转余额大于零的，该计划筹资前余额不得根据本段用于削减最低规定缴费额。

(C) **筹资不足计划的限制。**本段前述规定不适用于任何计划年份，其提前为（以百分比表示）表示的：（ⅰ）［经第（4）段第（C）子段下削减的］前一计划年份资产值；（ⅱ）该计划前一计划年份［不考虑第（i）子节第（1）段的情况下确定的］筹资目标之比小于 80%。计划年份在 2008 年伊始的，本子段下的比例，可采用财政部部长可能规定的估算方法确定。

(4) **余额对视为计划资产值的数额的效力。**对于根据本子节维持筹资前余额及筹资标准结转余额的任何计划，视为计划资产值的数额，应视为根据以下子段规定削减的数额：

（A）**缺口摊销基数的适用性。**在第（c）子节第（5）段中，计划资产值被视为减去筹资前余额所剩额，但唯须根据第（2）段做出将筹资前余额任何部分用于削减最低规定缴费额的选择，而该选择对该计划年份有效。

（B）**多余资产、筹资缺口和筹资实现率的确定。**

（ⅰ）**总体而言。**在第（a）子节、第（c）子节第（4）段第（B）子段和第（d）子节第（2）段第（A）子段中，计划资产值被认为系减去筹资前余额和筹资标准结转余额所剩额。

（ⅱ）**与 PBGC 所订某些有约束力的协议的特殊条例。**在第（c）子节第（4）段第（B）子段中，计划资产值不得视为针对某一计划年份减去了规定余额，前提为就该余额而言，与养老给付金担保公司签订一份有约束力的已生效书面协议，其规定该等余额不得用于削减该计划年份最低规定缴费额。在前一句中，术语‘规定余额’一语系指筹资前余额或筹资标准结转余额，视具体情况而定。

（C）**余额是否可针对计划年份用于抵免最低规定缴费额。**在本子节第（3）段第（C）子段第（ⅰ）条中，计划资产值被认为减去筹资前余额所剩额。

（5）**选择在确定计划资产值，抵免最低规定缴费额前削减余额。**

（A）**总体而言。**计划出资人可以为任何计划年份选择将筹资前余额和筹资结转标准余额减去任何数额（但结果不得小于零）。所述削减应根据第（2）段下所作选择，在确定本节下该等计划年份计划资产值，及用余额抵免该计划的该计划年份最低规定缴费额前生效。

（B）**筹资前余额与筹资标准结转余额相互统筹。**但凡任何计划，其筹资标准结转余额大于零的，不得就筹资前余额做出第（A）子段下的选择。

（6）**筹资前余额。**

（A）**总体而言。**一项计划维持的筹资前余额，应包括期初零余额，此期初零余额依第（B）子段和第（C）子段规定的程度增减，并按第（8）段再行调整。

（B）**上调。**

（ⅰ）**总体而言。**在2008年后起始的各计划年份首日，一项计划的筹资前余额应由计划出资人上调为该计划年份选择的数额。该额不得超过：（Ⅰ）雇主为前一计划年份向计划支付的缴费额累计总额，超过（Ⅱ）该等前一计划年份最低规定缴费额的部分（若有）。

（ⅱ）**为利息进行调整**。第（ⅰ）条下任何多余缴费额，应为当前计划年份首日至多余缴费额支付日期间的利息进行适当调整，调整额在采用前一计划年份实际利率，将缴费额视为首先用于偿付最低规定缴费额的情况下予以确定。

（ⅲ）**避开给付金限制所需某些缴费额忽略不计**。第（ⅰ）条中就任何前一计划年份所述的多余部分，应减去根据第206节第（g）子节第（1）段、第（2）段或第（4）段下规定雇主应支付的缴费额，以避开原本根据该段为前一计划年份所设置的给付金限制。在满足该等若干段落的要求时纳入考虑之内的任何缴费额，在本条中应仅考虑一次。

（C）**减少**。一项计划的筹资前余额应减少（但不低于零）：

（ⅰ）在2008年后起始的各计划年份首日，第（2）段下在削减该计划前一计划年份最低规定缴费额时用于抵免的该等余额（若有）；

（ⅱ）在第（5）段第（A）子段中规定的时间，第（5）段下选择对该等余额做出的任何削减。

（7）**筹资标准结转余额。**

（A）**总体而言**。一项计划维持的筹资标准结转余额，应包括一笔根据第（B）子段确定的期初余额，此期初余额依第（C）子段规定的程度增减，并按第（8）段再行调整。

（B）**期初余额**。筹资标准结转余额期初余额应为第（1）段第（B）子段第（ⅱ）条第（Ⅱ）子条中所述正余额。

（C）**下调**。一项计划的筹资标准结转余额应下调（但不得低于零），下调额为：

（ⅰ）在2008年后起始的各计划年份首日，第（2）段下在削减该计划前一计划年份最低规定缴费额时用于抵免的该等余额（若有）；

（ⅱ）在第（5）段第（A）子段中规定的时间，第（5）段下选择对该等余额做出的任何削减。

（8）[①] **针对投资经验进行调整**。在确定计划年份首日计划筹资前余额

---

① 规例。

或筹资标准结转余额时，计划出资人应按照财政部部长所制规例，调整该等余额，以体现前一计划年份计划资产的回报率。即便有第（g）子节第（3）段的规定，该回报率应基于公允市值确定，并应按照该等规例，适当考虑到此期间的所有缴费额、发放款及其他计划款项。

(9)[①] **选择**。本子节下的选择应于财政部部长法规规定的时机、形式及方式做出。

（g）**计划资产和负债的估值**。

（1）**做出确定的时限**。除本子节另有规定外，本节下为一计划年份所作所有确定，应于该计划的该计划年份评估基准日做出。

（2）**评估基准日**。在本条中：

（A）**总体而言**。除第（B）子段有规定外，计划的任何计划年份评估基准日应为计划年份首日。

（B）**小型计划之例外情况**。在前一计划年份的每天，一项计划的参与人为100名或不足100名的，则该计划可指定该计划年份任何一日为该计划年份及后续计划年份的评估基准日。在本子段中，属于单雇主计划且由同一雇主（或雇主受控集团中的任何成员）维护的所有定额给付金计划，应视为同一计划，但仅该等雇主或成员的参与人应纳入考虑。

（C）**确定计划规模时运用的某些条例**。在本段中：

（ⅰ）**前一年不存在的计划**。对于任何计划的首个计划年份，第（B）段适用于该计划时，应将合理预计该计划在该等首个计划年份平常拥有的参与人数目考虑在内。

（ⅱ）**前任**。第（B）段中所指雇主包括该雇主的任何前任。

（3）**确定计划资产值**。在本节中：

（A）**总体而言**。除第（B）子段规定外，计划资产值应为资产的公允市值。

（B）**允许取均值**。对于一项计划，可依据公允市值平均值确定计划资产值，唯须该种方法：

（ⅰ）为财政部部长规定的法规所允许；

（ⅱ）未规定自评估基准日所在月份倒数第25个月末日至该评估基准日（或，对于评估基准日并非某月首日的，类似时期）的时期内计划

---

① 规例。

资产值的均值；

（ⅲ）不会导致计划资产值在任何时候被确定为低于该时间点该资产公允市值的 90% 或大于其 110%。

任何此等取平均值的做法应（按财政部部长规定）为缴款和分派进行调整。

（4）**缴费额收款的会计处理**。为确定第（3）段下的资产值：

（A）**前一年的缴费额**。倘若：

（ⅰ）雇主在评估基准日后，为支付缴费额所在计划年份向计划支付任何缴费额；

（ⅱ）为前一计划年份缴费的，该缴费应作为该计划评估基准日的一项的资产纳入考虑，但对于 2008 年后开始的任何计划年份，仅该等缴费额（于评估基准日确定的）现值可纳入考量。在前一句中，现值应采用该缴费额可严格归入的前一计划年份之实际利率确定。

（B）**针对评估基准日之前为当前年份所付缴费额所设特殊条例**。对于任何计划年份，若在该计划年份内但早于该计划年份评估基准日之前向该计划或根据该计划支付任何缴费额的，在该评估基准日，该计划的资产不得包括：

（ⅰ）该等缴费额；

（ⅱ）该等缴费额在支付缴费额所在日至评估基准日期间的利息，采用该计划年份实际利率确定。

（h）**精算假设和方法**。

（1）**总体而言**。除本子节规定外，本节下任何现值或其他计算值的确定，应以精算假设和方法为依据：

（A）各项假设和方法合理（考虑到计划经验和合理预期）；

（B）其相互配合运用时，能让精算师对计划下的预计经验做出最准确的估计。

（2）**利率**。

（A）**实际利率**。在本节中，术语‘实际利率’一词，就任何计划年份的任何计划而言，系指在用于确定该计划第（d）子节第（1）段中所指累算或赚得给付金的现值的情况下，会使得到的结果相当于该计划的该计划年份的筹资目标的单一利率。

（B）**为确定筹资目标而采用的利率**。为确定一项计划在任何计划年份的筹资目标和正常费用，确定计划给付金现值时采用的利率应为：

（ⅰ）对于合理确定的在计划年份首日起始的 5 年之期应付的给付金，适用月份的第一阶段利率；

（ⅱ）对于合理确定的在第（ⅰ）条中所述期末日起始 15 年之期应付的给付金，适用月份的第二阶段利率；

（ⅲ）对于合理确定的在第（ⅲ）条中所述期应付的给付金，适用月份的第三阶段利率。

（C）**分段利率**。在本段中：

（ⅰ）**第一阶段利率**。术语‘第一阶段利率’一词，就任何月份而言，系指由财政部部长以此等月份企业债券收益率曲线为依据为此等月份确定的单一利率，仅考虑该等收益率曲线自该等月份起 5 年到期之债券的那一部分。

（ⅱ）**第二阶段利率**。术语‘第二阶段利率’一词，就任何月份而言，系指由财政部部长以此月份企业债券收益率曲线为依据为此月份确定的单一利率，仅考虑该等收益率曲线自第（ⅰ）条中所述期限之末起 15 年到期之债券的那一部分。

（ⅱ）**第三阶段利率**。术语‘第三阶段利率’一词，就任何月份而言，系指由财政部部长以此等月份企业债券收益率曲线为依据为此等月份确定的单一利率，仅考虑该等收益率曲线自第（ⅱ）条中所述期限之后伊始期限到期之债券的那一部分。

（D）**企业债券收益率曲线**。在本段中：

（ⅰ）**总体而言**。‘公司债券收益率曲线’一词，就任何月份而言，系指财政部部长为该等月份规定的收益率曲线，此收益率曲线反映于该等月份前月结束的 24 月之期内到期日相异的投资级公司债券质量级别位列前 3 的月度收益率平均值。

（ⅱ）**选用收益率曲线**。仅为确定本节之下最低规定缴费额而言，该计划出资人可选用企业债券收益率曲线之下的利率，以代替第（C）子段下规定的分段利率。在前一句中，该等曲线确定时应不考虑第（ⅰ）条所述的 24 月平均值。该选择一经做出，须取得财政部部长同意方可撤销。

（E）**适用月份**。在本段中，‘适用月份’一词，就任何计划年份的任何计划而言，系指覆盖该计划的该计划年份的评估基准日的月份，或该等月份前 4 个月份之任一月份，任随该计划出资人选择。本子段下所作任何选择，应适用于选择所针对的计划年份以及所有后续计划年份，除非此选择经财政部部长同意予以撤销。

（F）**公布要求**。财政部部长应为各月公布该月企业债收益率曲线［及体现第205节第（g）子节第（3）段第（B）子段第（ⅲ）条第（Ⅰ）子条中所述修改的公司债券收益率曲线］及第（B）子段下确定的该月利率。财政部部长还应该公布对确定该等收益率曲线及该等利率的方法详细说明，使计划能基于计划的未来利率预测做出收益率曲线及未来月份利率的合理预测。

（G）**转换条例**。

（ⅰ）**总体而言**。即便有本段前述规定，对于2008或2009年中起始的计划年份，一项计划对于任何月份的第一、第二或第三阶段利率应为：（Ⅰ）不考虑本段的情况下为该月份确定的该等利率，乘以适用百分比的乘积；及（Ⅱ）第302节第（b）子节第（5）段第（B）子段第（ⅱ）条第（Ⅱ）子条条例下确定的利率（对2007年中起始的计划年份有效），与100%减适用百分比所得百分比的乘积。

（ⅱ）**适用百分比**。在第（ⅰ）条中，对于2008年中起始的计划年份，适用百分比为33.33%，对于2009年中起始的计划年份，适用百分比为66.66%。

（ⅲ）**新计划不符合要求**。对于任何计划，倘若该计划首个计划年份在2007年12月31日之后起始的，第（ⅰ）条不适用。

（ⅳ）**选择**。该计划出资人可选择不运用本子段。该选择一经做出，须取得财政部部长同意方可撤销。

（3）**死亡率表**。

（A）[①] **总体而言**。除第（C）子段或第（D）子段规定外，财政部部长应通过制定法规，规定用于确定任何现值或进行本节下任何计算的死亡率表。该等死亡率表应基于养老金计划的实际经验死亡率及该等经验死亡率的预测趋势。在规定该等死亡率表时，财政部部长应考虑有关养老金计划所覆盖个体的死亡率可用独立研究结果。

（B）**定期修订**。财政部部长应修订第（A）子段下的任何有效死亡率表（至少每10年一次），以体现养老金的实际经验死亡率及该等经验

---

① 规例。

死亡率的预测趋势。

（C） **替换死亡率表。**

（ⅰ） **总体而言。**经该计划出资人要求及财政部部长批准，符合第（ⅲ）条要求的死亡率表，应在要求中指明的（不超过10年）连续若干计划年份中用于在本节之下确定任何现值或进行任何计算。

（ⅱ） **期限提前终止。**即便有第（ⅰ）条的规定，第（ⅰ）条中所述死亡率表的效力终止日为如下孰早者：（Ⅰ）因计划分拆或合并而使参与人发生重大变化的日期；或（Ⅱ）计划精算师认为该表不符合第（ⅲ）条要求的日期。

（ⅲ） **要求。**对于一份死亡率表，其符合本条要求的前提为：（Ⅰ）有足够的计划参与人，养老金计划维持的时间够长，有第（Ⅱ）子条中所需的可信信息；及（Ⅱ）该表体现出出资人对其维持的养老金计划所具有的实际经验死亡率，及其对大致经验死亡率预计趋势。

（ⅳ） **受控集团中的所有计划须分别使用单独的死亡率表。**除财政部部长规定外，计划出资人不得将本子段下的一份死亡率表用于其维护的任何计划，除非：（Ⅰ）对于该计划出资人，其为一家受控集团的成员的，根据本子段为其维护的每份其他计划设立并采用单独的死亡率表；（Ⅱ）就按此为每份该等计划确定的死亡率表而言，在仅考虑该计划的参与人、该计划存在的时间及该计划的实际经验死亡率的情况下确定满足第（ⅲ）条的要求。

（ⅴ） **提交截止日期及申请处置。**

（Ⅰ） **提交。**该计划出资人应根据本子段于第（ⅰ）条所述时期首日至少7个月前向财政部部长提交一份死亡率表供批。

（Ⅱ） **处理。**本子段下提交给财政部部长审批的任何死亡率表，应视为实质上在第（ⅰ）条所述时期首日有效，除非财政部部长于前述提交之日起180天期间内，驳复该死亡率表并指出该表未满足第（ⅲ）条要求的原因。经财政部部长和计划出资人双方同意，此180天之期应予展期。

（D） **针对残疾人士的单独死亡率表。**即便有第（A）子段的规定：

（ⅰ） **总体而言。**以残疾为由而有权享用该计划下给付金的个体，财政部部长应为其制定本子节下的死亡率表［代替第（A）子段下的表］。对于残疾发生于1995年1月1日之前、之日、之后计划年份的个人，财政部部长应分别为之制定单独的表。

（ⅱ）[①] **针对发生在1994年之后的残疾所设特殊条例**。对于1994年12月31日后起始的计划年份中发生的残疾，第（ⅰ）条下的表格应仅适用于该子条下符合《社会保障法》第二编及其下法规含义而残疾的所述个体。

（ⅲ）**定期修订**。财政部部长应修订第（ⅰ）条下的任何有效死亡率表（至少每10年一次），以体现养老金的实际经验死亡率及该等经验死亡率的预测趋势。

（4）**以整笔或其他可选形式支付给付金的概率**。为本条之下确定任何现值或做出任何计算，应当考虑：

（A）该计划下的未来给付金以该计划下提供的给付金可选形式（包括以计划经验及其他相关假设为依据确定的整笔给付）支付的概率；

（B）在确定以任何该等给付金可选形式而付的给付金支付款时，运用精算假设而得到的该等未来给付金支付款的现值，在本子节中规定者相异的情况得出现值的差额。

（5）**对精算假设重大变动的审批**。

（A）**总体而言**。用于为本段适用的一项计划确定筹资目标的精算假设，可不经财政部部长批准便于改变。

（B）**本段适用的计划**。本段适用于一项计划的前提仅为：

（ⅰ）该计划为第四编适用的单雇主计划；

（ⅱ）第四编所涵盖的该等计划及［第4001节第（a）子节第（13）段界定的］缴费出资人及［第4001节第（a）子节第（14）段界定的］该出资人受控集团成员维护的所有其他计划［第4006节第（a）子节第（3）段第（E）子段第（ⅲ）条确定的］前一计划年份筹资未得的既有总给付金（不计既有给付金筹资不得的计划）超过5000万美元；

（ⅲ）（考虑利率和死亡率表发生的任何变动后确定）假设发生变动，导致当前计划年份的资金缺口缩小5000万美元以上，或缩小500万美元以上，且为发生该等变动之前计划筹资目标的5%或以上。

（i）**处于风险状况计划的特殊条例**。

（1）**处于风险状况计划的筹资目标**。

（A）**总体而言**。一项计划对一计划年份而言处于风险状态的，该计

① 适用性。

划对于该计划年份的筹资目标应等于如下之和：

（ⅰ）运用第（B）子段中所述附加精算假设确定的计划年份之初，计划下所有累算或赚得给付金的现值；

（ⅱ）一项计划其过去 4 个计划年份中至少 2 个计划年份处于风险状况的，则第（C）子段下确定的负载系数。

（B）**其他精算假设**。本子段下精算假设如下：

（ⅰ）不会在其他情况下假定在评估基准日退休，但有资格在该计划年份及随后 10 个计划年份内选择给付金的所有员工，应假定为在计划下最早退休日退休，但不早于确定风险状况筹资目标及风险状况正常目标成本的计划年份结束前退休。

（ⅱ）所有雇员应假定为选择在计划下［适用第（ⅰ）条的情况下确定的］假定退休年龄可选退休给付金中能得到给付金最高现值者。

（C）**负载系数**。对于任何年份，本段下对一项计划运用的负载系数为如下之和：

（ⅰ）700 美元乘以计划参与人数目；

（ⅱ）该计划针对该计划年份（在不考虑本段的情况下确定）的筹资目标 4%。

（2）**处于风险状况计划的正常目标成本**。对于一计划年份，一项计划风险状况的，该计划针对该计划年份的正常目标成本应等于如下之和：

（A）运用第（1）段第（B）子段中所述附加精算假设，确定该计划下预计在该计划年份累算或赚得的所有给付金的现值；

（B）一项计划，其在过去 4 个计划年份中至少有 2 年处于风险状况的，相当于该计划针对该计划年份（不考虑本段的情况下确定）的正常目标成本 4% 的负载系数。

（3）**最低数额**。在任何情况下：

（A）在未考虑本子节情况下确定的风险状况筹资目标不得低于筹资目标；

（B）或者，在未考虑到本子节情况下确定的风险状况正常目标成本不得低于正常目标成本。

（4）**确定处于风险状况**。在本子节中：

（A）**总体而言**。对于一计划年份，一项计划处于风险状况的前提为：

（ⅰ）前一计划年份（不考虑本子节的情况下根据本节确定的）筹资

目标实现率小于 80%；

（ⅱ）前一计划年份［在计算筹资目标时运用第（1）段第（B）子段中所述附加精算假设的情况下根据本条确定的］筹资目标实现率小于 70%。

（B）[①] **过渡条例**。对于 2008 年、2009 年和 2010 年起始的计划年份，以如下百分比替换‘80%’后，第（A）子段第（ⅰ）条适用：

（ⅰ）对于 2008 年，65%。

（ⅱ）对于 2009 年，70%。

（ⅲ）对于 2010 年，75%。

计划年份自 2008 年起的，第（A）子段第（ⅱ）条下上一计划年份筹资目标实现率，可采用财政部部长提供的估算方法确定。

（C）**针对收到 2006 年提前退休提议的员工而设的特殊条例。**

（ⅰ）**总体而言**。为第（A）子段第（ⅱ）条起见，对于任何雇员，第（1）段第（B）子段中所述附加精算假设不予考虑在内的前提为：

（Ⅰ）该雇员由指定汽车制造商所雇用；

（Ⅱ）[②] 向该等雇员提供该计划下额外现金补偿、大幅提高退休给付金，或极大减轻的雇用职责，但条件为，雇员在指定日期（不迟于 2010 年 12 月 31 日）之前（依计划条款下的规定）退休；

（Ⅲ）[③] 根据善意退休奖励计划在 2006 年向雇员给出退休提议，并按退休提议条款要求此提议于指定日期（不迟于 2006 年 12 月 31 日）之前接受；

（Ⅳ）在该提议指定失效日期前，该雇员未选择接受该提议。

（ⅱ）**指定汽车制造商**。在第（ⅰ）条中，术语‘指定汽车制造商’系指：（Ⅰ）任何汽车制造商；及（Ⅱ）直接向汽车制造商提供部件的任何汽车零部件制造商，其在 1999 年结束一组交易或一系列交易后，不再为包括此等汽车等制造商内在内的受控集团的成员。

（5）**适用筹资目标之间的过渡及适用正常目标成本之间的过渡。**

（A）**总体而言**。对于一计划年份而言处于风险状况的一项计划，其

---

① 适用性。

② 截止日期。

③ 截止日期。

在不超过5年的连续期间内处于这种状况的，筹资目标适用数额及正常目标成本适用数额，应（取替不考虑本段的情况下确定的数额）为以下之和：

（ⅰ）在不考虑本子节的情况下根据本节确定的数额；

（ⅱ）针对该计划年份，（在未考虑本段的情况下）根据本子节确定数额超过在未考虑本节的情况下根据本节所确定数额的超额百分比。

（B）**转换率**。在第（A）子段中，转换率应根据下表确定：

若该计划处于风险状况的连续年数（含该计划年份）	过渡百分比（%）
1	20
2	40
3	60
4	80

（C）**生效日期之前的年份**。在本段中，2008年之前起始的计划年份不予考虑。

(6)[①] **小型计划例外情况**。倘若一项计划，在前一计划年份的每一天中，其参与人数为500人或以下的，该计划不得视为在计划年份处于风险状况。在本段中，同一雇主（或该雇主受控集团中的任何成员）维护的（不属于多雇主计划的）所有定额给付金计划，应视为同一计划，但仅该等雇主或成员的参与人应纳入考虑，且第（g）子节第（2）段第（C）子段条例应适用。

（j）**支付最低规定缴费额**。

（1）**总体而言**。在本节中，任何计划年份的最低规定缴费额的支付期限应为该计划年份结束后的8个半月。

（2）**利息**。第（1）段下规定对一计划年份的任何支付款，于该计划年份估值基准日之后支付的，应按该计划针对该计划年份的实际利率，为评估基准日至支付日期间的利率进行调整。

（3）**对于筹资不足的计划，加快季度缴费进度**。

（A）**未能及时支付规定分期款**。该计划前一计划年份有筹资缺口的，

① 适用性。

维护该计划的雇主须支付本段下的规定分期款，雇主未全额缴纳该计划年份规定分期款的，则第（2）段下对短付款收取的短付期利息，应采用相当于第（2）段下另外采用的利息加 5 个百分点而得的利率确定。

（B）**短缴期短缴额**。在第（A）子段中：

（ⅰ）**数额**。短缴额应为：（Ⅰ）规定的分期款，超过（Ⅱ）在分期款支付期限或之前向计划或根据计划支付的分期款（若有）的部分。

（ⅱ）**短缴期**。对短缴的任何部分，根据本段下收取利息期始于分期款支付期限，止于向计划或根据计划支付该短缴部分日。

（ⅲ）**缴费额抵免顺序**。在第（ⅰ）条第（Ⅱ）子条中，缴费额抵免未付分期款的顺序为该等分期款规定应付的顺序。

（C）**规定的分期款所设期数、支付期限**。在本段中：

（ⅰ）**分四期支付**。每个计划年份分 4 期分期款。

（ⅱ）**分期款支付时间**。对于规定的分期款，其支付期限在下表中有规定：

对于以下规定分期款	支付期限
第 1 期	4 月 15 日
第 2 期	7 月 15 日
第 3 期	10 月 15 日
第 4 期	次年 1 月 15 日

（D）**规定的分期款额**。在本段中：

（ⅰ）**总体而言**。任何规定的分期款应为规定年度支付款的 25%。

（ⅱ）**规定年度支付款**。在第（ⅰ）条中，术语“规定年度支付款”一词系指如下孰少者：

（Ⅰ）根据本条为该计划年份向该计划支付的（未考虑本子节的情况下确定的）最低规定缴费额的 90%；

（Ⅱ）或者，为前一计划年份向该计划支付的［未考虑本子节或第 302 节第（c）子节下任何蠲免的情况下确定的］最低规定缴费额的 100%。

若该条中所指前一计划年份不是 12 个月，则第（ⅱ）子条不适用。

（E）财政年度及不满一年的年度。

（ⅰ）**财政年度**。在对始于1月1日之外的任何日期的计划年份运用本段时，用对应月份替换本段指定的月份。

（ⅱ）**不满一年的计划年度**。本子段应适用于按财政部部长之规定不足12个月的计划年度。

（4）**季度缴费额流动性要求**。

（A）**总体而言**。对于第（3）段下规定的分期款，但凡该等分期款中支付的流动性资产的价值小于流动性缺口（无论该等流动性缺口是否超过在无本段规定的情况下原应支付的该等分期款之数额）的，本段适用的一项计划应视为未缴足该等分期款。

（B）**本段适用的计划**。本段适用的计划［第（g）子节第（2）段第（B）子段所述计划除外］：

（ⅰ）被要求为某一计划年份支付第（3）段下分期款；

（ⅱ）在该计划年份任何季度存在流动性缺口。

（C）**短缴期**。在第（3）段第（A）子段中，一笔分期款在第（A）子段下视为未付的任何部分，应在该分期款支付期限所在季度结束之前，一直视为未付。

（D）**上调限制**。倘若规定的分期款因第（A）子段而上调的，在任何情况下，该等上调部分不得超过在与该计划年份过往分期款相加的情况下将该计划的该计划年份筹资目标（考虑因该计划年份累算或赚得的给付金而预计的筹资目标上调部分）实现率提高至100%所需的数额。

（E）**定义**。在本段中：

（ⅰ）**流动性缺口**。术语‘流动性缺口’一词，就任何规定的分期款而言系指（该分期款支付季度末日）：（Ⅰ）该季度的基数，超过（Ⅱ）该计划（在所述末日）流动性资产值的部分。

（ⅱ）**基数**。

（Ⅰ）**总体而言**。术语‘基数’一词，就任何季度而言系指该计划止于该季度末日的12月之期经调整后支出额之和的3倍。

（Ⅱ）**特别条例**。倘若第（Ⅰ）子条下确定的数额超过计划止于该季最后一天的36个月之期内调整后支出之和的2倍，且注册精算师向财政部部长令人信服地证明，该超额系非经常性情况所致，则该季度的基数额确定时不考虑与该等非经常性情况相关的数额。

（ⅲ）**计划支出款。**术语‘计划支出款’一词系指信托所有支出款，包括年金购买、单笔款额及其他给付金支付款，及管理费用。

（ⅳ）**调整后支出。**术语‘调整后支出’一词系指该计划减去如下乘积的支出：（Ⅰ）计划为该计划年份而设的筹资目标实现率；及（Ⅱ）年金购买、单笔数额付款及财政部部长在法规中规定的其他支出的总和。

（ⅴ）**流动资产。**术语‘流动资产’一词系指现金、有价证券及财政部部长之法规规定的其他资产。

（ⅵ）**季度。**术语‘季度’一词，就任何规定的支付款而言，系指该支付款支付期限所在月份之前的3个月之期。

（F）**法规。**财政部部长可制定执行本段所必要的法规。

（k）**未能支付规定缴费额的，设置留置权。**

（1）**总体而言。**［按第（2）段下规定］本款适用的计划，若：

（A）有任何人士未能于该款支付期限之前支付第302节及本节规定的缴费额；

（B）该款未付余额（包括利息），与支付期限前未付的所有该等前述款项未付余额总额相加时（包括利息），超过100万美元；

则以计划为受益方，对属于该人及与该人所属的同一受制集团的成员之所有财产及产权（无论是动产还是不动产）设置一项第（3）段下规定数额的置留权。

（2）**本子节适用的计划。**第4021节下涵盖的单雇主计划，其任何计划年份［第（d）子节第（2）段界定的］筹资目标实现率低于100%的，本子节应适用。

（3）**留置权数额。**在第（1）段中，留置权之数额应等于本节及第302节下规定应付，但于支付期限前未付的缴费额未付余额之合计。

（4）**未付通知、留置权。**

（A）[①] **未付通知。**一人如第（1）所述未予支付的，规定缴费额支付期限后10天内将该未付情况通知养老给付金担保公司。

（B）**留置权期限。**第（1）段设置的留置权缘起于规定缴费额付款到期日，并将保持效力，直至计划不再符合第（1）段第（B）子段中所述的首个计划年份末日。该等留置权应保持有效，无论前一句中所述期间内

① 截止日期。

该等计划是否符合第（2）段所述。

（C）**适用的部分条例**。就第（1）段下所设留置权有关的任何数额，应视为欠付美国的到期税款，而与第4068节第（c）子节、第（d）子节及第（e）子节条例类似的条例，对于第（a）子节设置的留置权及该留置权相关的数额适用。

（5）**强制执行**。第（1）段下所设任何置留权，只可由养老给付金担保公司或在养老给付金担保公司的指导下由缴费出资人（或缴费出资人所属受控集团的任何成员）生效并执行。

（6）**定义**。在本节中：

（A）**缴费额付款**。术语‘缴费额付款’一词，就一项计划而言，系指规定应向该计划做出的缴费额付款，包括第（j）子节第（3）段和第（4）段下任何规定分期款。

（B）**支付期限、规定的分期款**。术语“支付期限”和“规定的分期款”具有第（j）子节赋予该等术语的含义，但对于除规定支付款之外的款项，支付期限应为第303节下该款规定应付日期。

（C）**受控集团**。术语‘受控集团’一词，系指视为《1986年国内税收法》第414节第（b）子节、第（c）子节、第（m）子节或第（o）子节下单雇主的任何集团。

（l）**向健康给付金账户进行合格划转**。在（《1986年国内税收法》第414节界定的）合格划转的情况下，在本节中，任何待划转资产不应视为该计划中的资产。”

（b）**文书修正**。（经第101节修正的）《1974年雇员退休收入保障法》第1节中的节次目录，在第302节有关项后插入以下新项予以修正：“第303节　单雇主定额给付金养老金计划最低筹资标准。”

（c）[①] **生效日期**。本节做出的修正适用于2007年后起始的计划年份。

第103节　单雇主计划下的给付金限制

（a）**单雇主计划下给付金及利益累算的筹资限制**。《1974年雇员退休收入保障法》第206节（《美国法典》第29编第1056节）于末尾增补如下新设子节予以修正：

① 《美国法典》第29编第1083节注。

"（g）**单雇主计划下给付金及给付金累算的筹资限制。**

（1）**单雇主计划下停工给付金及其他不可预测偶然事件给付金的筹资限制。**

（A）**总体而言。**倘若一项属于单雇主计划的定额给付金计划，其参与人对于任何计划年份内发生的任何事件有权享用一份应付的不可预测偶然事件给付金的，只要计划年份的调整后筹资目标实现率如下，则该计划应规定该等给付金不得予以提供：

（ⅰ）小于60%；

（ⅱ）或者，若将此事件纳入考虑，将低于60%。

（B）[①] **豁免。**对于任何计划年份，计划出资人（在第303节下任何最低规定缴费额外再）支付如下一笔缴费额后，第（A）子段自该计划年份首日起即不再适用：

（ⅰ）在第（A）子段第（ⅰ）条的情况下，（第303节下）该计划对该计划年份的筹资目标，可归于第（A）子段所述事件上调的数额；

（ⅱ）在第（A）子段第（ⅱ）条的情况下，足以促成实现60%筹资目标的数额。

（C）**不可预测偶然事件。**在本段中，术语"不可预测偶然事件给付金"一词系指仅因如下原因的任何应予给付金：

（ⅰ）工厂停工（或财政部部长确定的类似事件）；

（ⅱ）或者，除年龄、履行任何服务、收受或领取任何补偿金，或者发生死亡或残疾之外的事件。

（2）**对提高给付金责任的计划修正之限制。**

（A）**总体而言。**对一项属于单雇主计划的定额给付金计划所作修正，因提高给付金、设置新给付金项、变更给付金累算率或变更给付金不可罚没率而提高计划责任的，不得于任何计划年份生效，唯须该计划年份调整后筹资目标实现率：

（ⅰ）不足80%；

（ⅱ）或者，若将此修正纳入考虑，将低于80%。

（B）[②] **豁免。**对于任何计划年份，计划出资人（在第303节下任何最

① 生效日期。

② 生效日期。

低规定缴费额外再）支付如下一笔缴费额后，第（A）子段自该计划年份首日（或修正生效之日起，以孰晚者为准）起即不再适用：

（ⅰ）在第（A）子段第（ⅰ）条的情况下，（第303节下）该计划对该计划年份的筹资目标，可归于该等修正的数额；

（ⅱ）在第（A）子段第（ⅱ）条的情况下，足以促成实现80%筹资目标的数额。

（C）**部分给付金上调的例外情况**。任何修正，其规定的给付金上调并非基于参与人赔偿额而设公式的，第（A）子段不适用，但前提是该上调率不超过同期修正所涵盖参与人平均工资上调率。

（3）**针对加快给付金给付的限制**。

（A）**筹资率小于60%**。属于单雇主计划的一项定额给付金计划，在该计划某计划年份调整后筹资目标实现率低于60%的情况下，应规定该计划年份评估基准日后该计划不得支付任何禁付款。

（B）[①] **破产**。属于单雇主计划的一项定额给付金计划，在该计划出资人为《美国法典》第11编或类似联邦或州际法律下规定情况下的债务人的任何时期，该计划不得支付任何禁付款。该计划注册精算师证明调整后筹资目标实现率不低于100%之日或之后，上句不适用。

（C）**倘若实现率达到60%及以上但小于80%，付款有限**。

（ⅰ）**总体而言**。属于单雇主计划的一项定额给付金计划应规定，在该计划某计划年份的调整筹资目标实现率为60%或以上但小于80%的任何情况下，该计划年份评估基准日后，该计划不得支付任何禁付款，唯须付款额超过以下孰少者：

（Ⅰ）付款额的50%，其可不考虑本子节支付；

（Ⅱ）或者，第4022节下参与人的最大担保额的现值［依养老给付金担保公司规定的指导确定，采用第205节第（g）子节下利率及死亡率假设］。

（ⅱ）**一次运用**。

（Ⅰ）**总体而言**。该计划还应规定，就任何参与人而言，在第（A）子段或第（B）子段或本子段下限制适用的连续若干计划年份之任何期限内，仅满足第（ⅰ）条要求的一笔禁付款可予支付。

---

① 证明。

（Ⅱ）**受益人处理**。在本条中，一名参与人及代表该参与人的任何受益人［包括第206节第（d）子节第（3）段第（K）子段界定的备用收款人］应作同一名参与人处理。倘若一名受益人的累算给付金分配给该备用收款人及一名或多名其他人士的，第（ⅰ）条下款额应以该累算给付金分配的同样方式于该等人士之间进行分配，［第206节第（d）子节第（3）段第（B）子段第（ⅰ）条界定的］适合家庭关系证明书另有规定的除外。

（D）**例外情况**。对于任何计划年份的任何计划，若该计划的条款（于始自2005年9月1日并随该计划年份终止的期间有效的）规定，在该期限内任何参与人无给付金累算的，则本段不适用。

（E）**禁付款**。在本段中，术语‘禁付款’一词系指：

（ⅰ）任何款项，对于其［第205节第（h）子节第（2）段中界定的］年金起始日期属于第（A）子段或第（B）子段下限制发挥效力所在的任何期间的参与人或受益人，该笔款项超过了单生年金下对该等参与人或受益人支付的月度付款［加第204节第（b）子节第（1）段第（G）子段末句所述任何社会保障补充款］；

（ⅱ）保险人购买的不可撤销承诺的任何款项支付给付金；

（ⅲ）[①] 为财政部部长规定的法规所规定的任何其他款项。

（4）**对于筹资缺口严重的计划，其给付金累算的限制。**

（A）**总体而言**。属于单雇主计划的一项定额给付金计划，在该计划某计划年份调整后筹资目标实现率低于60%的情况下，应规定该计划下的给付金自该计划年份评估基准日起停止累算。

（B）[②] **豁免**。对于任何计划年份，计划出资人（在第303节下任何最低规定缴费额外再）支付如下一笔足以促成调整后筹资目标实现率达到60%的缴费额后，第（A）子段自该计划年份首日起即不再适用。

（5）**有关为避开给付金限制而规定的缴费额的条例。**

（A）**可提供保障金。**

（ⅰ）**总体而言**。在本子节中，调整后筹资目标实现率，应将计划出资人提供符合第（ⅱ）条要求形式的保障金作为该计划的一项资产而

① 规例。

② 生效日期。

确定。

（ⅱ）**保障金形式**。第（ⅰ）条下规定的保障金，其构成应如下：

（Ⅰ）企业担保公司发行的（就本法第 412 节而言，属于合格担保的）债券；

（Ⅱ）现金，或 3 年内到期的美国债务，交给银行或类似金融机构托管；

（Ⅲ）或者，使财政部部长和有关各方感到满意的其他形式担保。

（ⅲ）**强制执行**。第（ⅰ）条下提供的任何保障金，可在以下孰先者之后予以生效并强制执行：

（Ⅰ）该计划终止之日；

（Ⅱ）倘若未支付起于提供保障金之后的任何计划年份最低规定缴费额，则第 303 节第（j）子节下的付款到期日；

（Ⅲ）或者，倘若连续 7 年调整后筹资目标实现率小于 60%，则该连续期的最后一年之评估基准日。

（ⅳ）**解除保障金**。保障金应于财政部部长在法规中规定的时机解除（而其下任何款额应同其任何应计利息一并退还），包括规定因提高筹资目标实现率之故而解除部分保障金的法规。

（B）**不得动用筹资前余额或筹资标准结转结余**。第 303 节第（f）子节下的筹资前余额或筹资标准结转结余，在第（1）段、第（2）段或第（4）段下不得为避免或终止运用任何该段规定下的任何限制而用于偿付雇主在该段规定下可能支付的款项。

（C）**视为筹资余额减少**。

（ⅰ）**总体而言**。除受第（ⅲ）条的规限外，在第（1）段、第（2）段、第（3）段或第（4）段下的一项给付金限制［若无本子段则反之，且在不考虑第（1）段第（B）子段、第（2）段第（B）子段或第（4）段第（B）子段的情况下确定］将适用于该计划年份的该计划之任何情况下，该计划的计划出资人在本法中视为做出第 303 节第（f）子节下的选择，将筹资前余额或筹资标准结转结余减去使该等给付金限制无法适用该计划年份的计划的数额。

（ⅱ）**筹资余额不足的例外情况**。对于任何计划年份的一项给付金限制，若运用第（ⅰ）条将使得该给付金限制无法适用于该计划年份的，则第（ⅰ）条不适用。

（ⅲ）[①] **适用于劳资双方集体谈判而成的计划某些规定的限制**。对于第（1）段、第（2）段或第（4）段下任何给付金限制，第（ⅰ）条仅适用于一项计划根据雇员代表和一名或多名雇主之间的集体谈判协议维护的情况。

（6）**新计划**。在一项计划前5年，第（1）段、第（2）段及第（4）段不适用于该计划。就本段而言，在本段中对计划的引述，均包括对任何以往计划的引述。

（7）**为给付金限制起见推定的筹资不足**。

（A）[②] **推定持续筹资不足**。对于一项计划当前计划年份之前一计划年份，对该计划已运用第（1）段、第（2）段、第（3）段或第（4）段下的一项给付金限制的任何情况下，在该计划的注册精算师核证该计划当前计划年份实际调整后筹资目标实现率之前，该计划当前计划年份调整后筹资目标实现率应推定等于该计划前一计划年份调整后筹资目标实现率。

（B）**推定第10月后筹资不足**。在该计划当前计划年份调整后筹资目标实现率于该年份第10月首日前未得以核证的任何情况下，在第（1）段、第（2）段、第（3）段及第（4）段中，所述首日应就所述段而言视为该计划当前计划年份的评估基准日，而该计划调整后筹资目标实现率应确凿推定为自该首日起小于60%。

（C）**将近筹资不足计划推定第4月后筹资不足**。在如下任何情况下：

（ⅰ）对于一项计划当前计划年份之前一计划年份，未运用第（1）段、第（2）段、第（3）段或第（4）段下的一项给付金限制，但比起原本可促成所述段就该前一计划年份适用于该计划的实现率，该计划前一计划年份调整后筹资目标实现率不超过10个百分点；

（ⅱ）自当前计划年份第4月首日起，该计划注册精算师未核证该计划当前计划年份实际调整后筹资目标实现率；

在该注册精算师按此核证前，所述首日，在所述段中应视为该计划当前计划年份评估基准日，而于所述首日起该计划的调整后筹资目标实现率，在所述段中应推定为比该计划前一计划年份调整后筹资目标实现率少10个百分点。

---

① 适用性。

② 证明。

(8) **禁止期或停止期结束起的计划处理**。为本部之运用起见：

(A)[①] **期限过后计划之运营**。除非该计划另有规定，否则第 (3) 段或第 (4) 段下给付金支付或累算的任何限制适用期结束后次日起，付款和累算项将继续有效。

(B) **受影响给付金的处理**。若无本子节规定原本已支付或累算的给付金，本段中任何内容不得释为影响该计划对其处理。

(9) **筹资目标实现相关术语**。在本子节中：

(A) **总体而言**。术语"筹资目标实现率"一词具有第 303 节第 (d) 子节第 (2) 段赋予该术语的含义。

(B) **调整后筹资目标实现率**。术语"调整后筹资目标实现率"一词系指第 (A) 子段下，将第 303 节第 (d) 子节第 (2) 段第 (A) 子段和第 (B) 子段下各数额上调相当于由该计划于前两个计划年份内为［《1986 年国内税收法》第 414 节第 (q) 子节定义的］高额赔付雇员之外的雇员购买年金的总额而确定的筹资目标实现率。

(C) **对足额筹资的运用（不考虑筹资余额减少）**。

(ⅰ) **总体而言**。对于一项计划的任何年份计划，倘若［在不考虑本子段，及不考虑第 303 节第 (f) 子节第 (4) 段下资产价值减少的情况下确定］筹资目标实现率为 100% 或以上，在第 (A) 子段和第 (B) 子段中，筹资目标实现率目的确定应不考虑该等价值减少的情况。

(ⅱ) **转化条例**。第 (ⅰ) 条应运用于其起始晚于 2007 年但早于 2011 年的计划，以按下表确定的适用实现率替代'百分百'：

计划年份起始的日历年	适用百分比 (%)
2008 年	92
2009 年	94
2010 年	96

(ⅲ) **限制**。第 (ⅱ) 条不适用于 2008 年后的任何计划，除非该计划 2007 年后的各过往计划年份（不考虑本子段确定的）筹资目标实现率，不低于第 (ⅱ) 条下确定的所述过往年份适用的实现率。

---

① 生效日期。

（10）**针对2008年的特殊条例**。在本子节中，计划年份自2008年起的，前一计划年份筹资目标实现率，可采用财政部部长提供的估算方法确定。”

（b）**通知要求**。

（1）**总体而言**。该法第101节（《美国法典》第29编第1021节）修正如下：

（A）第（j）子节改名为第（k）子节；

（B）第（i）子节后插入以下新子节：

“（j）[①] **某些给付形式的筹资限制通知**。一项单雇主计划的计划管理人，应于如下30天内向计划参与人及受益人提供书面通知：

（1）该计划开始受206节第（g）子节第（1）段或第（3）段中所述一项约束后；

（2）在第206节第（g）子节第（4）段适用于一项计划的情况下，在第206节第（g）子节第（4）段第（B）子段中（该计划的该计划年份调整后筹资目标实现率小于60%的）所述计划年份评估基准日［或，该等实现率根据第206节第（g）子节第（7）段视为小于60%之日，以孰早者为准］后；

（3）财政部部长确定的其他时间。

本子节要求提供的通知应采用书面形式，但该通知可以采用电子或其他形式，只要接收人可合理收讫。”

（2）**强制执行**。该法第502节第（c）子节第（4）段［《美国法典》第29编第1132节第（c）子节第（4）段］删去“第302节第（b）子节第（7）段第（F）子段第（ⅳ）条”，并插入“第101（j）节或第302节第（b）子节第（7）段第（F）子段第（ⅳ）条”予以修正。

（c）[②] **生效日期**。

（1）**总体而言**。本节做出的修正适用于2007年12月31日后起始的计划年份。

（2）**劳资集体谈判例外情况**。一项计划依据雇员代表和1名或多名雇主之间2008年1月1日以前批准的集体谈判协议维护的，本节所做的

---

① 截止日期。

② 《美国法典》第29编第1021节注。

修正不适用于早于如下孰早者的计划年份：

（A）如下孰晚者：

（ⅰ）计划相关的集体谈判协议中最晚终止者终止之日（不考虑该法颁布之日后其任何议定延期而确定）；

（ⅱ）或者，（在无本子段规定的情况下）本节所作修正申请适用的首个计划年份首日；

（B）或者，2010 年 1 月 1 日。

在第（A）子段第（ⅰ）条中，仅为使该计划遵守本节所增补的任何要求而根据一项与该计划有关的集体谈判协议做出的任何计划修正，不应视为该集体谈判协议的终止。

第 104 节[①]　某些合作团体多雇主计划特殊条例

（a）**一般条例。**除本节规定外，若一项在 2005 年 7 月 26 日存在的计划，为一项对包括该日的计划年份而言合格的合作团体计划，则本子编及第 B 子编下所作修正不适用于以下孰早者前开始的计划年份：

（1）该计划不再为一项合格的合作团体计划的计划首年；

（2）或者，2017 年 1 月 1 日。

（b）**利率。**一项对 2007 年 12 月 31 日后但早于该等修正适用的计划首年而起始的计划年份而言合格的合作团体计划，在对其运用（本子编及第 B 子编下所作修正之前有效的）《1974 年雇员退休收入保障法》第 302 节第（b）子节第（5）段第（B）子段及《1986 年国内税收法》第 412 节第（b）子节第（5）段第（B）子段时，《1974 年雇员退休收入保障法》第 303 节第（h）子节第（2）段第（C）子段及（该修正所增补的）《1986 年国内税收法》第 430 节第（h）子节第（2）段第（C）子段第（ⅲ）条下确定的第三阶段利率应取代另用利率。

（c）**界定的合格合作团体计划。**在本节中，一项计划应视为一项对计划年份而言合格的计划，唯须该计划由 1 名以上雇主维护，且至少 85% 的雇主为：

（1）农村合作社［如《1986 年国内税收法》第 401 节第（k）子节第（7）段第（B）子段界定的，不考虑其第（ⅳ）条］；

①《美国法典》第 29 编第 401 节注。

（2）或者，如下组织：

（A）《1986 年国内税收法》第 1381 节第（a）子节所述合作组织，其 50% 以上由农业生产者或农业生产者所拥有的合作团体所拥有，

（B）或者，50% 以上由第（A）子段中所述一家或多家合作组织所拥有或控制。

符合《1974 年雇员退休收入保障法》第 201 节第（a）子节中所述情况的，一项计划同样也应视为一项对任何计划年份而言合格的合作计划，其由该法第 3 节第（40）段第（B）子段第（ⅴ）条中所述一家农村电话合作组织维护。

第 105 节[①]　针对某些 PBGC 结算计划的暂行救济

（a）**一般条例**。除本节规定外，若一项在 2005 年 7 月 26 日存在的计划，于该日为一项 PBGC 结算计划，则本子编及第 B 子编下所作修正不适用于 2014 年 1 月 1 日前起始的计划年份。

（b）**利率**。对于 2007 年 12 月 31 日后 2014 年 1 月 1 日前起始的计划年份，在对一项计划运用（本子编及第 B 子编下所作修正之前有效的）《1974 年雇员退休收入保障法》第 302 节第（b）子节第（5）段第（B）子段及《1986 年国内税收法》第 412 节第（b）子节第（5）段第（B）子段时，《1974 年雇员退休收入保障法》第 303 节第（h）子节第（2）段第（C）子段及（该修正所增补的）《1986 年国内税收法》第 430 节第（h）子节第（2）段第（C）子段第（ⅲ）条下确定的第三阶段利率应取代另用利率。

（c）**PBGC 结算计划**。在本节中，术语“PBGC 结算计划”一词系指该法第 412 节 302 节适用的一份定额给付金计划（而非一项多雇主计划）申请。

（1）由破产雇主出资，促使养老给付金担保公司索赔不超过 1.5 亿美元，而其出资人身份由非破产出资人同一受控集团的成员的另一名雇主接任，则养老给付金担保公司提出的索赔因出资人身份来结算或撤销；

（2）或者，经与养老给付金担保公司达成协议，属于随后由该公司根据从随后根据《1974 年雇员退休收入保障法》第 4042 节终止的一项计

① 《美国法典》第 29 编第 401 节注。

划的后续计划。

第 106 节[①]　针对某些政府立约人计划的特殊条例

（a）**一般条例**。除本节规定外，倘若一项计划为政府立约人计划，则本子编及第 B 子编不适用于以下孰早者前起始的计划年份：

（1）该计划不再为一项合格的政府立约人计划之计划首年；

（2）《成本会计准则养老金协调条例》生效日期；

（3）或者，2011 年 1 月 1 日。

（b）**利率**。一项对 2007 年 12 月 31 日后但早于该等修正适用的计划首年而起始的计划年份而言合格的政府立约人计划，在对其运用（本子编及第 B 子编下所作修正之前有效的）《1974 年雇员退休收入保障法》第 302 节第（b）子节第（5）段第（B）子段及《1986 年国内税收法》第 412 节第（b）子节第（5）段第（B）子段时，该法第 303 节第（h）子节第（2）段第（C）子段及（该修正所增补的）该法第 430 节第（h）子节第（2）段第（C）子段第（ⅲ）条下确定的第三阶段利率应取代另用利率。

（c）**界定的合格政府立约人计划**。在本节中，［《1986 年国内税收法》第 1540 节第（2）子节界定的］同一附属集团的一家公司或一名成员，而其主要收入来源是与美国所签合同下开展受《联邦采购规定》（《美国联邦法规》第 48 编第 1 章）和《联邦采购条例国防补充规定》（《美国联邦法规》第 48 编第 2 章）所辖业务，其于前一财政年度自该等业务所得收入超过了 50 亿美元，且其于这些合约下可转让的退休金计划成本受《成本会计标准》第 412 节和 413 节（《美国联邦法规》第 48 编第 9904. 412 款和第 9904. 413 款）的规限的，由其维护的一项计划应视为一项合格的政府立约人计划。

（d）[②] **《成本会计准则养老金协调条例》**。成本会计标准委员会应审查并修订《成本会计标准》第 412 节和第 413 节（《美国联邦法规》第 48 编第 9904. 412 款和第 9904. 413 款），将《1974 年雇员退休收入保障法》下合格政府立约人计划最低规定缴费额与不迟于 2010 年 1 月 1 日前由政

① 《美国法典》第 29 编第 401 节注。

② 截止日期。

府可偿还的养老金计划成本协调。成本会计准则理事会采用的任何最终条例应视为《成本会计准则养老金协调条例》。

第 107 节　技术性修正及一致性修正

（a）**第一编其他修正**。该法第一编第 B 子编（《美国法典》第 29 编第 1021 节及以下）现予修正：

（1）[①] 在第 101 节第（d）子节第（3）段中，删去“第 302 节第（e）子节”并插入“第 303 节第（j）子节”；

（2）[②] 第 103 节第（d）子节第（8）段第（B）子段，删去“第 302 节第（c）子节第（3）段的要求”并插入“第 303 节第（h）子节和第 304 节第（c）子节第（3）段相关要求”；

（3）在第 103 节第（d）子节中，删去第（11）段并插入如下：

“（11）若该计划的资产现值小于下者的 70%：

（A）在单雇主计划的情况下，［第 303 节第（d）子节第（1）段界定的］该计划筹资目标。

（B）在多雇主计划的情况下，［第 304 节第（c）子节第（6）段第（D）子段界定的］该计划下的流动负债，该值为第（A）或（B）子段中所述数额的百分比。”；

（4）[③] 在第 203 节第（a）子节第（3）段第（C）子段中，删去“第 302 节第（c）子节第（8）段”并插入“第 302 节第（d）子节第（2）段”；

（5）[④] 在第 204 节第（g）子节第（1）段中，删去“第 302 节第（c）子节第（8）段”并插入“第 302 节第（d）子节第（2）段”；

（6）在第 204 节第（i）子节第（1）段第（B）子段中，删去“第 302 节第（c）子节第（8）段”并插入“第 302 节第（d）子节第（2）段”；

（7）在第 204 节第（i）子节第（3）段中，删去“［符合该法第

---

① 《美国法典》第 29 编第 1021 节。

② 《美国法典》第 29 编第 1023 节。

③ 《美国法典》第 29 编第 1053 节。

④ 《美国法典》第 29 编第 1054 节。

302 节第（d）子节第（8）段含义的］流动负债已筹资率”，并插入“［第 303 节第（d）子节第（2）段界定的］筹资目标实现率”；

（8）在第 204 节第（i）子节第（4）段中，删去“第 302 节第（c）子节第（11）段第（A）子段，不考虑第 302 节第（c）子节第（11）段第（B）子段”，并插入“第 302 节第（b）子节第（1）段，不考虑第 302 节第（b）子节第（2）段”；

（9）[①] 在第 206 节第（e）子节第（1）段中，删去“第 302 节第（d）子节”并插入“第 303 节第（j）子节第（4）段”，删去“第 302 节第（e）子节第（5）段”并插入“第 303 节第（j）子节第（4）段第（E）子段第（ⅰ）条”；

（10）在第 206 节第（e）子节第（3）段中，删去“因其第（5）段第（A）子段之故（……）第 302 节第（e）子节”并插入“因第 303 节第（j）子节第（4）段第（A）子段之故（……）第 303 节第（j）子节第（3）段”；

（11）[②] 在第 101 节第（e）子节第（3）段、第 403 节第（c）子节第（1）段、第 408 节第（b）子节第（13）段中，删去“《2004 年美国促进就业法》”并插入“《2006 年养老金保护法》”。

（b）**第四编其他修正。**第四编现予修正：

（1）在第 4001 节第（a）子节第（13）子节［《美国法典》第 29 编第 1301 节第（a）子节第（13）段］，删去“第 302 节第（c）子节第（11）段第（A）子段”并插入“第 302 节第（b）子节第（1）段”，删去“第 412 节第（c）子节第（11）段第（A）子段”并插入“第 412 节第（b）子节第（1）段”，删去“第 302 节第（c）子节第（11）段第（B）子段”并插入“第 302 节第（b）子节第（2）段”，并删去“第 412 节第（c）子节第（11）段第（B）子段”并插入“第 412 节第（B）子节第（2）段”；

（2）在第 4003 节第（e）子节第（1）段［《美国法典》第 29 编第 1303 节第（e）子节第（1）段］中，删去“第 302 节第（f）子节第（1）段第（A）子段和第（B）子段”，并插入“第 303 节第（k）子节

① 《美国法典》第 29 编第 1056 节。

② 《美国法典》第 29 编第 1021 节、第 1103 节、第 1108 节。

第（1）段第（A）子段和第（B）子段”，并删去“第412节第（n）子节第（1）段第（A）子段和第（B）子段”，并插入“第430节第（k）子节第（1）段第（A）子段和第（B）子段”；

（3）在第4010节第（b）子节第（2）段［《美国法典》第29编第1310节第（b）子节第（2）段］中，删去“第302节第（f）子节第（1）段第（A）子段和第（B）子段”，并插入“第303节第（k）子节第（1）段第（A）子段和第（B）子段”，并删去“第412节第（n）子节第（1）段第（A）子段和第（B）子段”，并插入“第430节第（k）子节第（1）段第（A）子段和第（B）子段”；

（4）在第4062节第（c）子节［《美国法典》第29编第1362节第（c）子节］中，删去“第（1）段、第（2）段及第（3）段”，并插入如下：

“（1）对于终止之日所在计划年份的计划（若有），［符合本法第303节第（c）子节第（1）段及《1986年国内税收法》第430节第（d）子节第（1）段含义的］缺口摊销费用总和，加本法第303节第（c）子节第（2）段及《1986年国内税收法》第430节第（d）子节第（2）段下为后续计划年份确定的缺口摊销分期（若有）总额［在本子段中，其应包括若该计划悬而未决的本法第302节第（c）子节及《1986年国内税收法》第412节第（c）子节下最低筹资标准所有蠲免申请被拒，及该终止日期所在计划年份或任何过往计划年份中无额外缴费额的情况下会出现的该总和增额］；

（2）对于终止之日所在计划年份的计划（若有），［符合本法第303节第（e）子节第（1）段及《1986年国内税收法》第430节第（e）子节第（1）段含义的］蠲免摊销费用总和，加本法第303节第（e）子节第（2）段及《1986年国内税收法》第430节第（e）子节第（2）段下为后续计划年份确定的蠲免摊销分期（若有）总额；”；

（5）在第4071节（《美国法典》第29编第1371节）中，删去“第302节第（f）子节第（4）段”并插入“第303节第（k）子节第（4）段”；

（6）在第4243节第（a）子节第（1）段第（B）子段［《美国法典》第29编第1423节第（a）子节第（1）段第（B）子段中］，删去“第302节第（a）子节”并插入“第304节第（a）子节”，并在第（ⅰ）条中，删去“第302节第（a）子节”并插入“第304节第（a）子节”；

（7）在第4243节第（f）子节第（1）段［《美国法典》第29编第1423节第（f）子节第（1）段］中，删去“第303节第（a）子节”并插入“第302节第（c）子节”；

（8）在第4243节第（f）子节第（2）段［《美国法典》第29编第1423节第（f）子节第（2）段］中，删去“第303节第（c）子节”并插入“第302节第（c）子节第（3）段”；

（9）在第4243节第（g）子节［《美国法典》第29编第1423节第（g）子节］中，删去“第302节第（c）子节第（3）段”并插入“第304节第（c）子节第（3）段”。

（c）① **《1978年第4号重组计划》修正。**［经第98—532号《公法》（《美国联邦法律大全》第98卷第2705页）批准并确认的］《1978年第4号重组计划》第106节第（b）子节第（ⅱ）条现予修正，删去“第302节第（c）子节第（8）段”并插入“第302节第（d）子节第（2）段”，删去“第304节第（a）子节及第（b）子节第（2）段第（A）子段”并插入“第304节第（d）子节第（1）段、第（d）子节第（2）段和第（e）子节第（2）段第（A）子段”，删去“第412节第（c）子节第（8）段、第（e）子节，及第（f）子节第（2）段第（A）子段”并插入“第412节第（c）子节第（2）段和第431节第（d）子节第（1）段、第（d）子节第（2）段和第（e）子节第（2）段第（A）子段”。

（d）**为暂时分歧废除过期权限。**该法第207节（《美国法典》第29编第1057节）现予废除。

（e）② **生效日期。**本节做出的修正适用于2007年后起始的计划年份。

第B子编　《1986年国内税收法》修正

第111节　最低筹资标准

（a）③ **新设最低筹资标准。**《1986年国内税收法》（有关最低筹资标

① 《美国法典》第29编第1001节注。

② 《美国法典》第29编第1021节注。

③ 《美国法典》第29编第421节。

准的）第412节现予修正如下：

“第412节　最低筹资标准

（a）**须符合最低筹资标准。**

（1）**总体而言。**本节适用的计划，应满足适用于该计划的任何计划年份的最低筹资标准。

（2）**最低筹资标准。**在第（1）段中，一项计划视为满足某计划年份最低筹资标准的前提为：

（A）一项定额给付金计划不属于多雇主计划的，雇主为该计划年份向计划缴费或根据计划缴费，总计不低于第430节下为该计划的该计划年份确定的规定最低缴费额；

（B）现金购买计划不属于多雇主计划的，雇主为该计划年向计划缴纳或根据计划缴纳该计划之条款规定的费用；

（C）对于一项多雇主计划，雇主为任何计划年份向计划缴费或据计划缴费，总额足以确保该计划在该计划年份结束时不存在第431节下的累计筹资缺额。

（b）**缴费额责任。**

（1）**总体而言。**除第（2）段中有规定外，本节规定的任何缴费数额［包括第430节第（j）子节第（3）段和第（4）段下规定的任何分期款］应由负责向该计划或根据该计划支付缴费额的雇主支付。

（2）**在受控集团雇主成员情况下的连带责任。**倘若第（1）段所指雇主系受控集团的一名成员，该集团各成员应对该等缴费额的支付承担连带责任。

（c）**最低筹资标准方差。**

（1）**在业务艰难的情况下予以豁免。**

（A）**总体而言。**倘若：

（ⅰ）一名雇主（或，对于一项多雇主计划，向计划或根据计划缴费的雇主中10%以上者）在未经历暂时性业务艰难（对于大量业务艰难的多雇主计划）的情况下无法满足某计划年份的最低筹资标准；

（ⅱ）运用标准时，宜总体上不以计划参与人利益为重；

该部长可根据第（C）子段就最低筹资标准全部或部分豁免第（a）子节对该年份的要求。就一项计划而言，部长不得在连续15个计划年中的 3 个年份以上豁免最低筹资标准（对于多个雇主计划，则连续 15 个计划年中的 5 个年份以上）。

（B） **豁免效力**。若对任何计划年份准予第（A）子段下豁免的：

（ⅰ）一项固定给付金计划不属于多雇主计划的，根据第 430 节对该计划年份规定的最低缴费应减去豁免筹资缺额，而所述缺额应根据第 430（e）节的规定摊销；

（ⅱ）对于多雇主计划，应根据第 431 节第（b）子节第（3）段第（C）子段将豁免的筹资缺额记入筹资标准账户贷方，且缺额应根据第 431 节第（b）子节第（2）段第（C）子段的要求摊销。

（C） **不得豁免摊销部分**。对于某一计划年份，第（a）子节下最低筹资标准的任何部分可归于任何过往计划年份任何已豁免筹资缺额的，部长不得根据第（A）子段豁免。

（2） **判定业务属于艰难**。在本子节中，在判定业务属于暂时性艰难（对于多雇主计划，判定业务属于艰难）时考虑的因素应包括（但不限于）是否：

（A） 雇主运营出现经济亏损；

（B） 在交易或业务及相关行业中存在大量失业或就业不足；

（C） 相关行业的销售和利润低迷或走低；

（D） 可合理预期，唯有准予豁免，计划方可得继续。

（3） **已豁免筹资缺额**。在本子章第三部本节中，术语‘豁免筹资缺额’一词系指部长为某一计划年份豁免且雇主未缴清的第（a）子节下最低筹资标准（未考虑豁免时确定的）一部分。

（4） **单雇主计划豁免担保、咨询**。

（A） **可能要求提供担保**。

（ⅰ） **总体而言**。除第（c）子段有规定外，否则维持其属于［符合《1974 年雇员退休收入保障法》第 4001 节第（a）子节第（15）段定义的］单雇主计划的定额给付金计划的雇主，部长可要求其为该等计划提供担保，作为准予或修改第（1）段下豁免的条件。

（ⅱ） **特殊条例**。根据第（ⅰ）条提供的任何担保，仅可由养老给付金担保公司，或经该公司指示由一名［符合《1974 年雇员退休收入保障法》第 4001 节第（a）子节第（13）段定义的］缴费出资人，或由该等出资人的一名［符合该法第 4001 节第（a）子节第（13）段定义的］控股集团成员使之生效并执行。

（B）**咨询养老给付金担保公司**。除第（C）子段规定外，否则部长应于根据本子节准予或修改第（A）子段第（ⅰ）条所述计划一项豁免之前：

（ⅰ）向养老给付金担保公司提供：（Ⅰ）[①] 完成豁免或修改申请的通知，及（Ⅱ）[②] 有机会在收到该通知后 30 天内对该申请提出意见；

（ⅱ）考虑：（Ⅰ）第（ⅰ）条第（Ⅱ）子条下公司任何意见，及（Ⅱ）代表计划参与人的［符合《1974 年雇员退休收入保障法》第 3 节第（4）子节定义的］任何雇员组织对标准运用情况的看法，以书面形式提交给部长。

根据本子段提供给该公司的信息应被视为纳税申报信息，并应符合第 6103 节第（p）子节的维护及报告要求。

（C）**某些豁免的例外情况。**

（ⅰ）**总体而言**。本段前述规定不适用的计划，其总额：（Ⅰ）该计划年份及所有过往计划年份［符合第 4971 节第（c）子节第（4）段含义的］最低规定缴费未付总额，及（Ⅱ）第 430 节第（e）子节第（2）段下为该计划年份及后续计划年份确定的所有豁免摊销分期款的现值，小于 100 万美元。

（ⅱ）**标准暂未运用时的豁免处理**。就所述计划对豁免暂未运用的本子节下最低筹资标准，其不予运用而使第（ⅰ）条第（Ⅰ）子条所述数额上调的，则所述额数应括等上调。

（5）**单雇主计划特殊条例。**

（A）[③] **申请必须于年末两个半月前提交**。在一项固定额给付金计划并非多雇主计划的情况下，本子节之下不得为任何计划的任何计划年份豁免，豁免申请于该等计划年份结束起倒数第 3 个月 15 日之前提交的除外。

（B）**雇主为控股受控集团的成员情况下的特殊条例**。在一项固定额给付金计划并非多雇主计划的情况下，若一名雇主为一家受控集团的成员，则仅当满足以下该等要求时，视为满足第（1）段下的暂时性业务艰

---

① 通知。

② 截止日期。

③ 截止日期。

难要求：

（ⅰ）就该雇主而言；

（ⅱ）就（通过将该集团所有成员视为单个雇主而确定）该雇主身为一名成员所属的受控集团而言。

若部长认为，因为即便将所述成员纳入考虑对本段下的身份确定亦无显著影响，所以不必进行交易或业务或行业分析的，其可规定不需要该等分析。

（6）**预先告知。**

（A）**总体而言。**部长应于须准予本子节下的豁免前，要求每名申请者提供令该部长信服的证据，即该申请者已经向［《1974 年雇员退休收入保障法》第 4001 节第（a）子节第（21）段定义的］受影响各方提供了该等豁免申请备案通知。该等通知中应包括该计划为《1974 年雇员退休收入保障法》第四编下所担保给付金的筹资情况及为给付金责任的筹资情况。

（B）**考量相关信息。**部长应考量第（A）子段下通知对象所提供的任何相关信息。

（7）**计划修正限制。**

（A）**总体而言。**若本子节下一项豁免，或第 431 节第（d）子节下的延期对一项计划有效，或在过往 12 个月之期（对于多雇主计划，24 个月之期）内任何时候做出了第（d）子节第（2）段下所述修正，则不得因给付金任何上调、给付金累算额任何变化或计划下给付金不可罚没率的变动而采用加重计划负债的计划修正。若违反前一句对一项计划做出修正，任何此类豁免或延期不适用于做出该修正之日或之后结束的任何计划年份。

（B）**例外。**第（A）子段不适用的任何计划修正，其：

（ⅰ）部长认为合理，且其仅规定最低限度计划负债增加的；

（ⅱ）仅废除第（d）子节第（2）段所述修正；

（ⅲ）或者，作为第 1 章第 D 子章第 I 部下资质条件要求的。

（d）**杂项条例。**

（1）**方法或年份变更。**倘若一计划的筹资方法、评估基准日或计划年份有变，该等变更应依部长的准则方可生效。

（2）**某些追溯性计划修正。**在本节中，任何适用于一计划年份的修正，其：

(A)[①] 于该计划年份结束后但不迟于该计划年份结束后两个半月内（或，对于多雇主计划，不迟于该等计划年份结束后 2 年内）采用；

(B) 不削减该修正适用的首个计划年份之初确定的任何参与人累算给付金；

(C) 不削减采用之际确定的任何参与人累算给付金，受情形所需的除外；

应经计划管理人选择，被视为于该等计划年份第一天做出。本段中所述修正，若其削减任何参与人的累算权益的，不予生效，除非计划管理人向部长提交一份通知，敬告其所述修正，而部长批准该等修正，或于提交所述通知之日起 90 天内未驳复所述修正。本子节所述修正，部长不得批准，除非该部长认为，在多雇主计划的情况下，因［第（c）子节第（2）段确定的］暂时性业务艰难或（按此确定的）业务艰难，所述修正有必要且第（c）子节下的蠲免［或，在多雇主计划的情况下，第 431 节第（d）子节下任何摊销延期］不可用或不充分。[②]

(3) **受控集团**。在本节中，术语“受控集团”一词，系指视为第 414 节第（b）子节、第（c）子节、第（m）子节或第（o）子节下单雇主的任何集团。

(e) **本节适用的计划**。

(1) **总体而言**。除第（2）段和第（4）段规定外，对于《1974 年雇员退休收入保障法》一项计划其任何计划年份始起本节生效之日或之后的，如下情况下，本节适用于该计划：

(A) 该计划包括第 401 节第（a）子节下合格的（或部长认为合格的）信托；

(B) 或者，该计划满足（或部长认为满足）第 403 节第（a）子节要求。

(2) **例外情况**。本节不适用于：

(A) 任何利益分配或股票红利计划；

(B) 第（3）段所述的任何保险合约计划；

---

① 截止日期。

② 通知。

（C）［符合第 414 节第（d）子节含义的］任何政府计划；

（D）尚未做出第 410 节第（d）子节规定选择的任何教会计划［符合第 414 节第（e）子节含义］；

（E）在 1974 年 9 月 2 日后任何时候未规定雇主缴费额任何计划；

（F）或者，由第 501 节第（c）子节第（8）段或第（9）子段所述由社团、兄弟会，或协会建立并维护的任何计划（若计划参与人雇主未向该计划支付或据该计划支付任何缴费额）。

在第 401 节第（a）子节中，第（C）子段、第（D）子段或第（F）子段下所述计划，不得视为一项合格计划，除非该等计划符合 1974 年 9 月 1 日有效的第 401 节第（a）子节第（7）段要求。

（3）**某些保险合同计划**。在如下情况下，本段描述了一项计划：

（A）该计划仅通过购买个人保险合同而筹资；

（B）该等合同规定了不晚于该计划各参与人退休年龄前待支付的平均年度保费支付额，自个人成为该计划参与人之日起（或，给付金上调的，自该等上调生效之日起）生效；

（C）该计划提供的给付金，等于该计划下各合同提供的正常退休年龄给付金，并由（经州际法律许可办理该计划业务的）保险公司担保，唯须已支付保费；

（D）该等合同失效前，或保单经恢复，其下该计划年份及所有过往计划年份应付保费已支付；

（E）在该计划年份的任何时候，该等合同下的权利不受担保权益的限制；

（F）在该计划年份的任何时候，无未偿保单贷款。

仅通过购买团体保险合同而筹资的一项计划，其按部长规定的法规被认为具有前一句中所述合同的特点的，应视为本段中所述的一项计划。

（4）[①] **某些已终止的多雇主计划**。《1974 年雇员退休收入保障法》第 4021 节适用于一项多雇主计划直至其［按该法第 4041A 节第（a）子节第（2）段含义］终止所在计划年份末日，本节适用于已终止的该计划。”

（b）[②] **生效日期**。本节做出的修正适用于 2007 年 12 月 31 日后起始

① 适用性。

② 《美国法典》第 26 编第 412 节注。

的计划年份。

第112节　单雇主定额给付养老金计划筹资条例

（a）**总体而言**。《1986年国内税收法》（有关递延薪酬等的）第1章第D子章于末尾增补以下新部修正如下：

“第3部　单雇主定额给付金养老金计划最低筹资标准

第430节①　单雇主定额给付养老金计划最低筹资标准

（a）**最低规定缴费额**。在本节及第412节第（a）子节第（2）段第（A）子段中，除第（f）子节规定外，术语‘最低规定缴费额’一词，就不属于多雇主计划的一项定额给付金计划的任何计划年份而言系指：

（1）在该计划［经第（f）子节第（4）段第（B）子段下削减的］资产值低于该计划的该计划年份筹资目标的任何情况下，其下之和：

（A）该计划的该计划年份正常目标成本；

（B）第（c）子节下确定的该计划的该计划年份缺口摊销费用（若有）；

（C）第（e）子节下确定的该计划的该计划年份蠲免摊销费用（若有）。

（2）在该计划［经第（f）子节第（4）段第（B）子段下削减的］资产值等于或超过该计划的该计划年份筹资目标的任何情况下，该计划的该计划年份正常目标成本削减（但不低于零）该等超额后所余部分。

（b）**正常目标成本**。在本节中，除第（i）子节第（2）段中就处于危险状况的计划所作规定外，术语‘正常目标成本’一词，对任何计划年份而言系指预计在计划年份内在该计划下累算或赚取的所有给付金现值。在本子节中，倘若可归于前一计划年份中所履行服务的给付金，因当前计划年份报酬所作任何上调而上调的，该等给付金的上调部分应视为于当前计划年份内累算的。

（c）**缺口摊销费用**。

（1）**总体而言**。在本节中，计划的任何计划年份缺口摊销费用，就

---

①《美国法典》第26编第430节。

该计划年份及前6个计划年份各年的缺口摊销基数而言，为该计划年份缺口摊销分期款总额（不小于零）累计。

（2）**缺口摊销分期款**。在第（1）段中：

（A）**确定**。缺口摊销分期款，为自该计划年份起始的7个计划年份之期内以等额年度分期款摊销该计划的任一计划年份缺口摊销基数所需数额。

（B）**缺口分期款**。就任何缺口摊销基数而言，第（A）子段下7个计划年份之期中任何计划年份缺口摊销分期款，系第（A）子段下确定的年度分期款。

（C）**分段利率**。确定本段下任何缺口摊销分期款时，计划出资人应采用第（h）子节第（2）段第（C）子段下确定的利率，根据与第（h）子节第（2）段第（B）子段条例类似的条例予以运用。

（3）**缺口摊销基数**。在本节中，计划某计划年份的缺口摊销基数为：（A）该计划的该计划年份的筹资缺口，减去（B）就该计划的任何该计划年份之前的任何计划年份缺口摊销基数及豁免摊销基数而为该计划年份及任何过往年份确定的缺口摊销分期款及豁免摊销分期款累计总额［根据与第（h）子节第（2）段第（B）子段条例类似的条例予以运用第（h）子节第（2）段第（C）子段下确定的分段利率确定的］现值。

（4）**筹资缺口**。在本节中，该计划的任何计划年份的筹资缺口为：（A）该计划该计划年份筹资目标，超过（若有）（B）该计划在评估基准日所持有的该计划［经第（f）子节第（4）段第（B）子段削减的］在该计划年份计划资产值的部分。

（5）**从新缺口摊销基数免除**。

（A）**总体而言**。在该计划［经第（f）子节第（4）段第（B）子段下削减的］资产值等于或超过该计划的该计划年份筹资目标的任何情况下，该计划的该计划年份缺口摊销基数应为零。

（B）**过渡条例**。

（ⅰ）**总体而言**。除第（ⅲ）条及第（ⅳ）条中有规定外，对于2007年后但2011年前起始的计划年份，在为第（A）子段起见确定该计划年份筹资缺口时，应根据第（3）段第（A）子段仅将筹资目标适用百分比纳入在考虑之内。

（ⅱ）**适用百分比**。在第（A）子段中，适用百分比应按下表确定：

计划年份起始所在日历年	适用的实现率（%）
2008年	92
2009年	94
2010年	96

（ⅲ）**限制**。第（ⅰ）条不适用于2008年后的任何计划，2007年后起始的过往各年份（本子段适用后确定的）缺口摊销基数为零的除外。

（ⅳ）**过渡救济不可用于新削减计划或赤字削减计划**。第（ⅰ）条不适用的计划，其：（Ⅰ）在2007年后起始的某个计划年份无效；或（Ⅱ）对在2007年内开始的一个计划年份有效，受（对2007年内开始的计划年份有效的）第412节第（d）子节的规限，在运用该子节第（6）段和第（9）段后确定。

（6）**实现筹资目标后提前视为摊销**。在任何情况下，倘若一项计划的某一计划年份筹资缺口为零，为确定该计划年份及后续计划年份的缺口摊销费用，所有过计划年份的缺口摊销基数（以及就此基数确定的所有缺口摊销分期款）应削减至零。

（d）**筹资目标相关条例**。在本条中：

（1）**筹资目标**。除第（i）子节第（1）段中就处于风险状况的计划所作规定外，一计划某一计划年份的筹资目标，为该计划下的该计划年份年初起累算或赚取的所有给付金现值。

（2）**筹资目标实现率**。一计划某一计划年份的“筹资目标实现率”系指（以百分比表示的）一个比率，其为：

（A）［经第（f）子节第（4）段第（B）子段削减的］该计划年份资产值；

（B）该计划的该计划年份［不考虑第（i）子节第（1）段的情况下确定的］筹资目标之比。

（e）**豁免摊销费用**。

（1）**确定豁免摊销费用**。一计划任一计划年份的豁免摊销费用（若有），为过往5个计划年份各年豁免摊销基数而言的该计划年份豁免摊销分期款累计总额。

（2）**豁免摊销分期款**。在第（1）段中：

（A）**确定**。豁免摊销分期款，为自后续计划年份起始的 5 个计划年份之期内以等额年度分期款摊销该计划任一计划年份豁免摊销基数所需数额。

（B）**豁免分期款**。就任何豁免摊销基数而言，第（A）子段下 5 个计划年份之期中任何计划年份豁免摊销分期款，系第（A）子段下确定的年度分期款。

（3）**利率**。确定本子节下任何豁免摊销分期款时，计划出资人应采用第（h）子节第（2）段第（C）子段下确定的利率，根据与第（h）子节第（2）段第（B）子段条例类似的条例予以运用。

（4）**豁免摊销基数**。一计划某一计划年份的豁免摊销基数，为第 412 节第（c）子节下该等计划年份豁免筹资缺额（若有）。

（5）**实现筹资目标后提前视为摊销**。在任何情况下，倘若一项计划的一计划年份筹资缺口为零，为确定该计划年份及后续计划年份的豁免摊销费用，所有过往计划年份的豁免摊销基数（以及就此基数确定的所有豁免摊销分期款）应削减至零。

（f）**依筹资前余额及筹资标准结转结余削减最低规定缴款额**。

（1）**选择维持余额**。

（A）**筹资前余额**。不属于多雇主计划的一项定额给付金计划的计划出资人可选择维持筹资前金额。

（B）**筹资标准结转余额**。

（ⅰ）**总体而言**。在第（ⅱ）条所述（不属于多雇主计划的）一项定额给付金计划的情况下，计划出资人可选择维持筹资标准结转结余，直至该余额减至零。

（ⅱ）**2007 年维持筹资标准账户的计划**。一项计划符合本条描述的前提为：（Ⅰ）在 2007 年后起始的某个计划年份有效，及（Ⅱ）第 412 节第（b）子节下该计划年份年底确定的筹资标准账户余额为正，在该计划年份有效。

（2）**余额之使用**。根据本段维持的筹资前余额及筹资标准结转余额：

（A）根据第（3）段下的选择，用于抵免最低规定缴费额；

（B）第（4）段有规定的，作为本节中视为计划资产值的数额之削减部分使用；

（C）根据第（5）段下所作选择，可随时削减。

（3）**选择用余额支付最低规定缴费额。**

（A）**总体而言。**除第（B）子段和第（C）子段规定的外，在任何计划年份，该计划出资人选择以当前计划年份所有或部分筹资前余额或筹资标准结转结余（不超过上述最低规定缴费额）抵免当前计划年份最低规定缴费额的，该计划年份的最低规定缴费额应自该计划年份第一天起依计划出资人自该计划年份第一天起按此减免的数额削减。在前一句中，最低规定缴费额应在考量第412节第（c）子节下任何蠲免之后方可确定。

（B）**与筹资标准结转余额统筹。**任何计划，其筹资标准结转余额大于零的，该计划筹资前余额不得根据本段用于削减最低规定缴费额。

（C）**筹资不足计划的限制。**本段前述规定不适用于任何计划年份，其提前为（以百分比表示）表示的：

（ⅰ）［经第（4）段第（C）子段下削减的］前一计划年份资产值；

（ⅱ）该计划前一计划年份［不考虑第（i）子节第（1）段的情况下确定的］筹资目标之比；

小于80%。计划年份在2008年伊始的，本子段下的比例，可采用部长可能规定的估算方法确定。

（4）**余额对视为计划资产值的数额的效力。**对于根据本子节维持筹资前余额及筹资标准结转余额的任何计划，视为计划资产值的数额，应视为根据以下子段规定削减的数额：

（A）**缺口摊销基数的适用性。**在第（c）子节第（5）段中，计划资产值被视为减去筹资前余额所剩额，但唯须根据第（2）段做出将筹资前余额任何部分用于削减最低规定缴费额的选择，而该选择对该计划年份有效。

（B）**多余资产、筹资缺口和筹资实现率的确定。**

（ⅰ）**总体而言。**在第（a）子节、第（c）子节第（4）段第（B）子段和第（d）子节第（2）段第（A）子段中，计划资产值被认为减去筹资前余额和筹资标准结转余额所剩额。

（ⅱ）**与PBGC所订某些有约束力的协议的特殊条例。**在第（c）子节第（4）段第（B）子段中，计划资产值不得视为针对某一计划年份减去了规定余额，前提为就该余额而言，与养老给付金担保公司签订一份有约束力的已生效书面协议，其规定该等余额不得用于削减该计划年份最低规定缴费额。在前一句中，术语‘规定余额’一语系指筹资前余额或筹资标准结转余额，视具体情况而定。

（C）**余额是否可针对计划年份用于抵免最低规定缴费额。**在本子节第（3）段第（C）子段第（ⅰ）条中，计划资产值被认为减去筹资前余额所剩额。

（5）**选择在确定计划资产值，抵免最低规定缴费额前削减余额。**

（A）总体而言。计划出资人可以选择为任何计划年份将筹资前余额和筹资结转标准余额减去任何数额（但结果不得小于零）。所述削减应根据第（2）段下所作选择，在确定本节下该等计划年份计划资产值，及用余额抵免该计划的该计划年份最低规定缴费额前生效。

（B）**筹资前余额与筹资标准结转余额相互统筹。**但凡任何计划，其筹资标准结转余额大于零的，不得就筹资前余额做出第（A）子段下的选择。

（6）**筹资前余额。**

（A）[①] **总体而言。**一项计划维持的筹资前余额，应包括期初零余额，此期初零余额依第（B）子段和第（C）子段规定的程度增减，并按第（8）段再行调整。

（B）**上调。**

（ⅰ）**总体而言。**在2008年后起始的各计划年份首日，一项计划的筹资前余额应由计划出资人上调为该计划年份选择的数额。该额不得超过：（Ⅰ）雇主为前一计划年份向计划支付的缴费额累计总额，超过（Ⅱ）该等前一计划年份最低规定缴费额的部分（若有）。

（ⅱ）**为利息进行调整。**第（ⅰ）条下任何多余缴费额，应为当前计划年份首日至多余缴费额支付日期间的利息进行适当调整，调整额在采用前一计划年份实际利率，将缴费额视为首先用于偿付最低规定缴费额的情况下予以确定。

（ⅲ）**避开给付金限制所需某些缴费额忽略不计。**第（ⅰ）条中就任何前一计划年份所述的多余部分，应减去根据第206节第（g）子节第（1）段、第（2）段或第（4）段下规定雇主应支付的缴费额，以避开原本根据该段为前一计划年份所设置的给付金限制。在满足该等若干段落的要求时纳入考虑之内的任何缴费额，在本条中应仅考虑一次。

---

① 生效日期。

（C）**减少**。一项计划的筹资前余额应减少（但不低于零）如下之和：

（ⅰ）在2008年后起始的各计划年份首日，第（2）段下在削减该计划前一计划年份最低规定缴费额时用于抵免的该等余额（若有）；

（ⅱ）在第（5）段第（A）子段中规定的时间，第（5）段下选择对该等余额做出的任何削减。

（7）**筹资标准结转余额**。

（A）**总体而言**。一项计划维持的筹资标准结转余额，应包括一笔根据第（B）子段确定的期初余额，此期初余额依第（C）子段规定的程度增减，并按第（8）段再行调整。

（B）**期初余额**。筹资标准结转余额期初余额应为第（1）段第（B）子段第（ⅱ）条第（Ⅱ）子条中所述正余额。

（C）**下调**。一项计划的筹资标准结转余额应下调（但不得低于零），下调额为：

（ⅰ）在2008年后起始的各计划年份首日，第（2）段下在削减该计划前一计划年份最低规定缴费额时用于抵免的该等余额（若有）；

（ⅱ）在第（5）段第（A）子段中规定的时间，第（5）段下选择对该等余额做出的任何削减。

（8）**针对投资经验进行调整**。在确定计划年份首日计划筹资前余额或筹资标准结转余额时，计划出资人应按照财政部部长所制规例，调整该等余额，以体现前一计划年份计划资产的回报率。即便有第（g）子节第（3）段的规定，该回报率，应基于公允市值确定，并应按照该等规例，适当考虑到此期间的所有缴费额、发放款以及其他计划款项。

（9）①　**选择**。本子节下的选择应于部长法规规定的时机、形式及方式做出。

（g）**计划资产和负债的估值**。

（1）②　**做出确定的时限**。除本子节另有规定外，本节下为一计划年份所作所有确定，应于该计划的该计划年份评估基准日做出。

（2）**评估基准日**。在本条中：

（A）**总体而言**。除第（B）子段有规定外，一计划的任何计划年份

① 规例。

② 截止日期。

评估基准日应为计划年份首日。

（B）**小型计划之例外情况。**倘若在前一计划年份的每天，一项计划的参与人数为 100 名或不足 100 名，则该计划可指定该计划年份任何一日为该计划年份及后续计划年份的评估基准日。在本子段中，同一雇主（或该雇主受控集团中的任何成员）维护的（不属于多雇主计划的）所有定额给付金计划，应视为同一计划，但仅该等雇主或成员的参与人应纳入考虑。

（C）**确定计划规模时运用的某些条例。**在本段中：

（ⅰ）**前一年不存在的计划。**对于任何计划的首个计划年份，第（B）子段适用于该计划时，应将合理预计该计划在该等首个计划年份平常拥有的参与人数目考虑在内。

（ⅱ）**前任。**第（B）子段中所指雇主包括该雇主的任何前任。

（3）**确定计划资产值。**在本节中：

（A）**总体而言。**除第（B）子段规定外，计划资产值应为资产的公允市值。

（B）**允许取均值。**对于一项计划，可依据公允市值平均值确定计划资产值，唯须该种方法：

（ⅰ）为部长规定的法规所允许；

（ⅱ）未规定自评估基准日所在月份倒数第 25 个月末日至该评估基准日（或，对于评估基准日并非某月首日的，类似时期）的时期内计划资产值的均值；

（ⅲ）不会导致计划资产值在任何时候被确定为低于该时间点该资产公允市值的 90% 或大于其 110%。

任何此等取平均值的做法应（按部长规定）为缴款和分派进行调整。

（4）**缴费额收款的会计处理。**为确定第（3）段下的资产值：

（A）**前一年的缴费额。**倘若：

（ⅰ）雇主在评估基准日后，为支付缴费额所在计划年份向计划支付任何缴费额；

（ⅱ）为前一计划年份缴费的，该缴费应作为该计划评估基准日的一项的资产纳入考虑，但对于 2008 年后开始的任何计划年份，仅该等缴费额（于评估基准日确定的）现值可纳入考量。在前一句中，现值应采用该缴费额可严格归入的前一计划年份之实际利率确定。

（B）**针对评估基准日之前为当前年份所付缴费额所设特殊条例**。对于任何计划年份，若在该计划年份内但早于该计划年份评估基准日之前向该计划或根据该计划支付任何缴费额的，在该评估基准日，该计划的资产不得包括：

（ⅰ）该等缴费额；

（ⅱ）该等缴费额在支付缴费额所在日至评估基准日期间的利息，采用该计划年份实际利率确定。

（h）**精算假设和方法**。

（1）**总体而言**。除本子节规定外，本节下任何现值或其他计算值的确定，应以精算假设和方法为依据：

（A）各项假设和方法合理（考虑到计划经验和合理预期）；

（B）其相互配合运用时，能让精算师对计划下的预计经验做出最准确的估计。

（2）**利率**。

（A）**实际利率**。在本节中，术语‘实际利率’一词，就任何计划年份的任何计划而言，系指在用于确定该计划第（d）子节第（1）段中所指累算或赚得给付金的现值的情况下，会使得到的结果相当于该计划的该计划年份的筹资目标的单一利率。

（B）**为确定筹资目标而采用的利率**。为确定一项计划在任何计划年份的筹资目标，确定计划责任现值时采用的利率应为：

（ⅰ）对于合理确定的在计划年份首日起始的 5 年之期应付的给付金，适用月份的第一阶段利率；

（ⅱ）对于合理确定的在第（ⅰ）条中所述期末日起始 15 年之期应付的给付金，适用月份的第二阶段利率；

（ⅲ）对于合理确定的在第（ⅲ）条中所述期应付的给付金，适用月份的第三阶段利率。

（C）**分段利率**。在本段中：

（ⅰ）**第一阶段利率**。术语‘第一阶段利率’一词，就任何月份而言，系指由部长以此等月份企业债券收益率曲线为依据为此等月份确定的单一利率，仅考虑该等收益率曲线自该等月份起 5 年到期之债券的那一部分。

（ⅱ）**第二阶段利率**。术语‘第二阶段利率’一词，就任何月份而言，系指由部长以此等月份企业债券收益率曲线为依据为此等月份确定的单一利率，仅考虑该等收益率曲线自第（ⅰ）条中所述期限之末起 15 年到期之债券的那一部分。

（ⅱ）**第三阶段利率**。术语‘第三阶段利率’一词，就任何月份而言，系指由部长以此等月份企业债券收益率曲线为依据为此等月份确定的单一利率，仅考虑该等收益率曲线自第（ⅱ）条中所述期限之后伊始期限到期之债券的那一部分。

（D）**企业债券收益率曲线**。在本段中：

（ⅰ）**总体而言**。“公司债券收益率曲线”一词，就任何月份而言，系指部长为该等月份规定的收益率曲线，此收益率曲线反映于该等月份前一个月结束的 24 个月之内到期日不同的投资级公司债券质量级别位列前 3 的月度收益率平均值。

（ⅱ）**选用收益率曲线**。仅为确定本节之下最低规定缴费额而言，该计划出资人可选用企业债券收益率曲线之下的利率，以代替第（C）子段下规定的分段利率。在前一句中，该等曲线确定时应不考虑第（ⅰ）条所述的 24 月平均值。该选择一经做出，须取得部长同意方可撤销。

（E）**适用月份**。在本段中，“适用月份”一词，就任何计划年份的任何计划而言，系指覆盖该计划的该计划年份的评估基准日的月份，或该等月份前 4 个月份之任一月份，任随该计划出资人选择。本子段下所做的任何选择，应适用于选择所针对的计划年份以及所有后续计划年份，除非此选择经部长同意予以撤销。

（F）**公布要求**。部长应为各月公布该月企业债收益率曲线［及体现第 417 节第（e）子节第（3）段第（D）子段第（ⅰ）条中所述修改的公司债券收益率曲线］及第（B）子段下确定的该月利率。部长还应该公布对确定该等收益率曲线及该等利率的方法详细说明，使计划能基于计划的未来利率预测做出收益率曲线及未来月份利率的合理预测。

（G）**转换条例**。

（ⅰ）**总体而言**。即便有本段前述规定，对于 2008 年或 2009 年中起始的计划年份，一项计划对于任何月份的第一、第二或第三阶段利率应为：（Ⅰ）不考虑本段的情况下为该月份确定的该等利率，乘以适用百分比的乘积，及（Ⅱ）第 412 节第（b）子节第（5）段第（B）子段第（ⅱ）条第（Ⅱ）子条条例下确定的利率（对 2007 年中起始的计划年份有效），与100%减适用百分比所得百分比的乘积。

（ⅱ）**适用百分比**。在第（ⅰ）条中，对于2008年中起始的计划年份，适用百分比为33.33%，对于2009年中起始的计划年份，适用百分比为66.66%。

（ⅲ）**新计划不符合要求**。对于任何计划，倘若该计划首个计划年份在2007年12月31日之后起始的，第（ⅰ）条不适用。

（ⅳ）**选择**。该计划出资人可选择不运用本子段。该选择一经做出，须取得部长同意方可撤销。

（3）**死亡率表**。

（A）[①] **总体而言**。除第（C）子段或第（D）子段规定外，部长应通过制定法规，规定用于确定任何现值或进行本节下任何计算的死亡率表。该等死亡率表应基于养老金计划的实际经验死亡率及该等经验死亡率的预测趋势。在规定该等死亡率表时，部长应考虑有关养老金计划所覆盖个体的死亡率可用独立研究结果。

（B）**定期修订**。部长应修订第（A）子段下的任何有效死亡率表（至少每10年一次），以体现养老金的实际经验死亡率及该等经验死亡率的预测趋势。

（C）**替换死亡率表**。

（ⅰ）**总体而言**。经该计划出资人要求及部长批准，符合第（ⅲ）条要求的死亡率表，应在要求中指明的（不超过10年）连续若干计划年份中用于本节之下确定任何现值或进行任何计算。

（ⅱ）**期限提前终止**。即便有第（ⅰ）条的规定，第（ⅰ）条中所述死亡率表的效力终止日为如下孰早者：（Ⅰ）因计划分拆或合并而使参与人发生重大变化的日期，或（Ⅱ）计划精算师认为该表不符合第（ⅲ）条要求的日期。

（ⅲ）**要求**。对于一份死亡率表，其符合本条要求的前提为：（Ⅰ）有足够的计划参与人，养老金计划维持的时间够长，有第（Ⅱ）子条中所需的可信信息，及（Ⅱ）该表体现出出资人对其维持的养老金计划所具有的实际经验死亡率，及其对大致经验死亡率预计趋势。

（ⅳ）**受控集团中的所有计划须分别使用单独的死亡率表**。除部长规

①　规例。

定外，计划出资人不得将本子段下的一分死亡率表用于其维护的任何计划，除非：（Ⅰ）对于该计划出资人，其为一家受控集团的成员的，根据本子段为其维护的每份其他计划设立并采用单独的死亡率表；（Ⅱ）就按此为每份该等计划而言，在仅考虑该计划的参与人、该计划存在的时间及该计划的实际经验死亡率的情况下确定满足第（ⅲ）条的要求。

（ⅴ）**提交截止日期及申请处置。**

（Ⅰ）**提交。**该计划出资人应根据本子段于第（ⅰ）条所述时期首日至少7个月前向部长提交一份死亡率表供批。

（Ⅱ）**处理。**本子段下提交给部长审批的任何死亡率表，应视为实质上在第（ⅰ）条所述时期首日有效，除非部长于前述提交之日起180天期间内，驳复该死亡率表并指出该表未满足第（ⅲ）条要求的原因。经部长和计划出资人双方同意，此180天之期应予展期。

（D）[①] **针对残疾人士的单独死亡率表。**即便有第（A）子段的规定：

（ⅰ）**总体而言。**以残疾为由而有权享用该计划下给付金的个体，部长应为其制定本子节下的死亡率表［代替第（A）子段下的表］。对于残疾发生于1995年1月1日之前、之日、之后计划年份的个人，部长应分别为之制定单独的表。

（ⅱ）[②] **针对发生在1994年之后的残疾所设特殊条例。**对于1994年12月31日后起始的计划年份中发生的残疾，第（ⅰ）条下的表格应仅适用于该子条下符合《社会保障法》第二编及其下法规含义而残疾的所述个体。

（ⅲ）**定期修订。**部长应修订第（ⅰ）条下的任何有效死亡率表（至少每10年一次），以体现养老金的实际经验死亡率及该等经验死亡率的预测趋势。

（4）**以整笔或其他可选形式支付给付金的概率。**为本条之下确定任何现值或做出任何计算，应当考虑：

（A）该计划下的未来给付金以该计划下提供的给付金可选形式（包括以计划经验及其他相关假设为依据确定的整笔给付）支付的概率；

（B）在确定以任何该等给付金可选形式而付的给付金支付款时，运

① 延长。

② 适用性。

用精算假设而得到的该等未来给付金支付款的现值，在本子节中规定者相异的情况得出现值的差额。

（5）**对精算假设重大变动的审批。**

（A）**总体而言。**用于为本段适用的一项计划确定筹资目标的精算假设，可不经部长批准便于改变。

（B）**本段适用的计划。**本段适用于一项计划的前提仅为：

（ⅰ）该计划为《1974 年雇员退休收入保障法》第四编适用的一项定额给付金计划（不属于多雇主计划）；

（ⅱ）第四编所涵盖的该等计划及［《1974 年雇员退休收入保障法》第 4001（a）节第（13）子节界定的］缴费出资人及［该法第 4001 节第（a）子节第（14）段界定的］该出资人受控集团成员维护的所有其他计划［该法第 4006 节第（a）子节第（3）段第（E）子段第（ⅲ）条确定的］前一计划年份筹资未得的既有总给付金（不计既有给付金筹资不得的计划）超过 5000 万美元；

（ⅲ）（考虑利率和死亡率表发生的任何变动后确定）假设发生变动，导致当前计划年份的资金缺口缩小 5000 万美元以上，或缩小 500 万美元以上，且为发生该等变动之前计划筹资目标的 5% 或以上。

（i）**处于风险状况计划的特殊条例。**

（1）**处于风险状况计划的筹资目标。**

（A）**总体而言。**一项计划对一计划年份而言处于风险状态的，该计划对于该计划年份的筹资目标应等于如下之和：

（ⅰ）运用第（B）子段中所述附加精算假设确定的计划年份之初，计划下所有累算或赚得给付金的现值；

（ⅱ）一项计划其过去 4 个计划年份中至少 2 个计划年份处于风险状况的，则第（C）子段下确定的负载系数。

（B）**其他精算假设。**本子段下精算假设如下：

（ⅰ）不会在其他情况下假定在评估基准日退休，但有资格在该计划年份及随后 10 个计划年份内选择给付金的所有员工，应假定为在计划下最早退休日退休，但不早于确定风险状况筹资目标及风险状况正常目标成本的计划年份结束前退休。

（ⅱ）所有雇员应假定为选择在计划下［适用第（ⅰ）条的情况下确定的］假定退休年龄可选退休给付金中能得到给付金最高现值者。

（C）**负载系数**。对于任何年份，本段下对一项计划运用的负载系数为如下之和：

（ⅰ）700 美元乘以计划参与人数目；

（ⅱ）该计划针对该计划年份（在不考虑本段的情况下确定）的筹资目标 4%。

（2）**处于风险状况计划的正常目标成本**。对于一计划年份，一项计划风险状况的，该计划针对该计划年份的正常目标成本应等于如下之和：

（A）运用第（1）段第（B）子段中所述附加精算假设，确定该计划下预计在该计划年份累算或赚得的所有给付金的现值；

（B）一项计划，其在过去 4 个计划年份中至少有 2 年处于风险状况的，相当于该计划针对该计划年份（不考虑本段的情况下确定）的正常目标成本 4% 的负载系数。

（3）**最低数额**。在任何情况下：

（A）在未考虑本子节情况下确定的风险状况筹资目标不得低于筹资目标；

（B）或者，在未考虑到本子节情况下确定的风险状况正常目标成本不得低于正常目标成本。

（4）**确定处于风险状况**。在本子节中：

（A）**总体而言**。对于一计划年份，一项计划处于风险状况的前提为

（ⅰ）前一计划年份（不考虑本子节的情况下根据本节确定的）筹资目标实现率小于 80%；

（ⅱ）前一计划年份［在计算筹资目标时运用第（1）段第（B）子段中所述附加精算假设的情况下根据本条确定的］筹资目标实现率小于 70%。

（B）[①] **过渡条例**。对于 2008 年、2009 年和 2010 年起始的计划年份，以如下百分比替换‘80%’后，第（A）子段第（ⅰ）条适用：

（ⅰ）对于 2008 年，65%。

（ⅱ）对于 2009 年，70%。

（ⅲ）对于 2010 年，75%。

---

① 适用性。

计划年份自 2008 年起的，第（A）子段第（ⅱ）条下上一计划年份筹资目标实现率，可采用部长提供的估算方法确定。

（C）**针对收到 2006 年提前退休提议的员工而设的特殊条例。**

（ⅰ）**总体而言。**为第（A）子段第（ⅱ）条起见，对于任何雇员，第（1）段第（B）子段中所述附加精算假设不予考虑在内的前提为：

（Ⅰ）该雇员由指定汽车制造商所雇用；

（Ⅱ）① 向该等雇员提供该计划下额外现金补偿、大幅提高退休给付金，或极大减轻的雇用职责，但条件为，雇员在指定日期（不迟于 2010 年 12 月 31 号）之前（依计划条款下的规定）退休；

（Ⅲ）② 根据善意退休奖励计划在 2006 年向雇员给出退休提议，并按退休提议条款要求此提议于指定日期（不迟于 2006 年 12 月 31 日）之前接受；

（Ⅳ）在该提议指定失效日期前，该雇员未选择接受该提议。

（ⅱ）**指定汽车制造商。**在第（ⅰ）条中，术语‘指定汽车制造商’系指：

（Ⅰ）任何汽车制造商；

（Ⅱ）直接向汽车制造商提供部件的任何汽车零部件制造商，其在 1999 年结束一组交易或一系列交易后，不再为包括此等汽车制造商在内的受控集团的成员。

（5）**适用筹资目标之间的过渡及适用正常目标成本之间的过渡。**

（A）**总体而言。**对于一计划年份而言处于风险状况的一项计划，其在不超过 5 年的连续期间内处于这种状况的，筹资目标适用数额及正常目标成本适用数额，应（取替不考虑本段的情况下确定的数额）为以下之和：

（ⅰ）在不考虑本子节的情况下根据本节确定的数额；

（ⅱ）针对该计划年份，（在未考虑本段的情况下）根据本子节确定数额超过在未考虑本节的情况下根据本节所确定数额的超额百分比。

（B）**转换率。**在第（A）子段中，转换率应根据下表确定：

---

① 截止日期。

② 截止日期。

若该计划处于风险状况的连续年数（含该计划年份）	过渡百分比（%）
1	20
2	40
3	60
4	80

（C）**生效日期之前的年份**。在本段中，2008 年之前起始的计划年份不予考虑。

（6）[①] **小型计划例外情况**。倘若一项计划，在前一计划年份的每一天中，其参与人为 500 人或以下的，该计划不得视为在计划年份处于风险状况。在本段中，同一雇主（或该雇主受控集团中的任何成员）维护的（不属于多雇主计划的）所有定额给付金计划，应视为同一计划，但仅该等雇主或成员的参与人应纳入考虑，且第（g）子节第（2）段第（C）子段条例应适用。

（j）**支付最低规定缴费额**。

（1）**总体而言**。在本节中，任何计划年份的最低规定缴费额的支付期限应为该计划年份结束后的八个半月。

（2）**利息**。第（1）段下规定对一计划年份的任何支付款，于该计划年份估值基准日之后支付的，应按该计划针对该计划年份的实际利率，为评估基准日至支付日期间的利率进行调整。

（3）**对于筹资不足的计划，加快季度缴费进度**。

（A）**未能及时支付规定分期款**。该计划前一计划年份有筹资缺口的，维护该计划的雇主须支付本段下的规定分期款，倘若雇主未全额缴纳该计划年份规定分期款的，则第（2）段下对短付款收取的短付期利息，应采用相当于第（2）段下另外采用的利率加 5 个百分点而得的利率确定。

（B）**短缴期短缴额**。在第（A）子段中：

（ⅰ）**数额**。短缴额应为：（Ⅰ）规定的分期款，超过（Ⅱ）在分期款支付期限或之前向计划或根据计划支付的分期款（若有）的部分。

（ⅱ）**短缴期**。对短缴的任何部分，根据本段下收取利息期始于分期

① 适用性。

款支付期限，止于向计划或根据计划支付该短缴部分日。

（ⅲ）**缴费额抵免顺序**。在第（ⅰ）条第（Ⅱ）子条中，缴费额抵免未付分期款的顺序为该等分期款规定应付的顺序。

（C）**规定的分期款所设期数、支付期限**。在本段中：

（ⅰ）分4期支付。每个计划年份分4期分期款。

（ⅱ）分期款支付时间。对于规定的分期款，其支付期限在下表中有规定：

对于以下规定分期款	支付期限
第1期	4月15日
第2期	7月15日
第3期	10月15日
第4期	次年1月15日

（D）**规定的分期款额**。在本段中：

（ⅰ）**总体而言**。任何规定的分期款应为规定年度支付款的25%。

（ⅱ）**规定年度支付款**。在第（ⅰ）条中，术语‘规定年度支付款’一词系指如下孰少者：（Ⅰ）根据本条为该计划年份向该计划支付的（未考虑本子节的情况下确定的）最低规定缴费额的90%，或者（Ⅱ）为前一计划年份向该计划支付的［未考虑本子节或第302节第（c）子节下任何蠲免的情况下确定的］最低规定缴费额的100%。

若该条中所指前一计划年份不是12个月，则第（ⅱ）子条不适用。

（E）**财政年度及不满一年的年度**。

（ⅰ）**财政年度**。在对始于1月1日之外的任何日期的计划年份运用本段时，用对应月份替换本段指定的月份。

（ⅱ）**不满一年的计划年度**。本子段应适用于按部长之规定不足12个月的计划年度。

（4）**季度缴费额流动性要求**。

（A）**总体而言**。对于第（3）段下规定的分期款，但凡该等分期款中支付的流动性资产的价值小于流动性缺口（无论该等流动性缺口是否超过在无本段规定的情况下原应支付的该等分期款之数额）的，本段适用的一项计划应视为未缴足该等分期款。

（B）**本段适用的计划**。本段适用的计划［第（g）子节第（2）段第（B）子段所述计划除外］：

（ⅰ）被要求为某一计划年份支付第（3）段下分期款；

（ⅱ）在该计划年份任何季度存在流动性缺口。

（C）**短缴期**。在第（3）段第（A）子段中，一笔分期款在第（A）子段下视为未付的任何部分，应在该分期款支付期限所在季度结束之前，一直视为未付。

（D）**上调限制**。倘若规定的分期款因第（A）子段而上调的，在任何情况下，该等上调部分不得超过在与该计划年份过往分期款相加的情况下将该计划的该计划年份筹资目标（考虑因该计划年份累算或赚得的给付金而预计的筹资目标上调部分）实现率提高至100%所需的数额。

（E）**定义**。在本段中：

（ⅰ）**流动性缺口**。术语‘流动性缺口’一词，就任何规定的分期款而言系指（该分期款支付季度末日）：（Ⅰ）该季度的基数，超过（Ⅱ）该计划（在所述末日）流动性资产值的部分。

（ⅱ）**基数**。

（Ⅰ）**总体而言**。术语‘基数’一词，就任何季度而言系指该计划止于该季度末日的12月之期经调整后支出额之和的3倍。

（Ⅱ）**特别条例**。倘若第（Ⅰ）子条下确定的数额超过计划止于该季最后一天的36个月之期内调整后支出之和的2倍，并注册精算师向部长令人信服地证明，该超额系非经常性情况所致，则该季度的基数额确定时不考虑与该等非经常性情况相关的数额。

（ⅲ）**计划支出款**。术语‘计划支出款’一词系指信托所有支出款，包括年金购买、单笔款额及其他给付金支付款，及管理费用。

（ⅳ）**调整后支出**。术语‘调整后支出’一词系指该计划减去如下乘积的支出：（Ⅰ）计划为该计划年份而设的筹资目标实现率；以及（Ⅱ）[①] 年金购买、单笔数额付款及部长在法规中规定的其他支出的总和。

（ⅴ）[②] **流动资产**。术语‘流动资产’一词系指现金、有价证券及部长之法规规定的其他资产。

---

① 规例。

② 规例。

（ⅵ）**季度**。术语‘季度’一词，就任何规定的支付款而言，系指该支付款支付期限所在月份之前的3个月之期。

（F）**法规**。部长可制定执行本段所必需的法规。

（k）**未能支付规定缴费额的，设置留置权。**

（1）**总体而言**。［按第（2）段下规定］本款适用的计划，若：

（A）有任何人士未能于该款支付期限之前支付第412节及本节规定的缴费额；

（B）该款未付余额（包括利息），与支付期限前未付的所有该等前述款项未付余额总额相加时（包括利息），超过100万美元；

则以计划为受益方，对属于该人及与该人所属的同一受制集团的成员之所有财产及产权（无论是动产还是不动产）设置一项第（3）段下规定数额的置留权。

（2）**本子节适用的计划**。《1974年雇员退休收入保障法》第4021节下涵盖的定额给付金计划（不属于多雇主计划），其任何计划年份［第（d）子节第（2）段界定的］筹资目标实现率低于100%的，本子节应适用。

（3）**留置权数额**。在第（1）段中，留置权之数额应等于本节及第412节下规定应付，但于支付期限前未付的缴费额未付余额之合计。

（4）**未付通知、留置权。**

（A）[①] **未付通知**。一人如第（1）所述未予支付的，规定缴费额支付期限后10天内将该未付情况通知养老给付金担保公司。

（B）**留置权期限**。第（1）段设置的留置权源起于规定缴费额付款到期日，并将保持效力，直至计划不再符合第（1）段第（B）子段中所述的首个计划年份末日。该等留置权应保持有效，无论前一句中所述期间内该等计划是否符合第（2）段所述。

（C）**适用的部分条例**。就第（1）段下所设留置权有关的任何数额，应视为欠付美国的到期税款，而与《1974年雇员退休收入保障法》第4068节第（c）子节、第（d）子节及第（e）子节条例类似的条例，对于第（a）子节设置的留置权及该留置权相关的数额适用。

（5）**强制执行**。第（1）段下所设任何置留权，只可由养老给付金担

① 截止日期。

保公司或在养老给付金担保公司的指导下由缴费出资人（或缴费出资人所属受控集团的任何成员）生效并执行。

（6）**定义**。在本节中：

（A）**缴费额付款**。术语‘缴费额付款’一词，就一项计划而言，系指规定应向该计划做出的缴费额付款，包括第（j）子节第（3）段和第（4）段下任何规定分期款。

（B）**支付期限、规定的分期款**。术语‘支付期限’和‘规定的分期款’具有第（j）子节赋予该等术语的含义，但对于除规定支付款之外的款项，支付期限应为第430节下该款规定应付日期。

（C）**受控集团**。在本节中，术语‘受控集团’一词，系指视为第414节第（b）子节、第（c）子节、第（m）子节或第（o）子节下单雇主的任何集团。

（l）**向健康给付金账户进行合格划转**。在（第414节界定的）合格划转的情况下，在本节中，任何待划转资产不应视为该计划中的资产。”

（b）[①] **生效日期**。本节做出的修正适用于2007年12月3日后起始的计划年份。

第113节　单雇主计划下的给付金限制

（1）**禁止单雇主计划下停工给付金及其他不可预测偶然事件给付金。**

（a）[②] **总体而言**。《1986年国内税收法》（有关递延薪酬等的）第1章第D子章第3部现予修正如下：

（A）删去标题并插入如下：

“第3部　最低筹资标准及给付金限制有关的条例

第A子部　养老金计划最低筹资标准

第B子部　单雇主计划下给付金及限制

第A子部　养老金计划最低筹资标准

第430节　单雇主定额给付金养老金计划最低筹资标准”

（B）末尾插入以下新子节：

“第B子部　单雇主计划下给付金限制

① 《美国法典》第26编第430节注。

② 《美国法典》第26编前述第430节。

第 436 节　单雇主计划下停工给付金及其他不可预测偶然事件给付金的筹资限制

第 436 节[①]　单雇主计划下给付金及给付金累算的筹资限制

（a）**总体而言**。在第 401 节第（a）子节第（29）段中，属于单雇主计划的一项定额给付金计划，若符合第（b）子节、第（c）子节、第（d）子节和第（e）子节的要求，应视为符合本节要求。

（b）**单雇主计划下停工给付金及其他不可预测偶然事件给付金的筹资限制**。

（1）**总体而言**。倘若一项属于单雇主计划的定额给付金计划，其参与人对于任何计划年份内发生的任何事件有权享用一份应付的不可预测偶然事件给付金的，只要计划年份的调整后筹资目标实现率如下，则该计划应规定该等给付金不得予以提供：

（A）小于 60%；

（B）或者，若将此事件纳入考虑，将低于 60%。

（2）[②] **豁免**。对于任何计划年份，计划出资人（在第 303 节下任何最低规定缴费额外再）支付如下一笔缴费额后，第（1）段自该计划年份首日起即不再适用

（A）在第（1）段第（A）子段的情况下，（第 430 节下）该计划对该计划年份的筹资目标，可归于第（1）段所述事件上调的数额；

（B）在第（1）段第（B）子段的情况下，足以促成实现 60% 筹资目标的数额。

（3）**不可预测偶然事件**。在本段中，术语‘不可预测偶然事件给付金’一词系指仅因如下原因的任何应予给付金：

（A）工厂停工（或部长确定的类似事件）；

（B）或者，除年龄、履行任何服务、收受或领取任何补偿金，以及发生死亡或残疾之外的任何事件。

（c）**对提高给付金责任的计划修正之限制**。

（1）**总体而言**。对一项属于单雇主计划的定额给付金计划所作修正，

---

① 《美国法典》第 26 编第 436 节。

② 生效日期。

因提高给付金、设置新给付金项、变更给付金累算率或变更给付金不可罚没率而提高计划责任的，不得于任何计划年份生效，唯须该计划年份调整后筹资目标实现率：

（A）不足80%；

（B）或者，若将此修正纳入考虑，将低于80%。

（2）[①] **豁免**。对于任何计划年份，计划出资人（在第430节下任何最低规定缴费额外再）支付如下一笔缴费额后，第（1）段自该计划年份首日（或修正生效之日起，以孰晚者为准）起即不再适用：

（A）在第（1）段第（A）子段的情况下，（第430节下）该计划对该计划年份的筹资目标，可归于该等修正的数额；

（B）在第（1）段第（B）子段的情况下，足以促成实现80%筹资目标的数额。

（3）**部分给付金上调的例外情况**。任何修正，其规定的给付金上调并非基于参与人赔偿额而设公式的，第（1）段不适用，但前提是该上调率不超过同期修正所涵盖参与人平均工资上调率。

（d）**针对加快给付金给付的限制**。

（1）**筹资率小于60%**。属于单雇主计划的一项定额给付金计划，在该计划的某计划年份调整后筹资目标实现率低于60%的情况下，应规定该计划年份评估基准日后该计划不得支付任何禁付款。

（2）[②] **破产**。属于单雇主计划的一项定额给付金计划，在该计划出资人为《美国法典》第11编或类似联邦或州际法律规定情况下的债务人的任何时期，该计划不得支付任何禁付款。该计划注册精算师证明调整后筹资目标实现率不低于100%之日或之后，上句不适用。

（3）**倘若实现率达到60%及以上但小于80%，付款有限。**

（A）**总体而言**。属于单雇主计划的一项定额给付金计划应规定，在该计划的某计划年份的调整筹资目标实现率为60%或以上但小于80%的任何情况下，该计划年份评估基准日后，该计划不得支付任何禁付款，唯须付款额超过以下孰少者：

（i）付款额的50%，其可不考虑本节支付；

① 生效日期。

② 生效日期。

（ⅱ）或者，《1974 年雇员退休收入保障法》第 4022 节下参与人的最大担保额的现值［依养老给付金担保公司规定的指导确定，采用第 417 节第（e）子节下利率及死亡率假设］。

（B）**一次运用。**

（ⅰ）**总体而言。**该计划还应规定，就任何参与人而言，在第（1）段或第（2）段或本子段下限制适用的连续若干计划年份之任何期限内，仅满足第（A）子段要求的一笔禁付款可予支付。

（ⅱ）**受益人处理。**在本子段中，一名参与人及代表该参与人的任何受益人［包括第 414 节第（p）子节第（8）段界定的备用收款人］应作同一名参与人处理。倘若一名受益人的累算给付金分配给该备用收款人及一名或多名其他人士的，第（A）子段下款额应以该累算给付金分配的同样方式于该等人士之间进行分配，［第 414 节第（p）子节第（1）段第（A）子段界定的］合格的家庭关系证明书另有规定的除外。

（4）**例外情况。**对于任何计划年份的任何计划，若该计划的条款（于始自 2005 年 9 月 1 日并随该计划年份终止的期间有效的）规定，在该期限内任何参与人无给付金累算的，则本节不适用。

（5）**禁付款。**在本子节中，术语"禁付款"一词系指：

（A）任何款项，对于其［第 417 节第（f）子节第（2）段中界定的］年金起始日期属于第（1）段或第（2）段下限制发挥效力所在的任何期间的参与人或受益人，该笔款项超过了终身年金下对该等参与人或受益人支付的月度付款［加第 411 节第（a）子节第（9）段末句所述任何社会保障补充款］；

（B）从一家保险公司购买不可撤销的给付金支付承诺的任何款项；

（C）为部长规定的法规所规定的任何其他款项。

（e）[①] **对于筹资缺口严重的计划，其给付金累算的限制。**

（1）**总体而言。**属于单雇主计划的一项定额给付金计划，在该计划的某计划年份调整后筹资目标实现率低于 60% 的情况下，应规定该计划下的给付金自该计划年份评估基准日起停止累算。

（2）**豁免。**对于任何计划年份，计划出资人（在第 430 节下任何最低规定缴费额外再）支付如下一笔足以促成调整后筹资目标实现率达到

① 生效日期。

60%的缴费额后，第（1）段自该计划年份首日起即不再适用。

（f）**有关为避开给付金限制而规定的缴费额的条例。**

（1）**可提供保障金。**

（A）**总体而言。**在本节中，调整后筹资目标实现率，应将计划出资人提供符合第（B）子段要求形式的保障金作为该计划的一项资产而确定。

（B）**保障金形式。**第（A）子段下规定的保障金，其构成应如下：

（ⅰ）企业担保公司发行的（就《1974年雇员退休收入保障法》第412节而言，属于合格担保的）债券；

（ⅱ）现金，或3年内到期的美国债务，交给银行或类似金融机构托管；

（ⅲ）或者，使部长和有关各方感到满意的其他形式担保。

（C）**强制执行。**第（A）子段下提供的任何保障金，可在以下孰先者之后予以生效并强制执行：

（ⅰ）该计划终止之日；

（ⅱ）倘若未支付起于提供保障金之后的任何计划年份最低规定缴费额，则第430节第（j）子节下的付款到期日；

（ⅲ）或者，倘若连续7年调整后筹资目标实现率小于60%，则该连续期的最后一年之评估基准日。

（D）[①] **解除保障金。**保障金应于部长在法规中规定的时机解除（而其下任何款额应同其任何应计利息一并退还），包括规定因提高筹资目标实现率之故而解除部分保障金的法规。

（2）**不得动用筹资前余额或筹资标准结转结余。**第403节第（f）子节下的筹资前余额，或筹资标准结转结余，在第（b）子节、第（c）子节或第（e）子节下不得为避免或终止运用任何该子节规定下的任何限制而用于偿付雇主在任何该子节规定下可能支付的款项。

（3）**视为筹资余额减少。**

（A）**总体而言。**除受第（C）子段的规限外，在第（b）子节、第（c）子节、第（d）子节或第（e）子节下的一项给付金限制［若无本子段则反之，且在不考虑第（b）子节第（2）段、第（c）子节第（2）段

① 规例。

或第（e）子节第（2）段的情况下确定］将适用于该计划年份的该计划之任何情况下，该计划的计划出资人在本编中视为做出第 430 节第（f）子节下的选择，将筹资前余额或筹资标准结转结余减去使该等给付金限制无法适用该计划年份的计划的数额。

（B）**筹资余额不足的例外情况**。对于任何计划年份的一项给付金限制，若运用第（ⅰ）条将使得该给付金限制无法适用于该计划年份的，则第（A）子段不适用。

（C）**适用于劳资双方集体谈判而成的计划某些规定的限制**。对于第（b）子节、第（c）子节或第（e）子节下任何给付金限制，第（A）子段仅适用于一项计划根据雇员代表和一名或多名雇主之间的集体谈判协议维护的情况。

（g）**新计划**。在一项计划头 5 年，第（b）子节、第（c）子节及第（e）子节不适用于该计划。就本子节而言，在本子节中对计划的引述，均包括对任何以往计划的引述。

（h）[①] **为给付金限制起见推定的筹资不足**。

（1）**推定持续筹资不足**。对于一项计划当前计划年份之前一计划年份，对该计划已运用第（b）子节、第（c）子节、第（d）子节或第（e）子节下的一项给付金限制的任何情况下，在该计划的注册精算师核证该计划的当前计划年份实际调整后筹资目标实现率之前，该计划的当前计划年份调整后筹资目标实现率应推定等于该计划前一计划年份调整后筹资目标实现率。

（2）**推定第 10 月后筹资不足**。在该计划的当前计划年份调整后筹资目标实现率于该年份第 10 月首日前未得以核证的任何情况下，在第（b）子节、第（c）子节、第（d）子节及第（e）子节中，所述首日应就所述子节而言视为该计划的当前计划年份的评估基准日，而该计划调整后筹资目标实现率应确凿推定为自首日起小于 60%。

（3）**将近筹资不足计划推定第 4 月后筹资不足**。在如下任何情况下：

（A）对于一项计划当前计划年份之前一计划年份，未运用第（b）子节、第（c）子节、第（d）子节或第（e）子节下的一项给付金限制，但比起原本可促成所述子节就该前一计划年份适用于该计划的实现

---

① 证明。

率，该计划前一计划年份调整后筹资目标实现率不超过 10 个百分点；

（B）自当前计划年份第 4 月首日起，该计划注册精算师未核证该计划当前计划年份实际调整后筹资目标实现率；

在该注册精算师按此核证前，所述首日，在所述子节中应视为该计划当前计划年份评估基准日，而此处所述首日起该计划的调整后筹资目标实现率，在所述子节中应推定为比该计划前一计划年份调整后筹资目标实现率少 10 个百分点。

（i）**禁止期或停止期结束起的计划处理**。为本编之运用起见：

（1）[①] **期限过后计划之运营**。除非该计划另有规定，否则第（d）子节或（3）子段下给付金支付或累算的任何限制适用期结束后次日起，付款和累算项将继续有效。

（2）**受影响给付金的处理**。若无本节规定原本已支付或累算的给付金，本子节中任何内容不得释为影响该计划对其处理。

（j）**筹资目标实现相关术语**。在本节中：

（1）**总体而言**。术语‘筹资目标实现率’一词具有第 430 节第（d）子节第（2）段赋予该术语的含义。

（2）**调整后筹资目标实现率**。术语‘调整后筹资目标实现率’一词系指第（1）段下，将第 430 节第（d）子节第（2）段第（A）子段和第（B）子段下各数额上调相当于由该计划于前两个计划年份内为［第 414 节第（q）子节定义的］高额赔付雇员之外的雇员购买年金的总额而确定的筹资目标实现率。

（3）**对足额筹资的运用（不考虑筹资余额减少）**。

（A）**总体而言**。对于一项计划的任何年份计划，倘若［在不考虑本段，及不考虑第 430 节第（f）子节第（4）段第（A）子段下资产价值减少的情况下确定］筹资目标实现率为 100% 或以上，在第（1）段中，筹资目标实现率的确定应不考虑该等价值减少的情况。

（B）[②] **转化条例**。第（A）子段应运用于其起始晚于 2007 年但早于 2011 年的计划，以按下表确定的适用实现率替代‘百分百’：

① 生效日期。

② 适用性。

计划年份起始所在日历年	适用百分比（%）
2008年	92
2009年	94
2010年	96

（C）**限制**。第（B）子段不适用于2008年后的任何计划，除非该计划于2007年后的各过往计划年份（不考虑本段确定的）筹资目标实现率，不低于第（B）子段下确定的所述过往年份适用的实现率。

（k）**针对2008年的特殊条例**。在本节中，计划年份自2008年起的，前一计划年份筹资目标实现率，可采用部长提供的估算方法确定。”

（2）[①] **文书修正**。对于《1986年国内税收法》第1章第D子章，其部目录于末尾增补以下新项，现修正如下：“第3部　最低筹资标准及给付金限制有关的条例。”

（b）[②] **生效日期**。

（1）**总体而言**。本节做出的修正适用于2007年12月31日后起始的计划年份。

（2）**劳资集体谈判例外情况**。一项计划依据雇员代表和1名或多名雇主之间2008年1月1日以前批准的集体谈判协议维护的，本节所做的修正不适用于早于如下孰早者的计划年份：

（A）如下孰晚者：

（ⅰ）计划相关的集体谈判协议中最晚终止者终止之日（不考虑该法颁布之日后其任何议定延期而确定）；

（ⅱ）或者，（在无本子段规定的情况下）本节所作修正申请适用的首个计划年份首日；

（B）或者，2010年1月1日。

在第（A）子段第（ⅰ）条中，仅为使该计划遵守本节所增补的任何要求而根据一项与该计划有关的集体谈判协议做出的任何计划修正，不应视为该集体谈判协议的终止。

---

① 《美国法典》第26编前述第401节。

② 《美国法典》第26编第436节注。

第114节　技术性修正及一致性修正

（a）**资质要求相关修正。**

（1）《1986年国内税收法》第401节第（a）子节第（29）段现予修正如下：

“（29）处于风险状况之计划的给付金限制。在第412节要求适用一项定额计划（非多雇主计划）的情况下，除非该计划符合第436节的要求，否则由该计划作为构成部分的信托，不构成本子节下的合格信托。”

（2）该法第401节第（a）子节第（32）段现予修正：

（A）在第（A）子段中，删去各处“第412节第（m）子节第（5）段”并插入“第430节第（j）子节第（4）段”；

（B）在第（C）子段中，删去“第412节第（m）子节”并插入“第430节第（j）子节”。

（3）该法第401节第（a）子节第（33）段现予修正：

（A）在第（B）子段第（ⅰ）条中，删去“［符合第412节第（l）子节第（8）段含义的］流动负债已筹资率”，并插入“［第430节第（d）子节第（2）段界定的］筹资目标实现率”；

（B）在第（B）子段第（ⅲ）条中，删去“第412节第（c）子节第（8）段”并插入“第412节第（c）子节第（2）段”；

（C）在第（D）子段中，删去“第412节第（c）子节第（11）段［不考虑其第（B）子段］”并插入“第412节第（b）子节第（2）段［不考虑其第（B）子段］”。

（b）**转归条例**。该法第411节现予修正：

（1）删去“第412节第（c）子节第（8）段”并插入“第412节第（d）子节第（2）段”；

（2）在第（b）子节第（1）段第（F）子段中：

（A）删去第（ⅱ）条中“第412（ⅰ）节第（2）段及第（3）段”并插入“第412节第（e）子节第（3）段第（B）子段及第（C）子段”；

（B）删去“第412（ⅰ）节第（4）段、第（5）段及第（6）段”并插入“第412节第（e）子节第（3）段第（D）子段、第（E）子段及第（F）子段”。

（3）在第（d）子节第（6）段第（A）子段中，删去“第412节第（c）子节第（8）段”并插入“第412节第（e）子节第（2）段”。

（c）**计划合并及整合**。该法第414节第（l）子节第（2）段第（B）子段第（ⅰ）条第（Ⅰ）子条现予修正如下：

“（Ⅰ）在一项多雇主计划情况下，第431节第（c）子节第（6）段第（A）子段第（ⅰ）条中确定的数额（及在任何其他计划的情况下，第430节下确定的筹资缺口及正常目标成本的总和），超过如下的部分。”

（d）**超额养老金资产转至退休人员医疗账户**。

（1）[①] 该法第420节第（e）子节第（2）段现予修正如下：

“（2）**超额养老金资产**。术语‘超额养老金资产’一词系如下（若有）之超额部分：

（A）如下孰少者：

（ⅰ）计划资产的公平市场价值［减去第430节第（f）子节下确定的筹资前余额和筹资标准结转结余］；

（ⅱ）或者，第430节第（f）子节下减额后第430节第（g）子节第（3）段下确定的计划资产价值，超过如下的部分；

（B）第430节下为该计划年份确定的筹资缺口及正常目标成本之和的125%。”

（2）该法第420节第（e）子节第（4）段现予修正如下：

“（4）**与第430节的协调**。在合格划转的情况下，在本节及第430节中，任何按此划转的资产不应视为该计划中的资产。”

（e）**消费税**。

（1）**总体而言**。该法第4971节第（a）子节及第（b）子节现予修正如下：

“（a）**初始税**。任何课税年份的任何时候，若一名雇主维护一项第412节适用的计划，则对该纳税年份征收一笔项款，其税额等于：

（1）在一项单雇主计划的情况下，最低规定缴费额，随该课税年份结束或在该课税年份内结束的任何计划年份之末仍未付的所有计划年份未付总额的10%；

（2）在一个多雇主计划的情况下，至该课税年份结束或在该课税年

---

① 《美国法典》第26编第420节。

份内结束的任何计划年份之末，第 431 节下确定的累计筹资缺额的 5%。

(b) **附加税**。若：

(1) 根据第 (a) 子节第 (1) 段对任何未付最低规定缴费额课征一笔税，且直至该课税期结束时该笔税款仍未缴纳；

(2) 或者，根据第 (a) 子节第 (2) 段对任何累计筹资缺额课征一笔税，且该累计筹资缺额在该课税期内未填补；

则未付最低规定缴费额或累计筹资缺额未支付或未填补的，课以相当于其 100% 的一笔税，以适用者为准。”

(2) 该法第 4971 节第 (c) 子节现予修正：

(A) 在第 (1) 段中删去“第 412 节第 (a) 子节倒数两句”并插入“第 431 节”；

(B) 在末尾增补以下新段：

“(4) **未付最低规定缴费额**。

(A) **总体而言**。术语‘未付的最低规定缴费额’系指，对于任何计划年份，在该计划年份［第 430 节第 (j) 子节第 (1) 段下确定的］应付日期或之前未付的第 430 节下该任何计划年份的任何最低规定缴费额。

(B) **排序条例**。向一项计划或依一项计划对任何计划年份支付的款项，应以先进先出为原则，先拨配给所有过往计划年份的未付最低规定缴费额，再拨配给该计划年份第 430 节下最低规定缴费额。”

(3)[①]《1974 年雇员退休收入保障法》第 4971 节第 (e) 子节第 (1) 段删去“第 412 节第 (b) 子节第 (3) 段第 (A) 子段”并插入“第 412 节第 (a) 子节第 (1) 段第 (A) 子段”予以修正。

(4)《1974 年雇员退休收入保障法》第 4971 节第 (f) 子节第 (1) 段修正如下：

(A) 删去“第 412 节第 (m) 子节第 (5) 段”并插入“第 430 节第 (j) 子节第 (4) 段”；

(B) 删去“第 412 节第 (m) 子节”并插入“第 430 节第 (j) 子节”。

(5) 该法中第 4972 节第 (c) 子节第 (7) 段删去“除该缴费额超过足额筹资限制外［如第 412 节第 (c) 子节第 (7) 段之定义，不考虑其

---

① 《美国法典》第 26 编第 4971 节。

第（A）子段第（ⅰ）条第（Ⅰ）子条而确定]”并插入“除在一项多雇主计划的情况下该缴费额超过足额筹资限制［如第 431 节第（c）子节第（6）段之定义]”。

（f）**报告要求**。该法第 6059 节第（b）子节修正如下：

（1）删去第（2）段中“［第 412 节第（a）子节定义的］累计筹资缺额”并插入“第 430 节下确定最低规定缴费额，或第 431 节下确定的累计筹资缺额，”；

（2）删去第 3 段第（B）子段并插入如下：

“（B）符合第 430 节第（h）子节第（1）段或第 431 节第（c）子节第（3）段（以适用者为准）下合理精算假设要求。”

第 115 节[①]　养老金筹资要求过渡条例修改

（a）[②] **总体而言**。若一项计划：

（1）[③] 不要求为 1996 年内起的计划年份支付费率可变保费；

（2）在 1995 年后起始的任何计划年份中，未与另一项计划（在 1966 年，非计划出资人所在受控集团内雇主出资的计划）合并；

（3）由一家主要从事跨城或跨州客车服务的公司出资；

第（b）子节所述条例适用于 2007 年 12 月 31 日后起始的任何计划。

（b）**已修改条例**。本子节所述条例如下：

（1）在《1986 年国内税收法》第 430 节第（j）子节第（3）段及《1974 年雇员退休收入保障法》第 303 节第（j）子节第（3）段中，该计划应视为任何计划年份无筹资缺额。

（2）为：

（A）确定第 4006 节第（a）子节第（3）段第（E）子段第（ⅲ）条下筹资未得的既有给付金；

（B）根据《1986 年国内税收法》第 412 节或《1974 年雇员退休收入保障法》第 302 节确定其下任何现值或进行任何计算；

则死亡率表须为该计划使用的死亡率表。

---

① 《美国法典》第 26 编第 430 节注。

② 适用性。

③ 生效日期。

（3）该法第430节第（c）子节第（5）段第（B）子段或该法第303节第（c）子节第（5）段第（B）子段（为免于以新差额摊销基数衡量而分阶段实施筹资目标）应分别以“2012”代替其中的“2011”，并以下表取代其中的表再予以运用：

计划年份起始于日历年	适用的百分比（%）
2008年	90
2009年	92
2010年	94
2011年	96

（c）**定义**。本节所使用的任何术语，在《1986年国内税收法》第430节或《1974年雇员退休收入保障法》第303节同样有使用的，应具有该节为该术语赋予的含义。若该术语的含义与以上两部法律中的含义相异，则该术语就《1986年国内税收法》而运用时，在本节中具有该法赋予的含义，而就《1974年雇员退休收入保障法》而运用时，在本节中具有该法赋予的含义。

（d）**为2006年和2007年所设特殊条例**。

（1）[①] **总体而言**。《1994年退休保障法》第769节第（c）子节第（3）段，经《2004年退休金基金衡平法》第201节增补，删去“及2005年”并插入“、2005年、2006年及2007年”予以修正。

（2）[②] 生效日期。第（1）段所作修正适用于2005年12月31日后起始的计划年份。

（e）**为保持一致性所作修正**。

（1）《1994年退休保障法》第769节删去第（c）子节予以修正。

（2）[③] 第（1）段所作修正应于2007年12月31日起生效，并适用于该日期后起始的计划年份。

① 《美国法典》第26编第412节注。

② 同上。

③ 生效日期。

第116节[①]　维护筹资不足或已终止单雇主计划雇主不合格递延薪酬计划筹资限制

(a)[②] **《国内税收法》修正。**《1986年国内税收法》第409A节第(b)子节（规定筹资条例）现予修正，将第(3)段及第(4)段分别更名为第(4)段及第(5)段，并在第(2)段后插入以下新段：

“(3) **雇主定额给付金计划限制期处理。**

(A) **总体而言。**倘若：

(ⅰ) 在单雇主定额给付金计划任何限制期，为计划出资人或该计划出资人所属受控集团之成员的不合格计划下参与计划的合适雇员支付递延薪酬，资产予以搁存或交与信托（或部长确定的其他安排）（直接或间接）保留，或划转给该信托或其他安排；

(ⅱ) 或者，计划出资人或该计划出资人所属受控集团之成员的不合格计划，对该额给付金计划规定，资产仅限于提供该计划下限制期的给付金（或部长确定的其他类似财务措施），或资产按此限制；

则在第83节中，该等资产，无论是否可用于清偿一般债权人的债权，应就服务之履行视为转划财产。于定额给付金期限制期前按此搁存的任何资产，第(ⅰ)节不适用。

(B) **限制期。**对于第(A)子段所述的任何计划，在本节中，术语‘限制期’词系指：

(ⅰ) 计划处于［第430节第(ⅰ)子节界定的］风险状况的任何时期；

(ⅱ) 在计划出资人为《美国法典》第11编或类似联邦或州际法律规定情况下的债务人的任何时期；

(ⅲ) 计划终止日期之日6个月前起始的12个月之期，前提为自该计划终止之日起，该计划不足于偿付（符合《1974年雇员退休收入保障法》第4041节含义）给付金责任。

(C) **支付收入中所含递延薪酬税的特殊条例。**对于因本段而规定纳入总收入的任何补偿金，倘若雇主直接或间接支付任何联邦、州或地方所

---

① 《美国法典》第26编第412节注。

② 《美国法典》第26编第409A节。

得税的。

（ⅰ）根据第（a）子节第（1）段第（B）子段第（ⅰ）条对该支付款计收利息，一如该支付款属于其所涉递延薪酬的一部分；

（ⅱ）该支付款应于确定第（a）子节第（1）段第（B）子段第（ⅰ）条第（Ⅱ）子条下附加税下数额时纳入考虑，一如该支付款属于其所涉递延薪酬的一部分；

（ⅲ）对于该支付款，该编下不允许任何扣减。

（D）**其他定义**。在本节中：

（ⅰ）**参与计划的合适雇员**。术语‘参与计划的合适雇员’一词系指：

（Ⅰ）计划出资人参与计划的雇员；

（Ⅱ）计划出资人所属受控集团成员的参与计划的雇员；

（Ⅲ）与计划出资人或计划出资人所属受控集团成员终止雇佣关系时为参与计划的雇员之前雇员。

（ⅱ）**参与计划的雇员**。术语‘参与计划的雇员’一词系指第 162 节第（m）子节第（3）段中所述个人，或《1934 年证券交易法》第 16 节第（a）子节要求所规限的个人。”

（b）**一致性修正**。该法第 409A 节第（b）子节第（4）段及第（5）段，经本子节第（a）子节更名，分别删去各处“第（1）段或第（2）段”并插入“第（1）段、第（2）段或第（3）段”予以修正。

（c）[①] **生效日期**。本节所作修正应于本法颁布之日起适用于资产划转其他保留手段。

① 《美国法典》第 26 编第 409A 节注。

第二编　多雇主定额给付金计划筹资条例及有关规定

第 A 子编　《1974 年雇员退休收入保障法》修正

第 201 节　多雇主定额给付金计划筹资条例

（a）**总体而言**。《1974 年雇员退休收入保障法》（经本法修正）第一编第 B 子编第 3 部在第 303 节后插入以下新节，予以修正：

“多雇主计划最低筹资标准

第 304 节[①]：（a）**总体而言**。在第 302 节中，多雇主计划任何计划年份累计筹资缺额为：

（1）除第（2）段规定外，计划年份结束时确定的金额，等于该计划（自本部适用于该计划的首个计划年份起的）所有计划年份筹资标准账户总费用超过该等计划年份记入该账户贷方总计的部分；

（2）倘若多雇主计划为任何计划年份重组，第 4243 节下确定的该计划累计筹资缺额。

（b）**筹资标准账户**。

（1）**规定的账户**。本部适用的每份多雇主计划应开设一个筹资标准账户并予以维护。该账户应仅按本节贷记及借记。

（2）**账户收费**。对于某一计划年份，应将如下之和记在筹资标准账户借方项下：

---

① 《美国法典》第 29 编第 1084 节。

（A）该计划的该计划年份的正常成本。

（B）以等额年度分期款：

（ⅰ）对于一项 2008 年 1 月 1 日或之后存在的计划，按 15 个计划年份，摊销本节适用的首个计划年份首日以往工龄对应的负债额（直至全部摊销）；

（ⅱ）对于各计划年份，按 15 个计划年份，单独摊销该计划下以往工龄对应的负债因该年所采用的计划修正而产生的净上调部分所需额（直至全部摊销）；

（ⅲ）对于各计划年份，按 15 个计划年份，单独摊销该计划下净经验损失（若有）所需额（直至全部摊销）；

（ⅳ）对于各计划年份，按 15 个计划年份，单独摊销该计划下所运用的精算假设发生变动所致净损失（若有）所需额（直至全部摊销）。

（C）按 15 个计划年份，摊销各过往计划年份每笔［符合第 302 节第（c）子节第（3）段含义的］豁免筹资缺额所需额（直至全部摊销）。

（D）按 5 个计划年份，以等额年度分期款摊销（在《2006 年养老金保护法》颁布之日前一天有效的）第 302 节第（b）子节第（3）段第（D）子段下记入筹资标准账户贷方项下的金额。

（E）若无（在《2006 年养老金保护法》颁布之日前一天有效的）第 302 节第（c）子节第（7）段第（A）子段第（ⅰ）条第（Ⅰ）子条的规定则在计划下规定原本应付缴费额，以 20 年（全额摊销所需）等额分期款摊销的数额。

（3）**贷记制账户**。对于一计划年份，将以下之和记入筹资标准账户贷方项下：

（A）认为由雇主为该计划年份向计划或根据计划支付的款额。

（B）以等额年度分期款：

（ⅰ）对于各计划年份，按 15 个计划年份，单独摊销该计划下以往工龄对应的负债因该年所采用的计划修正而产生的净下调部分所需额（直至全部摊销）；

（ⅱ）对于各计划年份，按 15 个计划年份，单独摊销该计划下净经验收益（若有）所需额（直至全部摊销）；

（ⅲ）对于各计划年份，按 15 个计划年份，单独摊销该计划下所运用的精算假设发生变动所致净收益（若有）所需额（直至全部摊销）。

（C）该计划年份［符合第302节第（c）子节第（3）段含义的］蠲免筹资缺额。

（D）在筹资标准账户下确定一计划年份的累计筹资缺额的情况下，倘若该计划年份之后一计划年份的该缺额根据（《2006年养老金保护法》颁布之日前一日有效的）第305节下替代性最低筹资标准确定的，（不考虑本子段确定的）筹资标准账户借方余额（若有）超出替代性最低筹资标准账户任何借方余额的部分。

（4）**2008年之前计划年份最先摊销款特殊条例。**对于（在《2006年养老金保护法》颁布之日前一天有效的）第302节第（b）子节下在2008年之前某一计划年份起始的任何时期的任何摊销款［代替第（2）段第（B）子段和第（3）段第（B）子段中所述摊销］，该摊销款应继续根据按此有效的本节继续摊销。

（5）[①] **待摊销款合并及抵销。**根据财政部部长所设规定，第（2）段或第（3）段下待摊销款，视情况而定：

（A）可并入该段下的一笔款额，而该笔款额在基于记入该合并额中所有项目的剩余摊销期确定的期限内摊销；

（B）可与规定在另一段下摊销的金额抵销，所得金额在基于记入互抵的两笔金额中孰大者中所有项目的剩余摊销期确定的期限内摊销。

（6）[②] **利息。**应将与该计划下确定成本所采用的利率一致的利率而计的利息，（按财政部部长所制规例）记入筹资标准账户（及其下项目）借方或贷方项下。

（7）**筹资标准账户借项和贷项有关的特殊条例。**在本部中：

（A）**撤回责任。**多雇主计划收到的偿付第四编第E子编第1部下所有或部分雇主撤回责任的任何款项，应视为向该计划或根据该计划缴纳的一笔款。财政部部长可依法规规定归入多雇主计划筹资标准账户的附加费用和贷方金额，以防止撤回责任偿付款不当地体现为计划责任的预先筹资款。

（B）**多雇主计划撤出重组时应作调整。**若一项多雇主计划在前一计划年份处于重组中，但在该计划年份中撤出了重组，则在该前一计划年份

① 规例。

② 规例。

中结束时筹资标准账户中的任何余额：

（ⅰ）须以贷项或借项抵销（视情况而定）；

（ⅱ）但应在后续计划年份中纳入考虑，按 30 个计划年份以等额年度分期款摊销（直到完全摊销）。

第 4243 节第（a）子节下自计划重组所在计划末年结束起的任何累计筹资缺额，前一句不适用。

（C）**向补充项目或撤回责任偿付款基金所作计划付款。**一项计划在某一计划年份向本法第 4222 节下养老给付金担保公司或根据本法第 4223 节向《1986 年国内税收法》第 501 节第（c）子节第（22）段下基金豁免人支付的任何款项，应减去视为该计划的计划年份收到的缴费额款项。

（D）[①] **临时撤回责任偿付款。**在第四编第 E 子编第 1 部下雇主撤回责任最终确定之前，由一名雇主支付但之后由计划退还该雇主的任何款项，应按照财政部部长之规定记入筹资标准账户借方项下。

（E）**对于净经验损失部分，选择以借项递延。**倘若对于任一计划年份，一项选择在（在《2006 年养老金保护法》颁布之日前一天有效的）第 302 节第（b）子节第（7）段第（F）子段下有效，则对于该选择递延的净经验损失部分，在其递延所在计划年份，应将按此递延的金额记入筹资标准账户借方项下［而第（2）段第（B）子段第（ⅲ）条不得适用于按此借记的金额］。

（F）**财务援助。**养老给付金担保公司对任何计划提供任何财务援助之任何款项，及任何此等款项的任何偿还，应根据本节及第 302 节以财政部部长确定的方式纳入考虑。

（G）**短期给付金。**任何计划修正，若因不应作为终身年金支付，但根据计划条款应为不超过该修正生效起 14 年的期限支付的给付金上调，而加重该计划下筹资未得的以往服务负债的，第（2）段第（B）子段第（ⅱ）条应通过将该等给付金应付期年数替换为‘15’单独适用于筹资未得的以往服务负债加重部分。

（c）**附加条例。**

（1）**筹资方法下待作的确定。**在本部中，正常成本、应计负债，过往服务负债和经验得失，应采用确定该计划下成本的筹资方法确定。

---

① 规例。

（2）**资产估值**。

（A）**总体而言**。在本部中，计划资产的价值，其确定依据应为估值将公平市场价值纳入考虑且财政部部长规定的法规允许的合理精算方法。

（B）[①] **债券选择**。债券或其他本金或利息未拖欠债务之凭证的价值，经计划管理人选择，可以自购买时初始成本至到期日或最早赎回日之面值摊销为依据确定。本子段下选择，应于财政部部长依法规规定的时间及方式做出，适用于所有该等债务凭证，仅在该部长同意下方可撤销。

（3）**精算假设必须合理**。在本节中，所有成本、负债、利率和该计划下的其他因素应基于精算假设和方法确定，其：

（A）各项假设和方法合理（考虑到计划经验和合理预期）；

（B）其相互配合运用时，能让精算师对计划下的预计经验做出最准确的估计。

（4）**某些记项视作经验收益或损失**。在本节中，倘若：

（A）《社会保障法》给付金变动，或联邦法律或州法律下所设其他退休给付金变动；

（B）或者，《1986年国内税收法》第3121节下术语‘工资’一词定义之改变，为该法第401节第（a）子节第（5）段起见规定的法规下考虑的该等工资数额变动；

使得一项计划下应计负债增减的，该等增减应视为经验损失或收益。

（5）**全额筹资**。倘若一项计划（在不考虑本段的情况下），在一计划年份结束时累计筹资缺额超过了全额筹资限制：

（A）筹资标准账户须将此超额部分记入贷方项下；

（B）第（b）子节第（2）段第（B）子段、第（C）子段和第（D）子段和第（b）子节第（3）段第（B）子段中所述所有款项，规定应予摊销的，为该等子段起见应视为已充分摊销。

（6）**全额筹资限额**。

（A）**总体而言**。在第（5）段中，术语‘全额筹资限额’一词系指：

（ⅰ）该计划下应计负债（包括正常成本）（在该笔应计负债不能直接用该计划所用筹资方法计算的情况下，采用加入年龄正常筹资法确定的）；

---

①　适用性。

（ⅱ）超过如下孰少者的部分（若有）：（Ⅰ）计划资产公允市值，或者（Ⅱ）该等资产根据第（2）段确定的价值。

（B）**最低额。**

（ⅰ）**总体而言。**在任何情况下，第（A）子段下确定的全额筹资限额不得少于：（Ⅰ）该计划（包括因该计划年份内累算给付金而致的预期流动负债增加的部分）流动负债的90%，超过（Ⅱ）第（2）段下确定的计划资产值的部分（若有）。

（ⅱ）**资产。**在第（ⅰ）条中，资产不得减去筹资标准账户中的贷方余额。

（C）**全额筹资限制。**在本段中，除非计划另有规定外，否则一项多雇主计划的应计负债不包括在其终止后不可没收的给付金［在考虑《1986年国内税收法》第411节第（d）子节第（3）段的情况下］。

（D）**流动负债。**在本段中：

（ⅰ）**总体而言。**术语‘流动负债’一词系指该计划下雇员和其受益人的所有负债。

（ⅱ）**不可预测意外事件给付金的处理。**在第（ⅰ）条中，任何针对一项事件的应急给付金，不包括：（Ⅰ）年龄、工龄、薪酬、死亡或残疾，或（Ⅱ）（由财政部部长确定）合理可靠地可预测的事件；

在构成给付金取决条件的事件发生前，不应考虑在内。

（ⅲ）**采用的利率。**用于确定本段下流动负债的利息应为第（E）子段下确定的利率。

（ⅳ）**死亡率表。**

（Ⅰ）**委员标准表。**对于第（Ⅱ）子条下规定的第一批表适用的第一个计划年份之前起始的计划年份，确定本段下流动负债时采用的死亡率表，即为财政部部长基于确定1993年1月1日所签团体年金合同储备金所用［《1986年国内税收法》第807节第（d）子节第（5）段第（A）子段中所述］现行委员标准表规定的表格。

（Ⅱ）**部长权限。**财政部部长可依法规为始于1999年12月31日之后的计划年份，规定确定本子节下流动负债所用的死亡率表。该等死亡率表应基于养老金计划的实际经验死亡率及该等经验死亡率的预测趋势。在规定该等死亡率表时，部长应考虑有关养老金计划所覆盖个体的死亡率可用独立研究结果。

（ⅴ）**针对残疾人士的单独死亡率表**。即便有第（ⅳ）条的规定：

（Ⅰ）总体而言。对于以残疾为由而有权享用该计划下给付金的个体，财政部部长应为其制定可用于确定本子节下流动负债的死亡率表［代替第（ⅳ）条下的表］。对于残疾发生于 1995 年 1 月 1 日之前、之日、之后计划年份的个人，该部长应分别为之制定单独的表。

（Ⅱ）[①] **针对 1994 年后发生的残疾的特殊条例**。残疾于 1994 年 12 月 31 日后起始的计划年份发生的，第（Ⅰ）子条下的表格应仅适用于该子条下符合《社会保障法》第二编及其下法规含义而残疾的所述个体。

（ⅵ）[②] **定期审查**。财政部部长应定期审查本子段下有效的任何表格（至少每 5 年一次），且一旦其认为有必要，依法规更新此表，体现养老金计划的实际经验死亡率及该经验死亡率的预测趋势。

（E）**利率的规定变动**。为确定本段中一项计划的流动负债：

（ⅰ）**总体而言**。倘若第（b）子节第（6）段下计划下用于确定成本的任何利率不在允许范围内，则该计划应确定一个允许范围内新利率。

（ⅱ）**允许范围**。在本子段中：

（Ⅰ）**总体而言**。除第（Ⅱ）子条规定外，术语‘允许范围’一词，系指 30 年期国债在该计划年份起始前最后一日终止的 4 年之期加权平均利率 +5% 到 -10% 的利率。

（Ⅱ）**部长权限**。倘若财政部部长认为，第（Ⅰ）子条下允许的最低利率高得不合理，其可规定一个较低的利率，但该利率不得低于该子条下确定的平均利率之 80%。

（ⅲ）**假设**。即便有第（3）段第（A）子段的规定，该计划下采用的利率须：（Ⅰ）不考虑该计划经验和合理预期而确定，但（Ⅱ）与体现保险公司偿付计划下负债所用购买率的假设一致。

（7）**年度评估**。

（A）[③] **总体而言**。在本节中，应至少每年确定一次经验得失并估值一次计划负债，但所述经验得失确定，应在财政部部长规定的法规下的具体情况下视需要频率而进行。

① 适用性。

② 规例。

③ 规例。

（B）**评估基准日。**

（ⅰ）[①] **当年。**除第（ⅱ）条规定外，第（A）子段中所指评估，应于该评估所指计划年份或该年份起始前一个月内做出。

（ⅱ）**以往年份估值结果之使用。**第（A）子段中所指估值，可于估值所指年份之前的计划年份内某日做出，仅须自该日起［不考虑其第（ⅳ）条的情况下如第（6）段第（D）子段界定的］计划资产价值不少于该计划流动负债的100%。

（ⅲ）**调整。**第（ⅱ）条下信息应按照规例进行精算调整，以体现参与人之间显著的差异。

（ⅳ）**限制。**筹资方式发生变化，［如第（ⅱ）条之规定］采用往年评估的，前提为该过往计划年份内评估基准日，该计划资产值不少于该计划［在不考虑第（ⅳ）条的情况下，符合第（6）段第（D）子段界定的］流动负债的125%。

（8）**某些缴费额视作支付的时机。**在本节中，一名雇主对一计划年份于该计划年份末日之后但不迟于该日两个半月所作任何缴费，应视为于所述末日做出。在本子段中，所述两个半月的时限可根据财政部部长之规定延长至最多6个月。

（d）[②] **延长多雇主计划摊销年限。**

（1）**某些计划提出申请后，自动延期。**

（A）**总体而言。**倘若多雇主计划出资人：

（ⅰ）向财政部部长提交延长摊销第（b）子节第（2）段第（B）子段下任何条所述，或第（b）子节第（4）段所述任何筹资未得债务所需年数期限的申请；

（ⅱ）随该申请附上第（B）子段中所述的计划精算师出具的一份证明；

财政部部长应按申请中指明的期限（不超过5年）延长摊销期限。此延期为第（2）段下任何延期之上再延期。

（B）**标准。**多雇主计划证明符合本子段描述的前提为该计划的精算师依据合理假设证明：

---

① 截止日期。

② 规例。

（ⅰ）在无第（A）子段下延期的情况下，该计划在当前计划年份或任何随后9个计划年份之一中出现累计筹资缺额；

（ⅱ）该计划出资人已采用一项计划，旨在加强该计划的筹资状况；

（ⅲ）该计划预计将具有足够的资产，能及时支付经延长后的摊销期中的预期给付金及预期支出；

（ⅳ）[①] 提供第（3）段第（A）子段下规定的通知。

（C）**终止。**本段的前述规定，不适用于2014年12月31日之后提交的任何申请。

（2）**其他延期。**

（A）**总体而言。**倘若一项多雇主计划的计划出资人，向给财政部部长提交延长摊销第（b）子节第（2）段第（B）子段下任何条所述，或第（b）子节第（4）段所述任何筹资未得债务所需年数期限的申请，财政部部长可以将摊销期限延长［不超过10年减去第（1）段下对该筹资缺额延期的年份］，唯须财政部部长做出第（B）子段中所述的确定。此延期为第（1）段下任何延期之上再延期。

（B）**确定。**财政部部长可准予第（A）子段下的延期，唯须其认为：

（ⅰ）该等延期会有利于执行本法的目的，会为计划下参与人和其受益人提供足够的保障；

（ⅱ）未准予该等延期的，将会：（Ⅰ）对造成计划自愿缴费额造成巨大风险，或大幅削减养老给付金标准或雇员薪酬，且（Ⅱ）总体上对计划参与人产生不利影响。

（C）[②] **财政部部长的行动。**财政部部长应于延期申请提交起180天内依本段下延期申请行动。倘若该部长驳回本段下的延期申请，则其应向计划发出通知，备述拒绝的理由，包括援引上文规定的标准。

（3）**预先告知。**

（A）**总体而言。**财政部部长应于准予本子节下的延期前，要求每名申请者提供令该部长信服的证据，即该申请者已就受影响的计划向［第4001节第（a）子节第（21）段定义的］受影响各方提供了该等延期申请备案通知。该等通知中应包括该计划为第四编下所担保给付金的筹资情

---

① 通知。

② 截止日期。

况及为给付金责任的筹资情况。

（B）**考量相关信息**。财政部部长应考量第（1）段下通知对象所提供的任何相关信息。”

（b）[①] **缺口筹资方法**。

（1）**总体而言**。符合第（2）段标准的一项多雇主计划可采用、使用或停用缺口筹资方法，而对该方法的采用、使用或停用，应视为经财政部部长根据《1974 年雇员退休收入保障法》第 302 节第（d）子节第（1）段及《1986 年国内税收法》第 412 节第（d）子节第（1）段批准。

（2）**标准**。一项多雇主养老金计划符合本条标准，仅须：

（A）该计划在第（1）段下该计划当使用该方法之日之前一日结束的 5 年之期内，未采用缺口筹资方法；

（B）该计划未于该法第 304 节第（d）子节下摊销期之延期下运作，且在该 5 年之期内，未于该延期之下运作。

（3）**缺口筹资方法定义**。在本款中，术语“缺口筹资方法”一词系指财政部法规第 1.412 节第（c）子节第（1）段至第 2 节［《美国联邦法规》第 26 编第 1.412 节第（c）子节第（1）段至第 2 节］。

（4）**给付金限制的适用**。在一项多雇主计划根据本子节使用该缺口筹资方法的任何期间，该《1974 年雇员退休收入保障法》第 302 节第（c）子节第（7）段及该《1986 年国内税收法》第 412 节第（c）子节第（7）段下的给付金限制应适用。

（5）**缺口筹资方法不排斥其他选项**。本子节任何内容不得解释为妨碍多雇主计划在其他合适法规下经部长许可采用缺口筹资方法，或妨碍多雇主计划按相关条例及法规的规定变更筹资方法的权利，无论经部长同意与否。

（c）**为保持一致性所作修正**。

（1）《1974 年雇员退休收入保障法》第 301 节（《美国法典》第 29 编第 1081 节）删去第（d）子节予以修正：

（2）文书修正。该法（经第 101 节修正）第 1 节中的目录，在第 303 节有关项后插入以下新项予以修正：“第 304 节　多雇主计划最低筹资标准。”

---

① 《美国法典》第 29 编第 1084 节注。

(d)[①] **生效日期。**

(1) **总体而言。**本节所作修订，适用于2007年之后起始的计划年份。

(2)[②] **针对某些摊销延期的特殊条例。**倘若财政部部长对于2005年6月30日或之前向其提交的任何申请准予《1974年雇员退休收入保障法》第304节及《1986年国内税收法》第412节第（e）子节下的延期，则该延期（及其任何修改）应按《1974年雇员退休收入保障法》颁布之前有效的诸节之条例运用并管理，包括采用《1986年国内税收法》第6621节第（b）子节下规定的利率。

第202节　危险状况或危急状况多雇主计划附加筹资条例

(a) **总体而言。**《1974年雇员退休收入保障法》（经本法前述规定修正）第一编第B子编第3部在第304节后插入以下新节，予以修正：

"危险状况或危急状况多雇主计划附加筹资条例

第305节[③]：(a) **一般条例。**在本部中，对于2006年7月16日有效的多雇主计划：

(1) 如果该计划处于危险状况：

(A) 计划出资应按第（c）子节的规定采取并实行一项筹资加强计划；

(B)[④] 第（d）子节的要求在筹资计划采纳期及筹资加强期适用。

(2) 如果该计划处于危急状况：

(A) 计划出资应按第（e）子节的规定采取并实行一项恢复计划；

(B)[⑤] 第（f）子节的要求在恢复计划采纳期及恢复期适用。

(b) **危险状况和危急状况的判定。**在本节中：

(1) **危险状况。**对于一项计划年份，一项多雇主计划处于危险状况，其提前为第（3）段下计划精算师判定，对于该计划年份，该计划不处于

---

① 《美国法典》第29编第1081节注。

② 适用性。

③ 《美国法典》第29编第1085节。

④ 适用性。

⑤ 适用性。

危急状况，且自该计划年份年初起：

（A）该计划在该计划年份的已筹资百分比低于80%；

（B）或者，该计划在该计划年份出现累计筹资缺额，或在考虑第304节第（d）子节下任何摊销期延期的情况下预计在后续6个计划年份的任一年份出现该等累计筹资缺额。

在本节中，对于一计划年份，一项计划符合第（A）子段和第（B）子段描述的，应视为处于严重危险状况。

（2）**危急状况**。对于一项计划年份，一项多雇主计划处于危急状况，其提前为第（3）段下计划精算师判定，该计划自该计划年份年初起符合以下一子段或多个子段的描述：

（A）一项计划符合本子段描述的前提为：

（ⅰ）计划筹资比例低于65%；

（ⅱ）如下之和：（Ⅰ）计划资产的公允市值，加（Ⅱ）当前计划年份及其后6个计划年份各年合理预期的雇主缴费额现值，假设该计划维护所依据的所有集体谈判协议的条款对于后续计划年份继续有效；

少于该计划下预计当前计划年份及其后6个计划年份各年应付的所有不可罚没的给付金的现值（加所述计划年份的行政开支）。

（B）一项计划符合本子段描述的前提为：

（ⅰ）在不考虑第304节第（d）子节下摊销限任何延期的情况下，该计划在当前计划年份出现累计筹资缺额；

（ⅱ）或者，在不考虑第304节第（d）子节下摊销限任何延期的情况下，该计划在3个后续计划年份（若该计划的筹资比例为65%以下，则4个后续计划年份）中任一年份出现累计筹资缺额。

（C）一项计划符合本子段描述的前提为：

（ⅰ）（Ⅰ）该计划当前计划年份的正常成本，加前一计划年份末日该计划下筹资未得给付金负债的数额在该年（采用确定本计划项下成本使用的利率确的）利息，超过（Ⅱ）当前计划年份合理预期的雇主和雇员缴费额现值；

（ⅱ）当前计划年份年初时，不活跃参与人不可罚没的给付金现值，大于积极参与人不可罚没的给付金的现值；

（ⅲ）该计划在当前计划年份出现累计筹资缺额，或在不考虑第304节第（d）子节下任何摊销期延期的情况下预计在后续4个计划年份的任一年份出现该等缺额。

(D) 一项计划符合本子段描述的前提为，如下之和：(ⅰ) 计划资产的公允市值，加 (ⅱ) 当前计划年份及其后4个计划年份各年合理预期的雇主缴费额现值，假设该计划维护所依据的所有集体谈判协议的条款对于后续计划年份继续有效；

少于该计划下预计当前计划年份及其后4个计划年份各年应付的所有给付金的现值（加所述计划年份的行政开支）。

(3) **计划精算师年度证明。**

(A)[①] **总体而言。**计划精算师应不晚于一项多雇主计划各计划年份第90日向财政部部长及计划出资人证明：

(ⅰ) 该计划在该计划年份是否处于危险状况，该计划对于该计划年份而言是否现在或将来处于危急状况；

(ⅱ) 一项计划处于在筹资加强期或恢复期的，该计划是否按预定进度满足其筹资加强计划或恢复计划的要求。

(B) **资产和负债精算预测。**

(ⅰ) **总体而言。**在做出本子节下判定和预测前，计划精算师应为当前和后续计划年份的计划资产现值和计划下参与人和受益人当年计划年份之初该年所有负债的现值做出必要的预测。除第 (ⅲ) 条规定外，精算师的预测应基于能使精算师对计划下预计经验死亡率做出最准确的估计的合理精算估计、假设和方法。确定该年之初负债预计现值时，应基于如下孰新者：

(Ⅰ) 第103节第 (d) 子节下就最近提交的年度报告规定的精算声明；

(Ⅱ) 或者，前一计划年份精算评估。

(ⅱ) **未来缴费额的确定。**计划资产作任何精算预测时，应假设：

(Ⅰ) 当前和后续计划年份合理预期的雇主缴费额，提前为假设当年计划年份维护该计划所依的一项或多项集体谈判协议的条款对于后续计划年份继续有效；

(Ⅱ) 或者，最近一个计划年份的雇主缴费额无限期保持继续，但唯须计划精算师确定，不出现使该等假设不合理的显著人口结构变化。

---

① 截止日期。

（ⅲ）**行业活动预测**。该计划所覆盖行业的活动（包括计划覆盖的未来雇用情况和缴费额级别），其任何预测，应基于该计划出资人合理且善意提供的信息。

（C）[①] **未及时取得精算师证明之处罚**。截至第（A）子段中指定日期，计划精算师未证明本子节下该计划状况的，在第502节第（c）子节第（2）段中视为计划管理人未提交或拒绝提交第101节第（b）子节第（4）段下规定应提交给部长的年度报告。

（D）[②] **通知**。

（ⅰ）**总体而言**。在根据第（A）子段证明对于某一计划年份，一项多雇主计划现在或将来处于危险或紧急状况的任何情况下，该计划出资人应不迟于证明之日起30日内，向参与人和受益人、谈判各方、养老给付金担保公司及部长提供危险或严重状况通知。

（ⅱ）**处于危急状况的计划**。倘若根据第（A）子段证明，一份多雇主计划现在或将来处于危急状况的，该计划出资人应在第（ⅰ）条下通知中附上一份可能性解释，即：

（Ⅰ）［第（e）子节第（8）段界定的］可调给付金可能会调低；

（Ⅱ）对于参与人和受益人，其给付金起始日期为就该计划处于危急状况的首个计划年份而提供通知之日或之后的，该等削减可适用。

（ⅲ）**通知范本**。多雇主计划用于满足第（ⅱ）条下要求的通知，部长应规定一份范本。

（c）**处于危险状况的多雇主计划必须采用筹资加强计划**。

（1）[③] **总体而言**。对于一计划年份，一项多雇主计划处于危险状况的，计划出资人应依本子节：

（A）应于第（b）子节第（3）段第（A）子段下规定的精算师证明危险状况日后240日内，采用一份筹资加强计划。

（B）在采用该筹资加强计划后30天内：

（ⅰ）向谈判各方提供一份或多份如获通过，便可合理预期能使多雇主计划依筹资加强计划满足适用基准的进度表，显示修订后的给付金结

① 报告。

② 截止日期。

③ 截止日期。

构、修订后的缴费额结构或两者，包括：

（Ⅰ）一项下调达到适用基准所需未来给付金累算额的提议，假设无上调计划下缴费额所作修正（而非在所作修正在法律允许的范围内尽量下调未来给付金累算额后，上调达到适用基准所需的缴费额所作修正）；

（Ⅱ）一份提议，即为达到适用基准而上调计划下缴费额（假设不做出会削减该计划下未来给付金累算额的修正）。

（ⅱ）倘若计划出资人认为合适，可编制有关缴费率及给付金下调、备选费率表的更多信息或与加强筹资计划达到适用基准有关的其他信息，并提供给谈判各方。

在本节中，术语‘适用基准’一词系指适用于［第（5）段修改的］第（3）段下多雇主计划的要求。

（2）**程序启动后年份的例外情况**。某一计划年份，若因该计划在前一计划年份处于危险状况而使该计划年份处于筹资计划采用期，或筹资加强期，则第（1）段不适用。在本节中，该前一计划年份应为其所涉筹资加强计划的初步判定年。

（3）**筹资加强计划**。在本节中：

（A）**总体而言**。筹资加强计划即指一项由行动措施组成（包括提议给谈判各方的若干选项或一系列选项）计划，旨在基于合理预期的经验和合理的精算假设，规定该计划在筹资加强期达到以下要求：

（ⅰ）**上调计划筹资百分比**。筹资加强期结束时的计划已筹资百分比，应等于或超过如下之和：（Ⅰ）该期期初时的计划已筹资百分比；加（Ⅱ）100%与第（Ⅰ）子条下百分比之率的33%。

（ⅱ）**避免出现累计筹资缺额**。［考虑第304节第（d）子节下摊销期延期的情况下］筹资加强时期无任何计划年份出现积累筹资缺额。

（B）[①] **严重危险计划**。一项计划处于严重危险情况的，除第（5）段规定外，以‘33%’替换‘20%’后，第（A）子段第（ⅰ）条第（Ⅱ）子条适用。

（4）**筹资加强期**。在本节中：

（A）**总体而言**。根据本子节采用的任何筹资加强计划，其筹资加强期为自如下孰早者起始的多雇主计划首个计划年份首日起始的10年期：

---

① 适用性。

（ⅰ）筹资加强计划采用之日两周年之际；

（ⅱ）或者，在精算师对第（b）子节第（3）段第（A）子段下初始判定年份出具危险状况证明的截止日期有效，在该截止日期覆盖该多雇主计划中至少75%的积极参与人的集体谈判协议的失效日。

（B）[①] **严重危险计划**。一项计划处于严重危险情况的，除第（5）段规定外，以'15年期'替换'10年期'后，第（A）子段适用。

（C）**状况变化协调**。

（ⅰ）不再处于危险状况的计划。倘若在任何筹资计划采用期或筹资加强时期，计划精算师根据第（b）子节第（3）段第（A）子段为任何计划年份证明，该计划不再处于危险状况，且不处于危急状况的，筹资计划采用期间或筹资加强时期（以适用者为准），应按前一计划年份结束时结束。

（ⅱ）处于危急状况的计划。倘若在任何筹资计划采用期或筹资加强时期，计划精算师根据第（b）子节第（3）段第（A）子段为任何计划年份证明，该计划处于危急状况的，则筹资计划采用期间或筹资加强时期（以适用者为准），应按该危急状况恢复期首个计划年份之前一计划年份结束时结束。

（D）**期末时计划处于危险状况**。倘若计划精算师根据第（b）子节第（3）段第（A）子段，为第（A）子段中所述期结束后首个计划年份证明该计划处于危险状况的，本子节及第（d）子节规定应在将该等首个计划年份视为初始判定年份的情况下适用，但对于前一计划年份有效的筹资加强计划，该计划不得以不一致的方式修正，直至一项新的筹资加强计划得以采用。

（5）**筹资超过70%的严重危险计划有关的特殊条例**。

（A）**总体而言**。倘若一项处于严重危险状况的计划，其已筹资百分比在初始判定年份在70%以上：

（ⅰ）[②] 则第（3）段第（B）子段和第（4）段第（B）子段应适用，唯须计划精算师在第（b）子节第（3）段第（A）子段下做出初始判定年份证明的30天之内，基于该计划条款和在该证明出具之际有效的集体谈判

① 适用性。

② 适用性。

协议的条款证明，该计划［在不考虑第（3）段第（B）子段和第（4）段第（B）子段的情况下］预计无法满第（3）段第（A）子段的要求；

（ⅱ）根据第（ⅰ）条做出证明的，对于起始于第（4）段第（A）子段第（ⅱ）条中所述集体谈判协议失效日或之前的筹资加强期中的计划年份，该计划可在制定其筹资加强计划时只考虑第（3）段第（B）子段和第（4）段第（B）子段的条例。

（B）**协议失效后的特殊条例**。即便有第（A）子段第（ⅱ）条的规定，倘若对于第（A）子段第（ⅱ）条所述日期后结束的任何计划年份，该计划精算师［在第（b）子节第（3）段第（A）子段下为该计划年份做出年度证明之际］基于该计划的条款及在该年度证明出具之际有效的集体谈判协议的条款证明，该计划［在不考虑第（3）段第（B）子段和第（4）段第（B）子段的情况下］预计无法满足第（3）段第（A）子段的要求，而第（3）段第（B）子段和第（4）段第（B）子段将对该年份继续适用。

（6）**筹资加强计划及费率表更新**。

（A）**筹资加强计划**。计划出资人应每年更新筹资加强计划，并应随第 104 节下年度报告提交更新。

（B）**费率表**。该计划出资人应每年更新本子节下规定的缴费率，以体现计划的经验死亡率。

（C）**费率表有效期**。由计划出资人提供，供谈判各方在协商集体谈判协议时作为依据的费率表，应在该集体谈判协议的有效期内保持有效。

（7）**未能采用筹资加强计划的，设置默认费率表**。

（A）**总体而言**。倘若：

（ⅰ）规定在计划进入危险状况时有效的多雇主计划下缴费额的集体谈判协议到期；

（ⅱ）从计划出资人收到一份或多份第（1）段第（B）子段下费率表后，为按筹资加强计划满足适用基准而对缴费额或给付金费率做出的必要变动，该协议谈判各方未达成一致；

计划出资人应自第（B）子段中规定之日起执行第（1）段第（B）子段第（ⅰ）条第（Ⅰ）子条中所述费率表。

（B）**执行日期**。本子段中指定的日期，以如下孰早者为准：

（ⅰ）部长证明，双方陷入了僵局；

（ⅱ）或者，第（A）子段中所述集体谈判协议失效日后 180 天。

（8）**筹资计划采用期**。在本节中，术语‘筹资计划采用期’一词，系指起于为初始判定年份做出第（b）子节第（3）段第（A）子段下证明之日，终于筹资加强期首日的时期。

（d）**采用期和加强期计划运作条例**。

（1）**计划采用期特殊条例**。在筹资计划采用期：

（A）就多雇主计划做出如下规定的集体谈判协议或参与协议，计划出资人不得接受：

（ⅰ）削减任何参与人缴费额级别；

（ⅱ）为任何一段工龄中止支付缴费额；

（ⅲ）或者，将较年轻雇员或新聘雇员以新置规定直接或间接排除在计划参与范围之外。

（B）不得因给付金任何上调、给付金累算额任何变化或计划下给付金不可罚没率的变动而采用加重计划负债的计划修正，除非该修正为《1986 年国内税收法》第 1 章第 D 子章第 Ⅰ 部下资质要求或为符合其他适用法律所需。

（C）一项计划处于严重危险状况的，计划出资人应采取与计划条款和适用法律一致的合适行动，使得能在合理假设的基础上：

（ⅰ）提高计划已筹资百分比；

（ⅱ）将累计筹资缺额至少另外推迟 1 个计划年份。

第（C）子段下的行动包括：申请延长第 304 节第（d）子节下的摊销期，进行筹资标准账户计算时运用缺口筹资法，修正计划的给付金结构，削减未来给付金累算额，以及与该计划条款和适用法律一致的其他合理措施。

（2）**遵循筹资加强计划**。

（A）**总体而言**。一项计划在采用一项筹资加强计划后，不得做出与筹资加强计划不一致的修正。

（B）**缴费额不予下调**。规定如下的多雇主计划集体谈判协议或参与协议，在任何筹资加强期计划出资人不得接受：

（ⅰ）削减任何参与人缴费额级别；

（ⅱ）为任何一段工龄中止支付缴费额；

（ⅲ）将较年轻雇员或新聘雇员以新置规定直接或间接排除在计划参

与范围之外。

(C) **给付金上调特殊条例**。在采用一项筹资加强计划后，不得为提高给付金而修正一项计划，包括未来给付金累算额，除非计划精算师证明，给付金的上调与筹资加强计划一致，且用于支付给付金上调部分的缴费额，不是来自于根据筹资加强计划的规定，按筹资加强计划所拟费率表为满足适用基准而支付的缴费额。

(e) **处于危急状况的多雇主计划必须采用恢复计划。**

(1)[①] **总体而言**。对于一计划年份，一项多雇主计划处于危急状况的，计划出资人应依本子节：

(A) 应于第 (b) 子节第 (3) 段第 (A) 子段下规定的精算师证明危急状况日后 240 日内，采用一份恢复计划。

(B) 在采用该恢复计划后 30 天内：

(ⅰ) 向谈判各方提供一份或多份如获通过，便可合理预期能使多雇主计划依恢复计划摆脱危险状况的进度表，显示修订后的给付金结构、修订后的缴费额结构；

(ⅱ) 倘若计划出资人认为合适，可编制有关缴费率及给付金下调、备选进度表的更多信息或与依恢复计划摆脱危险状况有关的其他信息，并提供给谈判各方。

第 (B) 子段第 (ⅰ) 条下所述费率表，应体现计划出资人认为在危急状况下合理必要的未来给付金累算及可调给付金的下调及缴费额上调。其中一份费率表应当指定为默认费率表，且该费率表应假设，除未来给付金累算及其他给付金［除第 204 节第 (g) 子节下不允许上调或取消的给付金外］在法律允许的最大范围内下调后在危急状况下必要的上调外，无计划下缴费额其他上调。

(2) **程序启动后年份的例外情况**。一计划年份，若因该计划在前一计划年份处于危急状况而使该计划年份其处于恢复计划采用期或恢复期，则第 (1) 段不适用。在本节中，该前一计划年份应为其所涉恢复计划的初始危急年。

(3) **恢复计划**。在本条中：

(A) **总体而言**。一项恢复计划系指一项计划，其构成为：

---

① 截止日期。

（ⅰ）基于合理预期经验和合理精算假设制定的措施（包括向谈判各方提出的选项或一系列选项），使计划在恢复期结束时摆脱危急状况，且包括计划开支削减（包括计划合并和整合）、未来给付金累算或缴费额上调，或（倘若谈判各方同意）此类措施的任意组合；

（ⅱ）或者，若计划出资人基于合理精算假设，且用尽一切合理措施后认为，经合理预计，该计划在恢复期结束时无法摆脱危急状况，稍后亦无法出台应对危急状况，或防止出现（符合第4245节含义的）可能破产情况的合理措施。

恢复计划必须规定满足该恢复计划要求的年度标准。该等计划还应包括第（1）段第（B）子段第（ⅰ）条下须提供的费率表，且倘若第（ⅱ）条适用，应当载明考虑中的备选方案，解释为何经合理预计，该计划无法在恢复期结束时摆脱危急状况，并指明该计划何时有望按恢复计划摆脱危急状况。[①]

（B）**恢复计划及费率表更新。**

（ⅰ）**恢复计划**。计划出资人应每年更新恢复计划，并应随第104节下年度报告提交更新。

（ⅱ）**费率表**。该计划出资人应每年更新本子节下规定的缴费率，以体现计划的经验死亡率。

（ⅲ）**费率表有效期**。由计划出资人提供，供谈判各方在协商集体谈判协议时作为依据的费率表，应在该集体谈判协议的有效期内保持有效。

（C）**未能采用恢复计划的，设置默认费率表。**

（ⅰ）**总体而言**。倘若：

（Ⅰ）规定在计划进入危急状况时有效的多雇主计划下缴费额的集体谈判协议到期；

（Ⅱ）从计划出资人收到第（1）段第（B）子段下一份或多份费率表后，该等协议谈判各方未采用一份条款与第（1）段第（B）子段第（ⅰ）条下计划出资人恢复计划和费率表一致的缴费或给付金费率表，该计划出资人应自第（ⅱ）条指定日期起执行第（1）段末句所述默认费率表。

（ⅱ）**执行日期**。本条中指定的日期，以如下孰早者为准：（Ⅰ）部长证明，双方陷入了僵局，或者（Ⅱ）第（ⅰ）条中所述集体谈判协议

① 标准。

失效日后 180 天。

（4）**恢复期**。在本条中：

（A）**总体而言**。对于一项处于危急状况的计划，其恢复期为多雇主计划自如下孰早者起始的首个计划年份首日起始的 10 年期：

（ⅰ）恢复计划采用之日两周年之际；

（ⅱ）或者，在精算师对第（a）子节第（1）段下初始危急年份出具危急状况证明的截止日期有效，在该截止日期覆盖该多雇主计划中至少 75% 的积极参与人的集体谈判协议的失效日。

倘若一项计划在该 10 年期结束前摆脱第（B）子段下的危急状况，则恢复期应随做出第（B）子段下判定所在计划年份之前一计划年份结束。

（B）**紧急情况**。在不考虑使用缺口方法，但考虑第 304 节第（d）子节下的摊销期任何延期的情况下，除非计划精算师按第（b）子节第（3）段第（A）子段对一计划年份证明，该计划预计该计划年份或 9 个随后的计划年份任何一年都不会出现累计筹资缺额，否则处于危急状况的计划在该计划年份之前将保持这种状况。

（5）**恢复计划采用期**。在本节中，术语‘恢复计划采用期’一词，系指起于为初始危急年份做出第（b）子节第（3）段第（A）子段下证明之日，终于恢复期的首日。

（6）**限制未来累算额费率削减限制**。第（1）段第（B）子段第（ⅰ）条中所述默认费率下未来累算额费率有任何削减的，不得将未来累算额费率削减至低于：

（A）（自参与人正常退休年龄起，作为一个单生年金支付的）月度给付金，其数额相当就一名参与人而言应付的缴费额的 1%，或在初始危急年份首日有效的集体谈判协议下一名参与人或一组参与人同等标准累算额费率；

（B）或者，所述首日该计划下的累算额费率，以孰低者为准。

该同等标准累算额费率，应由计划出资人基于计划出资人认为对积极参与人及计划出资人认为相关的其他因素而言具有代表性的标准或平均缴费基数单位确定。本款不得解释为限制计划出资人编制默认费率表之外的备选费率表，设立高于或低于本段另述费率的累算额费率或缴费额费率，并提供给谈判各方。

（7）**对雇主自动征收附加费。**

（A）**征收附加费。**每名另有义务支付初始危急年份缴费额的雇主，应有义务向计划为该年份支付一笔附加费，其数额相当于适用集体谈判协议下另外规定支付的缴费额的5%（或该雇主支付缴费额所依的其他协议）。对于自初始危急年份起连续多年处于危急状况的一项计划所在各后续计划年份，该附加费为另外规定应支付缴费额的10%。

（B）**附加费强制执行。**第（A）子段下的附加费，随附加费所依缴费额的同一费率表到期应付。未能支付附加费的，应视为拖欠第515节下的缴费额，应予以强制执行。

（C）**集体谈判协议重新谈判后终止附加费。**对于集体谈判协议（或雇主支付缴费额所依之其他协议）所涵盖的雇员，自包括第（1）段第（B）子段第（ⅰ）条下计划出资人提出［经第（3）段第（B）子段下修改］的费率表一致的条款在内的集体谈判协议（或其他类似的协议）生效起，本段下的附加费失效。

（D）**雇主收到通知前，附加费不适用。**在计划出资人将计划处于危急状况且附加费在实行之中通知雇主后30天之前，本段下的附加费对雇主不适用。

（E）**附加费不得上调给付金累算额。**即便一项计划设有任何条款做出相反的规定，本段下任何附加费数额，不得构成计划下任何给付金累算额的依据。

（8）**给付金调整。**

（A）**可调给付金。**

（ⅰ）**总体而言。**尽管有第204节第（g）子节的规定，计划出资人应根据第（C）子段下的通知要求，基于第（1）段第（B）子段第（ⅰ）条下规定的费率表集体谈判的结果，依其认为合适的程度下调可调给付金。

（ⅱ）**退休人员例外情况。**除第（ⅳ）条第（Ⅲ）子条中所述可调给付金外，对于一项处于危急状况的计划，参与人或受益人给付金起始日为该计划就初始危险年份向第（b）子节第（3）段第（D）子段下参与人或受益人提供通知之日或之后的，其计划出资人不得削减该等参与人或受益人任何可调给付金。

（ⅲ）**计划出资人灵活性。**目前不需要收取缴费额的参与人，为其给付金筹资的时间裕量应由计划出资人包括在向谈判各方提供的费率表内，且计划出资人应基于计划当时的整体筹资状况，在本编下允许的范围内以计划出资人认为合适的程度下调其给付金。

（ⅳ）**可调给付金定义**。在本段中，术语‘可调给付金’一词系指：

（Ⅰ）该计划下的给付金、权利和特点，包括退休后身故给付金、60个月保障、尚未处于支付状态的伤残给付金金，以及给付金；

（Ⅱ）［符合第204节第（g）子节第（2）段第（A）子段含义的］任何提前退休给付金或退休型补贴，及（除合格的连生遗属年金外）的任何给付金支付额；

（Ⅲ）初始危急年份首日不符合第4022A节下担保的给付金上调，因为该上调系于距该等首日不足60个月前采用。

（B）**保障正常退休给付金**。除第（A）子段第（ⅳ）条第（Ⅲ）子条中规定外，本段不得释为允许计划降低正常退休年龄应付参与人的累算给付金级别。

（C）[①] **通知要求**。

（ⅰ）**总体而言**。削减第（A）子段下可调给付金的前提为，在针对所有参与人和受益人所作该等削减全面生效之前，提前30天将该等削减通知给：

（Ⅰ）计划参与人和受益者；

（Ⅱ）计划下有义务［按第4212节第（a）子节的含义］支付缴费额的每名雇主；

（Ⅲ）为集体谈判起见，代表该等雇主所雇用的计划参与人的各雇员组织。

（ⅱ）**通知内容**。第（ⅰ）条下通知须载有：

（Ⅰ）充分信息，使参与人和受益人了解其给付金任何下调之影响，参与人或受益人原本自第（ⅰ）条中所述一般生效日期之日起符合条件的可调给付金，其受影响后（年度或月度）估算包括在内；

（Ⅱ）计划参与人和受益者权利和补救措施有关信息，在适当情况下向劳工部寻求其他信息和帮助的联系方式。

（ⅲ）**形式和方式**。第（1）段下的任何通知：

---

① 截止日期。

（Ⅰ）[1] 以部长所立法规则形式和方式提供；

（Ⅱ）须付诸书面，措辞平易，便于普通计划参与人理解；

（Ⅲ）可采用纸面、电子或通知接受对象可合理取得的其他适当形式。

部长应在第（Ⅰ）子条下规定的法规中，制定一份计划出资人可能用于满足本子段要求的通知范本。[2]

（9）**判定撤回责任时忽略调整不计。**

（A）**给付金下调。**为确定第 4201 节下雇主撤回责任起见而确定一份计划的筹资未得既有给付金时，本子节下任何给付金下调忽视不计。

（B）**附加费。**确定第 4211 节下雇主撤回责任时，第（7）段下任何附加费应忽略不计，为确定第 4211 节第（c）子节第（4）段下可归于雇主的筹资未得既有给付金或第 4211 节第（c）子节第（5）段下批准的类似方法起见除外。

（C）**简化计算。**在判定撤回责任时，养老给付金担保公司应为本段适用起见规定简易方法。

（f）**采用期和恢复期计划运作条例。**

（1）**遵循恢复计划。**

（A）**总体而言。**第（e）子节下恢复计划采用之日后，计划不得修正，以免与该恢复计划不一致。

（B）**给付金上调特殊条例。**第（e）子节下恢复计划采用之后，不得为上调给付金（包括未来给付金累算额）而修正计划，除非计划精算师证明，该上调部分从恢复计划未预期的额外缴费额中拨款支付，且在将给付金上调纳入考虑及经合理预期后，多雇主计划按恢复计划预期的费率表在恢复期结束时，还是会摆脱危急状况。

（2）[3] **整笔及类似给付金限制。**

（A）**总体而言。**自第（b）子节第（3）段第（D）子段下为初始危急年份寄出计划危急状况通知之日起，即便有第 204 节第（g）子节的规定，该计划不得缴付：

---

① 规例。

② 规例。

③ 生效日期。

（ⅰ）超过单生年金下的月度付款［加第204节第（b）子节第（1）段第（G）子段末句所述任何社会保障补充款］的任何款项；

（ⅱ）保险人购买的不可撤销承诺的任何款项支付给付金；

（ⅲ）为财政部部长规定的法规所规定的任何其他款项。

（B）**例外情况**。根据第203节第（e）子节可不经参与人的同意立即给付的给付金，或在追溯年金起始日期或前一时期欠缴的类似给付金支付款的情况下缴纳的任何补缴款，第（a）子节不适用。

（3）**撤回责任判定时不予考虑的调整**。为确定第4201节下雇主撤回责任起见而确定一份计划的筹资未得既有给付金时，本子节下任何给付金下调忽视不计。

（4）**计划采用期特殊条例**。在恢复计划采用期：

（A）就多雇主计划做出如下规定的集体谈判协议或参与协议，计划出资人不得接受：

（ⅰ）削减任何参与人缴费额级别；

（ⅱ）为任何一段工龄中止支付缴费额；

（ⅲ）将较年轻雇员或新聘雇员以新置规定直接或间接排除在计划参与范围之外。

（B）不得因给付金任何上调、给付金累算额任何变化或计划下给付金不可罚没率的变动而采用加重计划负债的计划修正，除非该修正为《1986年国内税收法》第1章第D子章第Ⅰ部下资质要求或为符合其他适用法律所需。

（g）**针对计划出资人所作决定而设的加急解决程序**。倘若在第（e）子节下筹资加强计划或恢复期应予采用期限日60日内，对于一项处理危险或危急状况的计划，其计划出资人尚未议定筹资加强计划或恢复计划的，则构成计划出资人的董事会或集团的任何成员，可要求该计划出资人为筹资加强计划或恢复计划的制定及采用订立加急争议解决程序。

（h）**谈判外参与人**。

（1）**谈判内及谈判外雇员参与人**。一名雇主，为集体谈判协议覆盖之内及覆盖之外的雇员向一项多雇主计划支付缴费额的，倘若该计划处于危险状况或危急状况，谈判外雇员的给付金和缴费额，包括对该等缴费额的附加费，应在该等谈判外雇员为计划进入危险或危急状况时有效的雇主集体谈判协议中最先失效者所覆盖的假定情况下确定。

（2）**谈判外雇员**。一名雇主，为集体谈判协议覆盖之外雇员向一项多雇主计划支付缴费额的，本节在适用时，犹如该雇主为谈判方，而其与计划签订的参与协议，犹系一项有效期止于向雇主提供第（c）子节及第（e）子节中所述费率表后的计划年份首日的集体谈判协议。

（i）**定义、精算方法**。在本条中：

（1）**谈判方**。术语“谈判方”一词系指：

（A）（ⅰ）除第（ⅱ）条规定，有义务根据该计划支付缴费额的雇主，或者（ⅱ）在《1986年国内税收法》第404节第（c）子节下所述计划，或该等计划继续运作的情况下，身为该计划的雇主财产授予人的雇主协会；

（B）对集体谈判而言，代表有义务根据该计划支付缴费额的雇主所雇用的计划参与人的一家雇员组织。

（2）**已筹资百分比**。术语‘已筹资百分比’一词指一个分数：

（A）其分子为第304节第（c）子节第（2）段下确定的该计划资产值；

（B）其分母为采用第304节第（c）子节第（3）段中精算假设确定的该计划累算负债。

（3）**累计筹资缺额**。术语‘累计筹资缺额’一词，具有第304节第（a）子节赋予该词的含义。

（4）**积极参与人**。术语‘积极参与人’一词，就一项多雇主计划而言，系指提供计划下所覆盖服务的参与人。

（5）**非积极参与人**。术语‘非积极参与人’一词，就一项多雇主计划而言，系指一名参与人，或者参与人受益人或备选领款人，其：

（A）现在不提供计划所覆盖的服务；

（B）处于该计划下的支付状态，或对该计划下的给付金具有不可罚没的权利。

（6）**支付状态**。一名人士处于多雇主计划支付状态下，唯须：

（A）在当前计划年份中任何时候，该人为该计划下的参与人和受益人，并收受了该计划下提前、延后、正常或残疾退休给付金（或该计划下与退休给付金相关的身故给付金）；

（B）或者，唯若财政部部长所设法规规定，则该等人士有权收受该计划下的该笔给付金。

（7）**支付缴费额的义务**。术语‘支付缴费额的义务’一词具有第 4212 节第（a）子节下赋予该术语的含义。

（8）**精算方法**。即便有本节任何其他规定，精算师确定本节下计划正常成本、精算累算负债及计划提高已筹资百分比时得出的结果，应基于单位信贷筹资法（无论该方法是否用于该计划的精算评估）。

（9）**计划出资人**。在《1986 年国内税收法》第 404 节第（c）子节下所规定计划，或该等计划继续运作的情况下，术语‘计划出资人’系指第（1）段下所述谈判各方。

（10）**给付金起始日期**。术语‘给付金起始日期’一词系指年金起始日期（在追溯年金起始日期的情况下，则指给付金支付起始日期）。”

（b）**强制执行**。《1974 年雇员退休收入保障法》第 502 节（《美国法典》第 29 编第 1132 节）现予修正：

（1）在第（a）子节第（6）段中，删去“第（6）段或第（7）段”并插入“第（6）段、第（7）段或第（8）段”；

（2）第（c）子节第（8）段更名为第（c）子节第（9）段；

（3）第（c）子节第（7）段后插入如下新段：

“（8）对于以下情况，部长可针对多雇主计划的任何计划出资人处于不超过每天 1100 美元的民事罚款：

（A）该出资人违反一次第 305 节下要求，未于该节下所设截止日期前对于一项处于危险或危急状况的多雇主采用一份筹资加强计划或恢复计划；

（B）或者，对于处于危险状况，但并非处于严重危险状况的一项计划，该计划未能于其筹资加强期结束时达到第 305 节下的适用基准。”

（c）[①] **强迫采用或实施筹资加强或恢复计划的讼因**。《1974 年雇员退休收入保障法》第 502 节第（a）子节现予修正，删去第（8）段末尾的“或”字，删去第（9）段末尾的句号并插入“；或”并在以下之处末尾增补：

“（10）对于一项经精算师证明处于第 305 节下危险或危急状况下的多雇主计划，倘若该计划出资人：

（A）至该节下所设截止日期未采用该节下的筹资加强或恢复计划；

① 《美国法典》第 29 编第 1132 节。

（B）或者，未按该节要求进行更新或遵守按筹资加强或恢复计划的条款；

由就该多雇主计划有义务支付缴费额的雇主或代表该多雇主计划积极参与人的雇员组织，为一项迫使该计划出资人采用筹资加强或恢复计划，或按该节及筹资加强或恢复计划的要求更新或遵守筹资加强或恢复计划条款的法律。”

（d）[①] **未规定额外缴费额。**（经本法修正的）《1974 年雇员退休收入保障法》第 302 节第（b）子节现予修正，在以下之处末尾插入新段：

“（3）**危急状况下多雇主计划。**一项多雇主计划，对于任何年份根据第 305 节处于危急状况的，第（1）段不适用。仅当该计划按照第 305 节第（e）子节采用一项恢复计划，并遵守该恢复计划的条款（及该计划的任何更新或修改）时，本段方适用。”

（e）**为保持一致性所作修正。**（经本法前述规定节修正的）该法第 1 节中目录，在第 304 节有关项后插入以下新项予以修正：“第 305 节　危险状况或危急状况多雇主计划附加筹资条例。”

（f）[②] **生效日期。**

（1）**总体而言。**本节所作修正应适用于 2007 年后起始的计划。

（2）**针对某些通知的特殊条例。**对于 2007 年后起始的首个计划年份，在一名计划精算师证明，一项多雇主计划经合理预期将处于（经本条增补的）《1974 年雇员退休收入保障法》第 305 节第（b）子节第（3）段下危急状况的任何情况下，该节第（D）子段下规定的通知，可于颁布之日后任何时候提供，唯须其于通知提供末日或之前提供。

（3）**某些已复原给付金特殊条例。**对于一项多雇主计划：

（A）根据于 2002 年 1 月 1 日或之后但于 2005 年 6 月 30 日之前所采用的一项计划修正而下调给付金；

（B）按照计划文件、信托协议或计划出资人向参与人 2005 年 6 月 30 日前提供的正式书面通信，规定复原该等给付金的，则本节所作修正不适用于该给付金复原情况，唯须若非如此，则提供或累算该等给付金所受之任何限制因该等修正将适用；

① 《美国法典》第 29 编第 1082 节。

② 《美国法典》第 29 编第 1082 节注。

第203节　防止多雇主计划破产的措施

（a）**提前判定临将破产超过5年**。《1974年雇员退休收入保障法》第4245节第（d）子节第（1）段［《美国法典》第29编第1426节第（d）子节第（1）段］现予修正：

（1）删去第二处“3个计划年份”，并插入“5个计划年份”；

（2）在末尾增补以下新句：“倘若计划出资人认为，该计划在未来5个计划年份中任何年份内将破产，该计划出资人应根据本段至少每年做出一次比较，直至计划出资人认为，该计划不会在未来5个计划年份中任何年份破产。”

（b）[①] **生效日期**。本节所作修正，适用于2007年后起始的计划年份中所作判定。

第204节　撤回责任修正

（a）**撤回责任限制有关条例更新**。

（1）**加强限制**。该法第4225节第（a）子节第（2）段［《美国法典》第29编第1405节第（a）子节第（2）段］现予修正，删去其中所载表格并插入以下新表：

倘若出售或置换后，雇主的清算值或派款值为	该部分为
不超过500万美元	该数额的30%
超过500万美元，但不超过1000万美元	150万美元，加超过500万美元的金额的35%
超过1000万美元，但不超过1500万美元	325万美元，加超过1000万美元的金额的40%
超过1500万美元，但不超过1750万美元	525万美元，加超过1500万美元的金额的45 %
超过1750万美元，但不超过2000万美元	637.5万美元，加超过1750万美元的金额的500%
超过2000万美元，但不超过2250万美元	762.5万美元，加超过2000万美元的金额的60 %

① 《美国法典》第29编第1426节注。

续表

倘若出售或置换后，雇主的清算值或派款值为	该部分为
超过 2250 万美元，但不超过 2500 万美元	912.5 万美元，加超过 2250 万美元的金额的 70%
超过 2500 万美元	1087.5 万美元，加超过 2500 万美元的金额的 80%

（2）**使用归属法的计划**。该法第 4225 节第（a）子节第（1）段第（B）子段［《美国法典》第 29 编第 1405 节第（a）子节第（1）段第（B）子段］现予修正如下：

“（B）一项计划使用归属法厘定撤回责任的，可归于该雇主的雇员的筹资未得既有给付金。”

（3）[①] **有效日期**。本小节所作修正适用于 2007 年 1 月 1 日或之后发生的销售情况。

（b）**倘若业务外包，撤回责任继续有效。**

（1）**总体而言**。该法第 4225 节第（b）子节第（2）段第（A）子段第（ⅰ）条［《美国法典》第 29 编第 1385 节第（b）子节第（2）段第（A）子段］现予以修正，在“向另一办事处”后插入“或向雇主拥有或控制的一家或多家实体”。

（2）[②] **生效日期**。本节所作修正应适用于该法颁布之日或之后转手的业务。

（c）**对主要覆盖建筑和施工行业雇员的计划运用条例。**

（1）**总体而言**。该法第 4210 节第（b）子节［《美国法典》第 29 编第 1390 节第（b）子节］修正如下：

（A）删去第（1）段；

（B）第（2）段到第（4）段分别更名为第（1）段到第（3）段。

（2）**重新开始选项**。该法第 4211 节第（c）子节第（5）段［《美国法典》第 29 编第 1391 节第（c）子节第（5）段］现予以修正，在末尾

① 《美国法典》第 29 编第 1405 节注。

② 《美国法典》第 29 编第 1385 节注。

增补以下新设子段：

“（E）**重新开始选项**。即便有第（1）段的规定，一项计划仍可予以修正，规定以该修正中指定的及该计划无筹资未得既有给付金的计划年份，替换1980年9月26日之前结束的计划年份，借此运用第（b）子节中所述撤回责任法。”

(3)[①] **有效日期**。本子节所作修正，适用于2007年1月1日或之后发生的计划撤回情况。

（d）**适用于涉及退休金计划撤回责任纠纷的程序**。

（1）**总体而言**。《1974年雇员退休收入保障法》第4221节（《美国法典》第29编第1401节）于末尾增补修订如下：

“（g）**适用于某些纠纷的程序**。

（1）总体而言。倘若：

（A）一项计划的计划出资人认为：

（ⅰ）已经发生雇主完全或部分撤回的情况；

（ⅱ）或者，对于该等完全或部分撤回事件，一名雇主负责撤回责任付款。

（B）该判定完全或在一定程度上基于计划出资人在第4212节第（c）子节下的调查发现，即在1998年12月31日之后但在完全或部分撤回之日至少5年（对于小雇主则为2年）前发生的任何交易，其主要目的是为避开本编下的撤回责任。

则仅基于第4212节第（c）子节而判定负有撤回责任的人士，在对该人运用本节第（d）子节及第4219节第（c）子节时，可选择运用第（2）段下的特殊条例。

（2）**特殊条例**。即便有第（d）子节及第4219节第（c）子节的规定，倘若选择人根据第（a）子节发起仲裁程序，通过在具有合法管辖权的法庭发起诉讼要求复议该仲裁裁定，或以法律允许的其他方式，质疑该计划出资人对第（1）段下撤回责任的判定结果，除非所述仲裁程序或法庭做出最后判决支持该计划出资人做出的判定结果决定，则该选择人无义务做出撤回责任支付，唯须该选择人：

（A）通知计划出资人，告知其选择在该计划出资人鉴于运用第4212

① 《美国法典》第29编第1390节注。

节第（c）子节之故而告知选择人其责任后90天内，运用本段中的特殊条例；

（B）倘若仲裁程序或法庭自该通知之日起12个月内一直未对撤回责任纠纷做出最后判决，则由选择人向计划提供企业担保公司出具的保函（对本法第412节而言为合格担保），或一笔由银行或类似金融机构代管的一笔使该计划满意的代管金，相当于第（d）子节和第4219节第（c）子节下自该通知一周年起始的12个月内原应到期应付的撤回责任支付总和，自该12月之期后首日实行。所述保函或代管应保持效力，直至有仲裁程序或法庭对撤回责任纠纷做出最后判决，届时若所述最终判决支持计划出资人做出的判定，则所述保函或代管金应支付给该计划。

（3）**小雇主定义**。在本小节中：

（A）**总体而言**。术语‘小雇主’一词，对于第（1）段第（B）子段中所提交易发生所在日历年份及此前3年各年份，就均值而言，系指雇主

（ⅰ）雇用的雇员不超过500名；

（ⅱ）依规定向计划支付缴费额，但涵盖的雇员不超过250名。

（B）**受控集团**。任何视为第4001节第（b）子节第（1）段下单雇主的集团，在不考虑构成第4212节下计划调查结果依据的任何交易的情况下，应在本子段中视为一名单雇主。

（4）**纠纷解决前缴纳额外保证金**。若本子节适用的一项撤回责任纠纷，在选择人提交第（2）段中所述保函或代管金后12个月未得以结案，则该选择人应于后续各12月之期之初提供一笔额外的保函或托管金，数额相当于所述时期内原本应付的撤回责任支付总和。

（5）提交本子节下保函或代管金的一方，其负债应在向计划支付保函或代管金后，减去其数额。”

（2）[①] **生效日期**。本子节所作修正，适用于本法颁布之日或之后就1998年12月31日后发生的交易收到《1974年雇员退休收入保障法》第4219节第（b）子节第（1）段下通知的任何人士。

① 《美国法典》第29编第1401节注。

第205节　禁止报复向联邦政府行使其请愿权的雇主

《1974年雇员退休收入保障法》第510节（《美国法典》第29编第1140节）于其末句前插入如下新句，修订如下："在多雇主计划的情况下，任何缴纳缴费额的雇主，因行使本法下权利，或在与本法有关的任何调查或法律程序中向国会提供信息或作证，计划出资人或其他任何人对其歧视的，属于非法行为。"

第206节[①]　针对养老给付金担保公司所批协议下筹资的某些给付金的特殊条例

一项多雇主计划，构成养老给付金担保公司2005年6月30日之前所批协议的一方，且：

（1）上调给付金；

（2）规定《1974年雇员退休收入保障法》第4203节第（f）子节（《美国法典》第29编第1383节）下特殊条例的；

2005年6月30日采用的任何计划修正下根据该等协议而筹资的［若该计划按该等协议筹资（及其任何修正）的］给付金上调部分，本法第201节、第202节、第211节所作修正不适用。

第B子编　《1986年国内税收法》修正

第211节　多雇主定额给付金计划筹资条例

（a）**总体而言**。（经本法增补的）《1986年国内税收法》第1章第D子章第3部第A子部在第430节后插入以下新节，予以修正：

"第431节[②]　多雇主计划最低筹资标准

（a）**总体而言**。在第412节中，多雇主计划任何计划年份累计筹资缺额为：

（1）除第（2）段规定外，计划年份结束时确定的金额，等于该计划

---

① 《美国法典》第26编第412节注。

② 《美国法典》第29编第431节。

（自本部适用于该计划的首个计划年份起的）所有计划年份筹资标准账户总费用超过该等计划年份记入该账户贷方总计的部分；

（2）倘若多雇主计划为任何计划年份重组，《1974年雇员退休收入保障法》第4243节下确定的该计划累计筹资缺额。

（b）**筹资标准账户**。

（1）规定的账户。本部适用的每份多雇主计划应开设一个筹资标准账户并予以维护。该账户应仅按本节贷记及借记。

（2）账户收费。对于某一计划年份，应将如下之和记在筹资标准账户借方项下：

（A）该计划的该计划年份的正常成本。

（B）以等额年度分期款：

（ⅰ）对于一项2008年1月1日或之后存在的计划，按15个计划年份，摊销本节适用的首个计划年份首日以往工龄对应的负债额（直至全部摊销）；

（ⅱ）对于各计划年份，按15个计划年份，单独摊销该计划下以往工龄对应的负债因该年所采用的计划修正而产生的净上调部分所需额（直至全部摊销）；

（ⅲ）对于各计划年份，按15个计划年份，单独摊销该计划下净经验损失（若有）所需额（直至全部摊销）；

（ⅳ）对于各计划年份，按15个计划年份，单独摊销该计划下所运用的精算假设发生变动所致净损失（若有）所需额（直至全部摊销）。

（C）按15个计划年份，摊销各过往计划年份每笔［符合第412节第（c）子节第（3）段含义的］豁免筹资缺额所需额（直至全部摊销），

（D）按5个计划年份，以等额年度分期款摊销（在《2006年养老金保护法》颁布之日前一天有效的）第412节第（c）子节第（3）段第（D）子段下记入筹资标准账户贷方项下的金额。

（E）若无（在《2006年养老金保护法》颁布之日前一天有效的）第412节第（c）子节第（7）段第（A）子段第（ⅰ）条第（Ⅰ）子条的规定则在计划下规定原本应付缴费额，以20年（全额摊销所需）等额分期款摊销的数额。

（3）**贷记至账户**。对于一计划年份，将以下之和记入筹资标准账户贷方项下：

（A）认为由雇主为该计划年份向计划或根据计划支付的款额。

（B）以等额年度分期款：

（ⅰ）对于各计划年份，按15个计划年份，单独摊销该计划下以往工龄对应的负债因该年所采用的计划修正而产生的净下调部分所需额（直至全部摊销）；

（ⅱ）对于各计划年份，按15个计划年份，单独摊销该计划下净经验收益（若有）所需额（直至全部摊销）；

（ⅲ）对于各计划年份，按15个计划年份，单独摊销该计划下所运用的精算假设发生变动所致净收益（若有）所需额（直至全部摊销）。

（C）该计划年份［符合第412节第（c）子节第（3）段含义的］豁免筹资缺额。

（D）在筹资标准账户下确定一计划年份的累计筹资缺额的情况下，倘若该计划年份之后一计划年份的该缺额根据（《2006年养老金保护法》颁布之日前一日有效的）第412节第（g）子节下替代性最低筹资标准确定的，（不考虑本子段确定的）筹资标准账户借方余额（若有）超出替代性最低筹资标准账户任何借方余额的部分。

（4）**2008年之前计划年份最先摊销款特殊条例**。对于（在《2006年养老金保护法》颁布之日前一天有效的）第412节第（b）子节下在2008年之前某一计划年份起始的任何时期的任何摊销款［代替第（2）段第（B）子段和第（3）段第（B）子段中所述摊销］，该摊销款应继续根据按此有效的本节继续摊销。

（5）[①] **待摊销款合并及抵销**。根据部长所设规定，第（2）段或第（3）段下待摊销款，视情况：

（A）可并入该段下的一笔款额，而该笔款额在基于记入该合并额中所有项目的剩余摊销期确定的期限内摊销；

（B）可与规定在另一段下摊销的金额抵销，所得金额在基于记入互抵的两笔金额中孰大者中所有项目的剩余摊销期确定的期限内摊销。

（6）**利息**。应将与该计划下确定成本所采用的利率一致的利率而计的利息，（按财政部部长所制规例）记入筹资标准账户（及其下项目）借方或贷方项下。

---

① 规例。

（7）**筹资标准账户借项和贷项有关的特殊条例**。在本部中：

（A）**撤回责任**。多雇主计划收到的偿付《1974年雇员退休收入保障法》第四编第E子编第1部下所有或部分雇主撤回责任的任何款项，应视为向该计划或根据该计划缴纳的一笔款。部长可依法规规定归入多雇主计划筹资标准账户的附加费用和贷方金额，以防止撤回责任偿付款不当地体现为计划责任的预先筹资款。

（B）**多雇主计划撤出重组时应作调整**。若一项多雇主计划在前一计划年份处于重组中，但在该计划年份中撤出了重组，则在该前一计划年份中结束时筹资标准账户中的任何余额：

（ⅰ）须以贷项或借项抵销（视情况而定）；

（ⅱ）但应在后续计划年份中纳入考虑，按30个计划年份以等额年度分期款摊销（直到完全摊销）。

该法第4243节第（a）子节下自计划重组所在计划末年结束起的任何累计筹资缺额，前一句不适用。

（C）**向补充项目或撤回责任偿付款基金所作计划付款**。一项计划在某一计划年份向该法第4222节下养老金给付金担保公司或根据该法第4223节向第501节第（c）子节第（22）段下基金豁免人支付的任何款项，应减去视为该计划的计划年份收到的缴费额款项。

（D）[①] **临时撤回责任偿付款**。在该法第四编第E子编第1部下雇主撤回责任最终确定之前，由一名雇主支付但之后由计划退还该雇主的任何款项，应按照部长之规定记入筹资标准账户借方项下。

（E）**对于净经验损失部分，选择以借项递延**。倘若对于任一计划年份，一项选择在（在《2006年养老金保护法》颁布之日前一天有效的）第412节第（b）子节第（7）段第（F）子段下有效，则对于该选择递延的净经验损失部分，在其递延所在计划年份，应将按此递延的金额记入筹资标准账户借方项下［而第（2）段第（B）子段第（ⅲ）条不得适用于按此借记的金额］。

（F）**财务援助**。养老金给付金担保公司对任何计划提供任何财务援助之任何款项，及任何此等款项的任何偿还，应根据本节及第412节以部长确定的方式纳入考虑。

---

① 规例。

（G）[①] **短期给付金**。任何计划修正，若因不应作为终身年金支付，但根据计划条款应为不超过该修正生效起 14 年的期限支付的给付金上调，而加重该计划下筹资未得的以往服务负债的，将该等给付金应付期年数替换“15”，以此将第（2）段第（B）子段第（ⅱ）条单独运用于筹资未得的以往服务负债加重部分。

（c）**附加条例**。

（1）**待决定的筹资方法**。在本部中，正常成本、应计负债，过往服务负债和经验得失，应采用确定该计划下成本的筹资方法确定。

（2）**资产估值**。

（A）[②] **总体而言**。在本部中，计划资产的价值，其确定依据应为估值将公平市场价值纳入考虑且部长规定的法规允许的合理精算方法。

（B）[③] **债券选择**。债券或其他本金或利息未拖欠债务之凭证的价值，经计划管理人选择，可以自购买时初始成本至到期日或最早赎回日之面值摊销为依据确定。本子段下选择，应于部长依法规规定的时间及方式做出，适用于所有该等债务凭证，仅在部长同意下方可撤销。

（3）**精算假设必须合理**。在本节中，所有成本、负债、利率和该计划下的其他因素应基于精算假设和方法确定，其：

（A）各项假设和方法合理（考虑到计划经验和合理预期）；

（B）其相互配合运用时，能让精算师对计划下的预计经验做出最准确的估计。

（4）**某些记项视作经验收益或损失**。在本节中，倘若：

（A）《社会保障法》给付金变动，或联邦法律或州法律下所设其他退休给付金变动；

（B）或者，第 3121 节下术语‘工资’一词定义之改变，为第 401 节第（a）子节第（5）段起见而规定的法规下考虑的该等工资数额变动；

使得一项计划下应计负债增减的，该等增减应视为经验损失或收益。

（5）**全额筹资**。倘若一项计划（在不考虑本段的情况下），在一计划年份结束时累计筹资缺额超过了全额筹资限制：

---

① 适用性。

② 规例。

③ 规例。

（A）筹资标准账户须将此超额部分记入贷方项下；

（B）第（b）子节第（2）段第（B）子段、第（C）子段和第（D）子段和第（b）子节第（3）段第（B）子段中所述所有款项，规定应予摊销的，为该等子段起见应视为已充分摊销。

（6）**全额筹资限额。**

（A）**总体而言。**在第（5）段中，术语“全额筹资限额”一词系指：

（ⅰ）该计划下应计负债（包括正常成本）（在该笔应计负债不能直接用该计划所用筹资方法计算的情况下，采用加入年龄正常筹资法确定的）；超过（ⅱ）如下孰少者的部分（若有）：（Ⅰ）计划资产公允市值，或者（Ⅱ）该等资产根据第（2）段确定的价值。

（B）**最低额。**

（ⅰ）**总体而言。**在任何情况下，第（A）子段下确定的全额筹资限额不得少于：（Ⅰ）该计划（包括因该计划年份内累算给付金而致的预期流动负债增加的部分）流动负债的90%，超过（Ⅱ）第（2）段下确定的计划资产值的部分（若有）。

（ⅱ）**资产。**在第（ⅰ）条中，资产不得减去筹资标准账户中的贷方余额。

（C）**全额筹资限制。**在本段中，除非计划另有规定外，否则一项多雇主计划的应计负债不包括在其终止后不可没收的给付金［在考虑第411节第（d）子节第（3）段的情况下］。

（D）**流动负债。**在本段中：

（ⅰ）**总体而言。**术语‘流动负债’一词系指该计划下雇员和其受益人的所有负债。

（ⅱ）**不可预测意外事件给付金的处理。**在第（ⅰ）条中，任何针对一项事件的应急给付金，不包括：（Ⅰ）年龄、工龄、薪酬、死亡或残疾，或者（Ⅱ）（由部长确定）合理可靠地可预测的事件；在构成给付金取决条件的事件发生前，不应考虑在内。

（ⅲ）**采用的利率。**用于确定本段下流动负债的利息应为第（E）子段下确定的利率。

（ⅳ）**死亡率表。**

（Ⅰ）**委员标准表。**对于第（Ⅱ）子条下规定的第一批表适用的第一个计划年份之前起始的计划年份，确定本段下流动负债时采用的死亡率表，即为部长基于确定1993年1月1日所签团体年金合同储备金所用［第807节第（d）子节第（5）段第（A）子段中所述］现行委员标准表规定的表格。

（Ⅱ）**部长权限**。部长可依法规为始于1999年12月31日之后的计划年份，规定确定本子节下流动负债所用的死亡率表。该等死亡率表应基于养老金计划的实际经验死亡率及该等经验死亡率的预测趋势。在规定该等死亡率表时，部长应考虑有关养老金计划所覆盖个体的死亡率可用独立研究结果。

（ⅴ）**针对残疾人士的单独死亡率表**。即便有第（ⅳ）条的规定：

（Ⅰ）**总体而言**。对于以残疾为由而有权享用该计划下给付金的个体，部长应为其制定可用于确定本子节下流动负债的死亡率表［代替第（ⅳ）条下的表］。对于残疾发生于1995年1月1日之前、之日、之后计划年份的个人，部长应分别为之制定单独的表。

（Ⅱ）[①] **针对1994年后发生的残疾的特殊条例**。残疾于1994年12月31日后起始的计划年份发生的，第（Ⅰ）子条下的表格应仅适用于该子条下符合《社会保障法》第二编及其下法规含义而残疾的所述个体。

（ⅵ）[②] **定期审查**。部长应定期审查本子段下有效的任何表格（至少每5年一次），且一旦其认为有必要，依法规更新此表，体现养老金计划的实际经验死亡率及该经验死亡率的预测趋势。

（E）**利率的规定变动**。为确定本段中一项计划的流动负债：

（ⅰ）**总体而言**。倘若第（b）子节第（6）段下计划下用于确定成本的任何利率不在允许范围内，则该计划应确定一个允许范围内新利率。

（ⅱ）**允许范围**。在本子段中：

（Ⅰ）**总体而言**。除第（Ⅱ）子条规定外，术语‘允许范围’一词，系指30年期国债在该计划年份起始前最后一日终止的4年之期加权平均利率+5%到-10%的利率。

（Ⅱ）**部长权限**。倘若部长认为，第（Ⅰ）子条下允许的最低利率高得不合理，其可规定一个较低的利率，但该利率不得低于该子条下确定的平均利率之80%。

---

① 适用性。

② 规例。

（ⅲ）**假设**。即便有第（3）段第（A）子段的规定，该计划下采用的利率须：（Ⅰ）不考虑该计划经验死亡率和合理预期而确定；但（Ⅱ）与体现保险公司偿付计划下负债所用购买率的假设一致。

（7）**年度评估**。

（A）[①] **总体而言**。在本节中，应至少每年确定一次经验得失并估值一次计划负债，但所述经验得失的确定，应在部长规定的法规下的具体情况下视需要频率而进行。

（B）**评估基准日**。

（ⅰ）**当年**。除第（ⅱ）条规定外，第（A）子段中所指评估，应于该评估所指计划年份或该年份起始前一个月内做出。

（ⅱ）**以往年份估值结果之使用**。第（A）子段中所指估值，可于估值所指年份之前的计划年份内某日做出，仅须自该日起［不考虑其第（ⅳ）条的情况下如第（6）段第（D）子段界定的］计划资产价值不少于该计划流动负债的100%。

（ⅲ）**调整**。第（ⅱ）条下信息应按照规例进行精算调整，以体现参与人之间显著的差异。

（ⅳ）**限制**。筹资方式发生变化，［如第（ⅱ）条之规定］采用往年评估的，前提为该过往计划年份内评估基准日，该计划资产值不少于该计划［在不考虑第（ⅳ）条的情况下，符合第（6）段第（D）子段界定的］流动负债的125%。

（8）[②] **某些缴费额视作支付的时机**。在本节中，一名雇主对一计划年份于该计划年份末日之后但不迟于该日两个半月所作任何缴费，应视为于所述末日做出。在本子段中，所述两个半月的时限可根据部长之规定延长至最多6个月。

（d）**延长多雇主计划摊销年限**。

（1）**某些计划提出申请后，自动延期**。

（A）**总体而言**。倘若多雇主计划出资人：

（ⅰ）向部长提交延长摊销第（b）子节第（2）段第（B）子段下任何条所述，或第（b）子节第（4）段所述任何筹资未得债务所需年数期

① 规例。

② 截止日期。

限的申请；

（ⅱ）随该申请附上第（B）子段中所述的计划精算师出具的一份证明，部长应按申请中指明的期限（不超过5年）延长摊销期限；

此延期为第（2）段下任何延期之上再延期。

（B）[①] **标准**。本子段介绍了多雇主计划证明，仅须该计划的精算师依据合理假设证明

（ⅰ）在无第（A）子段下延期的情况下，该计划在当前计划年份或任何随后9个计划年份之一中的累计筹资缺额；

（ⅱ）该计划出资人已采用一项，旨在加强该计划的筹资状况；

（ⅲ）该计划预计将具有足够的资产，能及时支付经延长后的摊销期中的预期给付金及预期支出；

（ⅳ）提供第（3）段第（A）子段下规定的通知。

（C）**终止**。本段的前述规定，不适用于2014年12月31日之后提交的任何申请。

（2）**其他延期**。

（A）**总体而言**。倘若一项多雇主计划的计划出资人，向给部长提交延长摊销第（b）子节第（2）段第（B）子段下任何条所述，或第（b）子节第（4）段所述任何筹资未得债务所需年数期限的申请，部长可以将摊销期限延长［不超过10年减去第（1）段下对该筹资缺额延期的年份］，唯须部长做出第（B）子段中所述的确定。此延期为第（1）段下任何延期之上再延期。

（B）**确定**。部长可准予第（A）子段下的延期，唯须其认为：

（ⅰ）该等延期会有利于执行本法的目的，会为计划下参与人和其受益人提供足够的保障。

（ⅱ）未准予该等延期的，将会：

（Ⅰ）对造成计划自愿缴费额造成巨大风险，或大幅削减养老给付金标准或雇员薪酬；

（Ⅱ）总体上对计划参与人产生不利影响。

（C）[②] **部长的行动**。部长应于延期申请提交起180天内依本段下延期

---

① 证明。

② 截止日期。

申请行动。倘若部长驳回本段下的延期申请，则其应向计划发出通知，备述拒绝的理由，包括援引上文规定的标准。

（3）**预先告知。**

（A）**总体而言。**部长应于须准予本子节下的延期前，要求每名申请者提供令该部长信服的证据，即该申请者已就该受影响计划向［《1974 年雇员退休收入保障法》第 4001 节第（a）子节第（21）段定义的］受影响各方提供了该等延期申请备案通知。该等通知中应包括该计划为该法第Ⅳ编下所担保给付金的筹资情况及为给付金责任的筹资情况。

（B）**考量相关信息。**部长应考量第（1）段下通知对象所提供的任何相关信息。”

（b）[①] **生效日期。**

（1）**总体而言。**本节所作修订，适用于 2007 年之后起始的计划年份。

（2）[②] **针对某些摊销延期的特殊条例。**倘若财政部部长对于 2005 年 6 月 30 日或之前向其提交的任何申请准予《1974 年雇员退休收入保障法》第 304 节及《1986 年国内税收法》第 412 节第（e）子节下的延期，则该延期（及其任何修改）应按《1974 年雇员退休收入保障法》颁布之前有效的诸节之条例运用并管理，包括采用《1986 年国内税收法》第 6621 节第（b）子节下规定的利率。

第 212 节　危险状况或危急状况多雇主计划附加筹资条例

（a）**总体而言。**（经本法修正的）《1986 年国内税收法》第一编第 B 子编第 3 部在第 431 节后插入以下新节，予以修正：

“第 432 节[③]　危险状况或危急状况多雇主计划附加筹资条例

（a）**一般条例。**在本部中，对于 2006 年 7 月 16 日有效的多雇主计划：

（1）如果该计划处于危险状况：

---

① 《美国法典》第 26 编第 431 节注。

② 截止日期。适用性。

③ 《美国法典》第 26 编第 432 节

（A）计划出资人应按第（c）子节的规定采取并实行一项筹资加强计划；

（B）[1] 第（d）子节的要求在筹资计划采纳期及筹资加强期适用。

（2）如果该计划处于危急状况：

（A）计划出资人应按第（e）子节的规定采取并实行一项恢复计划；

（B）[2] 第（f）子节的要求在恢复计划采纳期及恢复期适用。

（b）**危险状况和危急状况的判定**。在本节中：

（1）**危险状况**。对于一项计划年份，一项多雇主计划处于危险状况，其提前为第（3）段下计划精算师判定，对于该计划年份，该计划不处于危急状况，且自该计划年份年初起：

（A）该计划在该计划年份的已筹资百分比低于80%；

（B）或者，该计划在该计划年份出现累计筹资缺额，或在考虑第431节第（d）子节下任何摊销期延期的情况下预计在后续6个计划年份的任一年份出现该等累计筹资缺额。

在本节中，对于计划年份，一项计划符合第（A）子段和第（B）子段描述的，应视为处于严重危险状况。

（2）**危急状况**。对于一项计划年份，一项多雇主计划处于危急状况，其提前为第（3）段下计划精算师（3）判定，该计划自该计划年份年初起符合以下一子段或多个子段的描述：

（A）一项计划符合本子段描述的前提为：

（ⅰ）计划筹资比例低于65%；

（ⅱ）如下之和：（Ⅰ）计划资产的公允市值，加（Ⅱ）当前计划年份及其后6个计划年份各年合理预期的雇主缴费额现值，假设该计划维护所依据的所有集体谈判协议的条款对于后续计划年份继续有效；

少于该计划下预计当前计划年份及其后6个计划年份各年应付的所有不可罚没的给付金的现值（加所述计划年份的行政开支）。

（B）一项计划符合本子段描述的前提为：

（ⅰ）在不考虑第431节第（d）子节下摊销限任何延期的情况下，该计划在当前计划年份出现累计筹资缺额；

（ⅱ）或者，在不考虑第431节第（d）子节下摊销限任何延期的情

[1] 适用性。

[2] 适用性。

况下，该计划在 3 个后续计划年份（若该计划的筹资比例为 65% 以下，则 4 个后续计划年份）中任一年份出现累计筹资缺额。

（C）一项计划符合本子段描述的前提为：

（ⅰ）（Ⅰ）该计划当前计划年份的正常成本，加前一计划年份末日该计划下筹资未得给付金负债的数额在该年（采用确定本计划项下成本使用的利率确的）利息，超过（Ⅱ）当前计划年份合理预期的雇主和雇员缴费额现值；

（ⅱ）当前计划年份年初时，不活跃参与人不可罚没的给付金现值，大于积极参与人不可罚没的给付金的现值；

（ⅲ）该计划在当前计划年份出现累计筹资缺额，或在不考虑第 431 节第（d）子节下任何摊销期延期的情况下预计在后续 4 个计划年份的任一年份出现该等缺额。

（D）一项计划符合本子段描述的前提为，如下之和：

（ⅰ）计划资产的公允市值；

（ⅱ）当前计划年份及其后 4 个计划年份各年合理预期的雇主缴费额现值，假设该计划维护所依据的所有集体谈判协议的条款对于后续计划年份继续有效；

少于该计划下预计当前计划年份及其后 4 个计划年份各年应付的所有给付金的现值（加所述计划年份的行政开支）。

（3）**计划精算师年度证明。**

（A）[①] **总体而言。**计划精算师应不晚于一项多雇主计划各计划年份第 90 日向部长及计划出资人证明：

（ⅰ）该计划是否该计划年份处于危险状况，该计划对于该计划年份而言是否现在或将来处于危急状况；

（ⅱ）一项计划处于筹资加强期或恢复期的，该计划是否按预定进度满足其筹资加强计划或恢复计划的要求。

（B）**资产和负债精算预测。**

（ⅰ）**总体而言。**在做出本子节下判定和预测前，计划精算师应为当前和后续计划年份的计划资产现值和计划下参与人和受益人当年计划年份之初该年所有负债的现值做出必要的预测。除第（ⅲ）条规定外，精算

① 截止日期。

师的预测应基于能使精算师对计划下预计经验死亡率做出最准估计的合理精算估计、假设和方法。确定该年之初负债预计现值时，应基于如下孰新者：

（Ⅰ）《1974年雇员退休收入保障法》第103节第（d）子节下就最近提交的年度报告规定的精算声明；

（Ⅱ）或者，前一计划年份精算评估。

（ⅱ）**未来缴费额的确定**。计划资产作任何精算预测时，应假设：

（Ⅰ）当前和后续计划年份合理预期的雇主缴费额，提前为假设当年计划年份维护该计划所依的一项或多项集体谈判协议的条款对于后续计划年份继续有效；

（Ⅱ）或者，最近一个计划年份的雇主缴费额无限期保持继续，但唯须计划精算师确定，不出现使该等假设不合理的显著人口结构变化。

（ⅲ）**行业活动预测**。该计划所覆盖行业的活动（包括计划覆盖的未来雇用情况和缴费额级别），其任何预测，应基于该计划出资人合理且善意提供的信息。

（C）**未及时取得精算师证明之处罚**。截至第（A）子段中指定日期，计划精算师未证明本子节下该计划状况的，在《1974年雇员退休收入保障法》第502节第（c）子节第（2）段中视为计划管理人未提交或拒绝提交该法第101节第（b）子节第（4）段下规定应提交给部长的年度报告。

（D）[①] **通知**。

（ⅰ）**总体而言**。在根据第（A）子段证明对于某一计划年份，一项多雇主计划现在或将来处于危险或紧急状况的任何情况下，该计划出资人应不迟于证明之日起30日内，向参与人和受益人、谈判各方、养老金给付金担保公司及劳工部部长提供危险或严重状况通知。

（ⅱ）**处于危急状况的计划**。倘若根据第（A）子段证明，一份多雇主计划现在或将来处于危急状况的，该计划出资人应在第（ⅰ）条下通知中附上一份可能性解释，即：

（Ⅰ）［第（e）子节第（8）段界定的］可调给付金可能会调低；

（Ⅱ）对于参与人和受益人，其给付金起始日期为就该计划处于危急

① 截止日期。

状况的首个计划年份而提供通知之日或之后的，该等削减可适用。

（ⅲ）**通知范本**。多雇主计划用于满足第（ⅱ）条下要求的通知，劳工部长应规定一份范本。

（c）**处于危险状况的多雇主计划必须采用筹资加强计划**。

（1）[①] **总体而言**。对于一计划年份，一项多雇主计划处于危险状况的，计划出资人应依本子节：

（A）应于第（b）子节第（3）段第（A）子段下规定的精算师证明危险状况日后240日内，采用一份筹资加强计划。

（B）在采用该筹资加强计划后30天内；

（ⅰ）向谈判各方提供一份或多份如获通过，便可合理预期能使多雇主计划依筹资加强计划满足适用基准的进度表，显示修订后的给付金结构、修订后的缴费额结构或两者，包括：

（Ⅰ）一项下调达到适用基准所需未来给付金累算额的提议，假设无上调计划下缴费额所作修正（而非在所作修正在法律允许的范围内尽量下调未来给付金累算额后，上调达到适用基准所需的缴费额所作修正）；

（Ⅱ）一份提议，即为达到适用基准而上调计划下缴费额（假设不做出会削减该计划下未来给付金累算额的修正）。

（ⅱ）倘若计划出资人认为合适，可编制有关缴费率及给付金下调、备选费率表的更多信息或与依加强筹资计划达到适用基准有关的其他信息，并提供给谈判各方。

在本节中，术语‘适用基准’一词系指适用于［第（5）段修改的］第（3）段下多雇主计划的要求。

（2）**程序启动后年份的例外情况**。一计划年份，若因该计划在前一计划年份处于危险状况而使该计划年份其处于筹资计划采用期，或筹资加强期，则第（1）段不适用。在本节中，该前一计划年份应为其所涉筹资加强计划的初步判定年。

（3）**筹资加强计划**。在本节中：

（A）**总体而言**。筹资加强计划即指一项由行动措施组成（包括提议给谈判各方的若干选项或一系列选项）计划，旨在基于合理预期的经验和合理的精算假设，规定该计划在筹资加强期达到以下要求：

---

① 截止日期。

（ⅰ）上调计划筹资百分比。筹资加强期结束时的计划已筹资百分比，应等于或超过如下之和：

（Ⅰ）该期期初时的计划已筹资百分比；

（Ⅱ）100%与第（Ⅰ）子条下百分比之率的33%。

（ⅱ）避免出现累计筹资缺额。［考虑第304节第（d）子节下摊销限任何延期的情况下］筹资加强时期无任何计划年份出现积累筹资缺额。

（B）**严重危险计划**。一项计划处于严重危险情况的，除第（5）段规定外，以‘33%’替换‘20%’后，第（A）子段第（ⅰ）条第（Ⅱ）子条适用。

（4）**筹资加强期**。在本节中：

（A）**总体而言**。根据本子节采用的任何筹资加强计划，其筹资加强期为自如下孰早者起始的多雇主计划首个计划年份首日起始的10年期：

（ⅰ）筹资加强计划采用之日两周年之际；

（ⅱ）[①] 或者，在精算师对第（b）子节第（3）段第（A）子段下初始判定年份出具危险状况证明的截止日期有效，在该截止日期覆盖该多雇主计划中至少75%的积极参与人的集体谈判协议的失效日。

（B）[②] **严重危险计划**。一项计划处于严重危险情况的，除第（5）段规定外，以‘15年期’替换‘10年期’后，第（A）子段适用。

（C）[③] **状况变化协调**。

（ⅰ）**不再处于危险状况的计划**。倘若在任何筹资计划采用期或筹资加强时期，计划精算师根据第（b）子节第（3）段第（A）子段为任何计划年份证明，该计划不再处于危险状况，且不处于危急状况的，筹资计划采用期间或筹资加强时期（以适用者为准），应按前一计划年份结束时结束。

（ⅱ）**处于危急状况的计划**。倘若在任何筹资计划采用期或筹资加强时期，计划精算师根据第（b）子节第（3）段第（A）子段为任何计划年份证明，该计划处于危急状况的，则筹资计划采用期间或筹资加强时期（以适用者为准），应按该危急状况恢复期首个计划年份之前一计划年份

① 到期日期。

② 适用性。

③ 终止日期。

结束时结束。

（D）**期末时计划处于危险状况。**倘若计划精算师根据第（b）子节第（3）段第（A）子段，为第（A）子段中所述期结束后首个计划年份证明该计划处于危险状况的，本子节及第（d）子节规定应在将该等首个计划年份视为初始判定年份的情况下适用，但对于前一计划年份有效的筹资加强计划，该计划不得以不一致的方式修正，直至一项新的筹资加强计划得以采用。

（5）**筹资超过70%的严重危险计划有关的特殊条例。**

（A）**总体而言。**倘若一项处于严重危险状况的计划，其已筹资百分比在初始判定年份在70%以上：

（ⅰ）则第（3）段第（B）子段和第（4）段第（B）子段应适用，唯须计划精算师在第（b）子节第（3）段第（A）子段下做出初始判定年份证明的30天之内，基于该计划条款和在该证明出具之际有效的集体谈判协议的条款证明，该计划［在不考虑第（3）段第（B）子段和第（4）段第（B）子段的情况下］预计无法满足第（3）段第（A）子段的要求；

（ⅱ）根据第（ⅰ）条做出证明的，对于起始于第（4）段第（A）子段第（ⅱ）条中所述集体谈判协议失效日或之前的筹资加强期中的计划年份，该计划可在制定其筹资加强计划时只考虑第（3）段第（B）子段和第（4）段第（B）子段的条例。

（B）**协议失效后的特殊条例。**即便有第（A）子段第（ⅱ）条的规定，倘若对于第（A）子段第（ⅱ）条所述日期后结束的任何计划年份，该计划精算师［在第（b）子节第（3）段第（A）子段下为该计划年份做出年度证明之际］基于该计划的条款及在该年度证明出具之际有效的集体谈判协议的条款证明，该计划［在不考虑第（3）段第（B）子段和第（4）段第（B）子段的情况下］预计无法满足第（3）段第（A）子段的要求，而第（3）段第（B）子段和第（4）段第（B）子段将对该年份继续适用。

（6）**筹资加强计划及费率表更新。**

（A）**筹资加强计划。**计划出资人应每年更新筹资加强计划，并应随《1974年雇员退休收入保障法》第104节下年度报告提交更新。

（B）**费率表。**该计划出资人应每年更新本子节下规定的缴费率，以体现计划的经验死亡率。

（C）**费率表有效期**。由计划出资人提供，供谈判各方在协商集体谈判协议时作为依据的费率表，应在该集体谈判协议的有效期内保持有效。

（7）**未能采用筹资加强计划的，设置默认费率表**。

（A）**总体而言**。倘若：

（ⅰ）规定在计划进入危险状况时有效的多雇主计划下缴费额的集体谈判协议到期；

（ⅱ）从计划出资人收到一份或多份第（1）段第（B）子段下费率表后，为按筹资加强计划满足适用基准而对缴费额或给付金费率做出的必要变动，该协议谈判各方未达成一致；

计划出资人应自第（B）子段中规定之日起执行第（1）段第（B）子段第（ⅰ）条第（Ⅰ）子条中所述费率表。

（B）**执行日期**。本子段中指定的日期，以如下孰早者为准：

（ⅰ）劳工部长证明，双方陷入了僵局；

（ⅱ）或者，第（A）子段中所述集体谈判协议失效日后180天。

（8）**筹资计划采用期**。在本节中，术语‘筹资计划采用期’一词，系指起于为初始判定年份做出第（b）子节第（3）段第（A）子段下证明之日，终于筹资加强期首日的时期。

（d）**采用期和加强期计划运作条例**。

（1）**计划采用期特殊条例**。在筹资计划采用期：

（A）就多雇主计划做出如下规定的集体谈判协议或参与协议，计划出资人不得接受：

（ⅰ）削减任何参与人缴费额级别；

（ⅱ）为任何一段工龄中止支付缴费额；

（ⅲ）或者，将较年轻雇员或新聘雇员以新置规定直接或间接排除在计划参与范围之外。

（B）不得因给付金任何上调、给付金累算额任何变化或计划下给付金不可罚没率的变动而采用加重计划负债的计划修正，除非该修正为第1章第D子章第Ⅰ部下资质要求或为符合其他适用法律所需。

（C）一项计划处于严重危险状况的，计划出资人应采取与计划条款和适用法律一致的合适行动，使得在合理假设的基础上能：

（ⅰ）提高计划已筹资百分比；

（ⅱ）将累计筹资缺额至少另外推迟1个计划年份。

第（C）子段下的行动包括：申请延长第431节第（d）子节下的摊销期，进行筹资标准账户计算时运用缺口筹资法，修正计划的给付金结构，削减未来给付金累算额，以及与该计划条款和适用法律一致的其他合理措施。

（2）**遵循筹资加强计划。**

（A）**总体而言。**一项计划在采用一项筹资加强计划后，不得做出与筹资加强计划不一致的修正。

（B）**缴费额不予下调。**规定如下的多雇主计划集体谈判协议或参与协议，在任何筹资加强期计划出资人不得接受：

（ⅰ）削减任何参与人缴费额级别；

（ⅱ）为任何一段工龄中止支付缴费额；

（ⅲ）或者，将较年轻雇员或新聘雇员以新置规定直接或间接排除在计划参与范围之外。

（C）**给付金上调特殊条例。**在采用一项筹资加强计划后，不得为提高给付金而修正一项计划，包括未来给付金累算额，除非计划精算师证明，给付金的上调与筹资加强计划一致，且用于支付给付金上调部分的缴费额，不是来自于根据筹资加强计划的规定，按筹资加强计划所拟费率表为满足适用基准而支付的缴费额。

（e）**处于危急状况的多雇主计划必须采用恢复计划。**

（1）[①] **总体而言。**对于一计划年份，一项多雇主计划处于危急状况的，计划出资人依据本子节：

（A）应于第（b）子节第（3）段第（A）子段下规定的精算师证明危急状况日后240日内，采用一份恢复计划。

（B）在采用该恢复计划后30天内。

（ⅰ）向谈判各方提供一份或多份如获通过，便可合理预期能使多雇主计划依恢复计划摆脱危险状况的进度表，显示修订后的给付金结构、修订后的缴费额结构或两者；

（ⅱ）倘若计划出资人认为合适当，可编制有关缴费率及给付金下调、备选进度表的更多信息或与依恢复计划摆脱危险状况有关的其他信

① 截止日期。

息，并提供给谈判各方。

第（B）子段第（ⅰ）条下所述费率表，应体现计划出资人认为在危急状况下合理必要的未来给付金累算及可调给付金的下调、缴费额的上调。其中一份费率表应当指定为默认费率表，且该费率表应假设，除未来给付累算及其他给付［除第 411 节第（d）子节第（6）段下不允许上调或取消的给付外］在法律允许的最大范围内下调后在危急状况下必要的上调外，无计划下缴费额其他上调。

（2）**程序启动后年份的例外情况。**一计划年份，若因该计划在前一计划年份处于危急状况而使该计划年份其处于恢复计划采用期或恢复期，则第（1）段不适用。在本节中，该前一计划年份应为其所涉恢复计划的初始危急年。

（3）**恢复计划。**在本条中：

（A）**总体而言。**一项恢复计划系指一项计划，其构成为：

（ⅰ）基于合理预期经验和合理精算假设制定的措施（包括向谈判各方提出的选项或一系列选项），使计划在恢复期结束时摆脱危急状况，且，包括计划开支削减（包括计划合并和整合）、未来给付金累算或缴费额上调，或（倘若谈判各方同意）此类措施的任意组合；

（ⅱ）或者，若计划出资人基于合理精算假设，且用尽一切合理措施后认为，经合理预计，该计划在恢复期结束时无法摆脱危急状况，稍后亦无法出台应对危急状况，或防止出现（符合《1974 年雇员退休收入保障法》第 4245 节含义的）可能破产情况的合理措施。

恢复计划必须规定满足该恢复计划要求的年度标准。该等计划还应包括第（1）段第（B）子段第（ⅰ）条下须提供的费率表，且倘若第（ⅱ）条适用，应当载明考虑中的备选方案，解释为何经合理预计，该计划无法在恢复期结束时摆脱危急状况，并指明该计划何时有望按恢复计划摆脱危急状况。

（B）**恢复计划及费率表更新。**

（ⅰ）**恢复计划。**计划出资人应每年更新恢复计划，并应随《1974 年雇员退休收入保障法》第 104 节下年度报告提交更新。

（ⅱ）**费率表。**该计划出资人应每年更新本子节下规定的缴费率，以体现计划的经验死亡率。

（ⅲ）**费率表有效期。**由计划出资人提供，供谈判各方在协商集体谈判协议时作为依据的费率表，应在该集体谈判协议的有效期内保持有效。

（C）**未能采用恢复计划的，设置默认费率表。**

（ⅰ）**总体而言**。倘若：

（Ⅰ）规定在计划进入危急状况时有效的多雇主计划下缴费额的集体谈判协议到期；

（Ⅱ）从计划出资人收到第（1）段第（B）子段下一份或多份费率表后，该等协议谈判各方未采用一份条款与第（1）段第（B）子段第（ⅰ）条下计划出资人恢复计划和费率表一致的缴费或给付金费率表；

该计划出资人应自第（ⅱ）条指定日期起执行第（1）段末句所述默认费率表。

（ⅱ）**执行日期**。本条中指定的日期，以如下孰早者为准：

（Ⅰ）劳工部部长证明，双方陷入了僵局；

（Ⅱ）或者，第（ⅰ）条中所述集体谈判协议失效日后180天。

（4）**恢复期**。在本条中：

（A）**总体而言**。对于一项处于危急状况的计划，其恢复期为多雇主计划自如下孰早者起始的首个计划年份首日起始的10年期：

（ⅰ）恢复计划采用之日两周年之际；

（ⅱ）或者，在精算师对第（a）子节第（1）段下初始危急年份出具危急状况证明的截止日期有效，在该截止日期覆盖该多雇主计划中至少75%的积极参与人的集体谈判协议的失效日。

倘若一项计划在该10年期结束前摆脱第（B）子段下的危急状况，则恢复期应随做出第（B）子段下判定所在计划年份之前一计划年份结束。

（B）**紧急情况**。在不考虑使用缺口方法，但考虑第431节第（d）子节下的摊销期任何延期的情况下，除非计划精算师按第（b）子节第（3）段第（A）子段对一计划年份证明，该计划预计该计划年份或9个随后的计划年份任何一年都不会出现累计筹资缺额，否则处于危急状况的计划在该计划年份之前将保持这种状况。

（5）**恢复计划采用期**。在本节中，术语‘恢复计划采用期’一词，系指起于为初始危急年份做出第（b）子节第（3）段第（A）子段下证明之日，终于恢复期首日的时期。

（6）**限制未来累算额费率削减限制**。第（1）段第（B）子段第

（ⅰ）条中所述默认费率下未来累算额费率有任何削减的，不得将未来累算额费率削减至低于：

（A）（自参与人正常退休年龄起，作为一个单生年金支付的）月度给付金，其数额相当就一名参与人而言应付的缴费额的1%，或在初始危急年份首日有效的集体谈判协议下一名参与人或一组参与人同等标准累算额费率；

（B）或者，所述首日该计划下的累算额费率，以孰低者为准。

该同等标准累算额费率，应由计划出资人基于计划出资人认为对积极参与人及计划出资人认为相关的其他因素而言具有代表性的标准或平均缴费基数单位确定。本款不得解释为限制计划出资人编制默认费率表之外的备选费率表，设立高于或低于本段另述费率的累算额费率或缴费额费率，并提供给谈判各方。

（7）**对雇主自动征收附加费。**

（A）**征收附加费。**每名另有义务支付初始危急年份缴费额的雇主，应有义务向计划为该年份支付一笔附加费，其数额相当于适用集体谈判协议下另外规定支付的缴费额的5%（或该雇主支付缴费额所依的其他协议）。对于自初始危急年份起连续多年处于危急状况的一项计划所在各后续计划年份，该附加费为另外规定应支付缴费额的10%。

（B）**附加费强制执行。**第（A）子段下的附加费，随附加费所依缴费额的同一费率表到期应付。未能支付附加费的，应视为拖欠《1974年雇员退休收入保障法》第515节下的缴费额，应予以强制执行。

（C）**集体谈判协议重新谈判后终止附加费。**对于集体谈判协议（或雇主支付缴费额所依之其他协议）所涵盖的雇员，自包括第（1）段第（B）子段第（ⅰ）条下计划出资人提出［经第（3）段第（B）子段下修改］的费率表一致的条款在内的集体谈判协议（或其他类似的协议）生效起，本段下的附加费停止有效。

（D）[①] **雇主收到通知前，附加费不适用。**在计划出资人将计划处于危急状况且附加费在实行之中通知雇主后30天之前，本段下的附加费对雇主不适用。

（E）**附加费不得上调给付金累算额。**即便一项计划设有任何条款做

① 生效日期。

出相反的规定，本段下任何附加费数额，不得构成计划下任何给付金累算额的依据。

（8）**给付金调整**。

（A）**可调给付金**。

（ⅰ）**总体而言**。尽管有第204节第（g）子节的规定，计划出资人应根据第（C）子段下的通知要求，基于第（1）段第（B）子段第（ⅰ）条下规定的费率表集体谈判的结果，依其认为合适的程度下调可调给付金。

（ⅱ）**退休人员例外情况**。除第（ⅳ）条第（Ⅲ）子条中所述可调给付金外，对于一项处于危急状况的计划，参与人或受益人给付金起始日为该计划就初始危险年份向第（b）子节第（3）段第（D）子段下参与人或受益人提供通知之日或之后的，其计划出资人不得削减该等参与人或受益人任何可调给付金。

（ⅲ）**计划出资人灵活性**。目前不需要收取缴费额的参与人，为其给付金筹资的时间裕量应由计划出资人包括在向谈判各方提供的费率表内，且计划出资人应基于计划当时的整体筹资状况，在本编下允许的范围内以计划出资人认为合适的程度下调其给付金。

（ⅳ）**可调给付金定义**。在本段中，术语‘可调给付金’一词系指：

（Ⅰ）该计划下的给付金、权利和特点，包括退休后身故给付金、60个月保障、尚未处于支付状态的伤残给付金金，以及给付金；

（Ⅱ）［符合第411节第（d）子节第（6）段第（B）子段第（ⅰ）条含义的］任何提前退休给付金或退休型补贴，及（除合格的连生遗属年金外）的任何给付金支付额；

（Ⅲ）初始危急年份首日不符合《1974年雇员退休收入保障法》第4022A节下担保的给付金上调，因为该上调系于距该首日不足60个月前采用。

（B）**保障正常退休给付金**。除第（A）子段第（ⅳ）条第（Ⅲ）子条中规定外，本段不得释为允许计划降低正常退休年龄应付参与人的累算给付金级别。

（C）**通知要求**。

（ⅰ）**总体而言**。削减第（A）子段下可调给付金的前提为，在针对所有参与人和受益人所作该等削减全面生效之前，提前30天将该等削减通知给：

（Ⅰ）计划参与人和受益者；

（Ⅱ）计划下有义务［按第4212节第（a）子节的含义］支付缴费额的每名雇主；

（Ⅲ）为集体谈判起见，代表该等雇主所雇用的计划参与人的各雇员组织。

（ⅱ）**通知内容**。第（ⅰ）条下通知须载有：

（Ⅰ）充分信息，使参与人和受益人了解其给付金任何下调之影响，参与人或受益人原本自第（ⅰ）条中所述一般生效日期之日起符合条件的可调给付金，其受影响后（年度或月度）估算包括在内；

（Ⅱ）计划参与人和受益者权利和补救措施有关信息，在适当情况下向劳工部寻求其他信息和帮助的联系方式。

（ⅲ）**形式和方式**。第（1）条下的任何通知：

（Ⅰ）以劳工部部长所立法规形式和方式提供；

（Ⅱ）须付诸书面，措辞平易，便于普通计划参与人理解；

（Ⅲ）可采用纸面、电子或通知接受对象可合理取得的其他适当形式。

劳工部部长应在第（Ⅰ）子条下规定的法规中，制订一份计划出资人可能用于满足本子段要求的通知范本。

（9）**判定撤回责任时忽略调整不计。**

（A）**给付金下调**。为确定《1974年雇员退休收入保障法》第4201节下雇主撤回责任起见而确定一份计划的筹资未得既有给付金时，本子节下任何给付金下调忽视不计。

（B）**附加费**。确定该法第4211节下雇主撤回责任时，第（7）段下任何附加费应忽略不计，为确定该法第4211节第（c）子节第（4）段下可归于雇主的筹资未得既有给付金或该法第4211节第（c）子节第（5）段下批准的类似方法起见除外。

（C）[①] **简化计算**。在判定撤回责任时，养老给付金担保公司应为本段适用起见规定简易方法。

（f）**采用期和恢复期计划运作条例。**

---

① 适用性。

（1）**遵循恢复计划。**

（A）**总体而言。**第（e）子节下恢复计划采用之日后，计划不得修正，以免与该恢复计划不一致。

（B）**给付金上调特殊条例。**第（e）子节下恢复计划采用之日后，不得为上调给付金（包括未来给付金累算额）而修正计划，除非计划精算师证明，该上调部分从恢复计划未预期的额外缴费额中拨款支付，且在将给付金上调纳入考虑及经合理预期后，多雇主计划按恢复计划预期的费率表在恢复期结束时，还是会摆脱危急状况。

（2）**整笔及类似给付金限制。**

（A）[①] **总体而言。**自第（b）子节第（3）段第（D）子段下为初始危急年份寄出计划危急状况通知之日起，即便有第411节第（d）子节第（6）段的规定，该计划不得缴付：

（ⅰ）超过单生年金下的月度付款［加第411节第（b）子节第（1）段第（A）子段末句所述任何社会保障补充款］的任何款项；

（ⅱ）保险人购买的不可撤销承诺的任何款项支付给付金；

（ⅲ）为部长规定的法规所规定的任何其他款项。

（B）**例外情况。**根据第411节第（a）子节第（11）段可不经参与人的同意立即给付的给付金，或在追溯年金起始日期或前一时期欠缴的类似给付金支付款的情况下缴纳的任何补缴款，第（a）子段不适用。

（3）**撤回责任判定时不予考虑的调整。**为确定《1974年雇员退休收入保障法》第4201节下雇主撤回责任起见而确定一份计划的筹资未得既有给付金时，本子节下任何给付金下调忽视不计。

（4）**计划采用期特殊条例。**在恢复计划采用期：

（A）就多雇主计划做出如下规定的集体谈判协议或参与协议，计划出资人不得接受：

（ⅰ）削减任何参与人缴费额级别；

（ⅱ）为任何一段工龄中止支付缴费额；

（ⅲ）或者，将较年轻雇员或新聘雇员以新置规定直接或间接排除在计划参与范围之外。

（B）不得因给付金任何上调、给付金累算额任何变化或计划下给付

① 生效日期。

金不可罚没率的变动而采用加重计划负债的计划修正，除非该修正为第 1 章第 D 子章第 I 部下资质要求或为符合其他适用法律所需。

(g)[①] **针对计划出资人所作决定而设的加急解决程序。**倘若在第（e）子节下筹资加强计划或恢复期应予采用期限日 60 日内，对于一项处理危险或危急状况的计划，其计划出资人尚未议定筹资加强计划或恢复计划的，则构成计划出资人的董事会或集团的任何成员，可要求该计划出资人为筹资加强计划或恢复计划的制定及采用订立加急争议解决程序。

（h）**谈判外参与人。**

（1）**谈判内及谈判外雇员参与人。**一名雇主，为集体谈判协议覆盖之内及覆盖之外的雇员向一项多雇主计划支付缴费额的，倘若该计划处于危险状况或危急状况，谈判外雇员的给付金和缴费额，包括对该等缴费额的附加费，应在该等谈判外雇员为计划进入危险或危急状况时有效的雇主集体谈判协议中最先失效者所覆盖的假定情况下确定。

（2）**谈判外雇员。**一名雇主，为集体谈判协议覆盖之外雇员向一项多雇主计划支付缴费额的，本节在适用时，犹如该雇主为谈判方，而其与计划签订的参与协议，犹系一项有效期止于向雇主提供第（c）子节及第（e）子节中所述费率表后的计划年份首日的集体谈判协议。

（i）**定义、精算方法。**在本条中：

（1）**谈判方。**术语‘谈判方’一词系指：

（A）（ⅰ）除第（ⅱ）条规定，有义务根据该计划支付缴费额的雇主；

（ⅱ）或者，在第 404 节第（c）子节下所述计划，或该等计划继续运作的情况下，身为该计划的雇主财产授予人的雇主协会；

（B）对集体谈判而言，代表有义务根据该计划支付缴费额的雇主所雇用的计划参与人的一家雇员组织。

（2）**已筹资百分比。**术语‘已筹资百分比’一词指一个分数：

（A）其分子为第 431 节第（c）子节第（2）段下确定的该计划资产值。

（B）其分母为采用第 431 节第（c）子节第（3）段中精算假设确定的该计划累算负债。

---

① 截止日期。

（3）**累计筹资缺额**。术语‘累计筹资缺额’一词，具有第 412 节第（a）子节赋予该词的含义。

（4）**积极参与人**。术语‘积极参与人’一词，就一项多雇主计划而言，系指提供计划下所覆盖服务的参与人。

（5）**非积极参与人**。术语‘非积极参与人’一词，就一项多雇主计划而言，系指一名参与人，或参与人受益人或备选领款人，其：

（A）现在不提供计划所覆盖的服务；

（B）处于该计划下的支付状态，或对该计划下的给付金具有不可罚没的权利。

（6）**支付状态**。一名人士处于多雇主计划支付状态下，唯须：

（A）在当前计划年份中任何时候，该人为该计划下的参与人和受益人，并收受了该计划下提前、延后、正常或残疾退休给付金（或该计划下与退休给付金相关的身故给付金）；

（B）或者，唯若部长所设法规规定，则该等人士有权收受该计划下的该笔给付金。

（7）**支付缴费额的义务**。术语‘支付缴费额的义务’一词具有《1974 年雇员退休收入保障法》第 4212 节第（a）子节下赋予该术语的含义。

（8）**精算方法**。即便有本节任何其他规定，精算师确定本节下计划正常成本、精算累算负债及计划提高已筹资百分比时得出的结果，应基于单位信贷筹资法（无论该方法是否用于该计划的精算评估）。

（9）**计划出资人**。在第 404 节第（c）子节下所规定计划，或该等计划继续运作的情况下，术语‘计划出资人’系指第（1）段下所述谈判各方。

（10）**给付金起始日期**。术语‘给付金起始日期’一词系指年金起始日期（在追溯年金起始日期的情况下，则指给付金支付起始日期）。”

（b）**对与危险状况或危急状况下多雇主计划有关的不履行所课消费税。**

（1）[1] **总体而言**。《1986 年国内税收法》第 4971 节现予修正，将第（g）子节更名为第（h）子节，并在第（f）子节后插入如下：

---

① 《美国法典》第 26 编第 4971 节。

“（g）**危险状况或危急状况下的多雇主计划。**

（1）**总体而言。**除本子节规定外：

（A）对于一项多雇主计划，其在止于一纳税年度的计划年份处于第432节下的危急状况的，不得依本节对该纳税年度课以任何税；

（B）对于一项多雇主计划，其在止于一纳税年度的计划年份处于第432节下的危险状况的，对该纳税年度所课任何税应为本节所课任何其他税的补充。

（2）**未遵守筹资加强或恢复计划。**

（A）**总体而言。**若对于一项多雇主计划，第432节下的任何筹资加强计划或恢复计划要求雇主对该计划支付一笔缴费额，则该雇主未于该计划下规定时限支付规定的缴费额的，每次课以一笔税。

（B）**税额。**第（A）子段下所课税之税额，应等于该雇主未按时支付的规定缴费额之数额。

（C）**纳税责任。**第（A）子段下所课之税，由负责向恢复计划或根据恢复计划支付但未支付缴费额的雇主支付。

（3）**未遵守危险或危急状况下计划的要求。**若：

（A）一项处于严重危险状况的计划，未能于筹资加强期结束时达到适用基准。

（B）或者，一项处于危急状况的计划：

（ⅰ）未能在恢复期结束时达到第432节第（3）子节的要求；

（ⅱ）已连续3个计划年份收第432节第（b）子节第（3）段第（A）子段第（ⅱ）条下的证明，即该计划未按原定进度达到恢复计划下的要求。

则在本节中，该计划应视为在该等筹资加强期、恢复期或连续3年之期（及后续各计划年份，直至达到所述基准或要求）最后一个计划年份存在累计筹资缺额，其数额相当于满足所述基准或要求所需的缴费额，或在不考虑本段情况下的所述累计筹资缺额之孰大者。

（4）**未采用恢复计划。**

（A）**总体而言。**在一项多雇主计划处于危急状态的情况下，该计划未能于第432节下规定时限采用一项恢复计划的，课以税赋。

（B）**税额。**对于任何计划出资人，第（A）子段下就任何纳税年度的所课税额，应为以下之孰大者：

（ⅰ）第（a）子节下对该纳税年度（不考虑本子节而确定的）所课税额；

（ⅱ）或者，以1100美元乘以起于第432节第（e）子节第（1）段第（A）子段中所述204天之期首日终于该恢复计划得以采用之日之期中所含该纳税年度的天数所得数额。

（C）**纳税责任。**

（ⅰ）**总体而言。**第（A）子段所课税赋应由各计划出资人缴纳。

（ⅱ）**计划出资人。**在第（ⅰ）条中，在一项多雇主计划的情况下，术语‘计划出资人’一词系指协会、委员会、受托人联合委员会或设立或维护计划各方之代表组成的其他类似团体。

（5）**蠲免。**在第（2）段或第（3）段中所述（因合理原因而非故意疏忽使得）未遵守计划或要求的情况下，部长可蠲免本子节所课部分或全部税赋。在本段中，合理原因包括，无法预料的及重大的市场波动，失去一名重要的缴费额支付雇主，或使本子节下就未遵守计划/要求而缴纳的税赋超过未遵守计划/要求所致数额，或与之不相当的其他因素。

（6）**第432节所用术语。**在本子节中，本子款所使用的任何术语，同样用于第432节的，其具有第432节赋予该等词汇的含义。”

（2）[①] **受控集团。**该法第4971节第（c）子节第（2）段修正如下：

（A）删去“一项计划不为多雇主计划的，若”并插入“若”；

（B）删去“或第（f）子节”并插入“第（f）子节或第（g）子节”。

（c）[②] **未规定额外缴费额。**经本法修正的《1986年国内税收法》第412节第（b）子节现予修正，在以下之处末尾插入新段：

“（3）**危急状况下多雇主计划。**一项多雇主计划，对于任何年份根据第432节处于危急状况的，第（1）段不适用。仅当该计划按照第432节第（e）子节采用一项恢复计划，并遵守该恢复计划（及该计划的任何修改）时，本段方适用。”

（d）**文书修正。**该法第1章第D子章第3部第A子部，其节次目录于末尾增补以下新项修正如下：“第432节　危险状况或危急状况多雇主

---

① 《美国法典》第26编第4971节。

② 《美国法典》第29编第421节。

计划附加筹资条例。”

(e)[①] **生效日期。**

(1) **总体而言。**本节所作修正应适用于 2007 年后起始的计划。

(2) **针对某些通知的特殊条例。**对于 2007 年后起始的首个计划年份，在一名计划精算师证明，一项多雇主计划经合理预期将处于（经本条增补的）《1974 年雇员退休收入保障法》第 305 节第（b）子节第（3）段下危急状况的任何情况下，该节第（D）子段下规定的通知，可于颁布之日后任何时候提供，唯须其于该子段下通知提供末日或之前提供。

(3) **某些已复原给付金特殊条例。**对于一项多雇主计划：

(A) 根据于 2002 年 1 月 1 日或之后但于 2005 年 6 月 30 日之前所采用的一项计划修正而下调给付金；

(B) 按照计划文件、信托协议或计划出资人向参与人 2005 年 6 月 30 日前提供的正式书面通信，规定恢复该等给付金的，则本节所作修正不适用于该给付金恢复情况，若非如此，则提供或累算该等给付金所受之任何限制因该等修正将适用。

第 213 节　防止多雇主计划破产的措施

(a) **提前判定临将破产超过 5 年。**《1986 年国内税收法》第 418E 节第（d）子节第（1）段现予修正：

(1) 删去第二处“3 个计划年份”，并插入“5 个计划年份”；

(2) 在末尾增补以下新句：“倘若计划出资人认为，该计划在未来 5 个计划年份中任何年份内将破产，该计划出资人应根据本段至少每年做出一次比较，直至计划出资人认为，该计划不会在未来 5 个计划年份中任何年份破产。”

(b)[②] **生效日期。**本节所作修正，适用于 2007 年后起始的计划年份中所作判定。[③]

第 214 节　免除某些多雇主养老金计划消费税

(a) **总体而言。**即便设有法律的任何其他条款，对于本节第（b）子

① 《美国法典》第 26 编第 412 节注。

② 《美国法典》第 26 编第 418E 节注。

③ 《美国法典》第 26 编第 4971 节注。

节中所述一项计划的任何累计筹资缺额，不得对起始于以下孰早者的任何纳税年度课征《1986 国内税收法》第 4971 节第（a）子节或第（b）子节下的税赋。

（1）该计划出资人采用《1974 年雇员退休收入保障法》第 305 节第（e）子节及（经本法增补的）《1986 年国内税收法》第 432 节第（e）子节下恢复计划所在年份；

（2）或者，包含 2009 年 1 月 1 日的纳税年度。

（b）**所述计划**。本子节下所述计划，系一项多雇主养老金计划：

（1）少于 100 名参与人；

（2）支付缴费额的雇主因其而加入联邦渔业削减产能计划；

（3）该计划下的雇主因其而加入东北地区渔业援助计划；

（4）其年度正常成本低于 10 万美元，且该计划在本法颁布之日存在筹资缺额。

第 C 子编　附加筹资条例定期废止

第 221 节　附加筹资条例定期废止

（a）**报告**。劳工部部长、财政部部长及养老给付金担保公司执行董事应不迟于 2011 年 12 月 31 日，研究本子编所作修正对多雇主计划筹资状况之影响，并应向国会报告包括立法建议在内的研究结果。

（b）**研究所含事项**。第（a）子节下规定的规定应包括：

（1）筹资困难、《1974 年雇员退休收入保障法》颁布之日有效的筹资条例及本子编所作修正对参与多雇主计划的小型企业的影响。

（2）对小型雇主财务状况的影响：

（A）在筹资加强恢复计划中设置的筹资目标，及相关的缴费额上调；

（B）筹资缺额；

（C）消费税；

（D）撤回责任；

（E）存在备用费率表的可能性及陷入经济困境的雇主适用之程序；

（F）多雇主体系的其他环节。

（3）多雇主养老金计划体系在帮助小型雇主提供养老给付金时发挥的作用。

(c)[①] **定期废止。**

(1) **总体而言。**除本子节规定外，即便本法有任何其他规定，第201节第（b）子节、第202节和第212节之规定及其所作修正，不适用于2014年12月31日后起始的计划。

(2) **筹资加强和恢复计划。**若一项计划，对于其2015年1月1日之前起始的末年依《1974年雇员退休收入保障法》第305节或《1986年国内税收法》第432节下筹资加强或恢复计划运作的，则该计划在2014年12月31日之后的任何时期将继续依该等筹资加强或恢复计划运作，该等筹资加强或恢复计划有效，且《1974年雇员退休收入保障法》或《1986年国内税收法》中有关此等筹资加强或恢复计划的所有规定在该等时期内继续有效。

① 《美国法典》第26编第412节注。

第三编　利率假设

第301节　延长30年期国债利率更替期

（a）**《雇员退休收入保障法》修正。**

（1）[①] **确定范围。**《1974年雇员退休收入保障法》第302节第（b）子节第（5）段第（B）子段第（ⅱ）条第（Ⅱ）子条现予修正：

（A）删去“2006年”并插入“2008年”；

（B）删去标题中的“**及2005年**”并插入“、**2005年、2006年和2007年**”。

（2）**确定当前负债。**该法第302节第（d）子节第（7）段第（C）子段第（ⅰ）条第（Ⅳ）子条现予修正：

（A）删去“或2005年”并插入“、2005年、2006年或2007年”；

（B）删去标题中的“**及2005年**”并插入“、**2005年、2006年和2007年**”。

（3）[②] **PBGC保费费率。**该法第4006节第（a）子节第（3）段第（E）子段第（ⅲ）条第（Ⅴ）子条现予修正，删去“2006”并插入“2008”。

（b）**《国内税收法》修正。**

（1）**确定范围。**《1986年国内税收法》第412节第（b）子节第（5）段第（B）子段第（ⅱ）条第（Ⅱ）子节现予修正：

（A）[③] 删去“2006年”并插入“2008年”；

（B）删去标题中的“**及2005年**”并插入“、**2005年、2006年和**

---

① 《美国法典》第29编第1082节。

② 《美国法典》第29编第1306节。

③ 《美国法典》第29编第421节。

2007年”。

（2）**确定当前负债**。该法第412节第（l）子节第（7）段第（C）子段第（ⅰ）条第（Ⅳ）子条现予修正：

（A）删去“或2005年”并插入“、2005年、2006年或2007年”；

（B）删去标题中的“**及2005年**”并插入“**、2005年、2006年和2007年**”。

（c）[①] **计划修正**。《2004年退休金基金衡平法》第（c）子节第（2）段第（A）子段第（ⅱ）条现予修正，删去“2006”并插入“2008”。

第302节　用于确定整笔给付的利率假设

（a）**《1974年雇员退休收入保障法》**修正。《1974年雇员退休收入保障法》第205节第（g）子节第（3）段［《美国法典》第29编第1055节第（g）子节第（3）段］现予修正如下：

“（3）（A）在第（1）段和第（2）段中，现值应不小于采用适用死亡率表和适用利率计算的现值。

（B）在第（A）子段中：

（ⅰ）术语“适用死亡率表”一词系指一份由财政部部长基于第303节第（h）子节第（3）段第（A）子段下为该计划年份规定的死亡率表适当修正的死亡率表［不考虑该节第（C）子段或第（D）子段］。

（ⅱ）术语“适用利率”一词系指根据与第303节第（h）子节第（2）段第（C）子段条例类型之条例，针对给付日之前的月份或财政部部长依法规规定的其他时期运用的调整后第一、第二、第三段利率。

（ⅲ）在第（ⅱ）条中，所述调整后第一、第二和第三段利率为原本在第303节第（h）子节第（2）段第（C）子段下确定的第一、第二和第三段利率，前提是：

（Ⅰ）以第（ⅱ）条所述该月之平均收益率取代第303节第（h）子节第（2）段第（D）子段所述24月之期平均收益率，以此运用该节；

（Ⅱ）以“第205节第（g）子节第（3）段第（B）子段第（ⅲ）条第（Ⅱ）子条”替换“第302节第（b）子节第（5）段第（B）子段第（ⅱ）条第（Ⅱ）子条”，以此运用第303节第（h）子节第（2）段

① 《美国法典》第29编第1082节。

第（G）子段第（ⅰ）条第（Ⅱ）子条；

（Ⅲ）第303节第（h）子节第（2）段第（G）子段下适用百分比系按照下表确定："

计划年份起始于：	适用的百分比（%）
2008年	90
2009年	90
2010年	60
2011年	80

（b）[①]**《1986年国内税收法》修正**。《1986年国内税收法》第417节第（e）子节第（3）段现予修正如下：

"（3）**确定现值**。

（A）**总体而言**。在第（1）段和第（2）段中，现值应不小于采用适用死亡率表和适用利率计算的现值。

（B）**适用死亡率表**。在第（A）子段中，术语'适用死亡率表'一词系指一份由部长基于第430节第（h）子节第（3）段第（A）子段下为该计划年份规定的死亡率表适当修正的死亡率表［不考虑该节第（C）子段或第（D）子段］。

（C）**适用利率**。在第（A）子段中，术语'适用利率'一词系指根据与第430节第（h）子节第（2）段第（C）子段条例类型之条例，针对给付日之前的月份或部长依法规规定的其他时期运用的调整后第一、第二、第三段利率。

（D）**适用分段利率**。在第（C）子段中，所述调整后第一、第二和第三段利率为原本在第430节第（h）子节第（2）段第（C）子段下确定的第一、第二和第三段利率，前提是：

（ⅰ）以第（ⅱ）条所述该月之平均收益率取代第430节第（h）子节第（2）段第（D）子段所述24月之期平均收益率，以此运用该节；

（ⅱ）以'第417节第（e）子节第（3）段第（A）子段第（ⅲ）条第（Ⅱ）子条'替换'第412节第（b）子节第（5）段第（B）子段

① 《美国法典》第26编第417节。

第（ⅱ）条第（Ⅱ）子条'，以此运用第430节第（h）子节第（2）段第（G）子段第（ⅰ）条第（Ⅱ）子条；

（ⅲ）第430节第（h）子节第（2）段第（G）子段下适用百分比系按照下表确定："

计划年份起始于：	适用的百分比（%）
2008年	90
2009年	90
2010年	60
2011年	80

(c)① **生效日期**。本节做出的修正适用于2007年12月3日后起始的计划年份。

第303节　给付金限制适用整笔给付时所依据利率假设

(a)② **总体而言**。《1986年国内税收法》第415节第（b）子节第（2）段第（E）子段第（ⅱ）条现予修正如下：

"（ⅱ）对于受第417节第（e）子节第（3）段规定之任何给付金形式，为调整第（B）子段下任何给付金，利率假设不得低于以下孰大者：

（Ⅰ）5.5个百分点；

（Ⅱ）使提供的给付金不高于在［第417节第（e）子节第（3）段界定的］适用利率为利率假设的情况下原本可提供之给付金105%的利率；

（Ⅲ）或者，该计划下规定利率。"

(b)③ **生效日期**。第（a）子节所作修正适用于2005年12月31日后起始的计划年份中做出的给付。

① 《美国法典》第26编第417节注。

② 《美国法典》第26编第415节。

③ 《美国法典》第26编第415节注。

第四编　PBGC 担保及有关规定

第 401 节　PBGC 保费

（a）**费率可变保费。**

（1）**为保持一致所作单雇主计划筹资条例有关修正。**《1974 年雇员退休收入保障法》第 4006 节第（a）子节第（3）段第（E）子段［《美国法典》第 29 编第 1306 节第（a）子节第（3）段第（E）子段］现予修正，删去第（iii）条及第（iv）条并插入如下：

“（iii）在第（ii）条中，术语‘筹资未得既有给付金’一词对于一计划年份而言，系指如下（若有）：（Ⅰ）在仅考虑到既有给付金，并运用第（iv）条中所述利率的情况下，根据第 303 节第（d）子节对该计划年份确定的筹资目标；超过（Ⅱ）计划所持该计划年份计划资产估计日公允市场价值的部分。

（iv）为第（iii）条第（Ⅰ）子条起见对给付金估值时所采用利率，应等于该计划年份起始所在月份之前一月份的第一、第二或第三段利率，即在以该计划年份起始所在月份之前一月份的到期日各异之投资级企业债券月度收益率（质量级别位于前 3，而非 24 月之期平均收益率）运用第 303 节第（h）子节第（2）段第（D）子段的情况下原本于第 303 节第（h）子节第（2）段第（C）子段确定的利率。”

（2）[①] **生效日期。**第（1）段做出的修正适用于 2007 年后起始的计划年份。

（b）**保费终止。**

（1）**废除定期废止规定。**该法第 4006 节第（a）子节第（7）段第

---

① 《美国法典》第 29 编第 1306 节注。

(e) 子段现予废除。

(2) **技术纠正**。

(A) **总体而言**。《1974年雇员退休收入保障法》第4006节第(a)子节第(7)段第(C)子段第(ⅱ)条现予修正，删去“第(B)子段第(ⅰ)条第(Ⅰ)子条”并插入“第(B)子段”。

(B)[①] **生效日期**。本段所作修正，应如其收录于《2005年削减赤字法》其有关规定中一般生效。

第402节[②]　针对商业航空公司维护的某些计划的特殊筹资条例

(a) **总体而言**。对于一项合格的计划，其计划出资人可以选择：

(1) 让第(b)子节的条例得以运用；

(2) 或者，对于其起始于2008年的首个纳税年度，将该纳税年度缺口摊销基数摊销于自该计划年份起始的10个计划年份(而非7个计划年份)，让《1974年雇员退休收入保障法》第303节及《1986年国内税收法》第430节运用于该纳税年度。

(b) **备用筹资费率表**。

(1) **总体而言**。若做出第(a)子节第(1)段下选择，让本子节适用于一份合格计划，且该计划满足第(2)段和第(3)段的要求：

(A) 在任何适用计划年份起始于2008年1月1日之前的情况下，为《1974年雇员退休收入保障法》第302节及《1986年国内税收法》第412节及第4971节起见，该计划不得出现累计筹资缺口，唯须为该计划年份向该计划所付缴费额不少于第(e)子节下对该计划的该计划年份确定的最低规定缴费额；

(B) 在任何适用计划年份起于2008年1月1日或之后的情况下，为《1974年雇员退休收入保障法》第302节及第303节中，及《1986年国内税收法》第412节、第430节及第4971节起见，《1974年雇员退休收入保障法》第303节及《1986年国内税收法》第430节下的最低规定缴费额，等于第(e)子节下为该计划的该计划年份确定的最低规定缴费额。

---

① 《美国法典》第29编第1306节注。

② 《美国法典》第26编第430节注。

（2）**累算限制**。

（A）**总体而言**。满足本段要求的条件为，若该计划规定（自首个适用计划年份首日起实施及此后在本节下所作之选择有效时一直有效）

（ⅰ）各参与人《1986 年国内税收法》第 411 节第（a）子节第（9）段及该法案第 204 节第（b）子节第（1）段第（G）子段末句所述累算给付金、任何身故或残疾给付金及任何社会保障补充金，以所述首日之前一日该等给付金或补充金之数额冻结；

（ⅱ）该计划下的所有其他给付金取消；

但仅限于所述首日之前一日前采用的一项计划修正实施《1974 年雇员退休收入保障法》第 411 节第（d）子节第（6）段及《1986 年国内税收法》第 204 节第（g）子节，允许冻结或取消该等给付金。

（B）**第 415 节限制上调**。若一项计划规定，一名参与人受《1986 年国内税收法》第 415 节下任何限制所规限的一项累算给付金，随该等限制上调而上调的，则该计划不得视为满足本节要求，除非该计划规定任何该等上调不得生效，且此规定自首个适用计划年份首日（或本法案颁布之日，以孰晚者为准）起实施及此后在本节下所作之选择有效时一直有效。一项计划不得仅因其经修正后方达到本子段要求，而视为不满足该法第 411 节第（d）子节第（6）段及《1974 年雇员退休收入保障法》第 204 节第（g）子节要求。

（3）**适用给付金上调之限制**。

（A）**总体而言**。倘若始于 2005 年 7 月 26 日终于首个适用计划年份首日之前一日的时期内任何时候，无适用给付金上调生效，则满足本段要求。

（B）**适用给付金上调**。在本段中，术语“适用给付金上调”一词，对于任何计划年份系指经计划修正而做出的（或由部长规定的法规另外规定的）计划负债上调，所述上调在若无本段的情况下，当因如下原因于该计划年份发生：

（ⅰ）给付金的任何上调；

（ⅱ）给付金累算之任何变动；

（ⅲ）或者，费率的任何变动，使给付金在该计划下变得不可罚没。

（4）**残疾估费服务例外情况**。在一名参与人于规定第（2）段下限制的计划修正生效之日或之后［对于第（3）段下的限制，则于 2005 年 7

月26日或之后］罹患残疾的任何时间，对于向其提供的估费服务，第（2）段和第（3）段不适用于任何累算或上调，唯须该参与：

（A）自该日起领取残疾给付金；

（B）或者，当时在领取病假工资，此后，自该日起被认定具备资格残疾给付金。

（c）**定义**。在本节中：

（1）**合格计划**。术语“合格计划”一词，系指一项《1974年雇员退休收入保障法》第302节及《1986年国内税收法》412节适用的定额给付金计划（非多雇主计划），其出资的雇主：

（A）是一家商业客运航空公司；

（B）或者，其主要业务是向商业客运航空公司提供餐饮服务。

（2）**适用计划年份**。术语“适用计划年份”一词系指，根据第（d）子节第（1）段第（A）子段，第（a）子节第（1）段下所作选择适用的各计划年份。

（d）**选择及相关术语**。

（1）[①] **所作选择针对的年份**。

（A）**备用筹资费率表**。倘若对一项合格计划做出第（a）子节第（1）段下的选择，计划出资人可选择2006年中起始的一个计划年份或2007年起始的一个计划年份作为该选择适用的首个计划年份。该选择应适用于该计划年份和其后各年份。该选择：

（ⅰ）针对2006年中起始的一个计划年份的，不得迟于2006年12月31日做出；

（ⅱ）针对2007年中起始的一个计划年份的，不得迟于2007年12月31日做出；

（B）**10年摊销**。第（a）子节第（2）段下的选择应不迟于2007年12月31日做出。

（C）**为备用筹资费率表选择新计划年份**。做出第（a）子节第（1）段下选择的，计划出资人可在该选择中指定一个新的计划年份，而该计划的该计划年份可改为新计划年份，无须财政部部长的批准。

（2）**选择方式**。计划出资人须根据财政部部长可能规定的方式做出

① 截止日期。

第（a）子节下任何选择。该选择一经做出，须取得该部长同意方可撤销。

（e）**最低规定缴费额**。对于做出第（a）子节第（1）段下一项选择的合格计划：

（1）**总体而言**。在摊销期中任何适用计划年份的情况下，最低规定缴费额应为摊销计划筹资未得负债所需之数额，于该计划年份首日确定，在摊销期剩余时间上划分为年度等额分期款（直至完全摊销）。所述数额应为各适用计划年份分别确定。

（2）**摊销期后年份**。对于摊销期末后起始的任何计划年份，《1974 年雇员退休收入保障法》第 302 节第（a）子节第（2）段第（A）子段及《1986 年国内税收法》第 412 节第（a）子节第（2）段第（A）子段应适用于该计划，但《1974 年雇员退休收入保障法》第 303 节第（f）子节及该《1986 年国内税收法》第 430 节第（f）子节下该等年份首年首日筹资前余额及筹资标准结转余额应为零。

（3）**定义**。在本节中：

（A）**筹资未得负债**。术语“筹资未得负债”一词系指该计划下筹资未得应计负债，根据单位信贷筹资法确定。

（B）**摊销期**。术语“摊销期”一词系指自首个适用计划年份起始的 17 个计划年份之期。

（4）**其他条例**。在确定本子节下最低规定缴费额和摊销额时：

（A）[①]《1974 年雇员退休收入保障法》第 302 节第（c）子节第（3）段和《1986 年国内税收法》第 412 节第（c）子节第（3）段的规定（在本节颁布之日之前便有效）适用；

（B）所有使用利率的计算采用 8.85% 作为利率；

（C）计划资产的价值应该等于其公允市场价值。

（5）**针对某些计划之分拆计划的特殊条例**。在第（b）子节中，对于本子节适用的任何合格计划，若：

（A）任何适用计划年份包括《1974 年雇员退休收入保障法》颁布之日；

（B）一项计划于该计划年份内但于颁布之日之前自该合格计划分

① 适用性。

拆的；

则对于该等适用计划年份的该计划，第（1）段下的最低规定缴费额，应为（基于在发生此分拆之前有效的12月足期计划年份）该等计划及分拆计划对于该计划年份而言为单个计划的情况下确定的总额。雇主应为该适用计划年份指定该等计划及分拆计划间的总额分配情况。

（f）**针对某些余额和蠲免的特殊条例**。对于做出第（a）子节第（1）段下选择的一项合格计划。

（1）**筹资标准账户及贷方余额**。在首个适用计划年份首日之前一日，《1974年雇员退休收入保障法》第302节或《1986年国内税收法》第412节下筹资标准账户中的任何借记或贷记，及《1974年雇员退休收入保障法》第303节或《1986年国内税收法》第430节下任何筹资前余额或筹资标准结转结余，应减记为零。

（2）**蠲免的筹资缺额**。于本节颁布之日之前便有效的《1974年雇员退休收入保障法》第302节及第302节或《1986年国内税收法》第412节下任何蠲免的筹资缺额，应视为于首个适用年份首日补足，而所述蠲免的筹资缺额，应在确定第（e）子节第（3）段第（A）子段下该计划筹资未得负债时纳入考虑。在为满足第（b）子节第（2）段要求而采用一项计划修正的情况下，该计划不得因该等修正或其为定额给付金计划或多雇主计划的另一计划下提供给该等计划参与人的给付金上调，而视为违反了《1974年雇员退休收入保障法》有效的第304节第（b）子节或《1986年国内税收法》有效的第412节第（f）子节。

（g）**针对做出本节下选择的计划而设的其他条例**。

（1）**某些计划后续计划**。若：

（A）第（a）子节第（1）段或第（2）段下选择，对任何合格计划有效；

（B）该合格计划由建立或维护一项或多个其他定额给付金计划（而非任何多雇主计划）的雇主维护，且该等其他计划共同向任意数目的大量后续雇员提供给付累算金的；

财政部部长可酌情确定，任何该等其他计划所属的任何信托不构成《1986年国内税收法》第401节第（a）子节下的合格信托，除非该合格计划的所有给付金义务已得以履行。在本段中，术语“后续雇员”

一词系指现在或曾经参与该合格计划的任何雇员，及对于相同业务，与参与该合格计划的雇员完成同样工种的任何雇员。

（2）**针对终止的特殊条例。**

（d）[①] **PBGC 有限责任公司。**（经本法修正的）《1974 年雇员退休收入保障法》第 4022 节现予修正，在以下之处末尾插入新子节：

“（h）**针对选择某些筹资要求的计划而设的特别条例。**若任何计划做出《2006 年养老金保护法》第 402 节第（a）子节第（1）段下的选择，且该计划的终止于自该首个适用计划年份首日起始的 10 年之期结束前实施的：

（1）本节之运用：

（A）须视该首个适用计划年份首日为计划终止日；

（B）以该假设终止日的计划资产及负债为依据确定担保下给付金之数额。

（2）即便有第 4044 节第（a）子节的规定，应拨用计划资产优先支付的金额（若有）为：

（A）［不考虑第（1）段，依据计划终止实际日期计划资产和负债确定］的本节下受担保的给付金数额，超过（B）第（1）段下确定数额的部分。”

（B）终止保费。在第（a）子节第（1）段下所作选择有效的任何期间，对一项合格计划运用《1974 年雇员退休收入保障法》第 4006 节第（a）子节第（7）段第（A）子段时：

（ⅰ）若该等计划在其首个适用计划年份起始的 5 年之期内终止，‘2500 美元’用该节中‘1250 美元’替换；

（ⅱ）[②] 该节运用时，不考虑《2005 年削减赤字法》第 8101 节第（d）子节第（2）段第（B）子段第（B）子段（涉及针对破产时终止的计划而设的特殊计划）。

若劳工部部长认为，该等计划因恐怖袭击或其他类似事件下的特殊情况而终止的，则第（ⅰ）条中所述的替换不适用于任何计划。

（3）**某些计划下的扣减限制。**对于一项合格计划的计划出资人任何

① 《美国法典》第 29 编第 1322 节。

② 适用性。

纳税年份，若该等计划的任何适用计划年份随该等纳税年份或在该等计划年份内终止的，经本法增补的《1986年国内税收法》第404节第（a）子节第（7）段第（C）子段第（ⅳ）条不适用于。

（4）[①] **通知**。为遵守本条而采用一项计划修正的，《1974年雇员退休收入保障法》第204节第（h）子节或《1986年国内税收法》第4980章第F节第（e）子节下规定的任何通知，须于该等计划修正的生效日期15日内提供。对于任何计划，除非其系根据雇员代表和1名或多名雇主之间的一份或多份集体谈判协议而维护，否则本节不适用。”

（h）**部分雇员排除在最低覆盖范围要求外**。

（1）[②] **总体而言**。《1986年国内税收法》第410节第（b）子节第（3）段现予修正，删去末句并插入以下内容：“在第（B）子段中，未按《铁路劳动法案》第二编派选代表的管理层飞行员，若其管理按此派选了代表的航空飞行员所执行的飞行作业，且据该子段中所述集体谈判协议条款，其包括在该子段下所述信托下受益雇员团体之内的，应视为覆盖在该子段中所述集体谈判协议范围内。若一项计划，为在惯例下不在飞行途中的飞机上执行其主要职责的雇员（而非前一句中所述管理层飞行员）提供缴费额或给付金的，第（b）子段不适用。”

（2）**生效日期**。本子节所作修正应适用于《1974年雇员退休收入保障法》颁布之前、当日或之后起始的年份。

（i）**延长针对额外筹资要求而设的特殊条例**。

一名雇主为一家商业航空客运公司的，本法颁布之日之前便有效的《1974年雇员退休收入保障法》第302节第（d）子节第（12）段及《1986年国内税收法》第412节第（l）子节第（12）段，其分别运用时应：

（1）以“2007年12月28日”替换其第（D）子段第（ⅰ）条中的“2005年12月28日”；

（2）不考虑第（D）子段第（ⅱ）条。

（j）**生效日期**。除本节另有规定外，否则本节规定及所作修正应适用于止于《1974年雇员退休收入保障法》颁布之日之后的计划年份。

---

① 截止日期。

② 《美国法典》第29编第410节。

第 403 节　PBGC 停工及其他给付金担保限制

（a）**总体而言**。《1974 年雇员退休收入保障法》第 4022 节第（b）子节［《美国法典》第 29 编第 1322 节第（b）子节］于末尾增补修订如下：

“（8）因发生任何事件而应支付不可测突发事件保险金［如第 206 节第（g）子节第（1）段之定义］的，则本节将适用，如所述事件发生之日已采纳计划修订之内容。”

（b）[①] **生效日期**。本节所作修订适用于 2005 年 7 月 26 日后所发生事件而应付之保险金。

第 404 节　雇主破产相关条例

（a）**担保**。《1974 年雇员退休收入保障法》第 4022 节（《美国法典》第 29 编第 1322 节）于末尾增补修订如下：

“（g）**以终止日期替代破产申请**。某保险计划出资人于《美国法典》第 11 篇项下案例之下，或根据任何类似联邦法律或州际或行政区法律，针对该人已或曾提起清盘或重组呈请，而此案例于该保险计划终止之日未予拒不受理的，则本节将适用，将此呈请所提起之日视同该保险计划终止之日。”

（b）**在身陷破产程序的优先集团之间分配资产**。《1974 年雇员退休收入保障法》第 4044 节（《美国法典》第 29 编第 1344 节）于末尾增补如下予以修正：

“（e）**以终止日期替代破产申请**。某保险计划出资人于《美国法典》第 11 篇项下案例之下，或根据任何类似联邦法律或州际或行政区法律，针对该人已或曾提起清盘或重组呈请，而此案例于该保险计划终止之日未予拒不受理的，则第（a）子节第（3）段将适用，将此呈请所提起之日视同该保险计划终止之日。”

（c）[②] **生效日期**。本法颁布之日起 30 日内，本节所作修正应适用于《美国法典》第 11 编，或任何类似联邦法，或一州或一行政区之法下提起的诉讼程序。

---

① 《美国法典》第 29 编第 1322 节注。

② 《美国法典》第 29 编第 1322 节注。

第405节　小型计划PBGC保费

（a）**小型计划**。《1974年雇员退休收入保障法》第4006节第（a）子节第（3）段［《美国法典》第29编第1306节第（a）子节］现予修正：

（1）删去第（E）子段第（ⅰ）条中的"附加"一词并插入"除第（h）子段有规定外，附加"；

（2）在第（G）子段后插入如下新子段：

"（H）（ⅰ）一名雇主在计划年份首日拥有的雇员最多25名的，第（E）子段下为各参与人确定的附加保费不得超过5美元乘以前一计划年份结束时该计划参与人数。

（ⅱ）在第（ⅰ）条中，一名雇主在计划年份首日所拥有的雇员是否最多25名，应将支付缴费的出资人其受控集团所有成员的雇员一并考虑在内而确定。若一项计划由两名或多名支付缴费额的出资人维护的，应合计所有支付缴费额的出资人及其受控集团的雇员，以确定是否满足最多25名雇员之限制。"

（b）[①] **生效日期**。本节所作修正适用于2006年12月31日后起始的计划年份。

第406节　授权PBGC支付多缴保费退款利息

（a）**总体而言**。《1974年雇员退休收入保障法》第4007节第（b）子节［《美国法典》第29编第1307节第（b）子节］现予修正：

（1）删去"第（b）子节"并插入"第（b）子节第（1）段"；

（2）[②] 在末尾插入以下新段：

"（2）授权该公司按其规定的规章支付退还给一名指定付款人的任何多缴保费的利息。本段下的利息应以计算第（1）段下短缴额所用相同利率和方式计算。"

（b）[③] **生效日期**。第（a）子节下所作修正应适用于不早于本法颁布

---

① 《美国法典》第29编第1306节注。

② 规例。

③ 《美国法典》第29编第1307节注。

之日起始的时期所生利息。

第 407 节　针对已终止计划中大笔所有者给付金的条例

（a）**对担保逐步到位所作修改。**《1974 年雇员退休收入保障法》第 4022 节第（b）子节第（5）段［《美国法典》第 29 编第 1322 节第（b）子节第（5）段］现予修正如下：

“（5）（A）在本段中，术语‘主要所有者’指个人在判定之日的 60 个月内任何时候：

（ⅰ）拥有非公司买卖或非公司业务的全部权益；

（ⅱ）对于一家合伙企业，系一名直接或间接拥有该合伙企业 50% 或以上资本利息或利润的合伙人；

（ⅲ）或者，对于一家公司，直接或间接拥有该公司有表决权的股份或所有股票 50% 或以上的价值。

在第（ⅲ）条中，《1986 年国内税收法》第 1563 节第（e）子节［而非其第（3）段第（C）子段］的推定所有权条例应适用，包括在该法第 414 节第（c）子节下运用该等条例。

（B）一名参与人为大股东的，本节下担保的给付金数额应等于：

（ⅰ）以生效日期或计划采用日（以晚者为准）至终止日期年份数目为分子，以 10 为分母所组成的小数（不超过 1）；

（ⅱ）乘以在该参与人不是大股东的情况下本节下原本担保的给付金数额。”

（b）**对资产分配所作修改。**

（1）《1974 年雇员退休收入保障法》第 4044 节第（a）子节第（4）段第（B）子段［《美国法典》第 29 编第 1344 节第（a）子节第（4）段第（B）子段］现予修正，删去“第 4022 节第（b）子节第（5）段”并插入“第 4022 节第（b）子节第（5）段第（B）子段”。

（2）该法第 4044 节第（b）子节［《美国法典》第 29 编第 1344 节第（b）子节］修正如下：

（A）删去第（2）段中“第（5）段”并插入“第（4）段、第（5）段”；

（B）第（3）段到第（6）段分别更名为第（4）段到第（7）段，并在第（2）段后插入如下新段：

“（3）若第（a）子节第（4）段下可用分配的资产，不足以全额偿付该段下所述所有个人给付金的，则该等资产应首先分配给该段第（A）子段中所述给付金。然后，剩下资产应分配给该段第（B）子段中所述的给付金。若分配该等第（B）子段的资产，不足以全额偿付该段中所述给付金的，则该等资产应于个人之间，以该子段中所述各自给付金（终止日期）现值为依据，按比例于分配。”

（c）**为保持一致性所作修正。**

（1）《1974年雇员退休收入保障法》第4021节（《美国法典》第29编第1321节）现予修正：

（A）在第（b）子节第（9）段中，删去“第4022节第（b）子节第（6）段中界定的”；

（B）在末尾增补以下新段：

“（d）在第（b）子节第（9）段中，术语‘实质所有者’指个人在判定之日的60个月内任何时候：

（1）拥有非公司买卖或非公司业务的全部权益；

（2）对于一家合伙企业，系一名直接或间接拥有该合伙企业10%以上资本利息或利润的合伙人；

（3）或者，对于一家公司，直接或间接拥有该公司有表决权的股份或所有股票10%以上的价值。

在第（3）段中，《1986年国内税收法》第1563节第（e）子节［而非其第（3）段第（C）子段］的推定所有权条例应适用，包括在该法第414节第（c）子节下运用该等条例。”

（2）该法第4043节第（c）子节第（7）段［《美国法典》第29编第1343节第（c）子节第（7）段］现予修正，删去“第4022节第（b）子节第（6）段”，并插入“第4021节第（d）子节”。

（d）[①] **生效日期。**

（1）**总体而言**。除第（2）段的规定外，本节所作修正适用的计划终止：

（A）系《1974年雇员退休收入保障法》第4041节第（c）子节［《美国法典》第29编第1341节第（c）子节］下的计划终止，为此，在

① 《美国法典》第29编第1321节注。

2005 年 12 月 31 日后根据该法第 4041 节第（a）子节第（2）段［《美国法典》第 29 编第 1341 节第（a）子节］提供了终止意向通知；

（B）系该法第 4042 节（《美国法典》第 29 编第 1342 节）下的计划终止，为此，在该等日期之后根据该节提供了判定通知。

（2）[①] **为保持一致性所作修正**。第（c）子节下所作修正应于 2006 年 1 月 1 日起施行。

第 408 节　PBGC 对从雇主所得追偿金中应占保险金进行快捷计算

（a）**修改公司应付参与人与受益人给付金负债未偿部分平均追偿率**。《1974 年雇员退休收入保障法》第 4022 节第（c）子节第（3）段第（B）子段第（ⅱ）条［《美国法典》第 29 编第 1322 节第（c）子节第（3）段第（B）子段第（ⅱ）条］现予修正如下：

“（ⅱ）对于判定追偿率的计划终止，终止意向通知（或由公司终止的，则第 4042 节下的判定通知），随其所在财政年度之前的第三个财政年度结束的 5 个联邦财政年度之期中给出。”

（b）**为确定公司应付参与人及受益人数额而对第 4062 节第（c）子节负债估值**。

（1）[②] **担保的单雇主福利给付金**。《1974 年雇员退休收入保障法》第 4022 节第（c）子节第（3）段第（A）子段（《美国法典》第 29 编第 13 节）现予修正如下：

“（A）**总体而言**。除第（C）子段有规定外，术语‘追偿率’系指一项比率：

（ⅰ）其为由第 4062 节、第 4063 节或第 4064 节下公司为第（B）子段下所述计划终止确定的所有追偿金价值总和；

（ⅱ）于先前终止所在之终止日期该等计划下所有筹资未得给付金总负债之比。”

（2）[③] **资产分配**。《1974 年雇员退休收入保障法》第 4044 节（《美国法典》第 29 编第 1362 节）现予修正，于末尾增补如下新设子节：

---

① 生效日期。

② 《美国法典》第 29 编第 1322 节。

③ 《美国法典》第 29 编第 1344 节。

"（e）**为确定公司应付参与人及受益人数额而对第4062节第（c）子节负债估值**。

（1）**总体而言**。对于一项已终止计划，为确定公司应付给付金数额而作为本节下一项可分配计划资产的第4062节第（c）子节下负债追偿之价值，确定为：（A）该计划终止日期第4062节第（c）子节下负债额；乘以（B）适用的第4062节第（c）子节追偿率。

（2）**第4062节第（c）子节追偿率**。在本子段中：

（A）**总体而言**。除第（C）子段规定外，术语'第4062节第（c）子节追偿率'一词系指一项比率：

（ⅰ）其为由第4062节第（c）子节下公司为第（B）子段下所述计划终止确定的所有追偿金价值总和；

（ⅱ）于前番终止所在之终止日期该等计划在第4062节第（c）子节下负债总额之比。

（B）**先前终止**。本子段中所述的计划终止，系指为该终止：

（ⅰ）公司已确定第4062节第（c）子节下追偿金价值；

（ⅱ）对于判定追偿率的计划终止，终止意向通知（或，由公司终止的，则第4042节下的判定通知），随其所在财政年度之前的第三财政年度结束的5个联邦财政年度之期中给出。

（C）**例外情况**。对于一项已终止计划，其给付金负债未偿部分超过2000万美元的，术语'第4062节第（c）子节追偿率'一词对于该等计划之终止而言系指一项比率：

（ⅰ）为第4062节第（c）子节下代表该等计划的追偿金之价值；

（ⅱ）计划终止日期第4042节第（c）子节下欠第4042节第（b）子节或第（c）子节下指定之受托人的负债数额之比。

（3）**不适用的子节**。本子节并不适用于判定：

（A）是否给付金负债未偿部分超过2000万美元；

（B）或者，第4062节下欠第4042节第（b）子节或第（c）子节下指定之公司或受托人的任何负债之数额。

（4）**判定**。本子节下的判定应由公司做出。该等判定应具有约束力，除非有清楚有力的证明能证明该判定不合理。"

（c）**生效日期**。本节所作修订应适用于本节颁布之日起30天之日或之后发出终止意向通知（或由公司终止的，则《1974年雇员退休收入保障法》第 4042 节下的判定通知）的任何终止。

第 409 节　受控集团成员身份停止或发生变动的某些计划之相应处理

（a）**总体而言**。《1974 年雇员退休收入保障法》第 4041 节第（b）子节［《美国法典》第 29 编第 1341 节第（b）子节］现予修正，于末尾增补如下新段：

“（5）**针对受控集团成员身份发生停止或变动的某些计划所设条例**。

（A）**总体而言**。除第（B）子段中规定外，若：

（ⅰ）经一笔或一系列交易，使某人不再为受控集团的成员；

（ⅱ）在紧挨该笔交易或该组交易之前，该人曾维护一项属于充分筹资的定额给付金计划的单雇主计划；

则在本节或第 4042 节第（a）子节第（4）段中确定该计划是否足够偿付给付金负债，或以其他方式评估计划负债时，所采用的利率不得少于确定该计划是否充分筹资所用之利率。

（B）**限制**。第（A）子段不适用于任何交易或任何一组交易，除非：

（ⅰ）在紧挨该笔交易或该组交易之前或之后维护该计划的任何雇主：

（Ⅰ）持有一份未偿无担保优先级债务票据，此票据经曾为该等票据出具过信用评级的国家认可公司债券统计评级机构评为投资级；

（Ⅱ）或者，若该等雇主无经该等机构评估的该等债务票据，但一家或多家该等机构为该等雇主做出了发行人信用评级的，所有对该雇主做出此等评估的该等机构将该雇主评为投资级。

（ⅱ）在该笔或该系列交易后维护该计划的雇主，在其紧挨该笔或该系列交易之前曾雇用的位于美国的雇员中，雇用了至少 20%。

（C）**充分筹资**。在第（A）子段中，对于一笔或一系列交易，一项计划应视为充分筹资，唯须：

（ⅰ）一笔或一系列交易发生在起始于 2008 年 1 月 1 日之前的一个计划年份中的，第 302 节第（d）子节下为该计划年份确定的已筹资流动负债比至少为 100%；

（ⅱ）一笔或一系列交易发生在起始于该日或之后的一个计划年份中的，第 303 节下所确定的筹资目标实现率，在该计划年份评估基准日至少为 100%。

（D）**2年限制**。若第（A）子段第（ⅱ）条下所指计划，在始于该等交易最初发生所在日起始之2年之期结束后根据第4041节第（c）子节或4042节终止，则第（a）子段不适用于任何交易或任何一组交易。”

（b）[①] **生效日期**。本节所作修正应适用于本法颁布之日及之后发生的任何交易或任何一组交易。

第410节　参与人缺员

（a）**总体而言**。《1974年雇员退休收入保障法》第4050节（《美国法典》第29编第1350节）现予修正，将第（c）子节更名为第（e）子节，于第（b）子节后插入如下新设子节：

“（c）[②] **多雇主计划**。公司须为本编涵盖下根据第4041A节终止的多雇主计划订明与第（a）子节中条例类似的条例。

（d）**计划在其他情况下不受本编规限**。

（1）**转让给公司**。第（4）段中所述计划之计划管理人，可选择在终止计划时将缺员的参与人对应的给付金转让至该公司。

（2）**向公司提供信息**。一旦法规规定，第（4）段中所述计划的计划管理人，在终止计划时应向公司提供有关缺员参与人给付金的信息，唯须该计划将该等给付金转让给：

（A）该公司；

（B）或者，除该公司之外的实体，或第（4）段第（B）子段第（ⅱ）条所述计划。

（3）**由公司支付**。倘若缺员的参与人对应的给付金转让给第（1）段下的公司的，则该公司应根据参与人或受益人所在位置，向给参与人或受益人支付转让的金额（或相应的遗属给付金）：

（A）应为单笔总和（加利息）；

（B）或者，采用公司规章所规定其他形式。

（4）**所述计划**。一项计划符合本段的描述，唯须其：

（A）该计划为［符合第3节第（2）段含义的］一项退休金计划：

（ⅰ）本节的规定不适用（不考虑本子节）；

（ⅱ）并非第4021节第（b）子节第（2）段到第（11）段中所述

① 《美国法典》第29编第1341节注。

② 规例。

计划。

（B）在终止后分配资产时，该计划：

（ⅰ）存在参与人缺员；

（ⅱ）未规定为支付所有缺员参与人对应的给付金起见向［符合第 3 节第（2）段含义的］另一项养老金计划转让资产。

（5）**某些不适用条款。**第（a）子节第（1）段及第（a）子节第（3）段不适用于第（4）段所述的计划。”

（b）**为保持一致性所作修正。**该法第 206 节第（f）子节［《美国法典》第 29 编第 1056 节第（f）子节］现予修正：

（1）删去“第四编”并插入“第 4050 节”；

（2）删去“计划应规定，”。

（c）[①] **生效日期。**建立规定分别实施［经第（a）子节修正的］《1974 年雇员退休收入保障法》第 4050 节第（c）子节和第（d）子节的最终性法规后进行的分配，本节所作修正所适用。

第 411 节　养老给付金担保公司董事

（a）**总体而言。**《1974 年雇员退休收入保障法》第四编（《美国法典》第 29 编第 1301 节及以下）现予修正：

（1）[②] 删去第 4002 节第（a）子节第二句并插入以下：“在执行本编下职能时，该公司应由董事长任命且经参议院建议及同意的董事管理，董事长应按董事会所设制度而行事。”

（2）[③] 在第 4003 节第（b）子节中：

（A）删去“在本编下，任何成员”，并插入“在本编下，董事、任何成员”；

（B）删去“由主席指定的”并插入“由董事或主席指定的”。

（b）**董事报酬。**《美国法典》第 5 编第 5314 节现予修正，在末尾增补以下新项：

“董事、养老给付金担保公司。”

（c）**提名管辖权。**

---

① 规例。

② 《美国法典》第 29 编第 1302 节。

③ 《美国法典》第 29 编第 1303 节。

（1）**总体而言**。参议院财政委员会和参议院卫生、教育、劳工、和退休金委员会，对董事长提名担任（经本法修正）《1974年雇员退休收入保障法》（《美国法典》第29编第1302节）第4002节下养老给付金担保公司董事职务具有联合提名管辖权，倘若一委员会投票下令上报该等提名，则另一委员会应在30个日历日内报告或自动免职。

（2）**参议院条例制定**。本子节由国会颁布：

（A）系对参议院条例制定权力的实施，因此本子节被视为属于参议院条例的一部分，但仅适用于做出该句中所述提名的情况下参议院应遵循的程序，且本子节应取代与之不一致的其他条例；

（B）充分尊重了参议院依其任何其他条例下同样方式和同样程度随时修改条例的宪法权利（只要涉及参议院的程序）。

（d）[①] **过渡**。于本法颁布之日担任养老给付金担保公司执行董事之人任期，应于颁布之日期内。该等人士或任何其他人士可担任临时董事，直至另有人士委任为（经本法修正的）《1974年雇员退休收入保障法》（《美国法典》第29编第1302节）第4002节下该公司的董事。

第412节　PBGC年度报告中所含内容

《1974年雇员退休收入保障法》第4008节（《美国法典》第29编第1308节）现予修正：

（1）删去"实际可行时"并插入"（a）实际可行时"；

（2）在末尾增补如下：

"（b）第（a）子节下的报告须包括：

（1）养老保险建模系统微观模拟模型概要，包括用于计算该公司的财务报表的具体模拟参数、具体初始值、时间参数和政策参数。

（2）比较：

（A）该报告所涵盖年份公司投资资产投资回报均值；

（B）标准普尔500指数该年投资回报的60%加雷曼综合债券指数该年投资回报均值的40%（或类似固定收益指数）。

（3）该公司若就其投资资产赚取了第（2）段第（B）子段中所述回报的情况下原本将产生的该年赤字或盈余报告。"

---

① 终止日期。

第五编 披露

第 501 节 定额给付金计划筹资通知

（a）**总体而言**。《1974 年雇员退休收入保障法》第 101 节第（f）子节［《美国法典》第 29 编第 1021 节第（f）子节］现予修正如下：

“（f）**定额给付金计划筹资通知**。

（1）**总体而言**。第Ⅳ编适用的定额给付金计划之管理人，应为各计划年份向养老给付金担保公司、各计划参与人和受益人、代表该等参与人或受益人各劳工组织，及（对于多雇主计划）有义务向该计划支付缴费额的各雇主提供一份计划筹资通知。

（2）**通知中所载信息**。

（A）**识别信息**。第（1）段下规定的各通知，应包含识别信息，包括该计划名称、计划管理人地址和电话号码、该计划主要行政官员、各计划出资人雇主识别号码，以及计划的计划编号。

（B）**具体信息**。第（1）段下计划筹资通知须包括：

（ⅰ）（Ⅰ）对于一项单雇主计划，一份声明，表明该通知所涉计划年份及前两个计划年份该计划［符合第 303 节第（d）子节第（2）段含义的］筹资目标实现率是否至少为 100%（及，如若未及，实际实现率）；

（Ⅱ）或者，对于一项多雇主计划，一份声明，表明该通知所涉及计划年份及前两个计划年份该计划［符合第 305 节第（i）子节含义的］已筹资百分比是否至少为 100%（及，如若未及，实际实现率）。

（ⅱ）（Ⅰ）对于一项单雇主计划，一份声明：

（aa）以第 303 条下同样方式，为第 104 节第（a）子节下所提交的上一年度报告所针对的计划年份及前两个计划年份，确定的该等各计划年份年度报告中所报告的总资产（分别示明筹资前余额和筹资标准结转余额）及计划负债；

（bb）于该通知所涉计划年份末日，该通知所涉计划年份该计划的资产和负债之价值，采用第4006节第（a）子节第（3）段第（E）子段第（ⅲ）条第（Ⅱ）子条下的资产估值方式及第4006节第（a）子节第（3）段第（E）子段第（ⅳ）条下利率确定。

（Ⅱ）对于一项多雇主计划，一份声明，示明该通知所涉计划年份及前两个计划年份该计划的资产及负债。

（ⅲ）一份声明，示明参与人数目，参与人系：

（Ⅰ）已经退休或离职，并领取给付金；

（Ⅱ）已经退休或离职，并有权日后领取给付金；

（Ⅲ）该计划下的积极参与人。

（ⅳ）一份声明，列明该计划的筹资政策，和该通知所涉计划年份结束时计划下（以总资产百分比表示的）投资资产配置。

（ⅴ）对于一项多雇主计划，示明该计划对该计划年份而言是否处于第305节下危急或危险状况，且，如若如此：

（Ⅰ）一份声明，介绍如何取得一份第305节下采用的该计划筹资加强或恢复计划（视情况而定），及能展示计划对财政改善所采取措施的精算和财务数据；

（Ⅱ）该通知所涉计划年份内第305条下采用的任何筹资加强计划、恢复计划或其修改之摘要。

（ⅵ）对于任何计划修正、预定给付金增减，或者（由部长所建法规中界定的）当前计划年份生效并对该年而言对计划负债或资产有重大影响的其他已知事件，修正、预定增减或对事件的解释，以及对至该计划年份结束时修正、预定增减或事件对计划负债所生影响之预计。

（ⅶ）（Ⅰ）对于一份单雇主计划，规定第四编第C子篇下单雇主计划终止的有关条例之概要；

（Ⅱ）或者，对于一项多雇主计划，规定重组或破产的有关条例之概要，包括给付金支付限制。

（ⅷ）计划下有资格接受养老给付金担保公司担保之给付金的总体描述，以及担保限制及该等限制所适用情形之阐释。

（ⅸ）一份声明，示明可提出索取要求后，从劳工部互联网网站或相关计划出资人（或计划管理人代表计划出资人）维护的互联网网站获取

第 104 节第（a）子节下年度报告副本。

（x）如果适用，一份声明，要求单雇主计划各缴费出资人以缴费出资人受控集团各成员为该通知所涉计划年份提供第 4010 节下信息。

（C）[①] **其他信息**。第（1）段下各通知须包括：

（i）对于一份多雇主计划，一份声明，示明计划管理人应经提出书面索取要求后，向代表计划参与人和受益人的任何劳动组织、有义务向计划支付缴费额的任何雇主，一份第 104 节第（a）子节下向部长提交给的年度报告之副本；

（ii）计划管理人选取的任何其他信息，只要不与部长之规定不一致。

（3）**提供通知之时机**。

（A）**总体而言**。第（1）段下任何通知，须不晚于该通知所涉计划年份结束后 120 天内提供。

（B）**小型计划例外情况**。对于一项小型计划［第 303 节第（g）子节第（2）段第（B）子段下所用术语］，第（1）段下任何通知应在提交第 104 节第（a）子节下年度报告后提供。

（4）[②] **形式和方式**。第（1）段下的任何通知：

（A）应依部长所制规例中规定的形式和方式提供；

（B）须付诸书面，措辞平易，便于普通计划参与人理解；

（C）可采用纸面、电子或通知接受对象可合理取得的其他适当形式。"

（b）**撤销给予参与人的筹资状况通知书**。

（1）[③] **总体而言**。该法第四编（《美国法典》第 29 编第 1301 节及以下）现予修正，删去第 4011 节。

（2）**文书修正**。该法第 1 节修正目录，删去有关第 4011 节的条款。

（c）[④] **通知范本**。劳工部部长应在该法颁布之日后 1 年内公布《1974 年雇员退休收入保障法》第 101 节第（f）子节下所规定通知之示范文本。

---

① 报告。

② 规例。

③ 《美国法典》第 29 编第 1311 节。

④ 截止日期。

劳工部部长可颁布其认为执行本子节规定所宜之任何暂行最终条例。

（d）**生效日期**。

（1）**总体而言**。本节所作修订应适用于 2007 年 12 月 31 日后起始的计划年份，但第（b）子节所作修正适用于 2006 年 12 月 31 日之后起始的计划年份。

（2）**过渡条例**。（经本条修正的）《1974 年雇员退休收入保障法》第 101 节第（f）子节下对上报一项计划 2008 年 1 月 1 日之前起始的任何计划年份的筹资目标实现率或已筹资百分比做出的任何要求，应视为满足，唯须该计划上报：

（A）对于一项 2006 年内起始的一计划年份，［该法第 302 节第（d）子节第（8）段所界定的］该计划的该计划年份已筹资流动负债百分比；

（B）对于一项 2007 年内起始的一计划年份，估计财政部部长提供的估算方法确定的筹资目标实现率或已筹资百分比。

第 502 节　取得多雇主养老金计划信息

（a）**多雇主计划财务信息**。

（1）**总体而言**。（经第 103 节修正的）《1974 年雇员退休收入保障法》第 101 节（《美国法典》第 29 编第 1021 节）修正如下：

（A）第（k）子节改名为第（l）子节；

（B）第（j）子节后插入以下新设子节：

“（k）① 多雇主计划信息承索即供。

（1）② **总体而言**。一项多雇主计划各管理人须于接到书面索取要求后，向任何计划参与人或受益人、雇员代表或有义务向该计划支付缴费额的任何雇主提供：

（A）计划收到并持有至少 30 天的任何计划年份任何定期精算报告（包括任何灵敏度测试）之副本一份；

（B）任何投资经理或顾问或其他托管人为该计划编制且由该计划持有至少 30 天的任何季度、半年度或年度财务报告之副本一份；

（C）为取得该法第 304 节或《1986 年国内税收法》第 431 节第（d）

① 《美国法典》第 29 编第 1021 节注。

② 报告。

子节下延期而提交给财政部部长的任何申请之副本一份，及该部长应该等申请所作之判定。

（2）**合规性**。第（1）段下规定提供的信息：

（A）[①] 应在收到请求后30天内以部长所制规例中规定的形式和方式提出索取请求的参与人、受益人或者雇主提供。

（B）可采用纸面、电子或通知接受对象可合理取得的其他适当形式。

（C）不得：

（ⅰ）包含任何计划参与人、受益人、雇员、受托人或支付缴费额的雇主之任何个人识别信息；

（ⅱ）或者，泄露有关该计划、任何支付缴费额的雇主或向计划提供服务的实体的任何专有信息。

（3）**限制**。在任何情况下，参与人、受益人或雇主在任何12月之期内根据本节收领的第（1）段中所述任何报告或申请，不得超过一份。管理人可收取合理费用，涵盖根据第（1）段提供信息所产生的复制、邮寄及其他费用。部长可依规例规定构成前句下合理费用的最高限额。”

（2）**强制执行**。该法第502节第（c）子节第（4）段［《美国法典》第29编第1132节第（c）子节第（4）段］现予修正，删去“第101节第（j）子节”并插入“第101节第（j）子节或第（k）节”。

（3）[②] **规例**。部长应于本法颁布之日1年内规定［经第（1）段增补的］《1974年雇员退休收入保障法》下第101节第（k）子节第（2）段下之规例。

（b）**对多雇主计划所负潜在撤回责任的通知**。

（1）[③] **总体而言**。［经第（a）子节修正的］该法第101节，现予修正：

（A）第（l）子节改名为第（m）子节；

（B）第（k）子节后插入以下新设子节：

“（l）**关于潜在撤回责任之通知**。

（1）**总体而言**。计划出资人或者多雇主计划管理人在收到书面请求

① 截止日期。法规。

② 《美国法典》第29编第1021节注。

③ 《美国法典》第29编第1021节。

后，有义务向该计划支付缴费额的雇主提供一份通知，告知：

（A）若该雇主于该请求之日之前一计划年份末日撤回，则第四编第E子编第1部下该雇主原本应承担的撤回责任之估算额；

（B）阐释该等责任估算额如何确定的，包括用于确定该计划负债及资产之价值所用的精算假设和方法，有关雇主缴费额、筹资未得既有给付金、计划筹资未得既有给付金年度变化的数据及有关撤回责任估算额的任何限制。

在第（B）子段中，术语‘雇主缴费额’一词，对于一名参与人而言，系指由一名雇主作为该参与人之雇主所支付的缴费额。

（2）**合规性**。第（1）段下规定规定的任何通知：

（A）[①] 应依部长所制法规中规定的形式和方式向提出索取请求的雇主提供：

（ⅰ）[②] 且不得超过收到该索取请求后180天；

（ⅱ）或者，若一项计划根据第4211节第（c）子节、第（4）段或第（5）段下所述任何方法确定撤回责任的，则除部长所制规例另有规定外，不得超过必要的更长时限。

（B）可采用纸面、电子或接收信息的雇主可合理取得的其他适当形式。

（3）**限制**。在任何情况下，雇主在任何12月之期内根据本节收领的第（1）段中所述任何通知，不得超过一份。按规定提供该等通知之人士，可收取合理费用，涵盖根据第（1）段提供该通知所产生的复制、邮寄及其他费用。部长可依规例规定构成前句下合理费用的最高限额。”

（2）**强制执行**。该法第502节第（c）子节第（4）段［《美国法典》第29编第1132节第（c）子节第（4）段］现予修正，删去“第101节第（j）子节或第（k）子节”并插入“第101节第（j）子节、第（k）子节或第（l）子节”。

（c）**下调未来累算额所作修正有关通知。**

（1）**《雇员退休收入保障法》修正**。该法第204节第（h）子节第（1）段［《美国法典》第29编第1054节第（h）子节第（1）段］现予

---

① 规例。

② 截止日期。

修正，于末尾处在句号之前插入如下：“以及有义务向计划支付缴费额每位雇主”。

（2）[①] **《国内税收法》修正。**该法第4980f节第（e）子节第（1）段现予修正，于末尾处在句号之前插入如下：“以及有义务向计划支付缴费额每位雇主”。

（d）[②] **生效日期。**本节所作修正适用于2007年12月31日后起始的计划年份。

第503节 年度报告附加要求

（a）**定额给付金计划年度报告附加要求。**

（1）**总体而言。**《1974年雇员退休收入保障法》第103节（《美国法典》第29编第1023节）现予修正：

（A）在第（a）子节第（1）段第（B）子段中，删去“第（d）和（e）子节”并插入“第（d）子节、第（e）子节及第（f）子节”；

（B）在末尾增补以下新段：

“（f）**定额给付金计划附加信息。**

（1）**两项及以上计划下之负债。**

（A）**总体而言。**一项定额给付金计划下，于一计划年末欠参与人和受益人的任何债务，（完整地或部分地）包括两项或多项退休金计划下紧挨该计划年份前欠该等参与人或其受益人的债务的，则本节下为该等计划年份而制的年度报告应包含该等两项或多项退休金计划各自于该计划年份末日的已筹资百分比，及年度报告提交所涉计划于该计划年份末日的已筹资百分比。

（B）**已筹资百分比。**在本段中，术语‘已筹资百分比’一词：

（ⅰ）对于一项单雇主计划，系指第303节第（d）子节第（2）段所界定的筹资目标实现率；

（ⅱ）对于一项多雇主计划，具有第305节第（i）子节第（2）段赋予该术语的含义。

（2）**多雇主计划附加信息。**对于属于一项多雇主计划的任何定额给

① 《美国法典》第26编第4980F节。

② 《美国法典》第26编第4980F节注。

付金计划，除了第（1）段下所规定的信息外，本节下为一计划年份所制年度报告应当包括该报告所涉计划年份结束时的以下内容：

（A）有义务支付缴费额的雇主数目。

（B）在该等计划年份内缴费额超过该计划5%的缴费总额的雇主之名单。

（C）雇主未替其为该等计划年份及前两个年份每年支付缴费额的计划下参与人数目。

（D）比率，即：

（ⅰ）无雇主有义务替其在该计划年份支付雇主缴费额的参与人之数目；

（ⅱ）与无雇主有义务替其在前两个计划年份每年支付雇主缴费额的参与人之数目之比。

（E）对于该等计划年份，该计划是否得以准予本法第304节第（d）子节或《1986年国内税收法》第431节第（d）子节下的摊销延期，且，如若获准，该年份最低规定缴费额与不考虑此延期的情况下原本应支付的最低规定缴费额之差额，及此延期之时长若何。

（F）该计划是否为该等计划年份采用了缺口筹资法（即第305节中所用之词），如有采用，该年份最低规定缴费额与不考虑使用该种方法的情况下原本应支付的最低规定缴费额之差额，及此方法使用期若何。

（G）对于该计划年份，该计划是否处于第305节下的危急的或危险状况下，若如此，该计划年份采用的任何筹资加强或恢复计划（或其修改）的摘要，以及该计划已筹资百分比。

（H）在前一计划年份内从该计划撤回的雇主之数目，及对该等撤回雇主已估定、预计将估定之撤回责任总额。

（Ⅰ）一项多雇主计划与另一计划合并或受让资产和负债的，基于该计划年份首日之前一日可用最新数额，对合并或划转生效之日之前的年份内各受影响计划的资产和负债进行的精算估值，或按部长依法规规定的标准和程序下实行的其他方法估值。”

（2）[①] **劳工部部长之指导**。劳工部部长应于此法颁布之日起1年内公布指导，协助多雇主定额给付金计划：

（A）确定并列举无雇主有义务为其支付该计划下缴费额的计划参

---

① 截止日期。

与人；

（B）（经本节增补的）报告《1974 年雇员退休收入保障法》第 103 节第（f）子节第（2）段第（D）子段下所述信息。

（b）**有关计划退休预测的年度精算声明中所含附加信息**。该法第 103 节第（d）子节［《美国法典》第 29 编第 1023 节第（d）子节］现予修正。

（1）第（12）段及第（13）段分别更名为第（13）段及第（14）段；

（2）第（11）段后插入如下新段：

“（12）一项说明，阐释预测未来退休计划下给付金分给付形式时所用精算假设和方法。”

（c）**废除定额给付金计划年度报告简明要求**。

（1）**总体而言**。该法第 104 节第（b）子节第（3）段［《美国法典》第 29 编第 1024 节第（b）子节第（3）段］现予修正，在“管理人”后插入“［而非第 103 节第（f）子节要求适用的定额给付金计划管理人］”。

（2）**为保持一致性所作修正**。该法第 101 节第（a）子节第（2）段［《美国法典》第 29 编第 1021 节第（a）子节第（2）段］现予修正，在“第 104 节第（b）子节第（3）段及第 105 节第（a）子节和第（c）子节”前插入“第（f）子节”。

（d）**向多雇主计划雇主和雇员代表提供简明计划信息**。该等法第 104 节（《美国法典》第 29 编第 1024 节）现予修正：

（1）在标题中，删去“**参与人**”并插入“**参与人和某些雇主**”；

（2）第（d）子节改名为第（e）子节；

（3）第（c）子节后插入如下：

“（d）**向多雇主计划雇主和雇员代表提供简明计划信息**。

（1）① **总体而言**。对于受本节规限的一项多雇主计划，为该计划之财政年度提交第（a）子节第（1）段下年度报告的截止日期后 30 日内，管理人应向各雇员组织及有义务向计划支付缴费额的雇主提交一份报告，其中包括：

（A）对该计划下缴费额费率表和给付金公式，以及该等费率表和公

① 截止日期。

式在该等计划年所作任何修改的描述。

（B）有义务向计划支付缴费额的雇主数目。

（C）在该等计划年份内缴费额超过该计划5%的缴费总额的雇主之名单。

（D）雇主未替其为该等计划年份及前两个年份每年支付缴费额的计划下参与人数目。

（E）该计划对该计划年份而言是否处于第305节下危急或危险状况，且，如若如此，应收录：

（ⅰ）计划中改善其筹资状况所采取的措施清单；

（ⅱ）一份声明，介绍如何取得一份第305节下采用的该计划加强或恢复计划（视情况而定），及能展示计划对财政改善所采取措施的精算和财务数据。

（F）在前一计划年份内从该计划撤回的雇主之数目，及对该等撤回雇主已估定、预计将估定之撤回责任总额，收录于本子节下报告所涉计划年份对年度报告中。

（G）一项多雇主计划与另一计划合并或受让资产和负债的，基于该计划年份首日之前一日可用最新数额，对合并或划转生效之日之前的年份内各受影响计划的资产和负债进行的精算估值，或按部长依法规规定的标准和程序下实行的其他方法估值。

（H）一份描述，介绍是否该计划：

（ⅰ）根据该法第304节第（d）子节或《1986年国内税收法》第431节第（d）子节为该等计划年份寻求或准获摊销延期；

（ⅱ）[①] 或者，为该等计划年份使用了缺口筹资法（第305节中所用之词）。

（I）收到书面请求后，将本节下取得第（a）子节下向部长所交年度报告副本、简明计划描述、计划重要修改汇总的权利通知收件人，但：

（ⅰ）在任何情况下，收件人在任何一段12月期内有权取得所述该等文件之副本不得超过一份；

（ⅱ）管理人可收取合理费用，涵盖根据本子段提供信息所产生的复制、邮寄及其他费用。

---

① 通知。

（2）**本子节效力**。本子节中无任何内容放弃本编下要求计划管理人承索即向有义务向该计划支付缴费额的雇主提供信息的任何其他规定。”

(e)[①] **表格范本**。劳工部部长应在该法颁布之日后 1 年内公布一份提供经本节修正的《1974 年雇员退休收入保障法》第 101 节第（f）子节下规定应提供的声明、费率表和其他材料之表格范本。劳工部部长可颁布其认为执行本子节规定所宜之任何暂行最终条例。

(f)[②] **生效日期**。本节做出的修正适用于 2007 年 12 月 31 日后起始的计划年份。

第 504 节　通过电子手段展示年度报告信息

（a）**通过电子手段展示信息**。该法第 104 节第（b）子节［《美国法典》第 29 编第 1024 节第（b）子节］于末尾增补修订如下：

“（5）[③] 为任何计划年份而纳入年度报告中标识信息、基本计划信息及精算信息，应以电子格式提交给部长，此电子格式应兼容按部长规定的规例在互联网上予以展示的形式。部长应在年度报告提交之日后 90 天内，为在部长和其他适当媒体维护的互联网网站上展示纳入年度报告的此等信息筹办相关事宜。该等信息也应展示在计划出资人（或由计划管理人代表计划出资人）维护的任何内部网站上，以便按部长规定的规例向雇员（而非公众）进行宣传。”

(b)[④] **生效日期**。本节做出的修正适用于 2007 年 12 月 31 日后起始的计划年份。

第 505 节　根据第 4010 节向 PBGC 提交材料

（a）**根据要求向 PBGC 提交信息之人士所依标准之变更**。《1974 年雇员退休收入保障法》第 4010 节第（b）子节［《美国法典》第 29 编第 1310 节第（b）子节］现予修正，删去第（1）段，插入以下内容：

“（1）由支付缴费额的出资人或其受控集团任何成员公司维护的一项

---

① 截止日期。

② 《美国法典》第 29 编第 1021 节注。

③ 规例。

④ 《美国法典》第 29 编第 1024 节注。

计划，其前一计划年份结束时［第（d）子节所界定的］筹资目标实现率小于 80%。”

（b）**规定提供的附加信息**。《1974 年雇员退休收入保障法》第 4010 节（《美国法典》第 29 编第 1310 节）现予修正，于末尾增补如下新设子节：

“（d）**规定提供的附加信息**。

（1）**总体而言**。第（a）子节下向公司提交的信息须包括：

（A）使用公司确定负债时所用假设而确定的该计划下给付金负债额；

（B）在假设该计划至少 5 个计划年份一直处于风险状况下确定的该计划筹资目标；

（C）该计划的筹资目标实现率。

（2）**定义**。在本子节中：

（A）筹资目标。术语‘筹资目标’一词具有第 303 节第（d）子节第（1）段下所赋含义。

（B）筹资目标实现率。术语‘筹资目标实现率’具有第 302 节第（d）子节第（2）段下所赋含义。

（C）风险状况。术语‘风险状况’一词具有第 303 节第（i）子节所赋含义。

（e）**给国会发出的通知**。该公司应每年向健康、教育、劳工和养老金委员会、参议院财政委员会、教育与劳动力委员会及众议院筹款委员会提交一份本子节下向公司所呈信息汇总之概要报告。”

（c）[①] **生效日期**。本节做出的修正适用于 2007 年后起始的年份。

第 506 节　向计划参与人披露终止信息

（a）**危难终止**。

（1）**总体而言**。《1974 年雇员退休收入保障法》第 4041 节第（c）子节第（2）段［《美国法典》第 29 编第 1341 节第（c）子节第（2）段］于末尾增补修订如下：

“（D）**披露终止信息**。

（i）**总体而言**。已提交一份第（a）子节第（2）段下终止意向通

① 《美国法典》第 29 编第 1310 节注。

知的计划管理人，应向受影响方提供第（a）子节第（2）段下提供给公司的任何信息，提供时间不得晚于如下之15天后：

（Ⅰ）收到受影响一方索取信息的请求；

（Ⅱ）或者，承之前索取请求向公司提供新的信息。

（ⅱ）**机密性**。

（Ⅰ）**总体而言**。计划管理人提供第（ⅰ）条下信息所采用的形式，不得带有任何直接或间接关乎或以其他方式标识参与人个体或受益人个体的信息。

（Ⅱ）**限制**。对于同意确保《美国法典》第5编第552节第（b）子节中所述机密信息机密性的参与人或受益人，法庭可限制本子段下将此类信息向其任何授权代表进行披露的情形。

（ⅲ）**信息所采用的形式和方式、收费**。

（Ⅰ）**形式和方式**。公司可规定本子段下信息提供的形式和方式，其应包括以书面、电子或其他适当形式交付，但该等形式应便于信息提供对象取得。

（Ⅱ）**合理收费**。计划管理人可对本子段下提供的任何信息收取合理费用，以电子形式提供的除外。

（ⅳ）**授权代表**。在本子段中，术语‘授权代表’一词系指代表养老金计划中任何参与人的雇员组织。”

（2）为保持一致性所作修正。《1974年雇员退休收入保障法》第4041节第（c）子节第（1）段［《美国法典》第29编第1341节第（c）子节第（1）段］现予修正，在第（C）子段中删去“第（B）子段”并插入“第（B）子段和第（D）子段”。

（b）**非自愿终止**。

（1）**总体而言**。《1974年雇员退休收入保障法》第4042节第（c）子节［《美国法典》第29编第1342（c）节］现予修正：

（A）删去“第（c）子节倘若”并插入“第（c）子节第（1）段倘若”；

（B）第（3）段更名为第（2）段；

（C）在末尾增补如下内容：

“（3）**披露终止信息**。

（A）**总体而言**。

（ⅰ）**信息与计划出资人或管理人**。一项单雇主计划的计划出资人或计划管理人，从公司接到通知，得知该计划被判定应据本节终止的，应将提供给公司的有关计划终止的任何信息，提供给受影响方。

（ⅱ）[①] **取自公司的信息**。公司应提供一份行政记录副本，其中包括第（ⅰ）条下所述计划终止的受托管理决定记录。

（B）[②] **披露时机**。计划出资人、计划管理人或公司（如果适用），应提供第（A）子段中所述信息，提供的时机应不晚于如下15天后：

（ⅰ）收到受影响一方索取该等信息的请求；

（ⅱ）或者，对于第（A）子段第（ⅰ）条下所述信息，由受影响方承之前索取请求向公司提供任何新信息。

（C）**机密性**。

（ⅰ）总体而言。计划管理人及计划出资人提供第（A）子段第（ⅰ）条下信息所采用的形式，不得带有任何直接或间接关乎或以其他方式标识参与人个体或受益人个体的信息。

（ⅱ）限制。对于同意确保《美国法典》第5编第552节第（b）子节中所述机密信息机密性的参与人或受益人，法庭可限制本段下将此类信息向其［符合第4041节第（c）子节第（2）段第（D）子段第（ⅳ）条含义的］任何授权代表进行披露的情形。

（D）**信息所采用的形式和方式、收费**。

（ⅰ）**形式和方式**。公司可规定本段下信息提供的形式和方式，其应包括以书面、电子或其他适当形式交付，但该等形式应便于信息提供对象取得。

（ⅱ）**合理收费**。计划出资人可对本段下提供的任何信息收取合理费用，以电子形式提供的除外。”

（c）[③] **生效日期**。

（1）**总体而言**。《1974年雇员退休收入保障法》第四编（《美国法典》第29编第1301节及以下）下之任何计划终止，为其而于本法颁布之日后出具终止意向通知［或由养老金给付金担保公司终止的，该法第

① 《美国法典》第29编第1341节注。

② 截止日期。

③ 《美国法典》第29编第1341节注。

4042 节（《美国法典》第 29 编第 1342 节）下判定通知］的，本节所作修正适用。

（2）**过渡条例**。倘若根据（经本节增补的）《1974 年雇员退休收入保障法》第 4041 节第（c）子节第（2）段第（D）子段或第 4042 节第（c）子节第（3）段，原本应于该法颁布之日起 90 日之内出具通知的，则不得要求该通知于第 90 天前提供。

第 507 节　雇主证券自由处置通知

（a）**总体而言**。（经本法修正的）《1974 年雇员退休收入保障法》第 101 节（《美国法典》第 29 编第 1021 节）现予修正，将第（m）子节更名为（n）子节，于第（l）子节后插入如下内容：

"（m）[①] **处置权通知**。对于任何类型的缴费额，在一份适用个人账户计划下的一名适用个人有权行使第 204 节第（j）子节下管理处置雇主证券所得收益的权利的首日起 30 天内，管理人应向该等个体提供一份通知书：

（1）列明该子节下该等权利；

（2）介绍退休账户资产投资多样化的重要性。

本子节规定提供的通知，应付诸书面，遣词措句便于普通计划参与人理解，可以采用书面、电子或其他形式交付，只要接收人可合理取得。"

（b）**处罚**。《1974 年雇员退休收入保障法》第 502 节第（c）子节第（7）段［《美国法典》第 29 编第 1032 节第（c）子节第（7）段］现予修正，删去"第 101 节第（ⅰ）子节"并插入"第 101 节第（ⅰ）或（m）子节"。

（c）[②] **通知范本**。财政部部长应于本子节颁布之日起 180 天内，规定一份通知范本，以便满足本节所作修正的要求。

（d）[③] **生效日期**。

（1）**总体而言**。本节做出的修正适用于 2006 年 12 月 31 日后起始的计划年份。

---

① 截止日期。

② 截止日期。

③ 《美国法典》第 29 编第 1021 节注。

（2）**过渡条例**。倘若根据（经本节增补的）《1974年雇员退休收入保障法》第101节第（m）子节，原本应于该法颁布之日起90日之内出具通知的，则不得要求该通知于第90天前提供。

第508节　养老给付金定期声明

（a）**《雇员退休收入保障法》修正**。

（1）**总体而言**。《1974年雇员退休收入保障法》第105节第（a）子节［《美国法典》第29编第1025节第（a）子节］现予修正如下：

“（a）**要求提供养老给付金声明**。

（1）**要求**。

（A）**个人账户计划**。个人账户计划管理人［而非第101节第（i）子节第（8）段第（B）子段中所述单个参与人退休计划］须一份养老给付金声明：

（ⅰ）提供给有权管理该计划下其账户中资产投资参与人或者受益人，每个日历季至少提供一次；

（ⅱ）提供给在该计划下有自己的账户，但无权管理该账户中资产投资的参与人或受益人，至少每个日历年提供一次；

（ⅲ）承书面索取申请后，提供给第（ⅰ）条或第（ⅱ）条下描述之外的受益人。

（B）**定额给付金计划**。一项定额给付金计划管理人［而非第101节第（ⅰ）子节第（8）段第（B）子段中所述单个参与人退休计划］应将一份养老给付金声明：

（ⅰ）提供给可领取不可罚没的累算给付金，且在声明提供之际维护计划的雇主所雇用的每名参与人，至少每3年一次；

（ⅱ）承书面索取请求后，提供给该计划的参与人和受益人。

第（ⅰ）条下提供给参与人的信息，其依据可为依部长所制规定及养老给付金担保公司咨询而确定的合理估算。

（2）**声明**。

（A）**总体而言**。第（1）段下的养老给付金声明：

（ⅰ）应以现有最新信息为据示明：（Ⅰ）累算给付金总额，（Ⅱ）（若有）不可罚没的已累算养老给付金，或给付金变为不可罚没的最早日期；

（ⅱ）应含有一份解释，阐明《1986年国内税收法》第401节第（l）子节下允许的任何差异，或在确定第（ⅰ）条下所述任何累算给付金时可运用的任何基金补偿安排；

（ⅲ）须付诸书面，遣词措句便于普通计划参与人理解；

（ⅳ）或者，可采用纸面、电子或参与人或受益人可合理取得的其他适当形式交付。

（B）**附加信息**。对于一项个人账户计划，第（1）段第（A）子段第（ⅰ）条或第（ⅱ）条下任何养老给付金声明须包括：

（ⅰ）于该计划下最近的评估基准日确定的个人账户中资产每项投资之价值，包括以雇主证券形式所持任何资产之价值，而不论该等证券是否出自计划出资人或依计划或参与人或受益人之指示所收购。

（ⅱ）对于第（1）段第（A）子段第（ⅰ）条下的养老给付金声明：

（Ⅰ）一份解释，阐明计划下参与人或受益人管理投资的任何权利所受限制或约束；

（Ⅱ）一份解释，其遣词措句便于普通计划参与人理解，阐明参与人和受益人的长期退休保障的重要性及一套平衡且多元化的投资组合，并附上一份声明，介绍持有一家实体证券（如雇主证券）中投资组合20%以上但多元化不足存在的风险；

（Ⅲ）一份通知，指引参与人或受益人访问劳工部互联网网站了解个人投资和多样化信息。

（C）[①] **备用通知**。第（A）子段第（ⅰ）条第（Ⅱ）子条要求视为满足，唯须计划依部长要求，至少每年：

（ⅰ）更新养老给付金声明中提供的该子段所述信息；

（ⅱ）或者，提供一份单独声明，即该等信息是参与人或受益人确定其不可罚没的既得给付金必须掌握的信息。

（3）**定额给付金计划**。

（A）**备用通知**。对于一项定额给付金计划，倘若管理人至少每年向参与人提供一次通知，告知其养老给付金声明可用性及参与人可以取得该等声明的方式，则第（1）段第（B）子段第（ⅰ）条要求，就参与人而言应视为已满足。该等通知可采用纸面、电子或通知接受对象可合理取得

① 通知。

的其他适当形式交付。

(B) **给付金不予累算之年份**。部长可规定，哪些年份在确定第（1）段第（B）子段第（ⅰ）条下3年之期时，该计划下［符合《1986年国内税收法》第410节第（b）子节含义的］雇员或前任雇员给付金不纳入考虑。”

(2) **为保持一致性所作修正**。

(A)《1974年雇员退休收入保障法》第105节（《美国法典》第29编第1025节）删去第（d）子节予以修正：

(B) 该法第105（b）节［《美国法典》第29编第1025节第（b）子节］修正如下：

“(b) **声明数目限制**。在任何情况下，一项计划的参与人或受益人有权取得第（a）子节第（1）段第（A）子段第（ⅲ）条或第（B）子段第（ⅱ）条（以适用者为准）所述声明，在任何12月之期内不得超过1份。”

(C) 该法第502节第（c）子节第（1）段［《美国法典》第29编第1132节第（c）子节第（1）段］现予修正，删去“或第101节第（f）子节”，并插入“第101节第（f）子节，或第105节第（d）子节”。

(b)① **声明范本**。

(1) **总体而言**。劳工部部长应于本节颁布之日后1年内编制一份或多份声明范本，其应采用书面形式，遣词措句便于普通计划参与人理解，供计划管理人遵守《1974年雇员退休收入保障法》第105节要求时所用。

(2) **暂行最终条例**。劳工部部长可颁布其认为执行本子节规定所宜之任何暂行最终条例。

(c)② **生效日期**。

(1) **总体而言**。本节做出的修正适用于2006年12月31日后起始的计划年份。

(2) **针对集体商定协议而设的特殊条例**。对于根据雇员代表以及一名或多名雇主之间于本法颁布之日或之前批准的一项或多项集体谈判协议维护的一项计划，第（1）段适用于任何该等协议下的给付金及其所覆盖

① 《美国法典》第29编第1025节注。截止日期。

② 《美国法典》第29编第1025节注。

的个人，前提为以如下孰早者替换“2006 年 12 月 31 日”：

（A）如下孰晚者：（ⅰ）2007 年 12 月 31 日，或者（ⅱ）该等集体谈判协议中最晚终止者终止之日（不考虑该等颁布之日后其任何延期）；

（B）或者，2008 年 12 月 31 日。

第 509 节　将中断期通知参与人或受益人

（a）**总体而言**。在《1974 年雇员退休收入保障法》第 101 节第（ⅰ）子节第（8）段第（B）子段［《美国法典》第 29 编第 1021 节第（ⅰ）子节第（8）段第（B）子段］现予修正，删去第（ⅰ）条到第（ⅳ）条，第（ⅴ）条更名为第（ⅱ）条，在按此更名后的第（ⅱ）条前插入以下新条：

“（ⅰ）于计划年份首日：

（Ⅰ）只涵盖一名个人（或该个人与之配偶），而该个人（或该个人与其配偶）拥有计划出资人的 100%（无论注册为公司与否）；

（Ⅱ）或者，只涵盖一名或多名计划出资人中的合作伙伴（或合作伙伴及其配偶）。”

（b）[①] **生效日期**。本款所作修正之生效，一如其收录于第 107－204 号《公法》第 306 节（《美国联邦法律大全》第 98 卷第 745 页及以下）。

① 《美国法典》第 29 编第 1021 节注。

第六编　投资建议、受禁交易及信托条例

第A子编　投资建议

第601节　为提供投资建议而设的受禁交易豁免规定

（a）**《1974年雇员退休收入保障法》修正。**

（1）**受禁交易豁免情况。**《1974年雇员退休收入保障法》第408节第（b）子节［《美国法典》第29编第1108节第（b）子节］现予修正，于末尾增补如下新段：

“（14）向参与人或受益人（一项个人账户计划允许其该等参与人或受益人管理其个人账户资产投资）提供第3节第（21）段第（A）子段第（ⅱ）条中所述投资建议所涉之任何交易，唯须：

（A）该交易为：

（ⅰ）就计划下可作为一项投资的证券或其他财产向计划参与人或受益人提供投资建议；

（ⅱ）根据投资建议收购、持有或出售计划下可作为一项投资的证券或其他财产；

（ⅲ）或者，信托顾问或其附属机构（或该信托顾问或附属机构的任何雇员、代理人或注册代表），因提供该等建议，或因收购、持有、出售证券或投资建议中计划下可用作投资的其他财产而直接或间接收到的费用或其他报酬。

（B）符合第（g）子节要求。”

（2）**要求。**该法第408节进一步予以修正，在末尾增补以下新设子节：

“（g）**向参与人和受益人提供投资建议**。

（1）**总体而言**。信托顾问所给投资建议系依一份合格投资建议安排而提供的，则第406节中所颁禁令不适用于第（b）子节第（14）段所述交易。

（2）**合格投资建议安排**。在本子节中，术语‘合格投资建议安排’系指一项安排：

（A）其：

（ⅰ）规定，信托顾问因提供投资建议或就出于计划资产投资目的而出售、持有或收购任何证券或其他财产而收取的任何费用（包括任何佣金或其他报酬），不因选定的任何投资选项而异；

（ⅱ）或者，为信托顾问向参与人或受益人提供投资建议而采用符合第（3）段要求的投资建议程序下计算机模型。

（B）使得第（4）段到第（9）段要求得以满足。

（3）**使用计算机模型的投资建议程序**。

（A）**总体而言**。倘若第（B）子段到第（D）子段要求得以满足的，则投资建议程序符合本段要求。

（B）[1] **计算机模型**。本子段要求得以满足的前提是，该投资建议程序下提供的投资建议，其所依计算机模型：

（ⅰ）运用的公认投资理论考虑不同资产类别在规定时间段上的以往回报情况；

（ⅱ）利用参与人有关信息，可能包括年龄、预期寿命、退休年龄、风险承受能力、其他财产或收入来源及某些类型投资偏好；

（ⅲ）利用规定的客观标准，提供该计划下投资选项构成的资产配置组合；

（ⅳ）其运行方式不偏倚信托顾问或与该信托顾问存在重要隶属关系或合约关系的人士提供的投资；

（ⅴ）指定参与人账户余额应如何投资时将该计划下的所有投资选项纳入考虑，且未对任何投资选项赋予不当权重。

（C）**证明**。

（ⅰ）**总体而言**。对任何投资建议程序计划而言，本子段要求得以满

---

① 《美国法典》第29编第1108节。

足的前提为，有合格投资专家在利用该计算机模型之前，依部长所制条例证明该计算机模型满足第（B）子段要求。

（ⅱ）**证明续期**。倘若依部长所制规列判定计算机模型做出了重要修改，则只有按此修改的计算机模型取得第（ⅰ）条所述证明时，本子段要求方为得以满足。

（ⅲ）**合格投资专家**。术语‘合格投资专家’系指任何人：

（Ⅰ）符合部长规定的要求；

（Ⅱ）与任何投资顾问或其任何相关人士（或投资顾问或相关人士的任何雇员、代理人或者注册代表）不存在任何重要隶属关系或合约关系。

（D）**建议的独家性**。对于任何投资建议程序，本子段要求得以满足的前提为：

（ⅰ）该方案所给唯一投资建议，为第（b）子段所述计算机模型生成的建议；

（ⅱ）第（b）子节第（14）段第（B）子段第（ⅱ）条所述任何交易，仅依参与人或受益人之指示而发生。

前一句中无任何内容限制参与人或受益人寻求第（A）子段所述之外的投资建议，唯须与执行该等安排有关的人士不得主动提供该等建议。

（4）**单独受托人赋予明确授权**。对于一项安排，本子段要求得以满足的前提为，明确授权该安排的为计划受托人，而非提供投资建议程序的人士、提供计划下投资选项的任何人士或二者之一的附属机构。

（5）**年度审查**。本子段要求得以满足的前提为，一名具备相应技术培训或经验，精通审计业务，且照此做出书面陈述的独立审计师：

（A）对安排是否符合本子节要求进行年度审计；

（B）[①] 在完成年度审计后，向曾授权使用该安排的受托人出具一份书面报告，介绍其对于该安排是否符合本子节要求得出的具体审计结果。

在本段中，审计师只有其与向计划提供该安排的人士无关，且与提供该计划下投资选项的任何人士无关，方被视为独立审计师。

（6）**披露**。本子段要求得以满足的前提为：

（A）信托顾问，就作为一项投资选项而提供的任何证券或其他财产初次提供投资建议前，向参与人或受益人提供投资建议一份书面通知

① 报告。

（可由凭借电子通信手段所作通知构成），告知：

（ⅰ）与财务顾问有重要隶属关系或合约关系的任何一方在开发投资建议程序时及选择该计划下可用投资选项时所承担的角色；

（ⅱ）该计划下可用投资选以往业绩及历史回报率；

（ⅲ）因提供建议或出售、收购或持有证券或其他财产，该信托顾问或其任何附属机构就该建议所有应得费用或其他报酬（包括任何第三方提供的报酬）；

（ⅳ）在证券或其他财产中，该信托顾问或其附属机构的任何重要隶属关系或合约关系；

（ⅴ）使用或披露该安排下所供的任何参与人或受益人信息的方式及情形；

（ⅵ）信托顾问为提供投资建议而提供的服务之类型；

（ⅶ）就通知之提供，该顾问担任该计划的受托人；

（ⅷ）听取建议者可另外安排与证券或其他财产无重要隶属关系，不因该等证券或其他财产而收取费用或其他报酬的其他顾问提供建议。

（B）在向参与人或受益人提供咨询服务的过程中，信托顾问应始终：

（ⅰ）严格依第（8）段所述形式和方式维护第（A）子段下所述信息；

（ⅱ）向通知接收人免费提供准确信息，至少每年一次；

（ⅲ）承通知接收人索取后，向其免费提供准确信息；

（ⅳ）规定提供给通知接收人的信息一旦发生重要变动，即（在合理情况下）同步向通知接收人免费提供与之有关的准确信息。

（7）**其他条件**。本子段要求得以满足的前提为：

（A）信托顾问按所有适用的证券法律就出售、收购或持有证券或其他财产做出相应披露；

（B）该等证券或其他财产仅可依通知接收人之指示出售、收购或持有；

（C）信托顾问及其附属机构就出售、收购或持有证券或其他财产而所得报酬合理；

（D）出售、收购或持有证券或其他财产所依之条款，应至少同公平交易一般对计划有利。

（8）**信息呈示标准。**

（A）**总体而言。**本子段要求得以满足的前提为，规定提供给第（6）段第（A）子段下参与人和受益人的通知应付诸书面，遣词措句清晰易懂，便于普通计划参与人理解，足够准确、全面，能合理地使该等参与人和受益人掌握规定在通知中提供的信息。

（B）**费用及其他报酬披露表范本。**对于第（6）段第（A）子段第（ⅲ）条中规定费用及其他报酬，其披露符合第（A）子段要求的，部长应出具一份披露表范本。

（9）**维护合规性证据 6 年。**本子段要求得以满足的前提是，提供第（1）段所指建议的信托顾问在提供该等建议后至少 6 年的时间内，维护确定是否满足本子节前述规定要求及第（b）子节第（14）段要求所需记录。不得仅因记录在 6 年之期结束前，因超出信托顾问控制能力的情形丢失或灭失，而将第 406 节下的受禁交易视为已经发生。

（10）**计划出资人及某些受托人的豁免情况。**

（A）**总体而言。**除受第（B）子段规定外，计划出资人或身为受托人的其他人士（信托顾问除外）不得仅因提供第 3 节第（21）段第（A）子段第（ⅱ）条中所称投资建议（或仅因为投资建议缔结合约或另行布置安排）而视为未能达到本部之要求，唯须：

（ⅰ）该建议系由信托顾问，根据计划出资人或其他受托人和信托顾问之间为该信托顾问提供该子节中所述投资建议而立的合格投资建议安排而提供；

（ⅱ）合格投资建议安排所设条款要求信托顾问遵守本子节要求；

（ⅲ）合格投资建议安排所设条款中含有一项信托顾问出具的书面确认函，确认就建议咨询而言，该信托顾问为该计划的受托人。

（B）**审慎甄选顾问及定期审查之持续职责。**对于为提供第 3 节第（21）段第（A）子段第（ⅱ）条中所称投资建议与该计划出资人或其他人士订立合格投资建议安排的信托顾问，第（A）子段中内容不得释为将计划出资人或身为受托人的其他人士免于本部关于审慎甄选及定期审查该等顾问的要求。计划出资人或身为受托人的其他人士，在本部下无职责监督该信托顾问向特定建议接收人给予的特定投资建议。

（C）**计划资产用于支付建议咨询费。**本部中的内容，不得释为不许动用计划资产支付第 3 节第（21）段第（A）子段第（ⅱ）条中所称投资建议的合理咨询费。

（11）**定义**。在本子节及第（b）子节第（14）段中：

（A）**信托顾问**。术语‘信托顾问’对于一项计划而言，系指因向该计划参与人或受益人提供第3节第（21）段第（A）子段第（ⅱ）条中所称投资建议而身为该计划受托人的人士，其系：

（ⅰ）根据《1940年投资顾问法》（《美国法典》第15编第80b－1节及以下）或其维持其总部及办公地点所在州之法律而注册为投资顾问；

（ⅱ）第408节第（b）子节第（4）段所称银行或类似金融机构，或《联邦存款保险法》[《美国法典》第12编第1813节第（b）子节第（1）段所界定的]储蓄机构，但前提为，该意见由受联邦或州际银行监管当局定期检查及审查的该银行或类似金融机构或储蓄机构的信托部门所提供；

（ⅲ）有资格在一州法律下开展业务的保险公司；

（ⅳ）根据《1934年证券交易法》（《美国法典》第15编第78a节及以下）登记为经纪商或交易商之人士；

（ⅴ）第（ⅰ）条到第（ⅳ）条中所述人士之附属机构；

（ⅵ）或者，第（ⅰ）条到第（ⅴ）条中所述人士之雇员、代理人或者注册代表，满足适用保险、银行以及证券法有关建议咨询的要求。

在本部中，开发第（3）段第（B）子段中所述计算机模型或推广投资建议程序或计算机模型的人士，应出于向该等参与人或受益人提供第3节第（21）段第（A）子段第（ⅱ）条中所称投资建议之故被视为该计划受托人，且为本子节及第（b）子节第（14）段起见视，应为信托顾问，除非部长制定条例，规定只有一名信托顾问可选择被视为该计划的受托人。

（B）**附属机构**。另一实体的‘附属机构’一词，系指{《1940年投资公司法》第2节第（a）子节第（3）段[《美国法典》第15编第80A－2节第（a）子节第（3）段]界定的}实体附属机构。

（C）**注册代表**。另一个实体的‘注册代表’一词，系指《1934年证券交易法》第3节第（a）子节第（18）段[《美国法典》第15编第78C节第（a）子节第（18）段]所述人士（以实体替换该节中所称经纪商或交易商），或《1940年投资顾问法》第202节第（a）子节第（17）段[《美国法典》第15编第80b－2节第（a）子节第（17）段]中所述人士（以实体替换该节中所称投资顾问）。”

(3)[①] **生效日期**。本子节所作修正，应适用于2006年12月31日之后提供的《1974年雇员退休收入保障法》第3节第（21）段第（A）子段第（ⅱ）条中所称建议。

(b) **《1986年国内税收法》修正**。

(1)[②] **受禁交易豁免情况**。《1986年国内税收法》第4975节第（d）子节（有关受禁交易免税的内容）现予修正：

(A) 在第（15）段中，删去末尾的“或”；

(B) 在第（16）段中，删去末尾的句号，并插入“；或”；

(C) 在末尾增补如下新段：

“（17）向参与人或受益人（一项计划允许其该等参与人或受益人管理一个个人账户中的计划投资）提供第（e）子节第（3）段第（B）子段中所述投资建议所涉之任何交易，唯须：

(A) 该交易为：

(ⅰ) 就计划下可作为一项投资的证券或其他财产向计划参与人或受益人提供投资建议；

(ⅱ) 根据投资建议收购、持有或出售计划下可作为一项投资的证券或其他财产；

(ⅲ) 或者，信托顾问或其附属机构（或该信托顾问或附属机构的任何雇员、代理人或者注册代表），因提供该等建议，或因收购、持有或出售证券或投资建议中计划下可用作投资的其他财产而直接或间接收到的费用或其他报酬。

(B) 符合第（f）子节第（8）段要求。”

(2) **要求**。（与其他定义和特殊条例有关的）该第4975节第（f）子节现予修正，于末尾增补以下新段：

“（8）**向参与人和受益人提供投资建议**。

(A) **总体而言**。信托顾问所给投资建议系依一份合格投资建议安排而提供的，则第（c）子节中所颁禁令不适用于第（b）子节第（14）段所述交易。

---

① 《美国法典》第29编第1108节注。

② 《美国法典》第26编第4975节。

（B）**合格投资建议安排**。在本段中，术语‘合格投资建议安排’系指一项安排：

（ⅰ）其：

（Ⅰ）规定，信托顾问因提供投资建议或就出于计划资产投资目的而出售、持有或收购任何证券或其他财产而收取的任何费用（包括任何佣金或其他报酬），不因选定的任何投资选项而异；

（Ⅱ）或者，为信托顾问向参与人或受益人提供投资建议而采用符合第（C）子段要求的投资建议程序下计算机模型。

（ⅱ）使得第（D）子段到第（I）子段要求得以满足。

（C）**投资建议程序运用计算机模型**。

（ⅰ）**总体而言**。倘若第（ⅱ）条到第（ⅳ）条要求得以满足的，则投资建议程序符合本子段要求。

（ⅱ）**计算机模型**。本条要求得以满足的前提是，该投资建议程序下提供的投资建议，其所依计算机模型：

（Ⅰ）运用的公认投资理论考虑不同资产类别在规定时间段上的以往回报情况；

（Ⅱ）利用参与人有关信息，可能包括年龄、预期寿命、退休年龄、风险承受能力、其他财产或收入来源及某些类型投资偏好；

（Ⅲ）利用规定的客观标准，提供该计划下投资选项构成的资产配置组合；

（Ⅳ）其运行方式不偏倚信托顾问或与该信托顾问存在重要隶属关系或合约关系的人士提供的投资；

（Ⅴ）指定参与人账户余额应如何投资时将该计划下的所有投资选项纳入考虑，且未对任何投资选项赋予不当权重。

（ⅲ）**证明**。

（Ⅰ）**总体而言**。对任何投资建议程序计划而言，本条要求得以满足的前提为，有合格投资专家在利用该计算机模型之前，依劳工部部长所制条例证明该计算机模型满足第（ⅱ）条要求。

（Ⅱ）**证明续期**。倘若依劳工部部长所制规列判定计算机模型做出了重要修改，则只有按此修改的计算机模型取得第（Ⅰ）子条所述证明时，本条要求方为得以满足。

（Ⅲ）**合格投资专家**。术语‘合格投资专家’一词，系指满足劳工部部长规定的要求，与任何投资顾问或其任何相关人士（或投资顾问或相关人士的任何雇员、代理人或者注册代表）不存在任何重要隶属关系或合约关系的任何人士。

（ⅳ）**建议的独家性**。对于任何投资建议程序，本条要求得以满足的前提为：

（Ⅰ）该方案所给唯一投资建议，为第（ⅱ）条所述计算机模型生成的建议；

（Ⅱ）第（b）子节第（14）段第（B）子段第（ⅱ）条所述任何交易，仅依参与人或受益人之指示而发生。

前一句中无任何内容限制参与人或受益人寻求第（ⅰ）条所述之外的投资建议，唯须与执行该等安排有关的人士不得主动提供该等建议。

（D）**单独受托人赋予明确授权**。对于一项安排，本子段要求得以满足的前提为，明确授权该安排的为计划受托人，而非提供投资建议程序的人士、提供计划下投资选项的任何人士或二者之一的附属机构。

（E）**审计**。

（ⅰ）**总体而言**。本子段要求得以满足的前提为，一名具备相应技术培训或经验，精通审计业务，且照此做出书面陈述的独立审计师：

（Ⅰ）对安排是否符合本段要求进行年度审计；

（Ⅱ）[①] 在完成年度审计完成后，向曾授权使用该安排的受托人出具一份书面报告，介绍其对于该安排是否符合本子段要求得出的具体审计结果。

（ⅱ）**个体退休计划及相似计划特殊条例**。对于第（e）子节第（1）段第（B）子段到第（F）子段［甚至与该等子段有关的第（G）子段］［取代第（ⅰ）条要求］中所述计划，对安排进行的审计，应依劳工部部长规定的时间和方式开展。

（ⅲ）**独立审计师**。在本子段中，审计师只有其与向计划提供该安排的人士无关，且与提供该计划下投资选项的任何人士无关，方被视为独立审计师。

（F）**披露**。本子段要求得以满足的前提为：

（ⅰ）信托顾问，就作为一项投资选项而提供的任何证券或其他财产

① 报告。

初次提供投资建议前，向参与人或受益人提供投资建议一份书面通知（可由凭借电子通信手段所作通知构成），告知：

（Ⅰ）与财务顾问有重要隶属关系或合约关系的任何一方在制定投资建议程序时及选择该计划下可用投资选项时所承担的角色；

（Ⅱ）该计划下可用投资选以往业绩及历史回报率；

（Ⅲ）因提供建议或出售、收购或持有证券或其他财产，该信托顾问或其任何附属机构就该建议所有应得费用或其他报酬（包括任何第三方提供的报酬）；

（Ⅳ）在证券或其他财产中，该信托顾问或其附属机构的任何重要隶属关系或合约关系；

（Ⅴ）使用或披露该安排下所供的任何参与人或受益人信息的方式及情形；

（Ⅵ）信托顾问为提供投资建议而提供的服务之类型；

（Ⅶ）就通知之提供，该顾问担任该计划的受托人；

（Ⅷ）听取建议者可另外安排与证券或其他财产无重要隶属关系，不因该等证券或其他财产而收取费用或其他报酬的其他顾问提供建议。

（ⅱ）在向参与人或受益人提供咨询服务的过程中，信托顾问应始终：

（Ⅰ）严格依第（H）子段所述形式和方式维护第（ⅰ）条下所述信息；

（Ⅱ）向通知接收人免费提供准确信息，至少每年一次；

（Ⅲ）承通知接收人索取后，向其免费提供准确信息；

（Ⅳ）规定提供给通知接收人的信息一旦发生重要变动，即（在合理情况下）同步向通知接收人免费提供与之有关的准确信息。

（G）**其他条件**。本子段要求得以满足的前提为：

（ⅰ）信托顾问按所有适用的证券法律就出售、收购或持有证券或其他财产做出相应披露；

（ⅱ）该等证券或其他财产仅可依通知接收人之指示出售、收购或持有；

（ⅲ）信托顾问及其附属机构就出售、收购或持有证券或其他财产而所得报酬合理；

（ⅳ）出售、收购或持有证券或其他财产所依之条款，应至少同公平交易一般对计划有利。

（H）**信息呈示标准。**

（ⅰ）**总体而言。**本子段要求得以满足的前提为，规定提供给第（F）子段第（ⅰ）条下参与人和受益人的通知应付诸书面，遣词措句清晰易懂，便于普通计划参与人理解，足够准确、全面，能合理地使该等参与人和受益人掌握规定在通知中提供的信息。

（ⅱ）**费用及其他报酬披露表范本。**对于第（F）子段第（ⅰ）条第（Ⅲ）子条中规定费用及其他报酬，其披露符合第（A）子段要求的，劳工部部长应出具一份披露表范本。

（Ⅰ）**维护合规性证据6年。**本子段要求得以满足的前提是，提供第（A）子段所指建议的信托顾问在提供该等建议后至少6年的时间内，维护确定是否满足本子段前述规定要求及第（d）子节第（17）段要求所需记录。不得仅因记录在6年之期结束前，因超出信托顾问控制能力的情形丢失或灭失，而将第406节下的受禁交易视为已经发生。

（J）**定义。**在本段及第（d）子节第（17）段中：

（ⅰ）**信托顾问。**术语‘信托顾问’对于一项计划而言，系指因向该计划参与人或受益人提供投资建议而身为该计划受托人的人士，其系：

（Ⅰ）根据《1940年投资顾问法》（《美国法典》第15编第80b－1节及以下）或其维持其总部及办公地点所在州之法律而注册为投资顾问；

（Ⅱ）第408节第（b）子节第（4）段所称银行或类似金融机构，或《联邦存款保险法》[《美国法典》第12编第1813节第（b）子节第（1）段所界定的] 储蓄机构，但前提为，该意见由受联邦或州际银行监管当局定期检查及审查的该银行或类似金融机构或储蓄机构的信托部门所提供；

（Ⅲ）有资格在一州法律下开展业务的保险公司；

（Ⅳ）根据《1934年证券交易法》（《美国法典》第15编第78a节及以下）登记为经纪商或交易商之人士；

（Ⅴ）第（Ⅰ）子条到第（Ⅳ）子条中所述人士之附属机构；

（Ⅵ）或者，第（Ⅰ）子条到第（Ⅴ）子条中所述人士之雇员、代理人或者注册代表，满足适用保险、银行及证券法有关建议咨询的要求。

在本编中，开发第（C）子段第（ⅱ）条中所述计算机模型或推广投资建议程序或计算机模型的人士，应出于向该等参与人或受益人提供第

（e）子节第（3）段第（B）子段中所称投资建议之故被视为该计划受托人，且，为本子节及第（d）子节第（17）段起见视，应为信托顾问，除非劳工部部长制定条例，规定只有一名信托顾问可选择被视为该计划的受托人。

（ⅱ）**附属机构**。另一实体的‘附属机构’一词，系指｛《1940年投资公司法》第2节第（a）子节第（3）段［《美国法典》第15编第80A-2节第（a）子节第（3）段］界定的｝实体附属机构。

（ⅲ）**注册代表**。另一个实体的‘注册代表’一词，系指《1934年证券交易法》第3节第（a）子节第（18）段［《美国法典》第15编第78C节第（a）子节第（18）段］所述人士（以实体替换该节中所称经纪商或交易商），或《1940年投资顾问法》第202节第（a）子节第（17）段［《美国法典》第15编第80b-2节第（a）子节第（17）段］中所述人士（以实体替换该节中所称投资顾问）。”

（3）[①] **个人退休及类似计划计算机模型投资建议程序应用可行性判定**。

（A）**信息征求**。本法颁布之日后一俟切实可行，劳工部部长经与财政部部长协商后应：

（ⅰ）就《1986年国内税收法》第4975节第（e）子节第（1）段第（B）子段至第（F）子段［甚至于与该等子段有关的第（G）子段］中所述计划运用计算机模型投资建议程序可行性征求信息，征求对象为：

（Ⅰ）该等计划的至少前50名受托人，以该等受托人所持资产为依据而确定；

（Ⅱ）基于非专利产品提供计算机模型投资建议程序的其他人士。

（ⅱ）应基于该等信息，做出第（B）子段下的判定。

在第（1）条下劳工部部长从第（ⅰ）条第（Ⅰ）子条和第（Ⅱ）子条中所述人士所征求的信息，应包含该等人士对于当前年份及前一年份的计算机建模能力信息，包括该等人士所维护投资账户的计算机建模能力在内。

（B）**可行性判定**。劳工部部长经与财政部部长协商后，应基于第（A）子段下所得信息判定是否有第（A）子段第（ⅰ）条中所述计划

① 《美国法典》第26编第4975节注。

可利用的任何计算机模型投资建议程序，向该计划的账户受益人提供投资建议：

（ⅰ）利用账户受益人有关信息，可能包括年龄、预期寿命、退休年龄、风险承受能力、其他财产或收入来源及某些类型投资偏好；

（ⅱ）在确定该账户受益人的投资组合选项时考虑包括股票和债券在内的全方位投资；

（ⅲ）给予账户受益人充分灵活性，以便管理资产时取得建议，评估并选择投资选项。

①劳工部部长应向第（D）子段第（ⅱ）条中所称国会委员会上报该等判定的结果，上报时间不得迟于2007年12月31日。

（C）**计算机模型投资建议程序的应用。**

（ⅰ）**计算机模型使用认证。**

（Ⅰ）**使用限制。**《1986年国内税收法》第4975节第（f）子节第（8）段第（B）子段第（ⅰ）条第（Ⅱ）子条不适用于第（A）子段第（ⅰ）条所述计划。

（Ⅱ）**模型认证后取消限制。**劳工部部长根据第（B）子段或第（D）子段判定存在第（B）子段中所述计算机模型投资建议程序的，第（Ⅰ）子条自该等判定做出之日起不再适用。

（ⅱ）**无部长初始认证情况下的类别豁免。**倘若劳工部部长根据第（B）子段判定，不存在第（B）子段所述计算机模型投资建议程序，则对于第（A）子段第（ⅰ）条中所述计划，劳工部部长应将《1986年国内税收法》第4975节第（d）子节第（17）段第（A）子段中所述任何交易批准为该法第4975节第（c）子节下受禁交易豁免类别，但应满足该等豁免下所载条件，即对该计划及其账户受益人有利，保护账户受益人之权利：

（Ⅰ）确保节《1986年国内税收法》第4975节第（d）子节第（17）段和第4975节第（f）子节第（8）段的要求［除其第（c）子段外］得以满足；

（Ⅱ）确保投资建议程序下所给投资建议遵循规定客观标准提供由该计划下可用于投资的证券或其他财产构成的资产配置投资组合。

---

①　报告。

[1]劳工部部长从一名人士征求第（A）子段下的任何信息，而该人收到征求后60天内未提供该等信息的，则除非此种未提供该等信息的行为因合理原因而非故意疏忽之故，否则该人无权利用本条下的类别豁免规定。

（D）**后续判定**。

（ⅰ）**总体而言**。倘若劳工部部长初步做出第（C）子段第（ⅱ）条中所述判定的，其可随后判定存在第（b）子段中所述计算机模型投资建议程序。倘若该部长随后做出该等判定的，则第（C）子段第（ⅱ）条中所述的类别豁免须于以下孰后者之后停止适用：

（Ⅰ）该等后续判定做出后2年之日；

（Ⅱ）或者，该项豁免生效首日起3年后之日。

（ⅱ）[2] **请求做出判定**。任何人可以要求劳工部部长对任何计算机模型投资建议程序做出本子段下的判定，而劳工部部长应于接到该等请求起90天内做出该等判定。倘若劳工部部长判定，该程序不符合第（B）子段描述的，则其应于做出该等判定后10天内将该等判定及判定原因通知众议院筹款委员会、教育与劳动力委员会、参议院财政委员会、健康、教育、劳工和养老金委员会。

（E）**生效日期**。本子段规定应于本法颁布之日起生效。

（4）[3] **生效日期**。除本子节规定外，本子节所作修正应适用于2006年12月31日后提供的《1986年国内税收法》第4975节第（c）子节第（3）段第（B）子段中所称建议。

（c）[4] **协调现有豁免**。本子节所作修正提供的《1974年雇员退休收入保障法》第408节第（b）子节及《1986年国内税收法》第4975节第（d）子节下任何豁免，不得以任何方式改变法规或行政措施提供的现有单个豁免或类别豁免。

---

① 截止日期。

② 截止日期。

③ 《美国法典》第26编第4975节注。

④ 同上。

第B子编　受禁交易

第611节　金融投资相关受禁交易条例

（a）**大宗交易豁免**。

（1）**《1974年雇员退休收入保障法》修正**。经第601节修正的该法第408节第（b）子节［《美国法典》第29编第1108节第（b）子节］现予修正，于末尾增补以下新段：

“（15）（A）对于一项计划，涉及计划和利益相关人［而非第3节第（21）段第（A）子段所述受托人］之间购买或出售证券或（部长判定的）其他财产的任何交易，倘若：

（ⅰ）该交易涉及大宗交易；

（ⅱ）在交易之际，该计划之权益（及由同一计划出资人维护的任何其他计划之共同权益），不超过大宗交易总量的10%；

（ⅲ）该交易包括价格在内的条款，应至少同公平交易一般对计划有利；

（ⅳ）采购和出售所得酬金不大于与非关联方进行公平交易所得酬金。

（B）在本段中，术语‘大宗交易’一词，系指于一项信托两个或多个无关客户账户之间分配至少1万股的交易，或市场价值至少20万美元的交易。”

（2）**《1986年国内税收法》修正**。

（A）**总体而言**。经第601节修正的《1986年国内税收法》（有关豁免的）第4975节第（d）子节现予修正，删去第（16）段末的“或”，删去第（17）段末插入句号并插入“或”，并在末尾插入以下新段：

“（18）对于一项计划，涉及计划和利益相关人［而非第（e）子节第（3）段第（B）子段所述受托人］之间购买或出售证券或（劳工部部长判定的）其他财产的任何交易，倘若：

（A）该交易涉及大宗交易；

（B）在交易之际，该计划之权益（及由同一计划出资人维护的任何其他计划之共同权益），不超过大宗交易总量的10%；

（C）该交易包括价格在内的条款，应至少同公平交易一般对计划有利；

（D）采购和出售所得酬金不大于与非关联方进行公平交易所得酬金。”

（B）**大宗交易相关特殊条例。**（经第 601 节修正的）该法（有关其他定义和特殊条例的）第 4975 节第（f）子节现予修正，于末尾增补以下新段：

“（q）**大宗交易。**术语‘大宗交易’一词，系指于一项信托两个或多个无关客户账户之间分配至少 1 万股的交易，或市场价值至少 20 万美元的交易。”

（b）**免除保证金。**该《1974 年雇员退休收入保障法》第 412 节第（a）子节［《美国法典》第 29 编第 1112 节第（a）子节］现予修正：

（1）第（2）段更名为第（3）段；

（2）删去第（1）段末处的“及”；

（3）在第（1）段后插入如下新段：

“（2）注册为《1934 年证券交易法》第 15 节第（b）子节［《美国法典》第 15 编第 78o 节第（b）子节］下经纪人或交易商的任何实体，不须缴纳保证金，唯须该经纪商或交易商遵守｛符合该法第 3 节第（a）子节第（26）段［《美国法典》第 15 编第 78c 节第（a）子节第（26）段含义的］｝自律组织忠诚保证金要求。”

（c）**针对电子通信网络的豁免。**

（1）[①] **修正《1974 年雇员退休收入保障法》。**［经第（a）节修正的］该法第 408 节第（b）子节现予修正，于末尾增补如下：

“（16）涉及计划和利益相关人之间购买或出售证券或（部长判定的）其他财产的任何交易，倘若：

（A）该交易通过电子通信网络、另类交易系统，或类似执行系统或交易场所执行，其监管和监督机构为：

（ⅰ）联邦相关监管实体；

（ⅱ）或者，部长依规例判定的外国监管机构。

（B）或者：

（ⅰ）该交易按照美国证券交易委员会或其他相关政府机构的适用条

① 《美国法典》第 29 编第 1108 节。

例，遵循旨在以执行系统最优价格匹配买卖双方的规定；

（ⅱ）或者，该执行系统和交易各方在执行交易时，未考虑各方的身份。

（C）采购和出售的报价和酬金不大于与非关联方进行公平交易的报价和酬金。

（D）倘若利益方对第（A）子段所述系统或场所持有所有权权益，该系统或场所得到了计划出资人或本段中所述交易其他独立受托人的授权。

（E）[①] 在本段中所述通过第（A）子段中所述的任何系统或场所执行的初始交易之前 30 天内，向计划受托人提供一份书面或电子通知，知悉该交易通过该系统或场所执行。”

（2）**修正《1986 年国内税收法》**。［经第（a）子节修正的］《1986 年国内税收法》（有关豁免的）第 4975 节第（d）子节现予修正，删去第（17）段末的“或”，删去第（18）段末插入句号并插入“或”，并在末尾插入以下新段：

“（19）涉及计划和利益相关人之间购买或出售证券或（劳工部部长判定的）其他财产的任何交易，倘若：

（A）该交易通过电子通信网络、另类交易系统，或类似执行系统或交易场所执行，其监管和监督机构为：

（ⅰ）联邦相关监管实体；

（ⅱ）或者，劳工部部长依规例判定的外国监管机构。

（B）或者：

（ⅰ）该交易按照美国证券交易委员会或其他相关政府机构的适用条例，遵循旨在以执行系统最优价格匹配买卖双方的规定；

（ⅱ）或者，该执行系统和交易各方在执行交易时，未考虑各方的身份。

（C）采购和出售的报价和酬金不大于与非关联方进行公平交易的报价和酬金。

（D）倘若利益方对第（A）子段所述系统或场所持有所有权权益，该系统或场所得到了计划出资人或本段中所述交易其他独立受托人的

---

① 截止日期。通知。

授权。

(E)[1] 在本段中所述通过第（A）子段中所述的任何系统或场所执行的初始交易之前30天内，向计划受托人提供一份书面或电子通知，知悉该交易通过该系统或场所执行。”

（d）**针对服务提供商的豁免。**

(1)[2] **《1974年雇员退休收入保障法》修正。**［经第（c）子节修正的］该法第408节第（b）子节（《美国法典》第29编第1106节）现予修正，于末尾增补以下新段：

“（17）（A）第406节第（a）子节第（1）段第（A）子段、第（B）子段、第（D）子段所述一项计划与除受托人（或附属机构）之外的利益相关人之间的交易，该利益相关人仅因向该等计划提供服务，或仅因于第（3）节第（14）段第（F）子段、第（G）子段、第（H）子段、第（I）子段所述服务供应商存在关系的，或出于两者之故，对该交易中所涉计划资产投资具有或行使自由裁量权或控制权或就该等资产提供［符合第3节第（21）段第（A）子段第（ⅱ）条含义的］投资建议，但前提为，就该等交易，该计划所领取者不多于充分对价，所支付者亦不多于充分对价。

（B）在本子段中，术语‘充分对价’一词系指：

（ⅰ）对于存在普遍公认市场的证券：

（Ⅰ）在考虑证券交易规模及适销性等因素的情况下，该证券在《1934年证券交易法》第6节下注册的全国性证券交易所的现行价格；

（Ⅱ）或者，该等证券不在该等全国性的证券交易所上市交易的，在考虑证券交易规模及适销性等因素的情况下，较之当前报价为该等证券所订卖价或与发行商及利益相关人无关的人士所报要价，对该计划而言至少同样有利的价格。

（ⅱ）对于不属于存在一个普遍公认市场的证券的一项资产，受托人依部长所制规例善意确定的该资产公允市场价值。”

（2）**《1986年国内税收法》修正。**

（A）**总体而言。**［经第（c）子节修正的］《1986年国内税收法》

---

① 截止日期。通知。

② 《美国法典》第29编第1108节。

(有关豁免的)第4975节第(d)子节现予修正,删去第(18)段末的“或”,删去第(19)段末插入句号并插入“或”,并在末尾插入以下新段:

“(20)第(c)子节第(1)段第(A)子段、第(B)子段、第(D)子段所述一项计划与除受托人(或附属机构)之外的利益相关人之间的交易,该利益相关人仅因向该等计划提供服务,或仅因于第(e)子节第(2)段第(F)子段、第(G)子段、第(H)子段、第(I)子段所述服务供应商存在关系的,或出于两者之故,对该交易中所涉计划资产投资具有或行使自由裁量权或控制权或就该等资产提供[符合第(e)子节第(3)段第(B)子段含义的]投资建议,但前提为,就该等交易,该计划所领取者不多于充分对价,所支付者亦不多于充分对价。”

(B)**服务供应商相关的特殊条例。**[经第(a)子节修正的]该法(有关其他定义和特殊条例的)第4975节第(f)子节现予修正,于末尾增补以下新段:

“(10)**充分对价。**术语‘充分对价’一词系指:

(A)对于存在普遍公认市场的证券:

(ⅰ)在考虑证券交易规模及适销性等因素的情况下,该证券在《1934年证券交易法》第6节下注册的全国性证券交易所的现行价格;

(ⅱ)或者,该等证券不在该等全国性的证券交易所上市交易的,在考虑证券交易规模及适销性等因素的情况下,较之当前报价为该等证券所订卖价或与发行商及利益相关人无关的人士所报要价,对该计划而言至少同样有利的价格。

(B)对于不属于存在一个普遍公认市场的证券的一项资产,受托人依劳工部部长所制规例善意确定的该资产公允市场价值。”

(e)**针对外汇交易的免除规定。**

(1)**《1974年雇员退休收入保障法》修正。**[经第(d)子节修正的]该法第408节第(b)子节[《美国法典》第29编第1108节第(b)子节]现予修正,于末尾增补以下新段:

“(18)**外汇交易。**银行或经纪自营商(或两者之一之任何附属机构)与[第3节第(3)段中界定的]一项计划之间的任何外汇交易,对其而言该等银行或经纪自营商(或附属机构)为保管人、管理人、受托人或其他利益有关方,倘若:

（A）该交易与证券或其他投资资产购买、持有或出售有关（与证券或其他投资资产任何其他投资无关的外汇交易除外）；

（B）在订立外汇交易时，该交易之条款，至少与非关联方之间类似公平外汇交易通用条款，或银行或经纪自营商（或两者的任何附属机构）在涉及非关联方的类似公平外汇交易中提供的条款同样对计划有利；

（C）该等银行或经纪自营商（或附属机构）为一项特定外汇交易采用的汇率，与公布外汇市场该等货币汇率的独立服务商处所示类似规模和到期日交易在交易之际的银行同业拆借拆出利率相差不超过3%；

（D）银行或经纪自营商（或两者的任何附属机构）对于该交易不具有投资裁量权，或不提供投资建议。”

（2）**修正《1986年国内税收法》**。［经第（d）子节修正的］《1986年国内税收法》（有关豁免的）第4975节第（d）子节现予修正，删去第（19）段末的“或”，删去第（20）段末插入句号并插入“或”，并在末尾插入以下新段：

“（21）银行或经纪自营商（或两者之一之任何附属机构）与（本节中界定的）一项计划之间的任何外汇交易，对其而言该等银行或经纪自营商（或附属机构）为保管人、管理人、受托人或其他利益有关人，倘若：

（A）该交易与证券或其他投资资产购买、持有或出售有关（与证券或其他投资资产任何其他投资无关的外汇交易除外）；

（B）在订立外汇交易时，该交易之条款，至少与非关联方之间类似公平外汇交易通用条款，或银行或经纪自营商（或两者的任何附属机构）在涉及非关联方的类似公平外汇交易中提供的条款同样对计划有利；

（C）该等银行或经纪自营商（或附属机构）为一项特定外汇交易采用的汇率，与公布外汇市场该等货币汇率的独立服务商处所示类似规模和到期日交易在交易之际的银行同业拆借拆出利率相差不超过3%；

（D）银行或经纪自营商（或两者的任何附属机构）对于该交易不具有投资裁量权，或不提供投资建议。”

（f）**计划资产工具之定义**。《1974年雇员退休收入保障法》第3节（《美国法典》第29编第1002节）现予修正，于末尾插入以下新段：

“（42）术语‘计划资产’一词系指部长所制规则定义的计划资产，但在该等规则下，倘若于在最近收购一家实体中任何权益后，该实体

25%以下的各级权益总值由给付金计划投资人持有的，则该实体的资产不得视为计划资产。为本段下所作判定起见，对该实体资产拥有自由裁量权或控制权的人士（该等给付金计划投资人除外），或就该等资产提供有偿投资建议的任何人士，或该等人士的任何附属机构所持任何股本权益之价值，在计算该25%阈值时不予考虑。仅在给付金计划投资人所持股权比例范围内，一家实体方被视为持有计划资产。在本段中，术语‘给付金计划投资人’一词系指一项符合第4部规定的雇员给付金计划、《1986年国内税收法》第4975节适用的任何计划及因一项计划投资于其，使之基础资产包含计划资产的任何实体。”

（g）**针对交叉交易的豁免。**

（1）**《1974年雇员退休收入保障法》修正。**［经第（e）子节修正的］该法第408节第（b）子节［《美国法典》第29编第1108节第（b）子节］现予修正，于末尾增补以下新段：

“（19）**交叉交易。**对于第406节第（a）子节第（1）段第（A）子段及第406节第（b）子节第（2）段中所述涉及一项计划与同一投资管理人管理的任何其他账户之间的证券购销的任何交易，倘若：

（A）该交易是一笔收购或出售有现成市场报价的证券及时交付后只采用现金付款的交易；

（B）该交易以［符合《联邦法规法典》第17编第270.17a—7节第（b）子节含义的］该证券当前独立市场价格实现；

（C）该交易不支付经纪佣金、费用［根据第（D）子段披露的惯常转让费除外］或其他报酬；

（D）对于参与该交易的各计划，其受托人（从事交叉交易的投资经理或任何附属公司除外）在从披露中获悉发生交叉交易的条件后（唯须该等披露材料独立于涉及资产管理关系的任何其他协议或披露材料之外），在（独立于当事方任何其他书面协议的文件中的）任何交叉交易之前授权投资经理酌情从事交叉交易，所述披露材料包括第（H）子段中所述投资经理的书面制度和程序；

（E）该交易中的各计划参与人，拥有至少1亿美元资产，但倘若计划资产投资于一项包含了［第407节第（d）子节第（7）段界定的］同一受控集团中若干雇主维护的计划之资产的统合信托的，则该统合信托的资产至少1亿美元；

（F）投资经理向授权第（D）子段下交叉交易的计划受托人提供一份季度报告，详细说明投资经理执行的该季度中有该计划参与的所有交叉交易，包括以下信息（如适用）：（ⅰ）购买或出售的每种证券的编号，（ⅱ）交易的股票数目或单位，（ⅲ）参与交叉交易的交易方，（ⅳ）交易价格和确立交易价格所用的方法；

（G）投资经理不将计划同意进行交叉交易与否作为其收费标准的依据，而其他服务（投资机会和通过交叉贸易节约的成本除外）也不取决于该计划同意进行交叉交易与否；

（H）投资经理采用的书面交叉交易制度和程序（附有对投资经理的定价制度和程序及在参与交叉交易项目的账户之间客观分配交叉交易的投资经理制度及程序的说明），对参与交叉交易项目的所有账户公平合理，而交叉交易按该等制度和程序实现；

（Ⅰ）[①] 投资经理指定一人负责定期审查该等收购和出售交易，以确保符合第（H）子段中所述书面制度和程序，在审查后，该人应向授权第（D）子段下交叉交易的计划受托人出具一份在甘受伪证的情况下签署的年度书面报告，介绍在审查过程中采用的步骤、合规性程度，以及具体的不合规事例，此报告应于报告所涉时期结束后 90 天内出具。

第（Ⅰ）子段下的书面报告还应通知该计划受托人，即该计划有权随时终止参与投资经理的交叉交易方案。[②]”

（2）**《1986 年国内税收法》之修正**。［经第（e）子节修正的］《1986 年国内税收法》（有关豁免的）第 4975 节第（d）子节现予修正，删去第（20）段末的“或”，删去第（21）段末插入句号并插入“或”，并在末尾插入以下新段：

“（22）对于第（c）子节第（1）段第（A）子段中所述涉及一项计划与同一投资管理人管理的任何其他账户之间的证券购销的任何交易，倘若：

（A）该交易是一笔收购或出售有现成市场报价的证券及时交付后只采用现金付款的交易；

（B）该交易以［符合《联邦法规法典》第 17 编第 270.17a—7 节第

① 报告。截止日期。

② 通知。

(b) 子节含义的] 该证券当前独立市场价格实现；

(C) 该交易不支付经纪佣金、费用 [根据第 (D) 子段披露的惯常转让费除外] 或其他报酬；

(D) 对于参与该交易的各计划，其受托人（从事交叉交易的投资经理或任何附属公司除外）在从披露中获悉发生交叉交易的条件后（唯须该等披露材料独立于涉及资产管理关系的任何其他协议或披露材料之外），在（独立于当事方任何其他书面协议的文件中的）任何交叉交易之前授权投资经理酌情从事交叉交易，所述披露材料包括第 (H) 子段中所述投资经理的书面制度和程序；

(E) 该交易中的各计划参与人，拥有至少1亿美元资产，但倘若计划资产投资于一项包含了 [《1974年雇员退休收入保障法》第407节第 (d) 子节第 (7) 段界定的] 同一受控集团中若干雇主维护的计划之资产的统合信托的，则该统合信托的资产至少1亿美元；

(F) 投资经理向授权第 (D) 子段下交叉交易的计划受托人提供一份季度报告，详细说明投资经理执行的该季度中有该计划参与的所有交叉交易，包括以下信息（如适用）：（ⅰ）购买或出售的每种证券的编号，（ⅱ）交易的股票数目或单位，（ⅲ）参与交叉交易的交易方，（ⅳ）交易价格和确立交易价格所用的方法；

(G) 投资经理不将计划同意进行交叉交易与否作为其收费标准的依据，而其他服务（投资机会和通过交叉贸易节约的成本除外）也不取决于该计划同意进行交叉交易与否；

(H) 投资经理采用的书面交叉交易制度和程序（附有对投资经理的定价制度和程序及在参与交叉交易项目的账户之间客观分配交叉交易的投资经理制度及程序的说明），对参与交叉交易项目的所有账户公平合理，而交叉交易按该等制度和程序实现；

(I)① 投资经理指定一人负责定期审查该等收购和出售交易，以确保符合第 (H) 子段中所述书面制度和程序，在审查后，该人应向授权第 (D) 子段下交叉交易的计划受托人出具一份在甘受伪证的情况下签署的年度书面报告，介绍在审查过程中采用的步骤、合规性程度以及具体的不合规事例，此报告应于报告所涉时期结束后90天内出具。

① 报告。截止日期。

[1]该书面报告也应通知该计划受托人，即该计划有权随时终止参与投资经理的交叉交易方案。”

（3）[2] **规例**。劳工部部长应于本法颁布之日后 180 天内，经与证券交易委员会协商后，对《1974 年雇员退休收入保障法》第 408 节第（b）子节第（19）段下规定投资经理应采用的政策及程序之内容出台有关规例。

（h）[3] **生效日期**。

（1）**总体而言**。除第（2）段规定外，本节所作修正应适用于本法颁布之日后发生的交易。

（2）**保证金条例**。第（b）子节所作修正应适用于该日期之后起始的计划年份。

第 612 节　为某些涉及证券和商品的交易所设的纠正期

（a）**《1974 年雇员退休收入保障法》修正**。（经第 601 段和 611 段修正的）《1974 年雇员退休收入保障法》第 408 节第（b）子节［《美国法典》第 29 编第 1108 节第（b）子节］进一步予以修正，于末尾增补如下新段：

“（20）（A）除第（B）子段和第（C）子段规定外，第 406 节第（a）子节中所述收购、持有或处置任何证券或商品的交易，唯须该交易于该纠正期结束前得以纠正。

（B）一项计划及计划发起人或其附属机构之间的任何交易，涉及［第 407 节第（d）子节第（1）段界定的］雇主证券收购或出售，或［第 407 节第（d）子节第（2）段界定的］雇主不动产收购、出售、租赁的，第（A）子段不适用。

（C）对于任何信托人或其他利益相关人（或有意识地参与该等交易的任何其他人士），倘若交易发生之际，该等受托人或利益相关人（或其他人士）知道（或理应知道）该项交易（不考虑本段的情况下）构成违反第 406 节第（a）子节的，第（a）子段不适用于任何交易。

---

① 通知。截止日期。

② 《美国法典》第 29 编第 1108 节注。

③ 《美国法典》第 26 编第 4975 节注。

（D）在本段中，术语‘纠正期’，就受托人或利益相关人（或有意识地参与该等交易的任何其他人士）而言系指，自该等受托人或利益相关人（或其他人士）发现或理应发现该项交易（不考虑本段的情况下）构成违反第406节第（a）子节之日起的14天之期。

（E）在本段中：

（ⅰ）术语‘证券’具有《1986年国内税收法》第475节第（c）子节第（2）段赋予该词的含义［不考虑第（F）子段第（ⅲ）条及其末句］。

（ⅱ）术语‘商品’一词具有该法第475节第（e）子节第（2）段赋予该词的含义［不考虑其第（D）子段第（ⅲ）条］。

（ⅲ）术语‘纠正’一词，就一项交易而言系指：

（Ⅰ）尽可能撤销交易，务必设法向计划或受影响账户补偿该交易造成的任何损失；

（Ⅱ）向计划或受影响的账户还原通过运用该计划的资产所赚取的利润。”

（b）**《1986年国内税收法》修正。**

（1）**总体而言。**（经第601节和第611节修正的）《1986年国内税收法》（有关豁免的）第4975节第（d）子节现予修正，删去第（21）段末的“或”，删去第（22）段末插入句号并插入“或”，并在末尾插入以下新段：

“（23）除第（f）子节第（11）段规定外，第（c）子节第（1）段第（A）子段、第（B）子段、第（C）子段或第（D）子段中所述收购、持有或处置任何证券或商品的交易，唯须该交易于该纠正期结束前得以纠正。”

（2）**纠正期相关特殊条例。**（经第601节和611节修正的）该法（有关其他定义和特殊条例的）第4975节第（f）子节现予修正，于末尾增补以下新段：

“（11）**纠正期。**

（A）**总体而言。**在第（d）子节第（23）段中，术语‘纠正期’一词系指自丧失资格者发现该项交易［不考虑本段及第（d）子节第（23）段的情况下］构成违反一项受禁交易之日起的14天之期。

（B）**例外**。

（ⅰ）**雇主证券**。一项计划及计划发起人或其附属机构之间的任何交易，涉及［第407节第（d）子节第（1）段界定的］雇主证券收购或出售，或［第407节第（d）子节第（2）段界定的］雇主不动产收购、出售、租赁的，第（d）子节第（23）段不适用。

（ⅱ）**知晓交易受禁**。对于任何丧失资格者，其在一项交易在其订立之际知晓（或理应知晓）该交易（在不考虑本段的情况下）会构成一项受禁交易的，第（d）子节第（23）段不适用。

（C）**对纠正减税**。一项交易因第（d）子节第（23）段之故而不视为受禁交易的，则不得对该交易课以第（a）子节、第（b）子节下的税，但若有课征，应予以减税，若有征收，应记为减税额，或作为多缴税款予以退还。

（D）**定义**。在本段及第（d）子节第（23）段中：

（ⅰ）**证券**。术语‘证券’具有第475节第（c）子节第（2）段赋予该词的含义［不考虑第（F）子段第（ⅲ）条及其末句］。

（ⅱ）**商品**。术语‘商品’一词具有第475节第（e）子节第（2）段赋予该词的含义［不考虑其第（D）子段第（ⅲ）条］。

（ⅲ）**纠正**。术语‘纠正’一词，就一项交易而言系指：

（Ⅰ）尽可能撤销交易，务必设法向计划或受影响账户补偿该交易造成的任何损失；

（Ⅱ）向计划或受影响的账户还原通过运用该计划的资产所赚取的利润。”

（c）[①] **生效日期**。受托人或丧失资格者发现或者理应发现任何交易于本法颁布之日起后构成一项受禁交易的，本节所作修正将适用。

第C子编　信托和其他条例

第621节　剥夺参与人或受益人管理投资能力期间，受托人责任免除规定不适用

（a）**总体而言**。《1974年雇员退休收入保障法》第404节第（c）子节［《美国法典》第29编第1104节第（c）子节］现予修正：

① 《美国法典》第26编第4975节注。

（1）在第（1）段中：

（A）第（A）子段及第（B）子段分别更名为第（ⅰ）条及第（ⅱ）条，并于“第（c）子节第（1）段”后插入“第（A）子段”；

（B）在［经第（1）段更名的］第（A）子段第（ⅱ）条中，在句号之前插入如下：“，但对于计划出资人或受托人剥夺该等参与人或受益人管理其账户中资产投资的能力的任何中断期，本条不适用于该参与人或受益人”；

（C）在末尾增补如下新设子段：

“（B）倘若第（A）子段第（ⅱ）条所称人士符合本编有关授权并实施该中断期的要求，则在其他情况下身为受托人的任何人士，在本编下对该时期发生的任何损失概不负责。

（C）在本段中，术语‘中断期’一词具有第101节第（i）子节第（7）段赋予该词的含义。”

（2）在末尾增补如下：

“（4）（A）一份个人账户计划投资选项发生符合条件的变更的，倘若该等变更符合第（C）子段要求，则参与人或受益人就第（1）段而言不得视为未针对该等变更对其账户中资产行使控制权。

（B）在第（A）子段中，术语‘投资选项发生符合条件的变更’，对于一份个人账户计划而言，系指根据该计划条款向参与人或受益人提供的投资选项发生变更，据该等条款：

（ⅰ）该参与人或受益人的账户，于一个或多个其余选项或新设选项（代替紧挨该变更生效日期之前提供的一个或多个投资选项）中重新分配；

（ⅱ）第（ⅰ）条下提供的其余或新设投资选项，其包括风险及回报率在内的特性，自变更后立即与紧挨变更之前现有的投资选项之特性在合理范围内相似。

（C）对于投资选项发生符合条件的变更，本子段要求的满足前提为：

（ⅰ）在该等变更生效日期前至少30日（但不超过60日）之前，计划管理人应向参与人和受益人提供一份变更通知，载明现有及新设投资选项比较情况，并释明在参与人或受益人未给出表达相反意图的肯定性投资指示情况下，参与人或受益人的账户将依第（B）子段所述方式投资；

（ⅱ）参与人或受益人在变更生效日期之前，未向计划管理人给出意图与变更相反的肯定性投资指示；

（ⅲ）参与人或受益人在计划下所作紧挨变更生效日期之前有效之投资，为该等参与人或受益人对符合第（1）段含义的账户之资产行使控制权之结果。”

(b)[①] **生效日期。**

(1)[②] **总体而言。**本节做出的修正适用于2007年12月31日后起始的计划年份。

（2）**针对集体商定协议而设的特殊条例。**对于根据雇员代表以及一名或多名雇主之间于本法颁布之日或之前批准的一项或多项集体谈判协议维护的一项计划，第（1）段适用于任何该等协议下的给付金及其所覆盖的个人，前提为以如下孰早者替换“2007年12月31日”：

（A）如下孰晚者：（ⅰ）2008年12月31日，或者（ⅱ）该等集体谈判协议中最晚终止者终止之日（不考虑该等颁布之日后其任何延期）；

（B）或者，2009年12月31日。

第622节　上调最高保证金金额

（a）**总体而言。**（经第611节第（b）子节修正的）《1974年雇员退休收入保障法》第412节第（b）子节（《美国法典》第29编第1112节）于末尾增补修订如下：“一项计划持有［符合第407节第（d）子节第（1）段含义的］雇主证券的，以‘100万美元’替换各处‘50万美元’，使本子节适用。”

(b)[③] **生效日期。**本子节做出的修正适用于2007年12月31日后起始的计划年份。

第623节　以胁迫手段干预行使ERISA权利的，加重处罚

（a）**总体而言。**《1974年雇员退休收入保障法》第511节（《美国法典》第29编第1141节）现予修正：

---

① 《美国法典》第29编第1104节注。

② 适用性。

③ 《美国法典》第29编第1112节注。

（1）删去“1 万美元”并插入“10 万美元”；

（2）删去“一年编”并插入“10 年”。

（b）[①] **生效日期**。本节所作修正适用于本法颁布之日及之后发生的违背行为。

第 624 节　参与人未行使投资选择权的情况下，计划对资产投资的处理

（a）**总体而言**。（经第 622 节修正的）《1974 年雇员退休收入保障法》第 404 节第（c）子节［《美国法典》第 29 编第 1104 节第（c）子节］现予修正，于末尾增补以下新段：

“（5）**默认投资安排**。

（A）**总体而言**。对于在该参与人未做出投资选项的情况下，由计划根据部长所制规例而投资的缴费额及收益，在第（1）段中，符合第（B）子段要求的个人账户计划参与人应视为对账户中资产行使控制权。对于指定（包括与资产保全或长期资本增值或双种手段之组合一致的资产类别组合在内的）默认投资，本子段下的规例应就其是否合宜给出指导。

（B）**通知要求**。

（ⅰ）**总体而言**。本子段要求得以满足的前提为，各参与人：

（Ⅰ）在各计划年份前一段合理时限内，收到一份通知，得悉在计划下雇员指定缴费额及收益如何投资的权利，并经该通知解释，了解在该参与人未做出投资选择的情况下该等缴费额及收益如何投资；

（Ⅱ）在收到该通知后及计划年份开始之前，有一段合理时限指定该等投资安排。

（ⅱ）[②] **通知格式**。《1986 年国内税收法》第 401 节第（k）子节第（12）段第（D）子段第（ⅰ）条及第（ⅱ）条的要求适用于本子段所述通知。”

（b）[③] **生效日期**。

（1）**总体而言**。本子节做出的修正适用于 2006 年 12 月 31 日后起始的计划年份。

---

① 《美国法典》第 29 编第 1141 节注。

② 适用性。

③ 《美国法典》第 29 编第 1104 节注。

(2)[①] **规例**。应于本法颁布之日 6 个月内出台（经本节增补的）《1974 年雇员退休收入保障法》下第 404 节第（c）子节第（5）段第（A）子段下之最终规例。

第 625 节[②]　受托人条例澄释

（a）**总体而言**。劳工部部长应在该法颁布之日后 1 年内出台最终规例，澄清选择年金合同作为个人账户计划向参与人或受益人给付的可选形式：

（1）不受《解读通知第 95—1 号》（《美国联邦法规》第 29 编第 2509. 95—1 节）下最安全的年金标准之规限；

（2）须遵守所有其他适用受托人标准。

（b）**生效日期**。本节于本法颁布之日起生效。

① 截止日期。

② 《美国法典》第 29 编第 1104 节注。

第七编　给付金累算标准

第701节　给付金累算标准

（a）**《1974年雇员退休收入保障法》修正。**

（1）**给付金累算率下调相关条例。**《1974年雇员退休收入保障法》第204节第（b）子节［《美国法典》第29编第1054节第（b）子节］现予修正，于末尾增补如下新段：

“（5）**有关年龄的特殊条例。**

（A）**与处于类似情况，但年龄更为年轻的个人所作比较。**

（ⅰ）**总体而言。**若根据一项计划的条款，在任何日期确定一名参与人之累算给付金等于或大于现在或将来可能成为参与人，但年龄较轻者于类似情况下的累算给付金的，则该计划不得被视为不符合第（1）段第（H）子段第（ⅰ）条之要求。

（ⅱ）**处于类似情况。**在本子节中，一名参与人，除了年龄之外与其他个人全面相同（包括工龄、薪酬、职务、聘用日期、工作经历，及任何其他方面）的，则与该等其他个人处于类似情况。

（ⅲ）**提前退休给付金补贴部分予以忽视。**在任何日期为本条起见确定累算给付金时，任何提前退休给付金的补贴部分或退休型补贴应予忽视。

（ⅳ）**累算给付金。**在本子段中，累算给付金可根据该计划的条款，采用正常退休年龄应付年金、假设账户余额或雇员最终平均薪酬的累计百分比现值的形式。

（B）**适用定额给付金计划。**

（ⅰ）**利息给付款。**

（Ⅰ）**总体而言。**一项适用定额给付金计划，除非其条款规定任何计划年份的任何利息给付（或同等数额）率不大于市场回报率，否则应视为不符合第（1）段第（H）子段之要求。一项计划，不得仅因其规定一项合理最低保证回报率或一项等于或大于固定或浮动回报率的回报率，而视为不符合本子条要求。

（Ⅱ）**资本保全**。一笔不小于零的利息给付款（或同等款额）绝不应使得账户余额或类似金额小于贷记至账户的缴费总额。

（Ⅲ）**市场回报率**。财政部部长可依规例制订条例，规定为第（Ⅰ）子条起见计算市场回报率的方式，及将利息贷记至账户（包括固定利率或浮动利率），得到符合第（Ⅰ）子条要求的有效回报率的可用办法。

（ⅱ）**计划转变特殊条例**。倘若在2005年6月29日之后，采用了一项适用的计划修正，则该计划应被视为不符合第（1）段第（H）子段的要求，除非对于在采用该修正之前，曾是该计划参与人的每名各人而言，第（ⅲ）条要求得以满足。

（ⅲ）**给付金累算率**。除第（ⅳ）条规定外，本条的要求对于任何参与人而言得以满足的前提为，在该修正后有效的计划条款下累算给付金不小于：（Ⅰ）参与人修正生效前工龄对应的根据该修正前有效的计划条款确定的累算给付金，加（Ⅱ）参与人修正生效后工龄对应的根据该修正后有效的计划条款确定的累算给付金。

（ⅳ）**针对提前退休补贴而设特殊条例**。在第（ⅲ）条第（Ⅰ）子条中，计划应将参与人退休所在计划年份（若自此时起，参与人达到年龄、工龄及该计划下该等给付金或补贴其他领取要求）任何提前退休给付金或退休型补贴，贷记至累计账户或类似数额。

（ⅴ）**适用计划修正**。在本子段中：

（Ⅰ）**总体而言**。术语‘适用计划修正’一词，系指项对定额给付金计划做出的能将该计划转变成为适用定额给付金计划的修正。

（Ⅱ）**统筹给付金特殊条例**。由一名雇主设立或维持的2项或多项定额给付金计划的给付金，其统筹方式达到采用第（Ⅰ）子条中所述修正的效果的，则安排统筹给付金的定额给付金计划出资人，应视为自该等统筹之日起已采用该等计划修正。

（Ⅲ）[1] **多重修正**。财政部部长应出台规例，通过采用2项或多项计

---

① 规例。

划修正（而非一项修正）以免规避本子段之的目。

（Ⅳ）**适用定额给付金计划**。在本子段中，术语‘适用定额给付金计划’一词具有第203节第（f）子节第（3）段赋予该词的含义。

（ⅵ）**终止要求**。一份适用定额给付金计划视为满足第（ⅰ）条要求的前提为，该计划规定，在该计划终止后：

（Ⅰ）倘若该计划下的利息给付率（或同等数额）为浮动利率，则用于确定该计划下累算给付金的利率应等于止于终止日期的5年之期中该计划下所用利率均值；

（Ⅱ）用于确定该计划下以正常退休年龄年金形式支付的任何给付金数额的利率和死亡率表，应为终止日期该计划为该目的指定的利率和表格，但倘若该利率是浮动利率，该利率应根据第（Ⅰ）子条条例确定。

（C）**允许某些抵销**。不得仅因一项计划针对其下给付金提供在适用《1986年国内税收法》第401节第（a）子节要求时允许使用的抵销，而将该计划视为未达到第（1）段第（H）子段第（ⅰ）条的要求。

（D）**计划缴费额或给付金允许不等**。不得仅因一项计划符合《1986年国内税收法》第401节第（Ⅰ）子节要求的缴费额或给付金不等，而将该计划视为未达到第（1）段第（H）子段第（ⅰ）条的要求。

（E）**允许调整**。

（ⅰ）**总体而言**。一项计划不得仅因其规定调整其下累算给付金而被视为不符合第（1）段第（H）子段的要求。

（ⅱ）**免受损失**。除非是以浮动年金形式提供的任何给付金，否则第（ⅰ）条不适用于使累算给付金小于不考虑该等调整的情况下确定的累算给付金的任何调整。

（ⅲ）**调整**。在本子段中，术语‘调整’一词，就累算给付金而言系指，运用公认投资指数或方法对累算给付金做出的定期调整。

（F）**提前退休给付金或退休型补贴**。在本子段中，术语‘提前退休给付金’及‘退休型补贴’二词，具有第（g）子节第（2）段第（A）子段赋予该等词语的含义。

（G）**给付金累算至今**。在本子段中，对累算给付金的任何引述，即指累算至今的给付金。”

（2）**累算给付金确定为给付金账户余额或同等数额**。该法第203节（《美国法典》第29编第1053节）现予修正，于末尾插入以下新设子节：

“（f）**针对参考假想交易账户余额或同等数额计算累算给付金的计划的特殊条例。**

（1）**总体而言。**适用定额给付金计划，对于：

（A）［除第（2）段的规定外］第（a）子节第（2）段的要求；

（B）或者，（对于除雇员缴费额之外的缴费额）第204节第（c）子节或第205节第（g）子节的要求；

不应仅因为根据该计划的条款，任何参与人累算给付金（或其任何部分）的现值等于体现为第（3）段中所述假想账户中余额或参与人最终平均补偿金累积百分比的数额，而视为未能满足。

（2）**转归的3年工龄要求。**对于一项适用的定额给付金计划，其应视为满足第（a）子节第（2）段要求，唯须工龄至少3年的雇员对其从雇主缴费额所得100%累算给付金具有不可罚没的权利。

（3）**适用定额给付金计划及相关条例。**在本子节中：

（A）**总体而言。**术语‘适用定额给付金计划’一词，系指累算给付金（或其任何部分）计为参与人所维护假想账户之余额，或参与人最终平均补偿金之累计百分比的一项定额给付金计划。

（B）**囊括类似计划的规例。**财政部部长应出台规例，在适用定额给付金计划定义中囊括与适用定额给付金计划作用类似的任何定额给付金计划（或该等计划的任何部分）。”

（b）**《1986年国内税收法》修正。**

（1）[①] **给付金累算率下调相关条例。**《1986年国内税收法》第411节第（b）子节现予修正，在末尾增补如下新段：

“（5）**有关年龄的特殊条例。**

（A）**与处于类似情况，但年龄更为年轻的个人所作比较。**

（ⅰ）**总体而言。**若根据一项计划的条款，在任何日期确定一名参与人之累算给付金等于或大于现在或将来可能成为参与人，但年龄较轻者于类似情况下的累算给付金的，则该计划不得被视为不符合第（1）段第（H）子段第（ⅰ）条之要求。

（ⅱ）**处于类似情况。**在本子节中，一个参与人，除了年龄之外与其他个人全面相同（包括工龄、薪酬、职务、聘用日期、工作经历，及任

① 《美国法典》第26编第411节。

何其他方面）的，则与该等其他个人处于类似情况。

（iii）**提前退休给付金补贴部分予以忽视**。在任何日期为本条起见确定累算给付金时，任何提前退休给付金的补贴部分或退休型补贴应予忽视。

（iv）**累算给付金**。在本子段中，累算给付金可根据该计划的条款，采用正常退休年龄应付年金、假设账户余额或雇员最终平均薪酬的累计百分比现值的形式。

（B）**适用定额给付金计划**。

（i）**利息给付款**。

（Ⅰ）**总体而言**。一项适用定额给付金计划，除非其条款规定任何计划年份的任何利息给付（或同等数额）率不大于市场回报率，否则应视为不符合第（1）段第（H）子段之要求。一项计划，不得仅因其规定一项合理最低保证回报率或一项等于或大于固定或浮动回报率的回报率，而视为不符合本子条要求。

（Ⅱ）**资本保全**。一笔不小于零的利息给付款（或同等款额）绝不应使得账户余额或类似金额小于贷记至账户的缴费总额。

（Ⅲ）**市场回报率**。部长可依规例制订条例，规定为第（Ⅰ）子条起见计算市场回报率的方式，及将利息贷记至账户（包括固定利率或浮动利率），得到符合第（Ⅰ）子条要求的有效回报率的可用办法。

（ii）**计划转变特殊条例**。倘若在2005年6月29日之后，采用了一项适用的计划修正，则该计划应被视为不符合第（1）段第（H）子段的要求，除非对于在采用该修正之前，曾是该计划参与人的每名各人而言，第（iii）条要求得以满足。

（iii）**给付金累算率**。除第（iv）条规定外，本条的要求对于任何参与人而言得以满足的前提为，在该修正后有效的计划条款下累算给付金不小于：（Ⅰ）参与人修正生效前工龄对应的根据该修正前有效的计划条款确定的累算给付金；加（Ⅱ）参与人修正生效后工龄对应的根据该修正后有效的计划条款确定的累算给付金。

（iv）**针对提前退休补贴而设特殊条例**。在第（iii）条第（Ⅰ）子条中，计划应将参与人退休所在计划年份（若自此时起，参与人达到年龄、工龄及该计划下该等给付金或补贴其他领取要求）任何提前退休给付金或退休型补贴，贷记至累计账户或类似数额。

（ⅴ）**适用计划修正**。在本子段中：

（Ⅰ）**总体而言**。术语‘适用计划修正’一词，系指项对定额给付金计划做出的能将该计划转变成为适用定额给付金计划的修正。

（Ⅱ）**统筹给付金特殊条例**。由一名雇主设立或维持的 2 项或多项定额给付金计划的给付金，其统筹方式达到采用第（Ⅰ）子条中所述修正的效果的，则安排统筹给付金的定额给付金计划出资人，应视为自该等统筹之日起已采用该等计划修正。

（Ⅲ）[①] **多重修正**。部长应出台规例，通过采用 2 项或多项计划修正（而非一项修正）以免规避本子段之目的。

（Ⅳ）**适用定额给付金计划**。在本子段中，术语‘适用定额给付金计划’一词具有第 411 节第（a）子节第（13）段赋予该词的含义。

（ⅵ）**终止要求**。一份适用定额给付金计划视为满足第（ⅰ）条要求的前提为，该计划规定，在该计划终止后：

（Ⅰ）倘若该计划下的利息给付率（或同等数额）为浮动利率，则用于确定该计划下累算给付金应的利率应等于止于终止日期的 5 年之期中该计划下所用利率均值；

（Ⅱ）用于确定该计划下以正常退休年龄年金形式支付的任何给付金数额的利率和死亡率表，应为终止日期该计划为该目的指定的利率和表格，但倘若该利率是浮动利率，该利率应根据第（Ⅰ）子条条例确定。

（C）**允许某些抵销**。不得仅因一项计划针对其下给付金提供在适用第 401 节第（a）子节要求时允许使用的抵销，而将该计划视为未达到第（1）段第（H）子段第（ⅰ）条的要求。

（D）**计划缴费额或给付金允许不等**。不得仅因一项计划符合第 401（Ⅰ）节要求的缴费额或给付金不等，而将该计划视为未达到第（1）段第（H）子段的要求。

（E）**允许调整**。

（ⅰ）**总体而言**。一项计划不得仅因其规定调整其下累算给付金而被视为不符合第（1）段第（H）子段的要求。

（ⅱ）**免受损失**。除非是以浮动年金形式提供的任何给付金，否则第（ⅰ）条不适用于使累算给付金小于不考虑该等调整的情况下确定的累算

---

① 规例。

给付金的任何调整。

（ⅲ）**调整**。在本子段中，术语‘调整’一词，就累算给付金而言系指，运用公认投资指数或方法对累算给付金做出的定期调整。

（F）**提前退休给付金或退休型补贴**。在本子段中，术语‘提前退休给付金’及‘退休型补贴’二词，具有第（d）子节第（6）段第（B）子段第（ⅰ）条赋予该等词语的含义。

（G）**给付金累算至今**。在本子段中，对给累算给付金的任何引述，即指累算至今的给付金。”

（2）**累算给付金确定为给付金账户余额或同等数额**。该法第 411 节第（a）子节现予修正，于末尾插入以下新段：

“（13）**针对参考假想交易账户余额或同等数额计算累算给付金的计划的特殊条例**。

（A）**总体而言**。适用定额给付金计划，对于：

（ⅰ）［除第（2）款的规定外］第（a）子节第（2）段的要求；

（ⅱ）或者，（对于除雇员缴费额之外的缴费额）第（c）子节或第 417 节第（e）子节的要求；

不应仅因为根据该计划的条款，任何参与人累算给付金（或其任何部分）的现值等于体现为第（3）段中所述假想账户中余额或参与人最终平均薪酬累积百分比的数额，而视为未能满足。

（B）**转归的 3 年工龄要求**。一项适用定额给付金计划应视为满足第（a）子节第（2）段要求，唯须工龄至少 3 年的雇员对其从雇主缴费额所得 100% 累算给付金具有不可罚没的权利。

（C）**适用定额给付金计划及相关条例**。在本子节中：

（ⅰ）**总体而言**。术语‘适用定额给付金计划’一词，系指累算给付金（或其任何部分）计为参与人所维护假想账户之余额，或参与人最终平均薪酬之累计百分比的一项定额给付金计划。

（ⅱ）**囊括类似计划的规例**。部长应出台规例，在适用定额给付金计划定义中囊括与适用定额给付金计划作用类似的任何定额给付金计划（或该等计划的任何部分）。”

（c）**《反就业年龄歧视法》修正**。《1967 年反就业年龄歧视法》第 4 节第（ⅰ）子节［《美国法典》第 29 编第 623 节第（ⅰ）子节］现予修正，于末尾增补如下新段：

“（10）**有关年龄的特殊条例。**

（A）**与处于类似情况**，但年龄更为年轻的个人所作比较。

（ⅰ）**总体而言。**若根据一项计划的条款，在任何日期确定一名参与人之累算给付金等于或大于现在或将来可能成为参与人，但年龄较轻者于类似情况下的累算给付金的，则该计划不得被视为不符合第（1）段之要求。

（ⅱ）**处于类似情况。**在本子节中，一个参与人，除了年龄之外与其他个人全面相同（包括工龄、薪酬、职务、聘用日期、工作经历，及任何其他方面）的，则与该等其他个人处于类似情况。

（ⅲ）**提前退休给付金补贴部分予以忽视。**在任何日期为本条起见确定累算给付金时，任何提前退休给付金的补贴部分或退休型补贴应予忽视。

（ⅳ）**累算给付金。**在本子段中，累算给付金可根据该计划的条款，采用正常退休年龄应付年金、假设账户余额或雇员最终平均薪酬的累计百分比现值的形式。

（B）**适用定额给付金计划。**

（ⅰ）**利息给付款。**

（Ⅰ）**总体而言。**一项适用定额给付金计划，除非其条款规定任何计划年份的任何利息给付（或同等数额）率不大于市场回报率，否则应视为不符合第（1）段之要求。一项计划，不得仅因其规定一项合理最低保证回报率或一项等于或大于固定或浮动回报率的回报率，而视为不符合本子条要求。

（Ⅱ）**资本保全。**一笔不小于零的利息给付款（或同等款额）绝不应使得账户余额或类似金额小于贷记至账户的缴费总额。

（Ⅲ）**市场回报率。**财政部部长可依规例制订条例，规定为第（Ⅰ）子条起见计算市场回报率的方式，及将利息贷记至账户（包括固定利率或浮动利率），得到符合第（Ⅰ）子条要求的有效回报率的可用办法。

（ⅱ）**计划转变特殊条例。**倘若在2005年6月29日之后，采用了一项适用的计划修正，则该计划应被视为不符合第（1）段第（H）子段的要求，除非对于在采用该修正之前，曾是该计划参与人的每名各人而言，第（ⅲ）条要求得以满足。

（ⅲ）**给付金累算率。**除第（ⅳ）条规定外，本条的要求对于任何参与人而言得以满足的前提为，在该修正后有效的计划条款下累算给付金不小于：（Ⅰ）参与人修正生效前工龄对应的根据该修正前有效的计划条款确定的累算给付金，加（Ⅱ）参与人修正生效后工龄对应的根据该修正后有效的计划条款确定的累算给付金。

（ⅳ）**针对提前退休补贴而设特殊条例**。在第（ⅲ）条第（Ⅰ）子条中，计划应将参与人退休所在计划年份（若自此时起，参与人达到年龄、工龄及该计划下该等给付金或补贴其他领取要求）任何提前退休给付金或退休型补贴，贷记至累计账户或类似数额。

（ⅴ）**适用计划修正**。在本子段中：

（Ⅰ）**总体而言**。术语‘适用计划修正’一词，系指项对定额给付金计划做出的能将该计划转变成为适用定额给付金计划的修正。

（Ⅱ）**统筹给付金特殊条例**。由一名雇主设立或维持的 2 项或多项定额给付金计划的给付金，其统筹方式达到采用第（Ⅰ）子条中所述修正的效果的，则安排统筹给付金的定额给付金计划出资人，应视为自该等统筹之日起已采用该等计划修正。

（Ⅲ）[①] **多重修正**。财政部部长应出台规例，通过采用 2 项或多项计划修正（而非一项修正）以免规避本子段之的目。

（Ⅳ）**适用定额给付金计划**。在本子段中，术语‘适用定额给付金计划’一词具有《1974 年雇员退休收入保障法》第 203 节第（f）子节第（3）段赋予该词的含义。

（ⅵ）**终止要求**。一份适用定额给付金计划视为满足第（ⅰ）条要求的前提为，该计划规定，在该计划终止后：

（Ⅰ）倘若该计划下的利息给付率（或同等数额）为浮动利率，则用于确定该计划下累算给付金应的利率应等于止于终止日期的 5 年之期中该计划下所用利率均值；

（Ⅱ）用于确定该计划下以正常退休年龄年金形式支付的任何给付金数额的利率和死亡率表，应为终止日期该计划为该目的指定的利率和表格，但倘若该利率是浮动利率，该利率应根据第（Ⅰ）子条确定。

（C）**允许某些抵销**。不得仅因一项计划针对其下给付金提供在适用《1986 年国内税收法》第 401 节第（a）子节要求时允许使用的抵销，而

---

① 规例。

将该计划视为未达到第（1）段的要求。

（D）**计划缴费额或给付金允许不等**。不得仅因一项计划符合《1986年国内税收法》第401节第（ⅰ）子节要求的缴费额或给付金不等，而将该计划视为未达到第（1）段的要求。

（E）**允许调整**。

（ⅰ）**总体而言**。一项计划不得仅因其规定调整其下累算给付金而被视为不符合第（1）段的要求。

（ⅱ）**免受损失**。除非是以浮动年金形式提供的任何给付金，否则第（ⅰ）条不适用于使累算给付金小于不考虑该等调整的情况下确定的累算给付金的任何调整。

（ⅲ）**调整**。在本子段中，术语'调整'一词，就累算给付金而言系指，运用公认投资指数或方法对累算给付金做出的定期调整。

（F）**提前退休给付金或退休型补贴**。在本子段中，术语'提前退休给付金'及'退休型补贴'二词，具有《1974年雇员退休收入保障法》第203节第（g）子节第（2）段第（A）子段赋予该等词语的含义。

（G）**给付金累算至今**。在本子段中，对给累算给付金的任何引述，即指累算至今的给付金。"

（d）[①] **不干预**。本节所作修正之任何内容不得释为意在干预：

（1）根据该等修正前有效的《1974年雇员退休收入保障法》第204节第（b）子节第（1）段第（H）子段，《1967年反就业年龄歧视法》第4节第（ⅰ）子节第（1）段及《1986年国内税收法》第411节第（b）子节第（1）段第（H）子段对适用定额给付金计划的处理，或向适用设定受益计划的转化；

（2）或者，对一项定额给付金计划是否仅因为根据该计划的条款，任何参与人累算给付金（或其任何部分）的现值等于体现为假想账户中余额或参与人最终平均薪酬累积百分比的数额，而未满足该等修正做出之前有效的《1974年雇员退休收入保障法》第203节第（a）子节第（2）段、第204节第（c）子节、第204节第（g）子节或该法第411节第（a）子节第（2）段、第411节第（c）子节或第417节第（e）子节要求的判定。

---

① 《美国法典》第26编第411节注。

在本子节中，术语“适用定额给付金计划”一词具有在做出该等修正后有效的《1974年雇员退休收入保障法》第203节第（f）子节第（3）段及《1986年国内税收法》第411节第（a）子节第（13）段第（C）子段赋予该词的含义。

（e）[①] **生效日期**。

（1）[②] **总体而言**。本节所作修正适用于自2005年6月29日或之后起始的时期。

（2）**累算给付金现值**。第（a）子节第（2）段和第（b）子节第（2）段所作修正，应适用于本法颁布之日之后做出的给付。

（3）**转归及利息给付率要求**。对于一项在2005年6月29日存在的计划，《1986年国内税收法》第411节第（b）子节第（5）段第（B）子段第（ⅰ）条、《1974年雇员退休收入保障法》第204节第（b）子节第（5）段第（B）子段第（ⅰ）条、（经本法修正的）《1967年反就业年龄歧视法》第4节第（i）子节第（10）段第（B）子段第（ⅰ）条的要求，以及《1974年雇员退休收入保障法》第203节第（f）子节第（2）段及（经按此增补的）《1986年国内税收法》第411节第（a）子节第（13）段第（B）子段的要求，为运用第（a）子节和第（b）子节所作修正起见，应适用于2007年12月31日后起始的年份，计划出资人选择将该等要求适用于2005年6月29日之后及始于2007年12月31日之后首年之前的任何时期。

（4）**针对集体商定计划而设的特殊条例**。对于根据雇员代表以及一名或多名雇主之间于本法颁布之日或之前批准的一项或多项集体谈判协议维护的一项计划，为适用第（a）子节及第（b）子节所作修正起见，第（3）段中所述要求应不适用于始于如下时间的计划年份：

（A）如下孰早者：（ⅰ）该等集体谈判协议中最晚终止者终止之日（不考虑该等颁布之日或之后其任何延期），或者（ⅱ）2008年1月1日；

（B）或者，2010年1月1日。

（5）转化。《1986年国内税收法》第411节第（b）子节第（5）段第（B）子段第（ⅱ）条、《1974年雇员退休收入保障法》第204节第

---

① 适用性。

② 《美国法典》第26编第411节注。

（b）子节第（5）段第（B）子段第（ⅱ）条、（经本法修正的）《1967年反就业年龄歧视法》第4节第（ⅰ）子节第（10）段第（B）子段第（ⅰ）节的要求，应适用于2005年6月25日后采用并生效的计划修正，计划出资人选择将该等修正适用于该日之前采用但于该日之后生效的计划修正的除外。

第702节[①]　并购相关条例

在对因合并、收购或类似交易而成为雇员的一组雇员将一项计划转变为一项适用定额给付金计划的情况下，财政部部长或其代表应于该法颁布之日起12个月内，为本编所作修正及规定的适用制定规例。

① 截止日期。

第八编 养老金相关收入规定

第 A 子编 扣减限制

第 801 节 提高单雇主计划扣减限制

（a）[①] **总体而言**。《1986 年国内税收法》（与扣减雇主向雇主信托或年金计划支付的缴费额及递延支付计划下的薪酬有关的）第 404 条现予修正：

（1）在第（a）子节第（1）段第（A）子段，在“第 501 节第（a）子节”后插入“对于一项不属于多雇主计划的定额给付金计划，在第（o）子节下确定的数额中，及，对于任何其他计划”；

（2）在末尾插入以下新设子节：

“（o）**单雇主计划扣减限值**。在第（a）子节第（1）段第（A）子段中：

（1）**总体而言**。对于第（a）子节第（1）段第（A）子段适用的定额给付金计划（不包括多雇主计划）的情况下，本子节下对任何纳税年度确定的数额，应等于以下孰大者：

（A）第（2）段下随该课税年份结束或在该课税年份内结束的各计划年份所确定数额之和；

（B）或者，第 430 节下对于该等计划年份的最低规定缴费额之和。

（2）**数额之确定**。

（A）总体而言。本子段下为任何计划年份确定的数额，应等于：

（ⅰ）如下之总：（Ⅰ）该计划年份的筹资目标，（Ⅱ）该计划年份

① 《美国法典》第 26 编第 404 节。

的正常目标成本，及（Ⅲ）该计划年份的缓冲额；

（ⅱ）超过该计划所持计划资产于该计划年份评估基准日［依第430节第（g）子节第（2）段确定的］的价值的部分（若有）。

（B）针对某些雇主的特殊条例。对于某一计划年份，第430节第（ⅰ）子节不适用于一项计划的，第（A）子段第（ⅰ）条下为该计划年份确定的数额，在任何情况下不应少于如下之和：

（ⅰ）［在第430节第（ⅰ）子节适用于该计划的情况下确定的］该计划年份筹资目标；

（ⅱ）（以上述方法确定的）该计划年份正常目标成本。

（3）**缓冲额**。在第（2）段第（A）子段第（ⅰ）条第（Ⅲ）子条中：

（A）**总体而言**。对于任何计划年份，缓冲额为如下之和：

（ⅰ）该计划年份筹资目标的50%；

（ⅱ）在计划考虑如下情况下该计划年份的筹资目标上调部分：（Ⅰ）预计在以后计划年内出现的薪酬上调部分，或者（Ⅱ）若该计划不将供职至今应领给付金基于薪酬的，预计以后计划年份出现的给付金上调部分（基于前6个计划年份内给付金年平均上调额确定）。

（B）**限制**。

（ⅰ）[①] **总体而言**。在根据第（A）子段第（ⅱ）条计算时，该计划的精算师应假定，第（l）子节和第415节第（b）子节下的限制不适用。

（ⅱ）**预计上调**。对于《1974年雇员退休收入保障法》第4021节下涵盖一项计划年份，即便有第（l）子节的规定，该计划的精算师可考虑到预计在以后若干计划年份发生的限额上调部分。

（4）**针对参与人为100名或不足100名的计划所设特殊条例**。

（A）**总体而言**。为任何计划年份确定第（3）段下数额起见，对于该计划年份，一项计划的参与人为100名或不足100名的，因作于或生效于（以孰迟者为准）过去两年中的一项计划修正，而使该计划可归于提供给［第414节第（q）子节所界定的］高薪员工给付金上调部分的负债，在确定目标负债时不应纳入考虑。

（B）**为确定参与人数而设条例**。为确定计划参与人数，同一雇主

① 适用性。

{或该雇主［符合第 412 节第（f）子节第（4）段含义的］受控集团任何成员}维护的所有定额给付金计划，应被视为一个计划，但仅该成员或雇主的参与人应纳入考虑。

（5）**为终止计划而设的特殊条例**。一项计划根据《1974 年雇员退休收入保障法》第 4041 节于该计划年份终止的，第（2）段下所确定数额，绝不应少于使该计划能偿付［符合该法第 4041 节第（d）子节含义的］给付金负债的数额。

（6）**精算假设**。本子节下为任何计划年份所作计算，应采用根据第 430 节为该计划年份所采用的相同精算假设。

（7）**定义**。本子节中所用任何术语，同样用于第 430 节的，应具有第 430 节赋予该词的含义。"

（b）**针对固定缴费额计划与定额给付金计划的组合而规定的扣减限制例外情况**。经《1974 年雇员退休收入保障法》修正的《1986 年国内税收法》第 404 节第（a）子节第（7）段第（C）子段在末尾增补以下新句：

"（ⅳ）[①] **受担保计划**。在适用于本段时，《1974 年雇员退休收入保障法》第 4021 节下覆盖的任何单雇主计划不纳入考虑。"

（c）**技术性及一致性修正**。

（1）《1986 年国内税收法》第 404 节第（a）子节第（1）段第（A）子段末句现予修正，删去各处"第 412 节"并插入"第 431 节"。

（2）《1986 年国内税收法》第 404 节第（a）子节第（1）段第（B）子段现予修正：

（A）删去"一项计划"，并插入"一项多雇主计划"；

（B）删去各处"第 412 节第（c）子节第（7）段"，并插入"第 431 节第（c）子节第（6）段"；

（C）删去"第 412 节第（c）子节第（7）段第（B）子段"并插入"第 431 节第（c）子节第（6）段第（A）子段第（ⅱ）条"；

（D）删去"第 412 节第（c）子节第（7）段第（A）子段"并插入"第 431 节第（c）子节第（6）段第（A）子段第（ⅰ）条"；

（E）删去"第 412 节"并插入"第 431 节"。

---

① 《美国法典》第 26 编第 404 节。

(3)[①]《1986年国内税收法》(经本法修正的)第404节第(a)子节第(7)段现予修正：

(A)在第(A)子段末增补以下新句："一项定额给付金计划属于单雇主计划的，满足第412节规定的最低筹资标准所需数额，不得少于第430节下确定的该计划筹资缺口"；

(B)删去第(D)子段并插入：

"(D)**保险合同计划**。在本段中，第412节第(e)子节第(3)段中所述计划应视为一项定额给付金计划。"

(4)《1986年国内税收法》第404A节第(g)子节第(3)段第(A)子段现予修正，删去"第412节第(c)子节第(3)段和第(7)段"并插入"第431节第(c)子节第(3)段和第(6)段"。

(d)**为2006年和2007年所设特殊条例**。

(1)[②] **总体而言**。《1986年国内税收法》(为某些计划而设特殊条例有关的)第404节第(a)子节第(1)段第(D)子段第(ⅰ)条现予修正，删去"第412节第(l)子节"，并插入"第412节第(l)子节第(8)段第(A)子段，但为本条起见，以'流动负债的150%(对于多雇主计划，140%)'替换第(ⅰ)条中的'流动负债'，借此使第412节第(l)子节第(8)段第(A)子段适用。"

(2)**为保持一致性所作修正**。《1986年国内税收法》第404节第(a)子节第(1)段现予修正，删去第(F)子段。

(e)[③] **生效日期**。

(1)**总体而言**。除第(2)段规定外，本节所作修正应适用于2007年12月31日后起始的年份。

(2)**特殊条例**。第(d)子节所作修正应适用于2005年12月31日后起始的年份。

第802节　多雇主计划扣减限制

(a)**提高扣减幅度**。(经该法修正的)《1986年国内税收法》第404

---

① 《美国法典》第26编第404节。

② 适用性。

③ 《美国法典》第26编第404节注。

节第（a）子节第（1）段第（D）子段现予修正如下：

"（D）**基于筹资未得流动负债而确定的数额**。一项定额给付金计划属于多雇主计划的，除法规规定外，本段下最高削减金额不得少于：（ⅰ）第431节第（c）子节第（6）段第（C）子段下确定的计划流动负债的140%；超过（ⅱ）第431节第（c）子节第（2）段下确定的该计划资产价值的部分（若有）。"

（b）[1] **生效日期**。第（a）子节所作修正适用于2007年12月31日后起始的年份。

第803节　更新计划组合扣减条例

（a）[2] **总体而言**。《1986年国内税收法》（针对固定额缴费计划与定额给付金计划相结合的所设扣减限制有关的）第404节第（a）子节第（7）段第（C）子段现予修正，在第（ⅱ）条后增补以下新条：

"（ⅲ）**限制**。对于雇主向1份或多份固定额缴费计划支付的缴费额，本段适用的条件是，该等缴费额大于在该纳税年份向该等计划下受益人原应支付或累算的薪酬的6%。在本条中，结转自第（B）子段下前一纳税年度的数额，只要其可归于雇主于该等过往纳税年度向该等计划所支付的缴费额的，应视为雇主向1份或多份固定额缴费计划支付的缴费额。"

（b）**针对固定缴费额计划与定额给付金计划的组合而规定的扣减限制例外情况**。经本法修正的《1986年国内税收法》第404节第（a）子节第（7）段第（C）子段在末尾增补以下新句：

"（ⅴ）**多雇主计划**。在适用本段时，任何多雇主计划不纳入考虑。"

（c）**为保持一致性所作修正**。《1986年国内税收法》（与不可消除的缴费额有关的）第4972节第（c）子节第（6）段第（A）子段现予修正如下：

"（A）乃至仅因不超过第401节第（m）子节第（4）段第（A）子段中所述缴费额的第404节第（a）子节第（7）段，而向一份或多份定额给付金计划所支付的不可削减的缴费额。"

---

① 《美国法典》第26编第404节注。

② 《美国法典》第26编第404节。

(d)[①] **生效日期**。本节所作修正适用于为2005年12月31日后起始的纳税年度所支付的缴费额。

第B子编　某些养老金规定永久化

第811节[②]　《2011年经济增长与减税调整法》退休金和个人退休安排条款长期不变

《2011年经济增长与减税调整法》第九编不适用于该法第六编第A—F子编（有关养老金和个人退休安排的规定的）规定及其所作修正。

第812节　储蓄者抵扣

《1986年国内税收法》[③]（涉及选择性递延和某些个人IRA缴费额的）第25B节现予修正，删去第（h）子节。

第C子编　便携性、发放和捐赠条例改进

第821节　关于购买任意性服务抵扣的澄释

（a）**总体而言**。《1986年国内税收法》（涉及为购买任意性服务抵扣而设特殊条例的）第415（n）节现予修正：

（1）删去第（1）段中"雇员"并插入"参与人"；

（2）在第（3）段第（A）子段末增补以下新句，与其他句子保持平齐：

"该词可包含未履行服务所在时期的服务抵扣，且，即便有第（ⅱ）条规定，对于为向参与人提供在该计划下为服务抵扣而领取的上调后给付金，该词可包括因其抵扣的服务。"

（b）**针对托管人之间转让而设特殊条例**。该法第415节第（n）子节第（3）段现予修正，在末尾增补以下新设子段：

"（D）**针对托管人之间转让而设特殊条例**。对于第403节第（b）子

---

① 《美国法典》第26编第404节注。

② 《美国法典》第26编第1节注。

③ 《美国法典》第26编第25B节。

节第（13）段第（A）子段或第457节第（e）子节第（17）段第（A）子段适用的托管人之间转让（不考虑该转让是否发生于同一雇主维护的不同计划之间）：

（ⅰ）在确定该转让是否为购买任意性服务抵扣时，第（B）子段的限制不适用；

（ⅱ）[①] 对于按此受让任何金额的定额给付金政府计划，本编下适用于其给付条例，应适用于该等数额及可归于该等数额的给付金。”

（c）**非限定性服务**。该法第415节第（n）子节第（3）段现予修正：

（1）删去第（B）子段各处“可归于非限定服务的任意性服务抵扣”，并插入“非限定性服务抵扣”；

（2）删去位于第（ⅰ）条之前的第（C）子段，并插入：

“（C）**非限定性服务抵扣**。在第（B）子段中，术语‘非限定性服务抵扣’一词，系指（除就如下内容而允许的）任意性服务抵扣。”

（3）删去第（C）子段第（ⅱ）条中的“州际法律规定的小学或中学教育（至12年级）”，并插入“履行服务所在管辖区适用法律确定的小学或中学教育（至12年级）或同等教育程度”。

（d）[②] **生效日期**。

（1）**总体而言**。第（a）子段及第（c）子节所作修正，应如其收录于《1997年纳税人救助法》第1526节所作修正一般生效。

（2）**第（b）子节**。第（b）子节所作修正，应如其收录于《2011经济增长与减税调整法》第647节所作修正一般生效。

第822节　允许年金合同税后额滚转

（a）[③] **总体而言**。（涉及可滚转最大额的）第402节第（c）子节第（2）段第（A）子段现予修正：

（1）删去“系属于固定缴费额计划的一项计划的一部分，并同意分开进行会计处理”，并插入“或至第403节第（b）子节所述年金合同，且该信托或合同对单独会计处理有作规定”；

---

① 适用性。

② 《美国法典》第26编第415节注。

③ 《美国法典》第26编第402节。

（2）在“按此转让”后插入“（及其收益）”。

（b）[①] **生效日期**。第（a）子节所作修正适用于2006年12月31日后起始的纳税年份。

第823节 政府计划基本给付条例之澄释

财政部部长应出台规例，规定对于［《1986年国内税收法》第414节第（d）子节中界定的］政府计划，凡该计划符合该第401节第（a）子节第（9）段的合理善意诠释的，则对于该法第401节第（a）子节第（9）段适用的所有年份应视为符合该第401节第（a）子节第（9）段。

第824节 允许退休计划直接滚转至罗斯个人退休金账户

（a）**总体而言**。《1986年国内税收法》（界定合格滚转缴费额的）第408A节第（e）子节现予修正如下：

“（e）**合格滚存缴费额**。在本节中，术语‘合格滚存缴费额’一词系指一项滚转缴费额：

（1）由罗斯个人退休金账户滚转至另一该等账户。

（2）自一项合格退休计划滚转出来，唯前提为：

（A）对于个人退休计划，该等滚转缴费额满足第408节第（d）子节第（3）段要求；

（B）对于［第402节第（e）子节第（8）段第（B）子段而非其第（ⅰ）条及第（ⅱ）条界定的］任何合格退休计划，该等滚转缴费额符合第402节第（c）子节、第403节第（b）子节第（8）段，或第457节第（e）子节第（16）段节要求（如适用）。

在第408节第（d）子节第（3）段第（B）子段中，不得有（非罗斯个人退休金账户的）个人退休计划流向罗斯个人退休金账户的任何合格滚转缴费额。”

（b）**为保持一致性所作修正**。

（1）[②] 该法在《2005年增税预防和调整法》前有效的第408A节第（c）子节第（3）段第（B）子段现予修正：

---

① 《美国法典》第26编第402节注。

② 《美国法典》第26编第408A节。

（A）在文中删去“个人退休计划”，并插入“［第402节第（c）子节第（8）段第（B）子段界定的］合格退休计划”；

（B）在标题中删去第一处“IRA”并插入“合格退休计划”。

（2）[①] 该法第408A节第（d）子节第（3）段现予修正：

（A）在第（A）子段中，删去“第408节第（d）子节第（3）段”，插入“第402节第（c）子节、第403节第（b）子节第（8）段、第408节第（d）子节第（3）段和第457节第（e）子节第（16）段”；

（B）在第（B）子段中，删去“个人退休计划”，并插入“第402节第（c）子节第（8）段第（B）子段界定的合格退休计划”；

（C）在第（D）子段中，在“第408节第（ⅰ）子节”插入“或6047”后；

（D）在第（D）子段中，删去“或两者”并插入“受第6047节第（d）子节第（1）段规限者，或所有前述人士”；

（E）在标题中删去第一处“IRA”并插入“合格退休计划”。

（c）[②] **生效日期**。本节做出的修正适用于2007年12月31日后的给付。

第825节[③]　参与退休计划资格

不得以领取《1996年小型企业工作保护法》颁布之前有效的《1986年国内税收法》第457节第（e）子节第（9）段下一笔给付金为由禁止个人参与递延薪酬计划。

第826节[④]　修改有关艰难情形和不可料财政急难的条例

财政部部长应于该法颁布之日起180天内，为《1986年国内税收法》第401节第（k）子节第（2）段第（B）子段第（ⅰ）条第（Ⅳ）子条起见修改确定一名参与人是否遭逢艰难的条例，规定：凡一项事件（包括发生医疗费用），若其涉及（《1986年国内税收法》第152节界定的）

① 《美国法典》第26编第408A节。

② 《美国法典》第26编第489A节注。

③ 《美国法典》第26编第457节注。

④ 《美国法典》第29编第401节注。

参与人配偶或家眷则将构成该计划下的一种艰难情形的，则若其涉及对于该参与人而言身为该计划受益人的一名人士的，在计划允许的范围内构成一种艰难情形。[①] 财政部部长应出台类似条例，以确定是否一名参与人：

（1）对于《1986 年国内税收法》第 403 节第（b）子节第（11）段第（B）子段而言遭逢一种艰难情形。；

（2）或者，对于《1986 年国内税收法》第 409A 节第（a）子节第（2）段第（A）子段第（ⅵ）条、第 409A 节第（a）子节第（2）段第（B）子段第（ⅱ）条和第 457 节第（d）子节第（1）段第（A）子段第（ⅲ）条而言遭逢不可料财政急难。

第 827 节　现役军人服役至少 179 天者，从退休计划撤回不设处罚

（a）**总体而言**。《1986 年国内税收法》（涉及对合格退休计划提前给付所课 10% 附加税的）第 72 节第（t）子节第（2）段现予修正，于末尾增补以下新设子段：

“（G）**退休计划发放给现役个人的发放款**。

（ⅰ）**总体而言**。面向任何合格预备役军人的发放款。

（ⅱ）**发放款可预付**。领取合格预备役军人发放款的任何个人，在现役期间结束后起始的 2 年之期内任何时候可向该等个人的个人退休计划支付一笔或多笔缴费额，总计数额不超过该等发放款。在其他情况下适用于个人退休计划缴费额的美元限制，不得适用于依据前一句支付的任何缴费额。不得依本条扣减任何缴费额。

（ⅲ）**合格预备役军人发放款**。在本子段中，术语‘合格预备役军人发放款’系指对任何个人给予的发放款，前提为：

（Ⅰ）该等发放款来自一项个人退休计划，或来自于可归于根据第 402 节第（g）子节第（3）段第（A）子段或第（C）子段或第 501 节第（c）子节第（18）段第（D）子段第（ⅲ）条中所述选择性递延而支付的雇主缴费额；

（Ⅱ）该等个人［因身为（如《美国法典》第 37 编第 101 条界定的）预备役部队成员］曾奉命或应召服现役超过 179 天或无限期，及《美国

① 截止日期。

法典》第26编第401节；

（Ⅲ）该等发放款，在始于发出该等号令或征召之日终于现役期结束之期内发放。

（ⅳ）**本子段之适用**。本子段适用于2001年9月11日之后及2007年12月31日之前奉命或应召服现役者。在任何情况下，第（ⅱ）条所称两年之期不得终于本子段颁布之日后两年之日。”

（b）**为保持一致性所作修正**。

（1）[①] 该法第401节第（k）子节第（2）段第（B）子段第（ⅰ）条现予修正，删去第（Ⅲ）子条末“或”，删去第（Ⅳ）子条末“及”并插入“或”，并在第（Ⅳ）子条后插入以下新设子条：

“第（ⅴ）子条对于［第72节第（t）子节第（2）段第（G）子段第（ⅲ）条界定的］合格预备役军人发放款，第（Ⅲ）子条中所称时间起始之日，及。”

（2）该法第403节第（b）子节第（7）段第（A）子段第（ⅱ）条现予修正，在“领取发放款者”后插入“［除非该款项为第72节第（t）子节第（2）段第（G）子段适用的一笔发放款］”。

（3）该法第403节第（b）子段第（11）段现予修正，删去第（A）子段末尾“或”，删去第（B）子段末尾句号并插入“，或”，并在第（B）子段后插入以下新设子段：

“（C）对于第72节第（t）子节第（2）段第（G）子段适用的发放款。”

（c）[②] **生效日期、撤销限制**。

（1）**生效日期**。本节所作修正应适用于2001年9月11日以后的给付。

（2）**撤销限制**。在始于本法颁布之日1年之期结束前任何时候，经任何法律或法律规定（包括既判力）的运作而禁止退还或抵扣本节所作修正而致的任何多缴税款的，若于该等期限结束之前提交申诉，还是可以允许该等退还或抵扣。

---

① 《美国法典》第26编第401节。

② 《美国法典》第26编第72节注。

第 828 节　撤销对某些养老金计划公共安全雇员某些发放款所征10%提前撤回惩罚税

（a）**总体而言**。《1986 年国内税收法》第 72 节第（t）子节（涉及不适用于某些发放款的子节）现予修正，于末尾增补以下新段：

“（10）**政府计划中合格公共安全雇员发放款**。

（A）**总体而言**。对于发放给一项（属于定额给付金计划的）政府计划中［符合第 414 节第（d）子节含义的］合格公共安全雇员的发放款，以“50 岁”替换“55 岁”，借此而使第（2）段第（A）子段第（ⅴ）条适用。

（B）**合格公共安全雇员**。在本段中，术语‘合格公共安全雇员’一词，系指一州或一州之行政区内，为该州或该州行政区管辖范围内任何区域提供治安保护、消防服务，或紧急医疗服务的任何雇员。”

（b）[①] **生效日期**。本节所作修正适用于本法颁布之日后的发放款。

第 829 节　允许非配偶受益人滚转某些退休计划发放款

（a）[②] **总体而言**。

（1）**合格计划**。《1986 年国内税收法》（涉及享受豁免规定的信托滚转的）第 402 节第（c）子节现予修正，于末尾增补以下新段：

“（11）**发放给非配偶受益人个人退休继承计划的发放款**。

（A）**总体而言**。若对于一名已故雇员合格退休计划发放的发放款的任何部分，向为身为该雇员［第 401 节第（a）子节第（9）段第（E）子段界定的］指定受益人，但不为该雇员健在配偶的个人代领发放款而颁第（8）段第（B）子段第（ⅰ）条或第（ⅱ）条中所述一项个人退休计划进行托管人之间直接转让的：

（ⅰ）在本子节中，该转让应视为合格滚转发放款；

（ⅱ）该个人退休计划应视为一项个人退休继承账户，或［符合第 408 节第（d）子节第（3）段第（C）子段含义］个人退休年金；

① 《美国法典》第 26 编第 72 节。

② 《美国法典》第 26 编第 72 节注。

（ⅲ）[①] 第401节第（a）子节第（9）段第（B）子段［其第（ⅳ）条除外］适用于该等计划。

（B）**将某些信托视作受益人。**在本段中，凡部长所规条例有规定的，为一名或多名指定受益人之给付金而维持的信托，应依同样方式视为一名信托指定受益人。”

（2）[②] 第403节第（a）子节计划。该法（涉及滚转款项的）第403节第（a）子节第（4）段第（B）子段现予修正，在“第（7）段”后插入“和第（11）段”。

（3）第403节第（b）子节计划。该法（涉及滚转款项的）第403节第（b）子节第（8）段第（B）子段现予修正，删去“和第（9）段”并插入“、第（9）段及第（11）段”。

（4）第457节计划。该法（涉及滚转款项的）第457节第（e）子节第（16）段第（B）子段现予修正，删去“和第（9）段”并插入“、第（9）段及第（11）段”。

（b）[③] **生效日期。**本节所作修正适用于2006年12月31日后的发放款。

第830节[④]　向个人退休计划直接退税

（a）**总体而言。**财政部部长（或部长代表）应公布一份供个人使用表格（或修改现有表格）借此指示，《1986年国内税收法》第1章所征税多缴部分直接退还给该法［第7701节第（a）子节第（37）段界定的］个人退休计划。

（b）**生效日期。**应对2006年12月31日之后起始的纳税年度提供第（a）子节规定的表格。

第831节　某些破产案件中允许IRA附加支付款

（a）**允许支付缴费额。**《1986年国内税收法》（涉及可扣额的）第

① 适用性。

② 《美国法典》第26编第403节。

③ 《美国法典》第26编第402节注。

④ 《美国法典》第26编第408节注。

219 节第（b）子节第（5）段现予修正，将第（C）子段更名为第（D）子段，并在第（B）子段后插入以下新设子段：

“（C）**针对某些个人的补缴缴费额**。

（ⅰ）**总体而言**。相关个人选择在第（A）子段下确定的减免额之外再支付一项合格退休缴费额的：

（Ⅰ）对于任何纳税年度，应以第（B）子段下为该纳税年度确定的适用数额 3 倍之数上调其减免额；

（Ⅱ）第（B）子段不适用。

（ⅱ）**相关个人**。在本子段中，术语‘相关个人’一词，对于任何课税年度而言系指曾是第（ⅲ）条中所述雇主［第 401 节第（k）子节中界定的］一项合格现金或递延安排中的任何个人，据此项安排，雇主将雇员向该等安排支付的缴费额其中的至少 50% 与该雇主的股票对应。

（ⅲ）**所述雇主**。本条中所述雇主，若第（ⅱ）条中所述纳税年度之前的任一纳税年度：

（Ⅰ）该等雇主（或该等雇主的任何控股公司）为《美国法典》第 11 编或类似联邦法律或州际法律下一份案例中的债务人；

（Ⅱ）该等雇主（或任何其他人）面临该等情形所涉商业交易所致控诉或定罪。

（ⅳ）**合格参与人**。在第（ⅱ）条中，术语‘合格参与人’一词，系指在提交第（ⅲ）条中所述案例前 6 月之日曾是该条中所述现金或递延安排中的一名参与人的任何相关个人。

（ⅴ）**终止**。本子段不适用于 2009 年 12 月 31 日之后起始的纳税年度。”

(b)[①] **生效日期**。本节所作修正适用于 2006 年 12 月 31 日后起始的纳税年份。

第 832 节　为第 415 节限制起见确定平均薪酬

(a)[②] **总体而言**。《1986 年国内税收法》第 415 节第（b）子节第（3）段现予修正，删去“曾为该计划一名参与人及”。

---

① 《美国法典》第 26 编第 219 节注。

② 《美国法典》第 26 编第 415 节。

(b)[1] **生效日期**。本节做出的修正适用于2005年12月31日后起始的年份。

第833节　对某些退休储蓄刺激措施的总收入限制进行通货膨胀调整

(a) **储蓄者抵扣**。《1986年国内税收法》第25B节第(b)子节修正如下：

“(b) **适用百分比**。在本节中：

(1) **联合申报**。对于联合申报，适用百分比为：

(A) 若纳税人调整后总收入不超过3万美元，则50%；

(B) 若纳税人调整后总收入超过3万美元但不超过3.25万美元，则20%；

(C) 若纳税人调整后总收入超过3.25万美元但不超过5万美元，则10%；

(D) 若纳税人调整后总收入超过5万美元，百分之零。

(2) **其他申报情况**。对于：

(A) 户主，适用百分比根据第(1)段确定，但该段适用的前提是以各笔美元数额的75%替换[按第(3)段下调整的]其中各笔美元数额；

(B)[2] 除第(1)段或第(A)子段中所述外的任何纳税人，适用百分比根据第(1)段确定，但该段适用的前提是以相当于各笔美元数额的50%替换[按第(3)段下调整的]其中各笔美元数额。

(3) **通货膨胀调整**。对于在2006年之后一日历年中起始的任何纳税年度，第(1)段中所述各笔美元数额应予上调，上调数额相当于：(A)该美元数额，乘以(B)第1节第(f)子节第(3)段下为该纳税年度起始的日历年确定的成本生活费调整额，以‘2005日历年’替换其第(B)子段中的‘1992日历年’而予以确定。

前一句下确定的任何上调应取整至最接近的500美元倍数。”

(b)[3] **针对积极参与人扣减退休缴费额**。该法第219节第(g)子节

---

① 《美国法典》第26编第415节注。

② 适用性。

③ 《美国法典》第26编第219节。

现予修正，在末尾增补以下新段：

“（8）**通货膨胀调整**。对于在2006年之后一日历年中起始的任何纳税年度，将第（3）段第（B）子段第（ⅰ）条中所载表格末行中美元数额，第（3）段第（B）子段第（ⅱ）条中所载表格末行中美元数额，及第（7）段第（A）子段中所载表格末行中美元数额分别上调，上调数额相当于：（A）该美元数额；乘以（B）第1节第（f）子节第（3）段下为该纳税年度起始的日历年确定的成本生活费调整额，以‘2005日历年’替换其第（B）子段中的‘1992日历年’而予以确定。

前一句下确定的任何上调应取整至就近的1000美元倍数。”

（c）**罗斯个人退休金账户缴费额限制**。该法第408A节第（c）子节第（3）段现予修正，于末尾增补以下新设子段：

“（C）**通货膨胀调整**。对于在2006年之后一日历年中起始的任何纳税年度，将第（C）子段第（ⅱ）条第（Ⅰ）子条和第（Ⅱ）子条中的美元数额分别上调，上调数额相当于：（ⅰ）该美元数额，乘以（ⅱ）第1节第（f）子节第（3）段下为该纳税年度起始的日历年确定的成本生活费调整额，以‘2005日历年’替换其第（B）子段中的‘1992日历年’而予以确定。

前一句下确定的任何上调应取整至就近的1000美元倍数。”

（d）[①] **生效日期**。本节做出的修正适用于2006年后起始的纳税年份。

第D子编　健康给付金及医疗给付金

第841节　为日后退休人员健康给付金及集体商定退休人员健康给付金而动用多余养老金资产

（a）[②] **总体而言**。《1986年国内税收法》第420节（涉及多余养老金资产向退休人员医疗账户划转）现予修正，在末尾增补以下新设子节：

“（f）**进行合格划转，以便应对日后退休人员医疗费用和集体商定退休人员健康给付金**。

（1）**总体而言**。为代替合格划转，维护定额给付金计划（而非多雇

---

① 《美国法典》第26编第25B节注。

② 《美国法典》第26编第420节。

主计划）的雇主可为任何纳税年度选择让计划：

（A）进行日后合格的划转；

（B）或者，进行集体商定划转。

除本子节的规定，为本编及《1974 年雇员退休收入保障法》起见，日后合格的划转及集体商定划转应作合格划转处理。

（2）**日后合格划转及集体谈判议定划转**。在本子节中：

（A）**总体而言**。术语‘日后合格划转’和‘集体商定划转’系指一项符合合格划转所有要求的划转，但：

（ⅰ）应按第（B）子段确定多余养老金资产；

（ⅱ）应按第（C）子段确定划转数额限制；

（ⅲ）第（c）子节第（3）段规定的最低成本要求应按第（D）子段规定修改；

（ⅳ）对于集体商定划转，划转应符合第（E）子段的要求。

（B）**多余养老金资产**。

（ⅰ）**总体而言**。在本子节中确定多余养老金资产时，以‘120%’替换‘125%’，借此使第（e）子节第（2）段适用。

（ⅱ）**要求维护已筹资状态**。若在划转期任何计划年份任何评估基准日，第（e）子节第（2）段第（B）子段下确定的数额［在第（1）条适用后］超过第（e）子节第（2）段第（A）子段下确定的数额，则：

（Ⅰ）维护该计划的雇主向计划支付缴费额，应不得少于使该等日期多余养老金资产减记至零所需数额；

（Ⅱ）或者，将一笔不少于使该等日期多余养老金资产减记至零所需数额从健康给付金账户划转至计划。

（C）**划转数额限制**。即便有第（b）子节第（3）段的规定，多余养老金资产可划转额：

（ⅰ）对于日后合格划转，应等于如下之和：

（Ⅰ）若划转期包括划转所在纳税年度，则为第（b）子节第（3）段下为该等纳税年度确定的数额；

（Ⅱ）对于该划转期内所有其他纳税年度，该计划按部长提供的指导，为该等年份各年合理估计的当前合格退休人员医疗负债总和。

（ⅱ）对于集体商定划转，不得超过按照集体谈判协议规定及普遍公认会计原则合理估计维护该计划的雇主应在集体商定成本维护期为集体谈判退休人员医疗负债从该等账户支付的数额（无论是通过直接支付或报销）。

（D）**最低成本要求。**

（ⅰ）**总体而言。**第（c）子节第（3）段的要求视为满足的前提是：

（Ⅰ）对于日后合格划转，提供适用健康给付金的各集团医疗计划或安排，在始于划转期首年终于该划转期后第四年末日的时期提供适用健康给付金，使该期内雇主相关成本年均额不少于第（c）子节第（3）段第（A）子段下就该划转确定的雇主相关成本；

（Ⅱ）对于集体商定划转，提供集体商定健康给付金的各集体商定集团医疗计划规定，集体商定成本维护期内各纳税年度集体商定雇主成本不得少于集体谈判协议规定额。

（ⅱ）**选择为日后划转维护给付金。**雇主可选择，以第（ⅰ）条第（Ⅰ）子条下时期中所述各年遵守（《1999 年减税延期法》第 535 节所作修正前有效的）第（c）子节第（3）段的要求的方式，遵守该子节的要求。

（ⅲ）**集体商定雇主成本。**在本子段中，术语‘集体商定雇主成本’一词，系指参与计划，提供按相关集体谈判协议确定的集体谈判退休人员健康给付金的个人所承担的平均成本。该等协议可规定集体商定雇主成本的适当削减，将集体商定退休人员健康给付金中政府方案或其他来源提供或融资的任何部分纳入考虑之内。

（E）**针对集体商定划转而设特殊条例。**

（ⅰ）**总体而言。**集体商定划转包括的唯一划转应：

（Ⅰ）依集体谈判协议而进行；

（Ⅱ）在划转之前，雇主在向身为该集体谈判协议一方的各雇员组织所发通知中，依本节指定为集体商定划转；

（Ⅲ）涉及一名雇主所维护的一项计划，在其于 2005 年结束的纳税年度中，向其维护的所有给付金计划下退休人员及其配偶和家眷提供健康给付金或赔付金，前提为，该等给付金或赔付金的总成本（包括管理费在内），原本可作为一笔扣减额批给该雇主（若该等给付金或赔付金由该雇主直接提供，且其使用会计学现金收入和支出法），且至少为该雇主该纳税年度［按第（c）子节第（2）段第（E）子段第（ⅱ）条第（Ⅱ）子条末句确定的］总收入的 5%，或该雇主后继者维护的计划。

（ⅱ）**资产动用**。任何划转至集体商定划转交易（及任何分配给此划转的收入）中健康给付金账号的资产，应仅用于支付该划转所在纳税年度或集体商定成本维护期内的纳税年度（无论是直接维护还是通过报销）的集体商定退休人员医疗负债［第（6）段第（B）子段第（ⅲ）条下未纳入考虑的关键雇员负债除外］。

（3）**与其他划转统筹**。在一划转期或集体商定成本维护期内的纳税年度中，在将第（b）子节第（3）段运用至任何后续划转时，应以就该期限所涉日后合格划转或集体商定划转而纳入考虑在内的任何该等负债，削减当前合格退休人员医疗负债。

（4）**集体商定划转特殊扣减条例**。对于集体商定划转：

（A）第（d）子节第（1）段第（C）子段下的限制不适用；

（B）即便有第（d）子节第（2）段的规定，对于按第（c）子节第（1）段第（B）子段规定动用转让资产的集体商定退休人员医疗负债，雇主可向［第419节第（e）子节第（1）段界定的］健康给付金账户或福利给付金基金支付一笔缴费额，而该等缴费额的可扣减性，受适用于［第419A节第（f）子节第（5）段第（A）子段下确定的］集体谈判协议下福利给付金基金缴费额的可扣减性限制之规限，不考虑该等缴费额是否支付给健康给付金账户或福利给付金账户，亦不考虑第404节的规定及本节其他规定。

部长应提供条例，以确保对于同一集体商定退休人员医疗负债，本段适用时，不会造成同一笔缴费额，或2笔或多笔缴费额或开支扣减一次以上。[①]

（5）**划转期**。在本子节中，术语‘划转期’一词，对于任何划转而言系指跨越第（1）段下选择中指定的连续若干纳税年度（不少于2个）的一段时期，起止于始于划转所在纳税年度的10个纳税年度之期内。

（6）**集体商定划转有关术语**。在本子节中：

（A）**集体商定成本维护期**。术语‘集体商定成本维护期’一词，对于参与计划的各退休人员及其参与计划的配偶和家属而言系指以下孰短者：

---

① 条例。

（ⅰ）该等参与计划的退休人员及其参与计划的配偶和家属的剩余寿命；

（ⅱ）或者，就参与计划的该等退休人员和其参与计划的配偶和家属，（集体商定划转之日确定的）集体商定医疗计划覆盖期。

（B）**集体商定退休人员医疗负债。**

（ⅰ）**总体而言。**术语‘集体商定退休人员医疗负债’一词系指一纳税年度之初，按适用集体谈判协议为该纳税年度及集体商定成本维护期内所有后续纳税年度确定的所有集体商定健康给付金（包括行政费用）的现值。

（ⅱ）**以往预留款削减。**将第（ⅰ）条下确定的款项，削去为支付集体商定退休人员医疗负债而预留的［第419节第（e）子节第（1）段界定的］所有健康给付金账户或福利给付金基金中资产（于集体商定划转当年之前一计划年份结束时的）价值。

（ⅲ）**关键雇员排除在外。**倘若一名雇员对于一纳税年度中结束的任何计划年份而言为［符合第416节第（ⅰ）子节第（1）段含义的］关键雇员，则计算该纳税年度集体商定退休人员医疗负债时，或计算第（c）子节第（3）段第（C）子段下集体商定雇主成本时，该等雇员不纳入考虑在内。

（C）**集体商定健康给付金。**术语‘集体商定健康给付金’系指健康给付金或承保范围：

（ⅰ）紧挨集体商定划转之前有权在退休后领取该等给付金的，及有权领取计划下养老给付金的退休雇员以及他们的配偶和家属；

（ⅱ）（倘若规限集体商定划转的集体谈判协议条款规定）在退休后有权领取该等给付金及有权领取计划下养老给付金的在职职工，以及他们的配偶和家属。

（D）**集体商定医疗计划。**术语‘集体商定医疗计划’一词，系指一份根据一项或多份集体谈判协议为退休雇员及其配偶和家属维护的集团医疗计划。”

（b）[①] **生效日期。**本节所作修正适用于本法颁布之日后的划转。

---

① 《美国法典》第26编第420节注。

第842节　多余养老金资产划转至多雇主医疗计划

(a)[①] **总体而言**。《1986年国内税收法》第420节现予修正：

(1) 删去第 (a) 子节中“(除雇主计划外)”；

(2) 在第 (e) 子节末增补以下新段：

“(5) **适用于多雇主计划**。对于一项多雇主计划，本节适用于任何此类计划时：

(A) 将本节中所指雇主，视为指维护该计划的所有雇主（或者，如果合适的话，该计划出资人）；

(B) 遵循本节中部长认为能较好体现该计划不是由单雇主维护之事实的部分修改（及本编涉及本节的规定）。”

(b)[②] **生效日期**。本节所作修正适用于2006年12月31日后起始的纳税年度中的划转。

第843节　为合法社团出资的医疗给付金留出储备金

(a)[③] **总体而言**。《1986年国内税收法》(涉及账户限制的) 第419A节第 (c) 子节现予修正，于末尾增补以下新段：

“(6) **合法社团计划医疗给付金额外储备金**。

(A) **总体而言**。任何纳税年度的适用账户限制可包括一笔储备金，其数额不超过如下之和的35%：

(ⅰ) 合格直接成本；

(ⅱ) 该等纳税年度医疗给付金（而退休后医疗给付金）已发生但未付索赔变动额。

(B) **适用账户限制**。在本子节中，术语‘适用账户限制’一词，对于通过一家合法社团维护的计划提供的医疗给付金而言，系指［《公共健康法》第2791节第 (d) 子节第 (3) 段］［《美国法典》第42编第300gg－91节第 (d) 子节第 (3) 段界定的］为合格资产账户而设的一项账户限制。”

---

① 《美国法典》第26编第420节。

② 《美国法典》第26编第420节注。

③ 《美国法典》第26编第419A节。

(b)[1] **生效日期。**本节所作修正适用于2006年12月31日后起始的纳税年份。

第844节　具有长期护理保险特点的年金保险和寿险合同的处理

(a) **排除在总收入之外。**《1986年国内税收法》（涉及不作为年金而领取的款项的）第72节第（e）子节现予修正，将第（11）段更名为第（12）段，并在第（10）段之后插入如下新段：

“（11）**为提供长期护理保险的组合合同而设的特殊条例。**尽管有第（2）段、第（5）段第（C）子段和第（10）段的规定，针对一份年金合同现金值或寿险合同退保现金值，为支付属于该等年金或人身保险合同附加条款中合格长期护理保险合同部分承保而收取的任何费用：

（A）将该合同投资减去（但不少于零）该等费用[2]；

（B）该等费用不得包括在总收入内。”

（b）**某些保单间免税交换。**

（1）**年金合同可包括合格长期护理保险附加条款。**该法第1035节第（b）子节第（2）段现予修正，于末尾增补以下新句：“在前一句中，一项合同，始终不得仅因一项合格长期护理合同属于其附加条款而视为一项年金合同。”

（2）**寿险合同可包括合格长期护理保险附加条款。**该法第1035节第（b）子节第（3）段现予修正，于末尾增补以下新句：“在前一句中，一项合同，始终不得仅因一项合格长期护理合同属于其附加条款而视为一项寿险合同。”

(3)[3] **扩大人寿保险、养老及年金合同与长期护理合同之间的免税交换。**该法（涉及某些保单交换的）第1035节第（a）子节现予修正：

（A）在第（1）段中，于末尾分号前插入“或为一项合格长期护理保险合同”；

（B）在第（2）段中，于末尾分号前插入“或第（C）子段（对于一项合格长期护理保险合同）”；

---

① 《美国法典》第26编第419A节注。

② 条例。

③ 《美国法典》第26编第1035节。

（C）在第（3）段中，于末尾句号前插入“或为一个合格长期护理保险合同”。

（4）**合格长期护理保险合同免税交换**。该法（涉及某些保单交换的）第1035节第（a）子节现予修正，删去第（2）段末尾“或”，删去第（3）段末尾句号并插入“；或”，然后在第（3）段后插入以下新段：

“（4）一份合格长期护理保险合与一个合格长期护理保险合同（交换）。”

（c）**对寿险或年金合同中所提供的保险范围部分的处理**。该法（涉及合格长期护理保险处理的）第7702B节第（e）子节现予修正如下：

“（e）[①] **对寿险或年金合同中提供的承保部分的处理**。除部长所颁条例另有规定，否则，对于作为寿险合同或年金合同附加条款或部分合同而提供的任何长期护理保险范围（无论合格与否）：

（1）[②] **总体而言**。本编之适用，犹如该合同提供该等保险范围的部分系一份单独合同。

（2）**拒绝做出第213节下扣减**。为合格长期护理保险合同下的保险范围支付的任何款项，若该等款项系对寿险合同退保现金值或年金合同现金值收取的费用，不得做出第213节第（a）子节下的扣减。

（3）**界定的部分**。在本子节中，术语‘界定的部分’一词，仅指在不考虑长期护理的情况下，寿险合同及年金合同下除其条款及给付金以外的条款和给付金。

（4）**第（1）段不适用的年金合同**。在本子节中，下列情形一律不得视为年金合同：

（A）第401节第（a）子节中所述根据第501节第（a）子节免税的信托。

（B）一份如下的合约：

（ⅰ）由第（A）子段中所述信托购买；

（ⅱ）作为第403节第（a）子节中所述计划的一部分而购买；

（ⅲ）符合第403节第（b）子节中的描述；

（ⅳ）提供给第818节第（a）子节第（3）段中所述计划下寿险公司

① 规例。

② 适用性。

雇员；

（ⅴ）或者，来自个人退休账户或个人退休年金。

（C）由一名雇主为雇员（或雇员配偶）给付金购买的合同。

在本段中，参与人或受益人收到的第404节第（k）子节中所述任何股利，在第（B）子段第（ⅰ）条适用的单独合同下视为已支付。”

（d）**信息报告。**

（1）该法（涉及与其他人交易有关信息的）第61章第A子章第Ⅲ部第B子部现予修正，于末尾增补以下新节：

“第6050U节[①] 组合安排下合格长期护理保险合同收费或缴费

（a）[②] **报告要求。**对年金合同现金值或人身保险合同退保现金值收取排除在第72节第（e）子节第（11）段下总收入之外费用的任何人，应根据部长所颁形式或规例做出申报，列明：

（1）该日历年对各项此等合同所收费用总额；

（2）因该等收费，而使各项此等合同投资削减的数额；

（3）持有各项此等合同者的名称、地址及TIN。

（b）**规定提交信息者应提交声明。**提交第（a）子节下申报表的各人，应向该申报表中列出姓名之各位人士提交一份书面声明，示明：

（1）支付人的姓名、地址、电话号码等联系信息；

（2）该等人士在申报表上应示信息。

前一句下规定的书面声明，应于第（a）子节下规定应提交申报表日历年次年1月31日或之前提交给该等人士。[③]”

（2）**未提交报表之处罚。**

（A）[④] **申报表。**该法第6724节第（d）子节第（1）段第（B）子段现予修正，删去第（ⅹⅶ）条末“或”，删去第（ⅹⅷ）条末“和”并插入“或”，并在末尾插入以下新条：

“（ⅹⅸ）（涉及组合安排下合格长期护理保险合同收费或缴费的）第

① 《美国法典》第26编第6050U节。

② 规例。

③ 截止日期。

④ 《美国法典》第26编第6724节。

6050U 节，及。”

（B）[①] **声明**。该法第 6724（d）节第（2）段现予修正，删去第（AA）子段末“或”，删去第（BB）子段末句号，并在第（BB）段末后插入以下新设子段：

“（CC）（涉及组合安排下合格长期护理保险合同收费或缴费的）第 6050U 节。”

（3）**文书修正**。该法第 61 章第 A 子章第Ⅲ部第 B 子部现予修正，其节次目录于末尾增补以下新项：“第 6050U 节　组合安排下合格长期护理保险合同收费或缴费。”

（e）**保单获取开支**。该法（涉及合同分类的）第 848 节第（e）子节现予修正，于末尾增补以下新段：

“（6）**某些合格长期护理保险合同安排的处理**。一份年金保险合同或寿险合同，包括了作为年金或人身保险合同附加条款部分的合格长期护理保险合同的，应视为不符合第（c）子节第（1）段第（A）子段或第（B）子段描述的指定保险合同。”

（f）**技术修正**。该法［第（c）子节所作修正前有效的］第 7702B 节第（e）子节第（1）段现予修正，删去“节”并插入“编”。

（g）[②] **生效日期**。

（1）[③] **总体而言**。除本子节另有规定外，本节所作修正适用于 1996 年 12 月 31 日后签发的合同，但仅限于 2009 年 12 月 31 日之后起始的纳税年度。

（2）**免税交换**。第（b）子节所作修正应适用于 2009 年 12 月 31 日后的交换。

（3）**信息报告**。第（d）子节所作修正应适用于 2009 年 12 月 31 日后收取的费用。

（4）**获取保单所致开支**。为 2009 年 12 月 31 日之后起始的纳税年度确定的获取保单所致指定开支，第（e）子节所作修正适用。

（5）**技术修正**。第（f）子节所作修正，应如其收录于《1996 年健康

---

① 《美国法典》第 26 编第 6724 节。

② 适用性。

③ 《美国法典》第 26 编第 72 节注。

保险隐私及责任法》第 321 节第（a）子节一般生效。

第 845 节　政府健康和长期护理保险退休计划向公共安全官员支付的发放款

（1）**总体而言**。《1986 年国内税收法》（涉及雇员信托受益人可课税性的）第 402 节现予修正，于末尾增补以下新设子节：

“（l）**政府健康和长期护理保险计划发放款**。

（1）**总体而言**。身为一名合格的退休公共安全官员的雇员，为其任何纳税年度做出第（6）段中所述选择的，该雇员该纳税年度总收入不包括合格退休计划支付的任何发放款，唯须该等发放款总额不超过该等雇员为其本人、其配偶或（第 152 节界定的）家属该纳税年度合格健康险保费所付额。

（2）**限制**。该纳税年度因第（1）段之故可排除在总收入之外的款额，不得超过 3000 美元。

（3）**在其他情况下应包括在内的发放款**。

（A）**总体而言**。一笔款额，只要其在不考虑第（1）段的情况下应包括在总收入内的，在第（1）段中应视为一笔发放款。

（B）**第 72 节之适用**。即便有第 72 节规定，在为第（A）子段起见确定一笔数额是否视发放款时，一纳税年度中一合格退休计划发放的总额［上至第（1）段下不包括在内的款额］，［在不考虑第（A）子段的情况下］应视为包括在总收入中，唯须在所有合格退休计划发放款，为确定第 72 节下该等发放款是否应包括在内起见而视同为一项合同的情况下，该笔款额不超过原本可包括在总收入内的总额。对该纳税年度和后续纳税年度其他发放款适用第 72 节时，应作适当调整。

（4）**定义**。在本节中：

（A）**合格退休计划**。在第（1）段中，术语‘合格退休计划’一词系指是第（c）子节第（8）段第（B）子段第（ⅲ）条、第（ⅳ）条、第（ⅴ）条或第（ⅵ）条中所述一份［符合第 414 节第（d）子节含义的］政府计划。

（B）**合格退休公共安全官员**。术语‘合格退休公共安全官员’一词系指一名个人，因丧失能力或达到正常退休年龄，以公共安全官员身份从维护合格退休计划的雇主离职，而该合格退休计划提供第（1）段下发放款。

（C）**公共安全官员**。术语‘公共安全官员’一词具有《1968年综合犯罪控制和街道安全法》第1204节第（9）段第（A）子段［《美国法典》第42编第3796b节第（9）段第（A）子段］赋予该词的含义。

（D）**合格健康险保费**。术语‘合格健康险保费’一词，系指合格退休公共安全官员、其配偶和家属因意外或健康保险计划或［第7702B节第（b）子节界定的］合格长期护理保险合同为承保范围支付的保费。

（5）**特殊条例**。在本子节中：

（A）**直接缴费给规定承保人**。若保费从合格退休计划发放款扣除，直接支付给事故或健康保险计划或合格长期护理保险合同提供商的，第（1）款只适用于发放款。

（B）**有关计划视同一份**。一名雇主的所有合格退休计划应视为单个计划。

（6）**所述选择**。

（A）**总体而言**。在第（1）段中，若一名雇员离职后，选择让并非由一项合格退休计划发放之款由该等计划放发并支付合格健康险保费的，则该选择符合第（1）段的描述。

（B）**特殊条例**。一项计划不得仅因其就原本计划下所发放款项提供一项选择，或仅因根据第（A）子段中所述选择提供的发放款，而视为违反第401节要求或从事第503节第（b）子节中受禁交易。

（7）**医疗费用扣减统筹安排**。第（1）段下从总收入中排除的数额，在第213节下不得纳入考虑以内。

（8）**自雇个人健康险成本扣减统筹安排**。第（1）段下从总收入中排除的款额，在第162节下不得纳入考虑以内。”

（b）**为保持一致性所作修正**。

（1）[①] 该法（涉及合格年金计划下受益人可课税性的）第403节第（a）子节现予修正，在第（1）段后插入以下新段：

“（2）健康及长期护理保险特殊条例。但凡第402节第（l）子节中有规定，则该合同下发放的金额，原本包括在本节下总收入中的，第（1）段不适用。”

---

① 《美国法典》第26编第403节。

（2）该法［涉及第501节第（c）子节第（3）段下所购年金下受益人可课税性的］第403节第（a）子节现予修正，在第（1）段后插入以下新段：

"（2）**健康及长期护理保险特殊条例**。但凡第402节第（l）子节中有规定，则该合同下发放的金额，原本包括在本节下总收入中的，第（1）段不适用。"

（3）该法（涉及该年是否纳入在总收入内的）第457节第（a）子节现予修正，在末尾增补以下新段：

"（3）**健康及长期护理保险特殊条例**。对于第（e）子节第（1）段第（A）子段所述合格雇主的计划，在第402节第（l）子节规定的范围内，第（1）款不适用于本子节下原本包括在总收入内的款额。"

（c）[①] **生效日期**。本节所作修正适用于2006年12月31日后起始的纳税年度中的发放款。

第E子编　美国税务法院现代化

第851节　为税务法院判决的遗属年金调整生活成本

（a）[②] **总体而言**。《1986年国内税收法》（涉及法官未亡配偶和的受抚养子女年金的）第7448节第（s）子节现予修正如下：

"（s）**上调遗属年金**。每次根据《美国法典》第5编第8340节第（b）子节上调此编第83章第Ⅲ子章下应付年金时，本节下遗属年金基金每笔应付年金，应按该第8340节第（b）子节下年金上调的相同百分比上调。"

（b）[③] **生效日期**。本节所作修正，应适用于根据《美国法典》第5编第8340节第（b）子节对此编第83章第Ⅲ子章下应付年金所作上调。

第852节　65岁或以上税务法院法官人寿保险参保成本

《1986年国内税收法》（涉及支出的）第7472节现予修正，在首句后

① 《美国法典》第26编第402节注。

② 《美国法典》第26编第7448节。

③ 《美国法典》第26编第7448节注。

插入以下新句："即便法律有任何其他规定，税务法院也有权代表其 65 岁或以上的法官，缴纳《2006 年养老金保护法》颁布之日后强加的联邦政府雇员集体人寿险上调部分（包括该等缴费所致任何费用），但须经首席法官授权，并依全美司法会议根据《美国法典》第 28 编第 604 节第（a）子节第（5）段授权做出该等缴费的一致方式。"

第 853 节　税务法院法官加入节俭储蓄计划

（1）**总体而言**。《1986 年国内税收法》（涉及法官退休的）第 7447 节现予修正，于末尾增补以下新设子节：

"（j）**节俭储蓄计划**。

（1）**选择缴费**。

（A）**总体而言**。税务法院法官可以选择向《美国法典》第 5 编第 8437 节所设节俭储蓄基金缴费。

（B）**选择期**。对于受该编第 84 章规限之个人，本段下选择仅可于《美国法典》第 5 编第 8432（b）节下规定的期限内做出。

（2）**第 5 编规定之适用性**。除本子节中另有规定外，《美国法典》第 5 章第 84 章第Ⅲ子章和第Ⅶ章规定，应适用于做出第（1）段下选择的法官。

（3）**特殊条例**。

（A）**缴费额**。一名法官在任何工资期向节俭储蓄基金缴费的数额，不得超过《美国法典》第 5 编第 8440f 节下为此工资期规定的该法官基本工资最大百分比。根据本节，基本工资不包括任何退休工资。

（B）**法官给付金缴费额**。不得为《美国法典》第 5 编第 8432 节第（c）子节下法官的给付金支付缴费额。

（C）**法官退休与否的情况下第 5 编第 8433 节第（b）子节之适用性**。《美国法典》第 5 编第 8433 节第（b）子节适用的法官应做出第（1）段下选择，且：

（ⅰ）根据第（b）子节退休；

（ⅱ）或者，不再担任税务法院法官，但未根据第（b）子节退休。

为该编第 84 章第Ⅲ子章及第Ⅶ子章起见，第（b）子节下退休系指离职。

（D）**第 5 编第 8351 节第（b）子节第（5）段之适用性**。《美国法典》第5编第8351节第（b）子节之规定，应适用于做出第（1）段下选择的法官。

（E）[①] **例外情况**。即便有第（C）子段的规定，倘若任何法官根据本节退休，或在未达到第（b）子节第（2）段下所设年龄及服务要求的情况下辞职，且该法官不可罚没的账户余额少于联邦退休节俭投资委员会执行董事依规例规定额的，该执行董事可将此不可罚没的账户余额整笔支付给该参与人。"

（b）[②] **生效日期**。本节所作修正应于本法颁布之日起生效，美国税务法院法官只能在此日期后起始的下一开放季度加入节俭储蓄计划的除外。

第854节　税务法院特审法官未亡配偶、受抚养子女年金

（a）**定义**。（经本法修正的）《1986年国内税收法》（有关定义的）第7448节第（a）子节现予修正，第（5）段、第（6）段、第（7）段、第（8）段分别更名为第（7）段、第（8）段、第（9）段和第（10）段，并在第（4）段后插入以下新段：

"（5）术语'特审法官'一词系指特审法官根据第7443A节任命的司法官员，包括根据《美国法典》第5编第83章或第84章领取年的任何个人，无论其是否履行第7443B节下的司法职责。

（6）术语'特审法官工资'一词，系指特审法官系指根据第7443A节第（d）子节领取的工资，根据《美国法典》第5编第83章或第84章作为年金领取的任何款额，及根据第7443B节领取的薪酬。"

（b）**选择**。（涉及法官未亡配偶、受抚养子女年金）现予修正：

（1）删去该子节标题，并插入以下内容：

"（b）[③] **选择**。

（1）**法官**。"

（2）将文本两处"他们"移至右边；

（3）在末尾增补以下新段：

---

① 规例。

② 《美国法典》第26编第7447节注。

③ 《美国法典》第26编第7448节。

“（2）[1] **特审法官**。任何特审法官可通过向首席法官提交书面选择，使其自身符合本节之范围。此选择提交之日不应晚于如下孰晚者之6个月后：

（A）本段颁布之日起6个月后；

（B）法官上任之日；

（C）或者，法官结婚之日。”

（c）**为保持一致性所作修正**。

（1）该法第7448节的标题现予修正，在“法官”后面插入“及特审法官”。

（2）该法第76章第C子章第Ⅰ部节次目录中第7448节现予修正，在“**法官**”后插入“**及特审法官**”。

（3）（经本法修正的）该法第7448节第（c）子节第（1）段、第（d）子节、第（f）子节、第（g）子节、第（h）子节、第（j）子节、第（m）子节、第（n）子节和第（u）子节分别予以修正：

（A）在各处“法官”后插入“或特审法官”，但并非在“首席法官”一词中插入；

（B）在各处“法官的”后插入“或特审法官的”。

（4）该法第7448节第（c）子节现予修正：

（A）在第（1）段中，删去“税务法院法官”，并插入“税务法院司法官员”。

（B）在第（2）段中：

（ⅰ）在第（A）子段中，在“第（a）子节第（4）段”后插入“及第7443A节第（d）子节”；

（ⅱ）在第（B）子段中，删去“第（a）子节第（4）段”并插入“第（a）子节第（4）段和第（a）子节第（6）段”。

（5）该法第7448节第（j）子节第（1）段现予修正：

（A）在第（A）子段中，删去“供职中或已退休”并插入“供职中、已退休”，并“第7447节”之后插入“，或根据《美国法典》第5编第83或84章领取的任何年金，”；

（B）在末句中，删去“第（a）子节第（6）段及第（7）段中”并

---

① 截止日期。

插入“第（a）子节第（8）段、第（9）段”。

（6）（经本法修正的）该法第7448节第（m）子节第（1）段现予修正，在“第7447节第（d）子节”后插入“或《美国法典》第5编第83章或第84章下的任何年金”。

（7）该法第7448节第（n）子节现予修正，在“税务法院”后插入“根据第7443A节下任何任命供职的工龄”。

（8）该法第3121节第（b）子节第（5）段第（E）子段现予修正，在“美国税务法院”前插入“或特审法官”。

（9）[①]《社会保险法》第210节第（a）子节第（5）段第（E）子段现予修正，在“美国税务法院”前插入“或特审法官”。

第855节　税务法院对征收正当程序案件的管辖权

（a）**总体而言**。《1986年国内税收法》（涉及审理后程序的）第6330节第（d）子节第（1）段现予修正如下：

“（1）[②] **判定结果司法审查**。该人可于本节下所作判定后30天内，将此判定向税务法院上诉（而该税务法院对此类事项具有管辖权）。”

（b）**生效日期**。本节所作修正适用于本法颁布之日起60天后所作判定。

第856节　返聘规定

（a）**总体而言**。《1986年国内税收法》第76章第C子章第Ⅰ部现予修正，在第7443A节后插入以下新节：

“第7443B节[③]　返聘税务法院特审法官

（a）**返聘退休的特审法官**。根据《美国法典》第5编适用规定，达到规定中所设年龄和工龄要求退休的任何个人，可在退休之际或之后应首席法官召令，按其指定的期限在该等个人请求供职的税务法院履行司法职责；只是任何该等个人：

① 《美国法典》第42编第410节。

② 截止日期。

③ 《美国法典》第26编第7443B节。

（1）在任何 1 个日历年内，（未经该等个人之同意）该等期限合计不得超过 90 个日历日；

（2）在因疾病或残疾而不能履行职责的任何期间，该等个人应卸下该等职责。

该等个人根据本子节履行司法职责时的任何作为或不作为，其效力犹如税务法院特审法官之作为（或不作为）。

（b）**薪酬**。在返聘期所在年份，在根据《美国法典》第 5 编适用规定下提供的年金外，特审法官应领取一笔款额，相当于年金与该特审法官返聘职务当前薪水的差额。

（c）**制定条例权限**。本节规定可按税务法院颁布的条例实行。”

（b）**为保持一致性所作修正**。该法第 76 章第 C 子章第 I 部节次目录现予修正，在有关第 7443A 节的项之后插入以下新项：“第 7443B 节　返聘税务法院特审法官。”

第 857 节　特审法官审理和裁决某些雇佣状况案例的权限

（a）[①] **总体而言**。《1986 年国内税收法》（涉及指配给特审法官处理的诉讼程序的）第 7443A 节第（b）子节现予修正，删去第（4）段末“和”，将第（5）段更名为第（6）段，并在第（4）段后插入以下新段：

“（5）第 7436 节第（c）子节下的任何诉讼程序，及。”

（b）**为保持一致性所作修正**。该法第 7443A 节第（c）子节现予修正，删去“或第（4）段”并插入“第（4）段或第（5）段”。

（c）[②] **生效日期**。本法颁布之日之前《1986 年国内税收法》第 7436 节第（c）子节下所作裁决并非为（该法第 7481 节下确定的）最终裁决的任何诉讼程序，本节所作修正适用。

第 858 节　确认税务法院运用衡平补偿原则的权限

（a）**确认税务法院运用衡平补偿原则的权限**。《1986 年国内税收法》（涉及其他年份和季度管辖权的）第 6214 节第（b）子节现予修正，在末尾增补以下新句：“即便有前句规定，税务法院依然可运用衡平补偿原

① 《美国法典》第 26 编第 7443A 节。

② 同上。

则，与该原则在美国地区法院和美国联邦请求法院民事税务案件中的运用范围相同。”

(b)[①] **生效日期。**美国税务法院中的任何诉讼或法律程序，于本法颁布之日所作裁决并非为（该《1986 年国内税收法》第 7481 节下确定的）最终裁决的，本节所作修正适用。

第 859 节　以提交请愿书而启动的所有案例中向税务法院缴纳的立案费

(a) **总体而言。**《1986 年国内税收法》（涉及向税务法院提交请愿书的费用的）第 7451 节现予修正，删去“请愿书”后所有内容，并插入句号。

(b)[②] **生效日期。**本节所作修正应于本法颁布之日生效。

第 860 节　为自辩纳税人扩大税务法院执业费用途

(a) **总体而言。**《1986 年国内税收法》（涉及费用使用的）第 7475 节第（b）子节现予修正，在末尾前插入“并向自辩纳税人提供服务”。

(b)[③] **生效日期。**本节所作修正应于本法颁布之日生效。

第 F 子编　其他规定

第 861 节　适用于州际和地方计划的某些反歧视条例，其暂时中止适用范围扩大至所有政府计划

(a) **总体而言。**

(1)[④] 《1986 年国内税收法》第 401 节第（a）子节第（5）段第（G）子段及第 401 节第（a）子节第（26）段第（G）子段分别予以修正，删去“第 414 节第（d）子节”及其后所有内容，并插入“第 414 节第（d）子节”。

① 《美国法典》第 26 编第 6214 节注。

② 《美国法典》第 26 编第 7451 节注。

③ 《美国法典》第 26 编第 7475 节注。

④ 《美国法典》第 26 编第 401 节。

(2)[①] 该法第401节第(k)子节第(3)段第(G)子段和《1997年纳税人救助法》第1505节第(d)子节第(2)段(第105-34号《公法》;《美国联邦法律大全》第111卷第1063页)现予修正，分别删去“由州政府或地方政府或政治分支机构(或其机构或部门)维护的”。

(b) **为保持一致性所作修正。**

(1)《1986年国内税收法》第401节第(a)子节第(5)段第(G)子段标题现予修正，删去“州政府和地方政府”并插入“政府”。

(2) 该法第401节第(a)子节第(26)段第(g)子段标题现予修正，删去“州和地方政府例外情况”并插入“例外情况”。

(3) 该法第401节第(k)子节第(3)段第(G)子段现予修正，在“第(G)段”之后插入“政府计划。”。

(c) **生效日期。**本节所作修正适用于本法颁布之日后起始的任何年份。

第862节　解除黑肺残疾信托多余基金动用累计限制

(a) **总体而言。**《1986年国内税收法》(涉及黑肺残疾信托的)第501节第(c)子节第(21)段第(C)子段末句之前的部分修正如下：

“(C)该等信托在一纳税年度支付的第(A)子段第(ⅰ)条第(Ⅳ)子条所述款项，仅限于该纳税年度内该等款项累计额在前一纳税年度结束时不超过：

(ⅰ)该信托资产市场公允价值；

(ⅱ)超过该人第(A)子段第(ⅰ)条第(Ⅰ)子条中所述负债现值110%的部分(若有)。”

(b)[②] **生效日期。**本节所作修正适用于2006年12月31日后起始的纳税年份。

第863节　公司拥有的人寿保险所付身故给付金的处理

(a) **总体而言。**《1986年国内税收法》(涉及某些身故给付金)第101节现予修正，于末尾增补以下新设子节：

① 《美国法典》第26编第401节注。

② 《美国法典》第26编第501节注。

“（j）**某些雇主拥有的寿险合同之处理。**

（1）**一般条例。**对于雇主拥有的寿险合同，因第（a）子节第（1）段排除在一名适用投保人总收入之外的款额，不得超该投保人为该合同支付的保费及其他款额之总和。

（2）**例外情况。**对于雇主拥有的寿险合同，满足第（4）段通知和同意要求的，第（1）段不适用于以下任何内容：

（A）**基于被保人状态的例外情况。**因被保人身故而领取的任何款额，就一名适用投保人而言，被保人：

（ⅰ）在被保人身故前12月之期内任何时候是一名雇员。

（ⅱ）在合同签发之际是：

（Ⅰ）一名董事；

（Ⅱ）符合第414节第（q）子节含义的高薪雇员［不考虑其第（1）段第（B）子段第（ⅱ）条］；

（Ⅲ）或者，符合第105节第（h）子节第（5）段含义的高薪个人，但以‘35%’替换其第（C）子段中的‘25%’。

（B）**支付给被保人继承人的例外情况。**因被保人身故而领取的任何款额，凡：

（ⅰ）该款额支付给被保人［符合第267节第（c）子节第（4）段含义的］家庭成员的，支付给合同下被保人（而非投保人）指定受益人，支付给为任何该等家庭成员或指定受益人，或被保人遗产所设信托；

（ⅱ）或者，此款额用于从第（ⅰ）条所述的任何人士处购买适用投保人股本（或资本或利润）权益。

（3）**雇主拥有的寿险合同。**

（A）**总体而言。**在本节中，术语‘雇主拥有的寿险合同’一词系指一份寿险合同：

(ⅰ) 由从事一项贸易或生意的人士所拥有，且使该等人士［或第（B）子段第（ⅱ）条中所述相关人士］直接或间接地成为合同下受益人；

（ⅱ）承保被保人寿险，而该被保人在该合同签发之日系一名从事适用投保人所办交易或业务的雇员。

在前一句中，若主合同下各被保人承保范围为第817节第（h）子节、第7702节和第7702A节起见视为一份单独合同的，则该等各位被保人的承保范围应视为一份单独合同。

（B）**适用投保人**。在本子节中：

（ⅰ）**总体而言**。术语‘适用投保人’一词对于任何雇主拥有的寿险合同而言系指第（A）子段第（ⅰ）条中所述拥有此合同的人士。

（ⅱ）**相关人士**。术语‘适用投保人’一词包括任何人士，其：

（Ⅰ）与第（ⅰ）条中所述人士存在第 267 节第（b）子节或第 707 节第（b）子节第（1）段中规定的一种关系；

（Ⅱ）或者，与［符合第 52 节第（a）子节或第（b）子节含义的］共同控制之下的人士处理交易或业务。

（4）**通知及同意要求**。满足本段通知及同意要求的前提是，在签发合同之前，该雇员：

（A）接到书面通知，即该适用投保人欲为雇员办理寿险，及该合同签发之际该雇员可投保最大面值；

（B）提供书面通知，即同意在该合同下被保，且该等承保范围可在被保人终止雇用后继续存续；

（C）接到书面通知，即该适用投保人将在该雇员身故后成为任何应付收益的受益人。

（5）**定义**。在本节中：

（A）**雇员**。术语‘雇员’一词包括管理人员、董事和［符合第 414 节第（q）子节含义的］高薪雇员。

（B）**受保人**。术语‘受保人’一词对于雇主拥有的寿险合同而言，系指合同所覆盖的美国公民或居民个人。一项合同覆盖 2 名个人的共同寿命的，一名受保人指该两人。”

（b）**报告要求**。《1986 年国内税收法》（涉及受特别规定规限人士有关信息的）第 61 章第 A 子章第Ⅲ部第 A 子部现予修正，在第 6039H 节后插入以下新节：

“第 6039I 节[①] 雇主拥有的寿险合同申报表和记录

（a）[②] **总体而言**。每名拥有 1 份或多份本节颁布之日后签发的雇主拥有的寿险合同的适用投保人应（按部长依规例规定的时间及方式）提交

---

① 《美国法典》第 26 编第 6039I 节。

② 规例。

一份申报表，显示在拥有该等合同的各年里：

（1）该年年底时适用投保人雇员的数目；

（2）该年年底时该等合同下该等雇员被保人数；

（3）该等合同下该年年底时有效保险总额；

（4）适用投保人名称、地址和纳税人识别号及投保人所从事业务类型；

（5）该适用投保人取得了每名受保雇员的有效同意（或，若未取得所有受保雇员同意的，则未予同意的受保雇员数目）。

（b）**记录保存要求**。每名在任何一年拥有1份或多份雇主拥有的寿险合同的适用投保人，应保存为确定本节及第101节第（j）子节要求是否得以满足所需的记录。

（c）**定义**。本节所用术语，在第101节第（j）子节中有使用的，应具有第101节第（j）子节赋予该词的相同含义。”

（c）**为保持一致性所作修正**。

（1）[①]《1986年国内税收法》第101节第（a）子节第（1）段现予修正，删去“及第（f）子节”并插入“第（f）子节及第（j）子节”。

（2）该法第61章第A子章第Ⅲ部第A子部节次目录现予修正，在有关第6039H节的项之后插入以下新项：“第6039I节　雇主拥有的寿险合同申报表和记录。”

（d）[②] **生效日期**。本节所作修正应适用于本法颁布之日后签发的寿险合同，该等日期后签发的合同依照《1986年国内税收法》第1035节中所述，与该等日期当日或之前所签发合同交换的除外。在前一句中，身故给付金发生重大上调或出现其他重要变动的，将使该合同被视为一项新合同，但对于［符合该法第264节第（f）子节第（4）段第（E）子段含义的］主合同，寿险加设参保人的，仅就该等新参保人而言应视为一项新合同。

第864节　大学入学考试、分级考试考场监考人员及协管学监的处理

（a）[③] **总体而言**。《1978年收入调整法》第530节现予修正，在末尾

① 《美国法典》第26编第101节。

② 适用性。

③ 《美国法典》第26编第3401节注。

增补以下新设子节：

“（f）**大学入学考试及分级考试考场监考人员及协管学监的处理。**

（1）[①] **总体而言。**第（2）段所述个人，作为协管大学入学考或分级考试的考试学监或考场监考人提供服务的，本节应适用于2006年12月31日后履行的该等服务（及该等服务报酬），不考虑其第（a）子节第（3）段。

（2）**适用性。**一名个人符合本段描述的前提为，该个人：

（A）向第501节第（c）子节所述组织提供第（a）子节所述服务，免于缴纳《1986年国内税收法》第501节第（a）子节下税款；

（B）在该法（涉及就业税）第C子编中未被视为该组织的雇员。”

（b）[②] **生效日期。**本节所作修正适用于2006年12月31日后所履行服务的报酬。

第865节[③]　自行年金化教会计划溯往原则

（a）**总体而言。**在此法颁布之日后终止的任何计划年份，对于为一份合格教会计划下参与人或受益人维护的任何账户，就其提供的年金支付款项，不得仅因为不是在一份从一家保险公司所购年金合同下支付的，便不满足《1986年国内税收法》第401节第（a）子节第（9）段要求，唯须该等支付款项，若就该法第403节第（b）子节第（9）段中所述退休收入账户提供，便不会违反该等要求。

（b）**合格教会计划。**在本节中，术语“合格教会计划”一词，系指该法第401节第（a）子节中所述任何货币购买养老金计划：

（1）其为一项未做出该法第410节第（d）子节下规定选择的［该法第414节第（e）子节界定的］教会计划；

（2）其在2002年4月17日时存续。

第866节　教会计划所持杠杆式房地产收入豁免情况

（a）[④] **总体而言。**《1986年国内税收法》第514节第（c）子节第

① 适用性。

② 《美国法典》第26编第3401节注。

③ 《美国法典》第29编第401节注。

④ 《美国法典》第26编第514节。

(9) 段第 (C) 子段现予修正，删去第 (ⅱ) 条后“或”，删去第 (ⅲ) 条末句号并插入“；或”，并在第 (ⅲ) 条后插入如下：

“(ⅳ) 第 403 节第 (b) 子节第 (9) 段中所述退休收入账户。”

(b)[①] **生效日期**。第 (a) 子节所做出的修正适用于本法颁布之日或之后起始的任何缴税年度。

第 867 节　教会计划条例

(a) **总体而言**。《1986 年国内税收法》第 415 节第 (b) 子节第 (11) 段现予修正，在末尾增补如下：“第 (1) 段第 (B) 子段不适用于，第 3121 节第 (w) 子节第 (3) 段第 (A) 子段中所述的组织维护的计划，高薪给付金除外。在本段中，术语‘高薪给付金’一词系指在身为第 3121 节第 (w) 子节第 (3) 段第 (A) 子段中所述组织一名 [第 414 节第 (q) 子节界定的] 高薪雇员的任何年份中，该雇员首年或之后的累算给付金。为使第 (1) 段第 (B) 子段适用高薪给付金起见，该雇员 (在不考虑本段的情况下) 纳入考虑的所有给付金，应予以考虑。”

(b)[②] **生效日期**。本节做出的修正适用于 2006 年 12 月 31 日后起始的年份。

第 868 节　雇员给付金无偿划转

(a) **总体而言**。《1986 年国内税收法》第 664 节第 (g) 子节第 (3) 段第 (E) 子段现予修正，在“第 (7) 段”后插入“(以分配给参与人时证券公允市场价值为基础确定)”。

(b)[③] **生效日期**。本节所做出的修正应于本法颁布之日生效。

---

① 《美国法典》第 26 编第 514 节注。

② 《美国法典》第 26 编第 415 节注。

③ 《美国法典》第 26 编第 664 节注。

第九编　加强退休金计划多样化和参与度及其他养老金规定

第901节　要求固定缴费额计划给予雇员将其计划资产进行投资的自由

（a）**《国内税收法》修正。**

（1）[①] **资质要求。**《1986年国内税收法》（涉及合格养老金、利润分享和股票奖励计划的）第401节第（a）子节现予修正，在第（34）段后插入以下新段：

“（35）**某些固定缴费额计划多样化要求。**

（A）**总体而言。**一项信托，属于适用固定缴费额计划一部分的，除非该计划符合第（B）子段、第（C）子段和第（D）子段多样化要求，否则不应被视为一项合格信托。

（B）**投资于雇主证券的雇员缴费额及选择性递延项。**一名适用个人其账户可归于雇员缴费额和选择性递延项的部分投资于雇主证券的，若该适用个人可选择将该计划撤出该证券投资，转而将一笔同等数额投资于符合第（D）子段要求的其他投资选项的，则该计划符合本子段要求。

（C）**投资于雇主证券的雇主缴费额。**账户可归于雇主缴费额但不可归于选择性递延项的部分，投资于雇主证券的，一项计划符合本子段要求的前提是每名适用个人：

（ⅰ）系一名已履行至少3年服务的参与人；

（ⅱ）或者，第（ⅰ）条中所述参与人的受益人，或已故参与人的受益人；

① 《美国法典》第26编第401节。

可选择将该计划撤出该证券投资，转而将一笔同等数额投资于符合第（D）子段要求的其他投资选项。

（D）**投资选项。**

（ⅰ）**总体而言。**若该计划除雇主证券之外，向一名可管理根据本段撤出雇主证券投资所得收益的适用个人提供不少于三个投资选项，各选项多样化，其风险和收益特征截然迥异的，则满足本子段要求。

（ⅱ）**部分限制和条件之处理。**

（Ⅰ）**做出投资选择的时机。**一项计划，不得仅因其限制撤出投资并重新投资的时机为至少每季出现的定期合理的机会，而被视为不符合本子段要求。

（Ⅱ）**不允许某些限制和条件。**除规例规定外，一项计划，若其对雇主证券投资设置该计划其他资产投资没有的限制或条件的，则不满足本子段要求。本子条不适用于因证券法的适用而设置的任何限制或条件。

（E）**适用固定缴费额计划。**在本段中：

（ⅰ）**总体而言。**术语‘适用固定缴费额计划’一词，系指持有任何公开交易的雇主证券的固定缴费额计划。

（ⅱ）**某些 ESOPS（雇员股票拥有计划）例外情况。**该术语不包括雇员持股计划，但凡：

（Ⅰ）该等计划（或其收益）无在其范围内持有并受第（k）子节或第（m）子节规限的任何缴费额；

（Ⅱ）在第 414 节第（l）子节中，该计划就相同雇主维护的任何其他定额给付金计划或固定缴费额计划而言是一份独立计划。

（ⅲ）**单名参与人计划例外情况。**该语不包括单名参与人退休计划。

（ⅳ）**单名参与人退休计划。**在第（ⅲ）条中，术语‘单名参与人退休计划’一词系指一份退休计划：

（Ⅰ）在计划年份首日，只覆盖一名个人（或该个人及其配偶）而该名个人拥有计划出资人（无论是否成立公司）的 100%，或者只覆盖计划出资人中一名或多名合作伙伴（或合作伙伴及他们的配偶）；

（Ⅱ）符合第 410 节第（b）子节的最低覆盖要求，未与企业覆盖该企业雇员的任何其他计划合并；

（Ⅲ）除该名个人（及其配偶）或合作伙伴（及其配偶）外，不向任何人提供给付金；

（Ⅳ）不覆盖（身为一家连属服务集团成员、一家公司受控集团成员，或若干共同控制企业构成的一家集团成员的）一家企业；

（Ⅴ）不覆盖使用［符合第 414 节第（n）子节含义］租赁雇员服务的企业。

在本条中，术语‘合作伙伴’一词包括 S 类公司［第 1372 节第（b）子节界定的］2% 股东。

（F）**某些计划视为持有公开交易的雇主证券。**

（ⅰ）**总体而言**。除规例定或第（ⅱ）条款规定外，若任何雇主公司、包括该等雇主公司在内的公司受控集团任何成员，已发行了一类股票为公开交易的雇主证券的，则所持雇主证券为公开交易的雇主证券之计划，应视为持有公开交易的雇主证券。

（ⅱ）**证券上市的某些受控集团的例外情况**。第（ⅰ）条不适用于一项计划的前提为：

（Ⅰ）无雇主公司或雇主公司母公司发行任何公开交易的雇主证券；

（Ⅱ）对于第（ⅰ）条中已发行任何公开交易的雇主证券任何公司而言，无雇主公司或雇主公司母公司发行向持有人或发行人授予特定权利或为持有人或发行人承担特定风险的任何特殊类别的股票。

（ⅲ）**定义**。在本子段中，术语：

（Ⅰ）‘公司受控集团’一词具有第 1563 节第（a）子节赋予该词的含义，但应用‘50%’取代每处‘80%’；

（Ⅱ）‘雇主公司’一词系指一家身为维护该计划的雇主的公司；

（Ⅲ）‘母公司’一词具有第 424 节第（e）子节赋予该词的含义。

（G）**其他定义**。在本段中：

（ⅰ）**适用个人**。术语‘适用个人’一词系指：

（Ⅰ）该计划中任何参与人；

（Ⅱ）持有该计划下一账户，有权行使参与人权利的任何受益人。

（ⅱ）**选择性递延项**。术语‘选择性递延项’一词系指第 402 节第（g）子节第（3）段第（A）子段中所述雇主缴费额。

（ⅲ）**雇主证券**。术语‘雇主证券’一词具有《1974 年雇员退休收入保障法》第 407 节第（d）子节第（1）段赋予该词的含义。

（ⅳ）**雇员持股计划**。术语‘雇员持股计划’一词具有第 4975 节第（e）子节第（7）段赋予该词的含义。

（ⅴ）**公开交易的雇主证券**。术语‘公开交易的雇主证券’一词系指在具规模的证券市场上可随时交易的雇主证券。

（ⅵ）**工龄**。术语‘工龄’一词具有第411节第（a）子节第（5）段赋予该词的含义。

（H）**可归于雇主缴费额证券的过渡条例**。

（ⅰ）**3年内逐步实行的条例**。

（Ⅰ）[①] **总体而言**。对于一账户中第（C）子段适用的部分，由2007年1月1日前起始的一计划年份内所购雇主证券构成的，第（C）子段应仅适用于该等证券之适用百分比。本子段应针对每类证券分别适用。

（Ⅱ）**某些55岁或以上的参与人的例外情况**。一名适用个人，已经达到55岁，并在2005年12月31日后起始的首个计划年份前至少已有3年工龄的，第（Ⅰ）子条不适用。

（ⅱ）**适用百分比**。在第（Ⅰ）条中，适用百分比确定如下：

第（C）子段适用的计划年份	适用的百分比（%）
第1年	33
第2年	66
第3年及以后	100

（2）**为保持一致性所作修正**。

（A）[②] 该法（涉及雇员持股计划附加要求的）第401节第（a）子节第（28）段第（B）子段现予修正，在末尾增补以下新条：

“（ⅴ）**例外情况**。本子段不适用于［第（35）段第（E）子段界定的］适用定额缴费额计划。”

（B）该法第409节第（h）子节第（7）段现予修正，在末尾句号之前插入“或第401节第（a）子节第（35）段第（B）子段或第（C）子段”。

（C）该法第4980节第（c）子节第（3）段第（A）子段现予修正，删去“倘若”及其后所有内容，并插入“倘若第（B）子段、第（C）子段和第（D）子段要求得到满足”。

---

① 适用性。

② 《美国法典》第26编第401节。

(b)**《雇员退休收入保障法》修正。**

(1)**总体而言。**《1974年雇员退休收入保障法》第204节(《美国法典》第29编第1054节)现予修正，将第(j)子节更名为(k)子节，于第(i)子节后插入如下新设子节：

“(j)**某些个人账户计划多样化要求。**

(1)**总体而言。**适用个人账户计划应满足第(2)段、第(3)段、第(4)段的多样化要求。

(2)**投资于雇主证券的雇员缴费额及和选择性递延项。**一名适用个人其账户可归于雇员缴费额和选择性递延项的部分投资于雇主证券的，若该适用个人可选择将该计划撤出该证券投资，转而将一笔同等数额投资于符合第(4)段要求的其他投资选项的，则该计划符合本段要求。

(3)**投资于雇主证券的雇主缴费额。**账户可归于雇主缴费额但不可归于选择性递延项的部分，投资于雇主证券的，一项计划符合本段要求的前提是每名适用个人：

(A)系一名已履行至少3年服务的参与人；

(B)或者，第(i)条中所述参与人的受益人，或已故参与人的受益人；

可选择将该计划撤出该证券投资，转而将一笔同等数额投资于符合第(4)段要求的其他投资选项。

(4)**投资选项。**

(A)**总体而言。**若该计划除雇主证券之外，向一名可管理根据本子节撤出雇主证券投资所得收益的适用个人提供不少于三个投资选项的，各选项多样化，其风险和收益特征截然迥异的，则满足本段要求。

(B)**部分限制和条件之处理。**

(i)**做出投资选择的时机。**一项计划，不得仅因其限制撤出投资并重新投资的时机为至少每季出现的定期合理的机会，而被视为不符合本段要求。

(ii)**不允许某些限制和条件。**除规例规定外，一项计划，若其对雇主证券投资设置该计划其他资产投资没有的限制或条件的，则不满足本段要求。本子段不适用于因证券法的适用而设置的任何限制或条件。

(5)**适用个人账户计划。**在本子节中：

(A)**总体而言。**术语‘适用个人账户计划’一词，系指持有任何公开交易的雇主证券的［第（3）节第（34）段界定的］任何个人账户计划。

（B）**某些 ESOPS（雇员股票拥有计划）例外情况**。该术语不包括雇员持股计划，但凡：

（ⅰ）该等计划（或其收益）不在其范围内持有并受《1986 年国内税收法》第 401 节第（k）子节或第（m）子节规限的任何缴费额；

（ⅱ）［在《1986 年国内税收法》第 414 节第（l）子节中］该计划就相同雇主维护的任何其他定额给付金计划或个人账户计划而言是一份独立计划。

（C）**单名参与人计划例外情况**。该术语不包括［第 101 节第（i）子节第（8）段第（B）子段中界定的］单名参与人退休计划。

（D）**某些计划视为持有公开交易的雇主证券**。

（ⅰ）**总体而言**。除规例定或第（ⅱ）条款规定外，若任何雇主公司、包括该等雇主公司在内的公司受控集团任何成员，已发行了一类股票为公开交易的雇主证券的，则所持雇主证券为公开交易的雇主证券之计划，应视为持有公开交易的雇主证券。

（ⅱ）**证券上市的某些受控集团的例外情况**。第（ⅰ）条不适用于一项计划的前提为：

（Ⅰ）无雇主公司或雇主公司母公司已发行任何公开交易的雇主证券；

（Ⅱ）对于第（ⅰ）条中已发行任何公开交易的雇主证券任何公司而言，无雇主公司或雇主公司母公司发行向持有人或发行人授予特定权利或为持有人或发行人承担特定风险的任何特殊类别的股票。

（ⅲ）**定义**。在本子段中，术语：

（Ⅰ）'公司受控集团'一词具有《1986 年国内税收法》第 1563 节第（a）子节赋予该词的含义，但应用'50%'取代每处'80%'；

（Ⅱ）'雇主公司'一词系指一家身为维护该计划的雇主的公司；

（Ⅲ）'母公司'一词具有该法第 424 节第（e）子节赋予该词的含义。

（6）**其他定义**。在本段中：

（A）**适用个人**。术语'适用个人'一词系指：

（ⅰ）该计划中任何参与人；

（ⅱ）持有该计划下一账户，有权权行使参与人权利的任何受益人。

（B）**选择性递延项**。术语‘选择性递延项’一词系指《1986年国内税收法》第402节第（g）子节第（3）段第（A）子段中所述雇主缴费额。

（C）**雇主证券**。术语‘雇主证券’一词具有第407节第（d）子节第（1）段赋予该词的含义。

（D）**雇员持股计划**。术语‘雇员持股计划’一词具有该法第4975节第（e）子节第（7）段赋予该词的含义。

（E）**公开交易的雇主证券**。术语‘公开交易的雇主证券’一词系是指在具规模的证券市场上可随时交易的雇主证券。

（F）**工龄**。术语‘工龄’一词具有第203节第（b）子节第（2）段赋予该词的含义。

（7）**可归于雇主缴费额证券的过渡条例**。

（A）[①] **3年内逐步实行的条例**。

（ⅰ）**总体而言**。对于一账户中第（3）段适用的部分，由2007年1月1日前起始的一计划年份内所购雇主证券构成的，第（3）段应仅适用于该等证券之适用百分比。本子段应针对每类证券分别适用。

（ⅱ）**某些55岁或以上的参与人的例外情况**。一名适用个人，已经达到55岁，并在2005年12月31日后起始的首个计划年份前至少已有3年工龄的，第（ⅰ）条不适用。

（B）**适用百分比**。在第（A）子段中，适用百分比确定如下：”

第（3）段适用的计划年份	适用的百分比（%）
第1年	33
第2年	66
第3年	100

（2）**为保持一致性所作修正**。该法第407节第（b）子节第（3）段［《美国法典》第29编第1107节第（b）子节第（3）段］于末尾增补修订如下：

① 适用性。

“(D) 对持有于某些个人账户计划中的合格雇主证券所设的多样化要求，见第204节第 (j) 子节。”

(c)[①] **生效日期。**

(1) **总体而言。**除第 (2) 段和第 (3) 段规定外，本节所作修正应适用于2006年12月31日后起始的计划年份。

(2)[②] **针对集体商定协议而设的特殊条例。**对于根据雇员代表以及一名或多名雇主之间于本法颁布之日或之前批准的一项或多项集体谈判协议维护的一项计划，第 (1) 段适用于任何该等协议下的给付金及其所覆盖的个人，前提为以如下孰早者替换“2006年12月31日”。

(A) 如下孰晚者：(ⅰ) 2007年12月31日，或者 (ⅱ) 该等集体谈判协议中最晚终止者终止之日 (不考虑该等颁布之日后其任何延期)；

(B) 或者，2008年12月31日。

(3) **针对ESOP持有的某些雇主证券而设的特殊条例。**

(A) **总体而言。**对于本段适用的雇主证券，本节所作修正适用于如下孰早者之后起始的计划年份：

(ⅰ) 2007年12月31日；

(ⅱ) 或者，该等证券的公允市值超过第 (B) 子段第 (ⅱ) 条中所述最低保证值首日。

(B) **适用证券。**本段适用的雇主证券，可归于除可选递延项之外雇主缴费额，且在2003年9月17日：

(ⅰ) 由优先股构成；

(ⅱ) 在一份 [《1986年国内税收法》第4975节第 (e) 子节第 (7) 段界定的] 雇员持股计划范围内，该计划条款规定，证券价值不能低于该计划规定该日的最低保证值。

(C) **过渡条例统一。**在对本段适用的雇主证券适用《1986年国内税收法》第401节第 (a) 子节第 (35) 段第 (H) 子段及 (经本节增补的)《1974年雇员退休收入保障法》第204节第 (j) 子节第 (7) 段时，确定适用百分比时应不考虑本段。

① 《美国法典》第29编第401节注。

② 适用性。

第902节　通过自动缴费安排提高参与度

(a)[①] **总体而言**。《1986年国内税收法》（涉及现金及递延安排的）第401节第（k）子节现予修正，于末尾增补以下新段：

“（13）**自动缴费安排满足反歧视要求的其他方法**。

（A）**总体而言**。一项合格的自动缴费安排应被视为满足第204节第（j）子节第（7）段的要求。

（B）**合格自动缴费安排**。在本段中，术语‘合格自动缴费安排’一词系指符合第（C）段到第（E）段要求的任何现金或递延安排。

（C）**自动递延**。

（ⅰ）**总体而言**。满足本子段要求的前提是，在该安排下，有资格参与该安排的每名雇员视为已选择让雇主支付选择性缴费额，其数额相等于赔偿金合格百分比。

（ⅱ）**选择**。根据第（ⅰ）条视为已做出的选择，不再适用于做出如下肯定选择的任何雇员：

（Ⅰ）不让他人支付该缴费额；

（Ⅱ）或者，支付该肯定选择中指定级别的选择性缴费额。

（ⅲ）**合格百分比**。在本子段中，术语‘合格百分比’一词对任何雇员而言系指该安排下确定的任何百分比，其（在使用不统一的情况下）不超过10%，并且至少为：

（Ⅰ）在止于首个计划年份末日的期间，3%，该等首个计划年份始于就该等雇员支付第（ⅰ）条中所述首笔选择性缴费额之日；

（Ⅱ）第（Ⅰ）子段中所述计划年份后首个计划年份，4%；

（Ⅲ）第（Ⅰ）子段中所述计划年份后次个计划年份，5%；

（Ⅳ）在任何后续计划年份中，6%。

（ⅳ）**当前雇员无自动递延要求**。第（ⅰ）条适用的前提是，不考虑如下任何雇员：

（Ⅰ）在紧挨该安排成为（本条适用后确定的）一项合格自动缴费安排前，有资格加入安排（或前番安排）；

（Ⅱ）在该日拥有一项有效选择，即加入或不加入该安排。

---

① 《美国法典》第26编第401节。

（D）**等额或非选择性缴费额。**

（ⅰ）**总体而言。**满足本子段要求的前提是，在该安排下，雇主：

（Ⅰ）代表非高薪雇员的每名雇员支付等额缴费额，其数额为雇员100%选择性缴费额之和，前提为该等缴费额不超过薪酬的1%加薪酬1%至6%（不包括1%和6%）之间部分的50%；

（Ⅱ）或者，在不考虑雇员是否支付选择性缴费额或雇员缴费额的情况下，被要求代表非高薪但有资格加入该安排的每名雇员向固定缴费额计划支付缴费额，数额为雇员薪酬的至少3%。

（ⅱ）**等额缴费额条例之适用。**在第（ⅰ）条第（Ⅰ）子条中，第（12）段第（B）子段第（ⅱ）条和第（ⅲ）条适用。

（ⅲ）**撤回限制和转归限制。**一项安排不得视为满足第（ⅰ）条要求，除非就确定是否第（ⅰ）条要求时考量的雇主缴费额（包括等额缴费额）而言：

（Ⅰ）至少有2年［符合第411节第（a）子节含义的］工龄的任何雇员，对出自该雇主缴费额的100%雇员累算给付金有不可罚没的权利；

（Ⅱ）就所有该等雇主缴费额而言，满足第（2）段第（B）子段的要求。

（ⅳ）**某些其他条例之适用。**在第（ⅰ）条第（Ⅰ）子条和第（Ⅱ）子条中，第（12）段第（E）子段第（ⅱ）条和第（F）子段条例适用。

（E）**通知要求。**

（ⅰ）**总体而言。**满足本子段要求的前提是，在各计划年份前一段合理期内，有资格该等年份加入此类安排的每名雇员，收到一份通知了解该安排下雇员权利和义务，该通知：

（Ⅰ）准确全面地介绍雇员权利和义务；

（Ⅱ）付诸书面，遣词措句便于该安排适用的普通雇员理解。

（ⅱ）**时间和内容要求。**就雇员而言，一项通知被视为满足第（ⅰ）条要求的前提为：

（Ⅰ）该通知阐明，在该安排下雇员有权利选择让选择性缴费额不以其名义支付（或选择让该等缴费额以另一百分比交付）；

（Ⅱ）一项安排让雇员有两种或多种投资选项的，该通知阐明，若雇员未做出任何投资选择，该安排下支付的缴费额将用于投资；

（Ⅲ）在收到第（Ⅰ）子条及第（Ⅱ）子条中所述通知后，及首笔选择性缴费额支付前，雇员有一段合理时间做出该等二选一选择。”

(b)[①] **等额缴费额**。该法（涉及等额缴费额和雇员缴费额无歧视测试的）第401节第（m）子节现予修正，将第（12）段更名为第（13）段，并在第（11）段后插入以下新段：

“（12）**自动缴费安排其他方法**。就等额缴费额而言，一项固定缴费额计划应视为符合第（2）段要求，唯须：

（A）是一项［第（k）子节第（13）段界定的］合格自动缴费安排；

（B）满足第（11）段第（B）子段的要求。”

（c）**排除在头重脚轻计划定义之外**。

(1)[②] **选择性缴费额条例**。该法第416节第（g）子节第（4）段第（H）子段第（ⅰ）条现予修正，在“第401节第（k）子节第（12）段”之后插入“或第401节第（k）子节第（13）段”。

（2）等额缴费额条例。该法第416节第（g）子节第（4）段第（H）子段第（ⅱ）条现予修正，在“第401节第（m）子节第（11）段”之后插入“或第401节第（m）子节第（12）段”。

（d）**对前90天撤回缴费额的处理**。

（1）**总体而言**。《1986年收入调整法》第414节现予修正，在末尾增补以下新设子节：

“（w）**针对某些从合格自动缴费安排撤回情况的特殊条例**。

（1）**总体而言**。倘若一项合格自动安排缴费允许雇员在允许的情况下撤回：

（A）任何该等撤回所涉款额应包括在提供发放款的纳税年度该雇员总收入中；

（B）不得根据第72节第（t）子节对该放发款课税；

（C）该安排，不得仅因为允许撤回，而被视为违反本编下发放款任何限制。

对于根据本段下选择向一名雇员提供的任何发放款，雇主等额缴费额应予罚没，或按部长所颁处理办法处理。

（2）**允许撤回**。在本子节中：

---

① 《美国法典》第26编第401节。

② 《美国法典》第26编第416节。

（A）**总体而言**。术语‘允许撤回’一词系指从符合本段要求的自动缴费安排做出的任何撤回：

（ⅰ）其系依雇员所作选择做出；

（ⅱ）由第（3）段第（B）子段所述选择性缴费额（和可归于其的收益）构成。

（B）**选择时间**。第（A）子段适用一名雇员做出的选择的前提为，该选择做出之日不迟于就该安排下该雇员支付首笔选择性缴费额之日后第90日。

（C）**发放款数额**。第（A）子段适用于雇员所作任何选择的前提为，因该选择所致任何发放款之数额，等于就合格自动缴安排适用该雇员的首个发薪期及该选择生效日期之前起始的任何后续发薪期（及可归于其的收益）支付的选择性缴费额之数额。

（3）**合格自动缴费安排**。在本子节中，术语‘合格自动缴费安排’一词系指适用雇主计划下的一项安排：

（A）据此安排，参与人可选择让雇主代表该参与人支付计划下的缴费额，或者以现金直接支付参与人；

（B）据此安排，该参与人被视作已选择让雇主支付该等缴费额，数额相等于该计划下提供的薪酬统一比例，直至该参与人特意选择不代付该等缴费额（或特意选择该缴费额以不同比例代付）；

（C）据此安排，该参与人未做出投资选择的情况下，第（b）子段中所述缴费额按《1974年雇员退休收入保障法》第404节第（c）子节第（5）段下劳工部长所颁规例投资；

（D）满足第（4）段的要求。

（4）**通知要求**。

（A）**总体而言**。含第（3）段中所述安排计划的管理人，应于各计划年份前的合理期间，向第（3）段所述安排适用的各雇员发出一份通知，阐明该计划下雇员权利和义务，而该通知：

（ⅰ）准确全面地介绍雇员权利和义务；

（ⅱ）付诸书面，遣词措句便于该安排适用的普通雇员理解。

（B）**通知时间和格式**。就雇员而言，一项通知被视为满足第（A）子段要求的前提为：

（ⅰ）通知包括安排下雇员的正确解释选择不要有代表雇员做出的缴

费额选择性（或选择将在不同的百分比由交付该出资）；

（ⅱ）在收到第（ⅰ）条中所述通知后，及首笔选择性缴费额支付前，雇员有一段合理时间做出该等选择；

（ⅱ）该通知阐明，若雇员未做出任何投资选择，该安排下支付的缴费额将用于投资。

（5）**适用雇主计划**。在本子节中，术语‘适用雇主计划’一词系指

（A）第401节第（a）子节中所述根据第501节第（a）子节免税的雇员信托；

（B）雇用一名个人的雇主据其为第403节第（b）子节中所述年金合同缴款的一项计划；

（C）第457节第（b）子节中所述合格递延薪酬计划，由第457节第（e）子节第（1）段第（A）子段所述合格雇主维护。

（6）**特殊条例**。为第401节第（k）子节第（3）段起见，第（1）段中所述［受第（2）段第（C）子段限制规限的］撤回不纳入考虑之内。”

（2）**对转归进行的一致性修正**。

（A）[①] 该法第411节第（a）子节第（3）段第（G）子段现予修正，于“第402节第（g）子节第（2）段第（A）子段”后插入“第414节第（w）子节下错误自动缴费”。

（B）该法第411节第（a）子节第（3）段第（G）子段是现予修正，句号前插入“**或错误自动缴费**”。

（C）该法第401节第（k）子节第（8）段第（E）子段现予修正，于“第402节第（g）子节第（2）段第（A）子段”后插入“第414节第（w）子节下错误自动缴费”。

（D）该法第401节第（a）子节第（8）段第（G）子段现予修正，句号前插入“**或错误自动缴费**”。

（E）《1974年雇员退休收入保障法》第203节第（a）子节第（3）段第（F）子段［《美国法典》第29编第1053节第（a）子节第（3）段第（F）子段］现予修正，在“《1986年国内税收法》第402节第（g）子节第（2）段第（A）子段”后插入“《1986年国内税收法》第414节

---

① 《美国法典》第26编第411节。

第（w）子节下错误自动缴费”。

（e）**多余额缴费额。**

（1）**为自动缴费安排扩大纠正性发款期。**《1986 年国内税收法》第 4979 节第（f）子节的现予修正。

（A）在第（1）段中于“两个半月”后插入“｛［第 414 节第（w）子节第（3）段界定的］［对于合格自动缴费安排多余缴费额或多余缴费合额，6 个月］｝”；

（B）删去“两个半月”并插入“后指定时期”。

（2）**包含年份。**该法第 4979 节第（f）子节第（2）段现予修正如下：

“（2）**包含年份。**第（1）段中规定发放的任何款额，应视为发放所在接收人纳税年度，接收人所挣及所收款。”

（3）**可分配利润的简化。**

（A）第 4979 节。该法第 4979 节第（f）子节第（1）段现予修正，在“其”后增补“直至支付缴费额的计划年份结束”。

（B）**第 401 节第（k）子节和第 401 节第（m）子节。**

（ⅰ）该法第 401 节第（k）子节第（8）段第（A）子段第（ⅰ）条现予修正，在“该等缴费额”后增补“直至该年结束”。

（ⅱ）[①] 该法款第 401 节第（m）子节第（6）段第（A）子段现予修正，在“至该等缴费额”后增补“直至该年结束”。

（f）**取代州际冲突性法规。**

（1）**总体而言。**《1974 年雇员退休收入保障法》第 514 节（《美国法典》第 29 编第 1144 节）现予修正，于末尾增补如下新设子节：

“（e）（1）即便本节有任何其他规定，若一州任何法律，直接或间接禁止或限制列入任何自动缴费安排计划的，本编应予取代。部长可制定法规确立最低标准，即，为使本节适用该等安排，要求满足该等安排。

（2）在本子节中，术语‘自动缴费安排’系指一项安排：

（A）据此安排，参与人可选择让计划出资人代表该参与人支付计划下的缴费额，或者以现金直接支付参与人；

（B）据此安排，参与人被视作已选择让计划出资人支付该等缴费额，数额相等于该计划下提供的薪酬统一比例，除非该参与人明确选择不让计

① 《美国法典》第 26 编第 401 节。

划出资人代付该等缴费额（或明确选择该缴费额以不同比例代付）；

（C）据此安排，该等缴费额按第 404 节第（c）子节第（5）段下部长所颁规例投资。

（3）（A）自动缴费安排计划管理人须在该计划年份之前的合理期限内，向该安排适用的每名参与人提供一份参与人该计划下权利和义务通知，而该通知：

（ⅰ）准确全面地介绍参与人权利和义务；

（ⅱ）付诸书面，遣词措句便于该安排适用的普通参与人理解。

（B）就参与人而言，一项通知被视为满足第（A）子段要求的前提为：

（ⅰ）通知包括安排下参与人的正确解释选择不要有代表参与人做出的缴费额选择性（或选择将在不同的百分比由交付该出资）；

（ⅱ）在收到第（ⅰ）条中所述通知后，及首笔选择性缴费额支付前，参与人有一段合理时间做出该等选择。"

（2）**实施**。该法第 502 节第（c）子节第（4）段［《美国法典》第 29 编第 1132 节第（c）子节第（4）段］现予修正，删去"或第 302 节第（b）子节第（7）段第（F）子段第（ⅵ）条"，并插入"第 302 节第（b）子节第（7）段第（F）子段第（ⅵ）条，或第 514 节第（e）子节第（3）段"。

（g）① **生效日期**。本节所作修订应适用于 2007 年 12 月 31 日后起始的计划年份，但第（f）子节所作修正于本法颁布之日起生效。

第 903 节　定额给付金计划及合格现金或递延安排合格组合处理

（a）②**《国内税收法》修正**。（经本法修正的）《1986 年国内税收法》第 414 节第（b）子节现予修正，在末尾增补以下新设子节：

"（x）**定额给付金计划及合格现金或递延安排合格组合特殊条例**。

（1）③ **一般条例**。除本子节中规定外，同样属于一份合格组合计划的一部分但看似不然的任何定额给付金计划或适用固定缴费额计划，本编要求适用。

① 《美国法典》第 29 编第 401 节注。

② 《美国法典》第 26 编第 414 节。

③ 适用性。

（2）**合格组合计划**。在本子节中：

（A）**总体而言**。术语‘合格组合计划’一词，系指一个计划，其：

（ⅰ）由该计划确立之际身为小型雇主的雇主所维持；

（ⅱ）由定额给付金计划和适用固定缴费额计划组成；

（ⅲ）其资产由构成计划一部分的单一信托持有，标识清楚，在本编根据第（1）段分别适用所需的范围内分配给定额给付金计划和适用固定缴费额计划；

（ⅳ）所涉及的第（B）子段、第（C）子段、第（D）子段、第（E）子段和第（F）子段给付金、缴费额、转归及反歧视要求得以满足。

在本子段中，‘小雇主’具有第4980D节第（d）子节第（2）段赋予该词的含义，但以‘500’替换‘50’后本节适用。

（B）**给付金要求**。

（ⅰ）**总体而言**。就作为该合格组织计划构成部分的定额给付金计划，本子段的给付金要求得以满足的前提为，每名参与人从雇主缴费额得到的累算给付金，在表现为年度退休金形式的情况下不少于参与人最终平均薪酬的适用百分比。在本条中，最终平均薪酬须采用由参与人从雇主领取最高总薪酬的连续年份（不超过5年）构成的时期确定。

（ⅱ）**适用百分比**。在第（ⅰ）条中，适用百分比以孰少者为准：（Ⅰ）1%乘以在该雇主处的工龄，或者（Ⅱ）20%。

（ⅲ）**适用定额给付金计划特殊条例**。若第（ⅰ）条下定额给付金计划是一份第411节第（a）子节第（13）段第（B）子段界定的适用定额给付金计划，满足第411节第（b）子节第（5）段第（B）子段第（ⅰ）条中利息给付率要求，则对于任何计划年份，该计划应被视为满足第（ⅰ）条的要求，唯须每名参与人收到的该年利息给付率不低于按下表确定的薪酬百分比：

若年初时参加人年龄	百分比（%）
30岁或以下	2
30岁以上40岁以下	4
40岁或以上，50岁以下	6
50岁或以上	8

（ⅳ）**工龄**。在本子段中，工龄限应按第411节第（a）子节第（4）段、第（5）段、第（6）段条例确定，但计划不得因一名参与人就第（C）子段适用的合格现金或递延安排出作或未做出任何选择性递延而忽略任何工龄不计。

（C）**通知要求**。

（ⅰ）**总体而言**。对于形成合格组合计划一部分的任何适用定额给付金计划，本子段的缴费要求满足的前提为：

（Ⅰ）列入该计划中的合格现金安排或递延安排构成一项自动缴费安排；

（Ⅱ）雇主按规定代表有资格加入安排的每名雇员支付等额缴费额，其数额为该雇员选择性缴费额的50%，唯须该等选择性缴费额不超过薪酬的4%。

[①]在本条中，第401节第（k）子节第（12）段第（B）子段第（ⅱ）条及第（ⅲ）条类似条例适用。

（ⅱ）**不可选择性缴费额**。一份适用固定缴费额计划不得因为雇主支付该计划下不可选择性缴费额被视为不符合第（ⅰ）条之要求，但该等缴费额在确定第（ⅰ）条第（Ⅱ）子条要求是否满足时不应考虑在内。

（D）**转归要求**。满足本子段转归要求的前提为：

（ⅰ）一项定额给付金计划构成合格组合计划一部分的，工龄至少3年的雇员对计划下出自雇主缴费额的雇员累算给付金100%有不可罚没权利。

（ⅱ）对于构成合格组合计划一部分的适用固定缴费额计划：

(Ⅰ) 对包含在该计划中的合格现金安排或递延安排下一名雇主就任何选择性缴费额［包括超过第（C）子段第（ⅰ）条第（Ⅱ）子条下规定缴费额的等额缴费额］而支付的任何等额缴费额，拥有不可罚没的权利的雇员；

（Ⅱ）[②] 工龄至少3年，对根据安排从雇主不可选择性缴费额中得到的雇员累算给付金的100%拥有不可罚没的权利的雇员。

在本子段中，但凡与本子段不冲突的，第411节的条例适用。

（E）**缴费额和给付金统一规定**。对于构成一项合格组合计划的定额

① 适用性。

② 适用性。

给付金计划或适用固定缴费额计划，本子段要求得以满足的前提为，各该等计划下所有缴费额和给付金及各该等计划下所有权利和特点，必须对所有参与人实行统一标准。

（F）**不考虑社会保障和类似缴费额及给付金或其他计划的情况下，要求必须予以满足。**

（ⅰ）**总体而言**。本子段的要求得以满足的前提为第（ⅱ）条及第（ⅲ）条的要求得以满足。

（ⅱ）**社会保障和类似缴费额**。本条要求得以满足的前提为：

（Ⅰ）在不考虑第401节第（l）子节的情况下，满足第（B）子段和第（C）子段要求；

（Ⅱ）在不考虑第401节第（l）子节的情况下，对于构成一项合格组合计划一部分的适用固定缴费额计划和定额给付金计划，第401节第（a）子节第（4）段和第410节第（b）子节要求得到满足。

（ⅲ）**其他计划和安排**。满足本条要求的前提为，构成一项合格组合计划一部分的适用固定缴费额计划和定额给付金计划，不与任何其他计划组合，满足第401节第（a）子节第（4）段和第410节第（b）子节的要求。

（3）**合格现金安排或递延安排反歧视要求。**

（A）**总体而言**。一项合格的现金或递延安排，其包含在构成一项合格组合计划一部分的适用固定缴费额计划中的，应视为满足第401节第（k）子节第（3）段第（A）子段第（ⅱ）条的要求，唯须对于该等安排，第（2）段第（C）子段要求应得以满足。

（B）**等额缴费额**。对于第（2）段第（C）子段适用的一笔缴费额，在第401节第（m）子节第（11）段适用任何等额缴费额时，第（2）段第（C）子段的缴费额要求及第（5）段第（B）子段的通知要求，应代替第401节第（m）子节第（11）段第（A）子段第（ⅰ）条及第（ⅱ）条下原本适用的要求。

（4）**满足头重脚轻原则**。对于任何计划年份，构成一项合格组合计划一部分的定额给付金计划和适用固定缴费额计划，就该计划年份而言应视为满足第416节的要求。

（5）**自动缴费安排**。在本子节中：

（A）**总体而言**。一项合格现金安排或递延安排视为一项自动缴费安排的前提为：

（ⅰ）规定有资格加入安排的每位雇员视为已选择让雇主支出选择性缴费额，其数额相当于雇员薪酬的 4%，除非该雇员明确选择不让雇主代付该等缴费额（或明确选择该缴费额以不同比例代付）；

（ⅱ）符合第（B）子段下的通知要求。

（B）**通知要求。**

（ⅰ）**总体而言。**本子段的要求得以满足的前提为第（ⅱ）条及第（ⅲ）条的要求得以满足。

（ⅱ）**做出选择的合理期。**本条要求得以满足的前提为，第（A）子段第（ⅰ）条适用的每名雇员：

（Ⅰ）接到一份通知，知悉在该安排下雇员有权利选择让选择性缴费额不以其名义支付，或让该等缴费额以另一费率交付；

（Ⅱ）在收到该通知后及第一笔选择性缴费额支付之前，有一段合理时限做出该选择。

（ⅲ）**权利和义务年度通知。**本条要求得以满足的前提是，在任何年份之前的合理期限内向有资格加入安排的每名雇员给出一份该安排下雇员权利和义务的通知。

对于本子段第（ⅱ）和（ⅲ）条中所述通知，第 401 节第（k）子节第（12）段第（D）子段第（ⅰ）节及第（ⅱ）条的要求应予以满足。

（6）**与其他要求统一。**

（A）**单独计划之处理。**第 414 节第（k）子节不适用于合格组合计划。

（B）**报告。**为第 6058 节和第 6059 节起见，一项合格组合计划应视为一份单一计划。

（7）**适用固定缴费额计划。**在本子节中：

（A）**总体而言。**术语‘适用固定缴费额计划’一词，系指一项包括合格现金或递延安排在内的固定缴费额计划。

（B）**合格现金或递延安排。**术语‘合格现金或递延安排’一词具有第 401 节第（k）子节第（2）段赋予该词的含义。”

（b）**《1974 年雇员退休收入保障法》修正。**

(1)[①] **总体而言**。《1974 年雇员退休收入保障法》第 210 节现予修正，于末尾增补如下新设子节：

“(e) **定额给付金计划及合格现金或递延安排合格组合特殊条例**。

(1)[②] **一般条例**。除本子节中规定外，同样属于一份合格组合计划一部分但看似不然的任何定额给付金计划或适用个人账户计划，本法适用。

(2) **合格组合计划**。在本子节中：

(A) **总体而言**。术语‘合格组合计划’一词，系指一个计划，其：

(i) 由该计划确立之际身为小型雇主的雇主所维持；

(ii) 其构成为一项定额给付金计划和适用个人账户计划，分别符合《1986 年国内税收法》第 401 节第 (a) 子节下条件；

(iii) 其资产由构成计划一部分的单一信托持有，标识清楚，在本法根据第 (1) 段分别适用所需的范围内分配给定额给付金计划和适用个人账户计划；

(iv) 所涉及的第 (B) 子段、第 (C) 子段、第 (D) 子段、第 (E) 子段和第 (F) 子段给付金、缴费额、转归及反歧视要求得以满足。

在本子段中[③]，‘小雇主’具有《1986 年国内税收法》第 4980D 节第 (d) 子节第 (2) 段赋予该词的含义，但以‘500’替换‘50’后本节适用。

(B) **给付金要求**。

(i) **总体而言**。就作为该合格组织计划构成部分的定额给付金计划，本子段的给付金要求得以满足的前提为，每名参与人从雇主缴费额得到的累算给付金，在表现为年度退休金形式的情况下不少于参与人最终平均薪酬的适用百分比。在本条中，最终平均薪酬须采用由参与人从雇主领取最高总薪酬的连续年份（不超过 5 年）构成的时期确定。

(ii) **适用百分比**。在第 (i) 条中，适用百分比以孰少者为准：(I) 1% 乘以在该雇主处的工龄，或者 (II) 20%。

(iii) **适用定额给付金计划特殊条例**。若第 (i) 条下定额给付金计划是一份第 203 节第 (f) 子节第 (3) 段第 (B) 子段界定的适用定额给

① 《美国法典》第 29 编第 1060 节。

② 适用性。

③ 适用性。

付金计划，满足第204节第（b）子节第（5）段第（B）子段第（ⅰ）条中利息给付率要求，则对于任何计划年份，该计划应被视为满足第（ⅰ）条的要求，唯须每名参与人收到的该年利息给付率不低于按下表确定的薪酬百分比：

若年初时参加人年龄	百分比（%）
30岁或以下	2
30岁以上40岁以下	4
40岁或以上，50岁以下	6
50岁或以上	8

（ⅳ）**工龄**。在本子段中，工龄限应按第203（b）节第（1）段、第（2）段、第（3）段条例确定，但计划不得因一名参与人就第（C）子段适用的合格现金或递延安排出作或未做出任何选择性递延而忽略任何工龄不计。

（C）**通知要求**。

（ⅰ）**总体而言**。对于形成合格组合计划一部分的任何适用个人账户计划，本子段的缴费要求满足的前提为：

（Ⅰ）列入该计划中的合格现金安排或递延安排构成一项自动缴费安排；

（Ⅱ）雇主按规定代表有资格加入安排的每名雇员支付等额缴费额，其数额为该雇员选择性缴费额的50%，唯须该等选择性缴费额不超过薪酬的4%。

在本条中①，《1986年国内税收法》第401节第（k）子节第（12）段第（B）子段第（ⅱ）条及第（ⅲ）条类似条例适用。

（ⅱ）**不可选择性缴费额**。一份适用个人账户计划不得因为雇主支付该计划下不可选择性缴费额被视为不符合第（ⅰ）条之要求，但该等缴费额在确定第（ⅰ）条第（Ⅱ）子条要求是否满足时不应考虑在内。

（D）**转归要求**。满足本子段转归要求的前提为：

（ⅰ）一项定额给付金计划构成合格组合计划一部分的，工龄至少3

① 适用性。

年的雇员对计划下出自雇主缴费额的雇员累算给付金 100% 有不可罚没权利。

（ⅱ）对于构成合格组合计划一部分的适用个人账户计划：

（Ⅰ）对包含在该计划中的合格现金安排或递延安排下一名雇主就任何选择性缴费额［包括超过第（C）子段第（ⅰ）条第（Ⅱ）子条下规定缴费额的等额缴费额］而支付的任何等额缴费额，拥有不可罚没的权利的雇员；

（Ⅱ）工龄至少 3 年，对根据安排从雇主不可选择性缴费额中得到的雇员累算给付金的 100% 拥有不可罚没的权利的雇员。

在本子段中[①]，但凡与本子段不冲突的，第 203 节的条例适用。

（E）**缴费额和给付金统一规定**。对于构成一项合格组合计划的定额给付金计划或适用个人账户计划，本子段要求得以满足的前提为，各该等计划下所有缴费额和给付金及各该等计划下所有权利和特点，必须对所有参与人实行统一标准。

（F）**不考虑社会保障和类似缴费额及给付金或其他计划的情况下，要求必须予以满足。**

（ⅰ）**总体而言**。本子段的要求得以满足的前提为第（ⅱ）条及第（ⅲ）条的要求得以满足。

（ⅱ）**社会保障和类似缴费额**。本条要求得以满足的前提为：

（Ⅰ）在不考虑第 401 节第（l）子节的情况下，满足第（B）子段和第（C）子段要求；

（Ⅱ）在不考虑《1986 年国内税收法》第 401 节第（l）子节的情况下，对于构成一项合格组合计划一部分的适用固定缴费额计划和定额给付金计划，《1986 年国内税收法》第 401 节第（a）子节第（4）段和第 410 节第（b）子节要求得到满足。

（ⅲ）**其他计划和安排**。满足本条要求的前提为，构成一项合格组合计划一部分的适用固定缴费额计划和定额给付金计划，不与任何其他计划组合，满足《1986 年国内税收法》第 401 节第（a）子节第（4）段和第 410 节第（b）子节的要求。

---

① 适用性。

（3）**合格现金安排或递延安排反歧视要求。**

（A）**总体而言。**一项合格的现金或递延安排，其包含在构成一项合格组合计划一部分的适用个人账户计划中的，应视为满足《1986年国内税收法》第401节第（k）子节第（3）段第（A）子段第（ⅱ）条的要求，唯须对于该等安排，第（2）段要求应得以满足。

（B）**等额缴费额。**对于第（2）段第（C）子段适用的一笔缴费额，在该法第401节第（m）子节第（11）段适用任何等额缴费额时，第（2）段第（C）子段的缴费额要求及第（5）段第（B）子段的通知要求，应代替该法第401节第（m）子节第（11）段第（A）子段第（ⅰ）条及第（ⅱ）条下原本适用的要求。

（4）**自动缴费安排。**在本子节中：

（A）**总体而言。**一项合格现金安排或递延安排视为一项自动缴费安排的前提为：

（ⅰ）规定有资格加入安排的每位雇员视为已选择让雇主支出选择性缴费额，其数额相当于雇员薪酬的4%，除非该雇员明确选择不让雇主代付该等缴费额（或明确选择该缴费额以不同比例代付）；

（ⅱ）符合第（B）子段下的通知要求。

（B）**通知要求。**

（ⅰ）**总体而言。**本子段的要求得以满足的前提为第（ⅱ）条及第（ⅲ）条的要求得以满足。

（ⅱ）**做出选择的合理期。**本条要求得以满足的前提为，第（A）子段第（ⅰ）条适用的每名雇员：

（Ⅰ）接到一份通知，知悉在该安排下雇员有权利选择让选择性缴费额不以其名义支付，或让该等缴费额以另一费率交付；

（Ⅱ）在收到该通知后及第一笔选择性缴费额支付之前，有一段合理时限做出该选择。

（ⅲ）**权利和义务年度通知。**本条要求得以满足的前提是，在任何年份之前的合理期限内向有资格加入安排的每名雇员给出一份该安排下雇员权利和义务的通知。

本子段要求视为满足的前提为，对于本子段第（ⅱ）条和第（ⅲ）条中所述通知，《1986年国内税收法》第401节第（k）子节第（12）段第（D）子段第（ⅰ）条及第（ⅱ）条的要求应予以满足。

（5）**与其他要求统一。**

（A）**单独计划之处理。**第3节第（35）段中的除外条款不适用于合格组合计划。

（B）**报告。**为第103节起见，一项合格组合计划应视为一份单一计划。

（6）**适用个人账户计划。**在本子节中：

（A）**总体而言。**术语‘适用个人账户计划’一词，系指一项包括合格现金或递延安排在内的个人账户计划。

（B）**合格现金或递延安排。**术语‘合格现金或递延安排’一词具有《1986年国内税收法》第401节第（k）子节第（2）段赋予该词的含义。"

（2）**为保持一致性所作变更。**

（A）[1] 该法第210节标题现予修正如下："第210节　多雇主计划和其他特殊条例"

（B）该法第1节中的目录予以修正，删除有关第210节的项，并插入以下新项："第210节　多雇主计划和其他特殊条例。"

（c）[2] **生效日期。**本节做出的修正适用于2009年12月31日后起始的计划年份。

第904节　提高雇主不可选择性缴费转归速度

（a）[3] **《1986年国内税收法》修正。**《1986年国内税收法》（涉及雇主缴费额的）第411节第（a）子节第（2）段现予修正如下：

"（2）**雇主缴费额。**

（A）**定额给付金计划。**

（ⅰ）**总体而言。**对于一项定额给付金计划，一项计划若满足第（ⅱ）条或第（ⅲ）条要求，则满足本段要求。

（ⅱ）**转归的5年工龄要求。**一项计划满足本条要求的前提为，工龄至少3年的雇员对其从雇主缴费额所得累算给付金的100%具有不可罚没

① 《美国法典》第29编第1060节。

② 《美国法典》第26编第414节注。

③ 《美国法典》第26编第411节。

的权利。

（ⅲ）**转归的3—7年工龄要求**。一项计划满足本条要求的前提为，一名雇员对其从雇主缴费额中所得雇员累算给付金中按下表确定的百分比部分，拥有不可罚没的权利：

工龄	不可罚没的百分比（%）
3年	20
4年	40
5年	60
6年	80
7年或以上	100

（B）**固定缴费额计划**。

（ⅰ）**总体而言**。对于一项固定缴费额计划，一项计划若满足第（ⅱ）条或第（ⅲ）条要求，则满足本段要求。

（ⅱ）**转归的3年工龄要求**。一项计划满足本条要求的前提为，工龄至少3年的雇员对其从雇主缴费额所得累算给付金的100%具有不可罚没的权利。

（ⅲ）**转归的2—6年工龄要求**。一项计划满足本条要求的前提为，一名雇员对其从雇主缴费额中所得雇员累算给付金中按下表确定的百分比部分，拥有不可罚没的权利：”

工龄	不可罚没的百分比（%）
2年	20
3年	40
4年	60
5年	80
6年或以上	100

（2）**为保持一致性所作修正**。该法（涉及最低转归标准一般条例的）第411节第（a）子节经删去第（12）段予以修正。

（b）**《1974 年雇员退休收入保障法》修正。**

（1）**总体而言。**《1974 年雇员退休收入保障法》第 203 节第（a）子节第（2）段［《美国法典》第 29 编第 1053 节第（a）子节第（2）段］现予修正如下：

“（2）（A）（ⅰ）对于一项定额给付金计划，一项计划若满足第（ⅱ）条或第（ⅲ）条要求，则满足本段要求。

（ⅱ）一项计划满足本条要求的前提为，工龄至少 3 年的雇员对其从雇主缴费额所得累算给付金的 100% 具有不可罚没的权利。

（ⅲ）一项计划满足本条要求的前提为，一名雇员对其从雇主缴费额中所得雇员累算给付金中按下表确定的百分比部分，拥有不可罚没的权利：

工龄	不可罚没的百分比（%）
3 年	20
4 年	40
5 年	60
6 年	80
7 年或以上	100

（B）（ⅰ）对于一项个人账户计划，一项计划若满足第（ⅱ）条或第（ⅲ）条要求，则满足本段要求。

（ⅱ）一项计划满足本条要求的前提为，工龄至少 3 年的雇员对其从雇主缴费额所得累算给付金的 100% 具有不可罚没的权利。

（ⅲ）一项计划满足本条要求的前提为，一名雇员对其从雇主缴费额中所得雇员累算给付金中按下表确定的百分比部分，拥有不可罚没的权利：”

工龄	不可罚没的百分比（%）
2 年	20
3 年	40
4 年	60
5 年	80
6 年或以上	100

（2）**为保持一致性所作修正**。该法第 203 节第（a）子节经删去第（4）段予以修正。

（c）[①] **生效日期**。

（1）**总体而言**。除第（2）段和第（4）段规定外，本节所作修正应适用于 2006 年 12 月 31 日后起始的计划年份缴费额。

（2）集体谈判协议。一项计划依据雇员代表和 1 名或多名雇主之间本法颁布之前批准的集体谈判协议维护的，本节所作修正不适用于早于如下孰早者的计划年份代表任何该等协议所覆盖的雇员支付的缴费额：

（A）如下孰晚者：（ⅰ）该等集体谈判协议中最晚终止者终止之日（不考虑该等颁布之日或之后其任何延期），或者（ⅱ）2007 年 1 月 1 日；

（B）或者，2009 年 1 月 1 日。

（3）**规定服务**。对于任何计划，本节所作修正在其适用的任何计划年份中任何雇员在该计划下供职一小时所在日之前，不适用于该雇员。

（4）**持股计划特殊条例**。即便有第（1）段或第（2）段规定，[《1986 年国内税收法》第 4975 节第（e）子节第（7）段界定的] 雇员持股计划存在为收购 [该法第 4975 节第（e）子节第（8）段所界定的] 合格雇主证券所产生的贷款在 2005 年 9 月 26 日未偿的，本节所作修正不适用于如下孰早者之前起始的任何计划年份：

（A）该贷款还清之日；

（B）或者，2005 年 9 月 25 日时该笔贷款原定全额清偿的日期。

第 905 节　工作退休期间的发放款

（a）**《1974 年雇员退休收入保障法》修正**。《1974 年雇员退休收入保障法》第 3 节第（2）段第（A）子段 [《美国法典》第 29 编第 1002 节第（2）段] 现予修正，在末尾增补以下新句："计划、基金或项目的发放款，不得仅因为提供给年龄达到 62 岁且在提供之际未断绝雇佣关系的雇员，而视为以退休收入之外的形式提供，或视为计划、基金或项目所覆盖的雇佣关系终止前的发放款。"

① 《美国法典》第 26 编第 411 节注。

(b)[①] **《1986 年国内税收法》修正。**（经本法修正的）《1986 年国内税收法》第 401 节第（a）子节现予修正，在第（35）段后插入以下新段：

“（36）**工作退休期间发放款。**构成养老金计划一部分的信托，不得仅因为该计划规定发放款可从信托提供给年龄达到 62 岁且在提供之际未断绝雇佣关系的雇员，而被视为不构成本节之下的合格信托。”

(c)[②] **生效日期。**本节所作修正适用于 2006 年 12 月 31 日后起始的计划年份中的发放款。

第 906 节　对印第安部落政府某些养老金计划的相应处理

(a) **定义政府计划包括印第安部落政府某些养老金计划。**

(1)[③] **《1986 年国内税收法》修正。**《1986 年国内税收法》（界定政府计划的）第 414 节第（d）子节于末尾处增补以下内容：“术语‘政府计划’一词，包括由［第 7701 节第（a）子节第（40）段界定的］印第安部落政府、［按第 7871 节第（d）子节确定的］印第安部落政府分支，或者两者之一的机构或部门建立并维护的计划，其所有参与人为该等实体的雇员，基本上该等实体的所有服务（同雇员一样）在于履行基本政府职能，而非履行商业活动（无论是否为一项基本政府职能）。”

(2) **《1974 年雇员退休收入保障法》修正。**

(A)《1974 年雇员退休收入保障法》第 3 节第（32）段［《美国法典》第 29 编第 1002 节第（32）段］于末尾增补修订如下：“术语‘政府计划’一词，包括由［《1986 年国内税收法》第 7701 节第（a）子节第（40）段界定的］印第安部落政府、［按该法第 7871 节第（d）子节确定的］印第安部落政府分支，或者两者之一的机构或部门建立并维护的计划，其所有参与人为该等实体的雇员，基本上该等实体的所有服务（同雇员一样）在于履行基本政府职能，而非履行商业活动（无论是否为一项基本政府职能）。”

---

① 《美国法典》第 26 编第 401 节。

② 《美国法典》第 29 编第 401 节注。

③ 《美国法典》第 26 编第 414 节。

（B）[①] 该法第4021节第（b）子节第（2）段于末尾增补修订如下："或第3节第（32）段末句所述者"。

（b）**兹予澄清：部落政府受适用于州及其他地方政府及其警察和消防队员的相同退休金计划条例和规例之规限。**

（1）**《1986年国内税收法》修正。**

（A）[②] **警察和消防队员。**《1986年国内税收法》（界定参与人的）第415节第（b）子节第（2）段第（h）子段现予修正：

（ⅰ）在第（ⅰ）条中，删去"国家或政治分支"，并插入"州、[第7701节第（a）子节第（40）段界定的] 印第安部落政府，或任何政治分支"；

（ⅱ）在第（ⅱ）条第（Ⅰ）子条中，删去各处"州或政治分支"并插入"州、（按此界定的）印第安部落政府，或任何政治分支"。

（B）**州或地方政府计划。**

（ⅰ）[③] **总体而言。**该法（涉及限于同等累算给付金的限制）第415节第（b）子节第（10）段第（A）子段现予修正，在"前述"后插入"或第414节第（d）子节（涉及印第安部落政府计划的）的末句所述政府计划"。

（ⅱ）**为保持一致性所作修正。**该法第415节第（b）子节第（1）段标题现予修正，删去"州和……特殊条例"并插入"州印第安部落以及……特殊条例"。

（C）**政府接手缴费额。**该法（涉及政府单位指定的）第414节第（h）子节第（2）段现予修正，在"前述"后插入"或第414节第（d）子节（涉及印第安部落政府计划的）的末句所述政府计划"。

（2）**《1974年雇员退休收入保障法》修正。**《1974年雇员退休收入保障法》第4021节第（b）子节 [《美国法典》第29编第1321节第（b）子节] 现予修正：

（A）在第（12）段中，删去末尾"或"；

（B）在第（13）段中，删去"计划。"并插入"计划；或"；

① 《美国法典》第29编第1321节。

② 《美国法典》第26编第415节。

③ 《美国法典》第26编第415节。

（C）在末尾增补如下内容：

“（14）由［《1986 年国内税收法》第 7701 节第（a）子节第（40）段界定的］印第安部落政府、［按该法第 7871 节第（d）子节确定的］印第安部落政府分支，或者两者之一的机构或部门建立并维护，其所有参与人为该等实体的雇员，基本上该等实体的所有服务（同雇员一样）在于履行基本政府职能，而非履行商业活动（无论是否为一项基本政府职能）。”

（c）① **生效日期**。本节所作修正适用于本法颁布之日或之后起始的任何年份。

① 《美国法典》第 26 编第 414 节注。

第十编　配偶养老金保障相关规定

第1001节　家庭关系证明书签发时间及顺序相关规例

劳工部部长应于该法颁布之日起1年内，发布《1974年雇员退休收入保障法》第206节第（d）子节第（3）段和《1986年国内税收法》第414节第（p）子节下规例，澄清：[①]

（1）一份家庭关系证明书，原本满足合格家庭关系证明书的要求［包括该法第206节第（d）子节第（3）段第（D）子段要求及该法第414节第（p）子节第（3）段要求］的，不得仅因为：

（A）其签发日晚于或其修订另一份家庭关系证明书或合格家庭关系证明书；

（B）或者，其签发时间；而被视为一份合格家庭关系证明书。

（2）第（1）段所述的任何证明书，应受适用于合格家庭关系证明书的相同要求或保护措施的规限，包括《1974年雇员退休收入保障法》第206节第（d）子节第（3）段第（H）子段要求及《1986年国内税收法》第414节第（p）子节第（7）段要求。

第1002节　离婚配偶有权领取铁路退休年金，不受雇员实际应得权益之影响

（a）**总体而言**。《1974年铁路退休法》（《美国法典》第45编第231a节）第2节现予修正：

（1）在第（c）子节第（4）段第（ⅰ）条，删去“（A）有权领取第（a）子节第（1）段和第（B）子段下的年金”；

---

① 截止日期。

（2）在第（e）子节第（5）段中，删去第二处出现的“或离异妻子”。

（b）[①] **生效日期**。本节所作修正应于本法颁布之日起一年后生效。

第1003节　根据离婚协议，Ⅱ级铁路退休给付金延及至未亡前任配偶

（A）**总体而言**。《1974年铁路退休法》（《美国法典》第45编第231d节）现予修正，于末尾增补如下内容：

“（d）即便有任何其他法律条款的规定，第3节第（b）子节下计算的年金，其根据法院离婚、取消婚姻或合法分居判决书或任何上述法院判令中所附法院批准的任何财产处分条款支付给未亡前任配偶的任何部分，不得于该等年金计算所针对的供职服务履行者亡故后终止，该等法院令的条款原本规定实施该等终止的除外。”

（b）[②] **生效日期**。本节所作修正应于本法案颁布之日起一年后生效。

第1004节　其他遗属年金选项

（a）[③]**《国内税收法》修正**。

（1）**遗属年金选择**。《1986年国内税收法》第417节第（a）子节第（1）段第（A）子段现予修正：

（A）在第（ⅰ）条中，删去“，和”并插入一个逗号；

（B）第（ⅱ）条更名为第（ⅲ）条；

（C）第（ⅰ）条后插入如下：

“（ⅱ）若参与人选择第（ⅰ）条下的蠲免，可在适用选择期内任何时候选择合格可选遗属年金，及。”

（2）[④] **定义**。该法第417节于末尾处增补如下内容：

“（g）**合格可选遗属年金定义**。

（1）**总体而言**。在本节中，术语‘合格可选遗属年金’一词，即指一种年金：

---

① 《美国法典》第45编第231a节注。

② 《美国法典》第45编第231d节注。

③ 《美国法典》第26编第417节。

④ 《美国法典》第26编第417节。

（A）为参与人的人寿年金（其配偶享受遗属人寿年金，其数额等于参与人与配偶共同生活时应付年金数额适用百分比）；

（B）为参与人单生年金的精算等值。

任何形式的年金，具有前句所述年金效果的，也包括在该术语内。

（2）**适用百分比**。

（A）**总体而言**。在第（1）段中，若遗属年金百分比：

（ⅰ）小于75%，则适用百分比为75%；

（ⅱ）大于或等于75%，适用百分比为50%。

（B）**遗属年金百分比**。在第（A）子段中，术语‘遗属年金百分比’一词，系指计划下合格连生遗属年金与参与人与配偶共同生活时应付年金的百分比。”

（3）**通知**。该法第417节第（a）子节第（3）段第（A）子段第（ⅰ）条现予修正，在“年金”后插入“及合格可选遗属年金”。

（b）**《雇员退休收入保障法》修正**。

（1）**遗属年金选择**。《1974年雇员退休收入保障法》第205节第（c）子节第（1）段第（A）子段［《美国法典》第29编第1055节第（c）子节第（1）段第（A）子段］现予修正：

（A）在第（ⅰ）条中，删去“，和”并插入一个逗号；

（B）第（ⅱ）条更名为第（ⅲ）条；

（C）第（ⅰ）条后插入如下：

“（ⅱ）若参与人选择第（ⅰ）条下的蠲免，可在适用选择期内任何时候选择合格可选遗属年金，及。”

（2）**定义**。该法第205节第（d）子节［《美国法典》第29编第1055节第（d）子节］修正如下：

（A）“第（d）子节”后插入“第（1）段”；

（B）第（1）段及第（2）段分别更名为第（A）子段及第（B）子段；

（C）在末尾增补如下内容：

“（2）（A）在本节中，术语‘合格可选遗属年金’一词，即指一种年金：

（ⅰ）为参与人的人寿年金（其配偶享受遗属人寿年金，其数额等于参与人与配偶共同生活时应付年金数额适用百分比）；

（ⅱ）为参与人单生年金的精算等值。

任何形式的年金，具有前句所述年金效果的，也包括在该术语内。

（B）（ⅰ）在第（A）子段中，倘若遗属年金百分比：

（Ⅰ）小于75%，则适用百分比为75%；

（Ⅱ）大于或等于75%，适用百分比为50%。

（ⅱ）在第（ⅰ）条中，术语‘遗属年金百分比’一词，系指计划下合格连生遗属年金与参与人与配偶共同生活时应付年金的百分比。”

（3）**通知**。该法第205节第（c）子节第（3）段第（A）子段第（ⅰ）条［《美国法典》第29编第（c）子节第（3）段第（A）子段第（ⅰ）条］现予修正，在“年金”后插入“及合格可选遗属年金”。

（c）[①] **生效日期**。

（1）**总体而言**。本节做出的修正适用于2007年12月31日后起始的计划年份。

（2）**针对集体商定计划而设特殊条例**。一项计划依据雇员代表和1名或多名雇主之间本法分配之日或之前批准的集体谈判协议维护的，本节所做的修正不适用于早于如下孰早者的计划年份：

（A）如下孰晚者：（ⅰ）2008年1月1日，或者（ⅱ）计划相关的集体谈判协议中最晚终止者终止之日（不考虑该法颁布之日后其任何延期而确定）。

（B）或者，2009年1月1日。

① 《美国法典》第26编第417节注。

第十一编　管理规定

第 1101 节[①]　雇员计划合规性判定体系

(a)[②] **总体而言**。财政部部长应具有充分权力建立并落实雇员计划合规性判定体系（或任何后续项目）及任何其他雇员计划纠正政策，包括免除所得税、消费税，或其他税收的权力，以确保税款、罚款或制裁不出现过度情况，与未遵守合规性的行为之性质、程度和严重程度呈合理关系。

(b) **改善**。财政部部长应时常更新并完善雇员合规性计划判定体系（或任何后续项目），并特别注意：

(1) 提高小雇主对项目可用性和利用情况的认识和了解；

(2) 考虑小雇主在合规性和纠正不遵守合规性行为方面所面对的特殊问题和情形；

(3) 延长自行纠正项目下为不遵守合规性的严重行为所设自行纠正期；

(4) 为在审计期间在自行纠正项目下纠正不遵守合规性的严重行为，扩大项目可用性；

(5) 确保因未能遵守合规性而处以的任何税收、罚款，或制裁不出现过度情况，并与未遵守合规性的行为之性质、程度和严重程度呈合理关系。

第 1102 节　发放款相关通知及示允期

(a)[③] **期限扩大**。

(1)**《国内税收法》修正**。

(A) **总体而言**。《1986 年国内税收法》第 417 节第（a）子节第（6）

---

① 建立。

② 《美国法典》第 29 编第 1202a 节。

③ 《美国法典》第 26 编第 417 节。

段第（A）子段现予修正，删去“90 天”并插入“180 天”。

（B）**规例修改**。财政部部长应修改《1986 年国内税收法》第 402 节第（f）子节、第 411 节第（a）子节第（11）段、及第 417 节下规例，以“180 天”替换财政部规例第 1 部第 402 节第（f）子节、第 1 部第 411 节第（a）子节—第 11 节第（c）子节及第 1 部第 417 节第（e）子节—第 1 节第（b）子节中各处“90 天”①。

（2）**《雇员退休收入保障法》修正**。

（A）**总体而言**。《1974 年雇员退休收入保障法》第 205 节第（c）子节第（7）段第（A）子段［《美国法典》第 29 编第 1055 节第（c）子节第（7）段第（A）子段］现予修正，删去“90 天”并插入“180 天”。

（B）**规例修改**。财政部部长应修改《1974 年雇员退休收入保障法》第Ⅰ编第 B 子编第 2 部下涉及该法第 203 节第（e）子节及第 205 节的规例，以“180 天”替换各处“90 天”。

（3）② **生效日期**。本子节下所作或所规定的修正和修改适用于 2006 年 12 月 31 日后起始的年份。

（b）③ **推迟权通知**。

（1）**总体而言**。财政部部长应修改《1986 年国内税收法》第 411 节第（a）子节第（11）段及《1974 年雇员退休收入保障法》第 205 条下规例，规定参与人推迟领取发放款权（若有）说明应阐明未能推迟领取此款所致后果。

（2）**生效日期**。

（A）**总体而言**。第（1）段修改要求适用于 2006 年 12 月 31 日后起始的年份。

（B）④ **合理通知**。对于财政部部长发布第（1）段规定修改后 90 天内所作第（1）段中所述后果之任何说明，一份计划不得视为未满足该法第 411 节第（a）子节第（11）段或该法第 205 节有关于此的要求，唯须计划管理人做出合理努力试图满足该等要求。

---

① 此处原文编号存疑，翻译时参考了目录第七页的编号处理。——译者注

② 《美国法典》第 26 编第 417 节注。

③ 《美国法典》第 26 编第 417 节注。

④ 截止日期。

第1103节[①]　上报材料简化

（a）**简化业主和其配偶每年提交材料的要求。**

（1）**总体而言。**对于单名参与人退休计划，财政部部长应修改提交年度申报表的要求，以确保于计划年份结束时资产为25万元或不足25万美元的该等计划，无须为该年提交申报表。

（2）**单名参与人退休计划定义。**在本子节中，术语“单名参与退休计划”一词，系指一份以下要求得以满足的退休计划：

（A）该计划年份首日：

（ⅰ）该计划只覆盖一名个人（或该个人及其配偶），而该个人拥有计划出资人的100%（无论注册为公司与否）；

（ⅱ）或者，该计划只覆盖一名或多名计划出资人中的合作伙伴（或合作伙伴及其配偶）。

（B）该计划符合《1986年国内税收法》第410节第（b）子节的最低覆盖要求，未与企业覆盖该企业雇员的任何其他计划合并。

（C）除该名个人（及其配偶）或合作伙伴（及其配偶）外，该计划不向任何人提供给付金。

（D）该计划不覆盖（身为一家连属服务集团成员、一家公司受控集团成员，或若干共同控制企业构成的一家集团成员的）一家企业。

（E）该计划不覆盖使用［符合该法第414节第（n）子节含义的］租赁雇员服务的企业。

在本子段中，术语“合作伙伴”一词包括S类公司［该法第1372节第（b）子节界定的］2%股东。

（3）**其他定义。**第（2）段中所用术语，同样用于《1986年国内税收法》第414节的，应具有该节赋予该等术语的含义。

（4）**生效日期。**本子节的规定适用于2007年1月1日或之后起始的计划年份。

（b）**少于25名参与人的计划，简化其每年提交材料的要求。**对于2006年12月31日后起始的计划年份，任何退休计划，于计划年份首日其覆盖参与人少于25名，且符合第（a）子节第（2）段第（B）子段、

① 《美国法典》第26编第6058节注。

第（D）子段、第（E）子段中所述要求的，财政部部长和劳工部部长应为其规定提交简化的年度申报表。

第 1104 节　地方教育机构和其他实体维护的自愿提前退休激励计划与就业留职计划

（a）**自愿提前退休激励计划。**

（1）[①] **视作提供遣散费的计划。**《1986 年国内税收法》（涉及排除在外的某些计划的）第 457 节第（e）子节第（11）段现予修正，在末尾增补以下新设分段：

“（D）**某些自愿提前退休激励计划。**

（ⅰ）**总体而言。**倘若一份适用自愿提前退休激励计划：

（Ⅰ）支付作为提前退休给付金、退休型补贴或第 411 节第（a）子节第（9）段末句所述给付金的款项或补充款；

（Ⅱ）该等款项或补充款发放时与第 401 节第（a）子节中所述定额给付金计划［包含根据第 501 节第（a）子节免税信托，由第（1）段第（A）子段中所述合格雇主或第（ⅱ）条第（Ⅱ）子条中所述教育协会维护］统筹，而为第（A）子段第（ⅰ）条起见，（按第 411 节适用该等定额给付金计划的情况下确定）所述款项或补充款原本于该等定额给付金计划下提供的，该等适用计划应就该等款项或补充款视为一份真正的遣散费计划。

（ⅱ）**适用自愿提前退休激励计划。**在本子段中，术语‘适用自愿提前退休激励计划’一词，系指一份自愿提前退休激励计划，由：

（Ⅰ）（《1965 年初等和中等教育法》第 9101 节［《美国法典》第 20 编第 7801 节）界定的］本地教育机构；

（Ⅱ）或者，主要代表第（Ⅰ）子条中所述 1 家或多家机构雇员，符合第 501 节第（c）子节第（5）段或第（6）段中描述，免于第 501 节第（a）子节下赋税的教育协会。”

（2）**《反就业年龄歧视法》。**《1967 年反就业年龄歧视法》第 4 节第（l）子节第（1）段［《美国法典》第 29 编第 623 节第（l）子节第（1）段］现予修正：

① 《美国法典》第 26 编第 457 节。

（A）“第（1）段”之后插入“第（A）子段”；

（B）第（A）子段及第（B）子段分别更名为第（i）条及第（ii）条；

（C）［第（B）子段所作修正前有效的］第（B）子段第（i）条和第（ii）条分别更名为第（Ⅰ）子条及第（Ⅱ）子条；

（D）在末尾增补如下内容：

“（B）一份自愿提前退休激励计划，其：

（i）维持人为：

（Ⅰ）［《1965年初等和中等教育法》第9101节（《美国法典》第20编第7801节）界定的］本地教育机构；

（Ⅱ）或者，主要代表第（Ⅰ）子条中所述1家或多家机构雇员，符合《1986年国内税收法》第501节第（c）子节第（5）子节或第（6）子节中描述，免于该法第501节第（a）子节下赋税的教育协会。

（ii）发放与该法第457节第（e）子节第（1）段第（A）子段中所述合格雇主维护的（按此定义的）定额给付金计划统筹的第（A）子段第（ii）条第（Ⅰ）子条和第（Ⅱ）子条中所述款项或补充款，仅为第（A）子段第（ii）条起见，就该等款项或补充款而言应作为定额给付金计划的一部分对待。

在第（2）段中，该等自愿提前退休激励计划下支付的款项或补充款不构成遣散费。”

（b）**就业留职计划**。

（1）[①] **总体而言**。《1986年国内税收法》（涉及例外的）第457节第（f）子节第（2）段现予修正，删去第（d）子段末“和”，删去第（E）子段末句号并插入“，及”，并在如下各处末尾增补如下：

“（F）第（4）段中所述任何适用就业留职计划就任何参与人而言的那部分。”

（2）**就业留职计划定义及有关条例**。该法第457节第（f）子节现予修正，在末尾增补以下新段：

“（4）**就业留职计划**。在第（2）段第（F）子段中：

（A）**总体而言**。本段所述适用就业留职计划有关任何参与人的部分，即计划中向参与人提供不超过第（e）子节第（15）段下所确定的适用美

① 《美国法典》第26编第457节。

元限额两倍的应付给付金的部分。

（B）**其他条例。**

（ⅰ）[①] **限制。**对于计划中第（A）子段中所述部分，第（2）段第（F）子段仅适用于该部分得以支付或以其他方式提供给参与人所在年份之以前年份。

（ⅱ）**处理。**在本编中，对于第（A）子段中所述部分，一份计划不应视为规定任何年份的薪酬递延。

（C）**适用就业留职计划。**术语‘适用就业留职计划’一词，系指一份由以下单位维护的就业留职计划：

（ⅰ）［《1965 年初等和中等教育法》第 9101 节（《美国法典》第 20 编第 7801 节）界定的］本地教育机构；

（ⅱ）或者，主要代表第（ⅰ）条中所述 1 家或多家机构雇员，符合第 501 节第（c）子节第（5）段或第（6）段中描述，免于第 501 节第（a）子节下赋税的教育协会。

（D）**就业留职计划。**术语‘就业留职计划’一词，系指一份在终止雇佣关系后向第（c）项所述地方教育机构或教育协会雇员支付薪酬的计划，目的在于：

（ⅰ）继续雇用雇员提供服务；

（ⅱ）或者，为雇员供职 1 家或多家该等机构或协会而给予酬劳。”

（c）**与《雇员退休收入保障法》统筹。**《1974 年雇员退休收入保障法》第 3 节第（2）段第（B）子段［《美国法典》第 29 编第 1002 节第（2）段第（B）子段］于末尾增补修订如下：“一份［《1986 年国内税收法》第 457 节第（e）子节第（11）段第（D）子段第（ⅱ）条界定的］支付该法第 457 节第（e）子节第（11）段第（D）子段第（ⅰ）条中所述款项或补充款的适用自愿提前退休激励计划，以及一份［该法第 457 节第（f）子节第（4）段第（C）子段界定的］支付该法第 457 节第（f）子节第（4）段第（A）子段中所述给付金的适用就业留职计划，在本编中，就这些款项和补充款而言应视为一份福利计划（而非一份养老金计划）。”

① 适用性。

(d)① **生效日期。**

(1) **总体而言。**本法所作修正，应于本法颁布之日起生效。

(2) 财税修正。第（a）子节第（1）段和第（b）子节所作修正，应适用于本法颁布之日之后结束的纳税年度。

(3) **《雇员退休收入保障法》修正。**第（c）子节所作修正适用于本法案颁布之日后结束的计划年份。

(4) **解释。**在《1986年国内税收法》《1974年的雇员退休收入保障法》或《1967年反就业年龄歧视法》适用于本节所作修正不适用的任何计划、安排或行为时，该等修正中无任何内容修改或影响该等法律的解释。

第1105节　养老金滚转不得造成失业补偿金下调

(a)② **总体而言。**《1986年国内税收法》(涉及州际失业法律要求的)第3304节第（a）子节现予修正，在末尾增补以下新句，与其他句子保持平齐："对于不包括在其支付所在纳税年度个人总收入中任何退休金、退职金或退休工资、年金或类似款项，不得因为其为滚转发放款的一部分而根据第（15）段下调补偿金。"

(b)③ **生效日期。**本节所作修正适用于本法颁布之日或之后起始的周。

第1106节　撤销作为多雇主计划处理的选择

(a)④ **《雇员退休收入保障法》修正。**《1974年雇员退休收入保障法》第3节第（37）段现予修正，于末尾增补新设第（G）子段：

"(G)⑤（ⅰ）在《2006年养老金保护法》颁布后一年内：

（Ⅰ）第（E）子段下所作选择可根据养老金给付金担保公司规定的程序撤销，唯须在本法颁布之日之前的3个计划年份之各年中，如无第（E）子段下所作选择，该计划原本为一项多雇主计划；

---

① 《美国法典》第26编第457节注。

② 《美国法典》第26编第3304节。

③ 《美国法典》第26编第3304节注。

④ 《美国法典》第29编第1002节。

⑤ 截止日期。

（Ⅱ）符合本段第（A）子段第（ⅰ）条及第（ⅱ）条中标准的一份计划，或符合第（ⅵ）条中所述一份计划，可根据养老金给付金担保公司规定的程序选择成为一份多雇主计划，唯须：（aa）紧挨《2006年养老金保护法》颁布之日前的3个计划年份的各年中，该计划符合这些标准或者该等描述，（bb）该计划在这些计划年份中各年的几乎所有雇主缴费额，已由免于《1986年国内税收法》第501节下赋税的组织支付，或按规定由其支付，及（cc）该计划于1974年9月2日之前确立。

（ⅱ）[①] 对于本法及《1986年国内税收法》下一切目的，本段下所作选择自《2006年养老金保护法》颁布之日后结束的首个计划年份起有效。

（ⅲ）本段下的选择，一经做出不可撤销，但第（ⅰ）条第（Ⅱ）子条中所述计划，自紧挨首个计划年份后起始的计划年份起不再是一份多雇主计划，其大部分雇主缴费额由不享受《1986年国内税收法》第501节下免税规定的组织支付，或按规定由其支付。

（ⅳ）一份计划做出第（ⅰ）条第（Ⅱ）子条下选择，不意味着该计划在做出此项选择之前是一份多雇主计划，或在不考虑该选择的情况下便不是一份多雇主计划。

（ⅴ）[②]（Ⅰ）在做出本段下选择之前30天内，计划管理人应向每名计划参与人和受益人、代表该等参与人或受益人的各劳动组织及有义务向计划支付缴费额的各雇主提供一份待选通知，阐明第四编下担保项目及本编下单雇主和多雇主计划给付金限制主要区别，及计划管理人酌定提供的等其他信息。

（Ⅱ）部长应于《2006年养老金保护法》颁布之日后180天内，规定本子段下的通知范本。

（Ⅲ）计划管理人未能提供本子段下规定的通知的，为第502节第（c）子节第（2）段起见，应视为计划管理人未能提交或拒绝提交第101节第（b）子节第（4）段下应提交给部长的年度报告。

（ⅵ）一份计划符合本条描述的前提是，该计划：

（Ⅰ）于1881年8月12日在伊利诺伊州芝加哥市确立；

（Ⅱ）由符合《1986年国内税收法》第501节第（c）子节第（5）

---

① 生效日期。

② 截止日期，通知。

段中描述，免于该法第501节第（a）子节下赋税的组织出资。”

(b)[①] **《国内税收法》修正。**《1986年国内税收法》第414节第（f）子节现予修正，于末尾增补以下新设第（6）段：

“（6）**多雇主状态选择。**

(A)[②]《2006年养老金保护法》颁布后一年内：

（ⅰ）第（5）段下所作选择可根据养老金给付金担保公司规定的程序撤销，唯须在本法颁布之日之前的3个计划年份之各年中，如无第（5）段下所作选择，该计划原本为一项多雇主计划；

（ⅱ）符合第（1）段第（A）子段及第（B）子段中标准的一份计划，第（E）子段中所述一份计划，可根据养老金给付金担保公司规定的程序选择成为一份多雇主计划，唯须：

（Ⅰ）紧挨《2006年养老金保护法》颁布之日前的3个计划年份的各年中，该计划符合这些标准或者该等描述；

（Ⅱ）该计划在这些计划年份中各年的几乎所有雇主缴费额，已由免于第501节下赋税的组织支付，或按规定由其支付；

（Ⅲ）该计划于1974年9月2日之前确立。

(B)[③] 对于本法及《1974年雇员退休收入保障法》下一切目的，本段下所作选择自《2006年养老金保护法》颁布之日后结束的首个计划年份起有效。

（C）本段下的选择，一经做出不可撤销，但第（ⅰ）条第（Ⅱ）子条中所述计划，自紧挨首个计划年份后起始的计划年份起不再是一份多雇主计划，其大部分雇主缴费额由不享受第501节下免税规定的组织支付，或按规定由其支付。

（D）一份计划做出第（A）子段第（ⅱ）条下选择，不意味着该计划在做出此项选择之前是一份多雇主计划，或在不考虑该选择的情况下便不是一份多雇主计划。

（E）一份计划符合本子段描述的前提是，该计划：

（ⅰ）于1881年8月12日在伊利诺伊州芝加哥市确立；

---

① 《美国法典》第26编第414节。

② 截止日期。

③ 生效日期。

（ⅱ）由符合第501节第（c）子节第（5）段中描述，免于第501节第（a）子节下赋税的组织出资。”

第1107节[①]　计划修正有关规定

（a）**总体而言**。倘若本节适用于任何退休金计划或合同所作修正：

（1）则在第（b）子节第（2）段第（A）子段所述期间，该等退休金计划或合同应视为按计划条款运作；

（2）除财政部部长规定外，该等退休金计划不因该等修正而不满足《1986年国内税收法》第411节第（d）子节第（6）段及《1974年雇员退休收入保障法》第204节第（g）子节要求。

（b）**本节适用的修正**。

（1）**总体而言**。本条适用的任何退休金计划或年金合同所作任何修正：

（A）系依照本法所作任何修正而做出或财政部部长或劳工部部长依本法所颁任何规例而做出；

（B）[②] 于2009年1月1日或之后起始的首个计划年份末日或之后做出。

对于［《1986年国内税收法》第414节第（d）子节中界定的］政府计划，本段以“2011”替换“2009”而适用。

（2）**条件**。本节不适用于任何修正，除非：

（A）在：

（ⅰ）起始于第（1）段第（A）子段所述法律修正或法规修正生效之日期（或，对于该等法律修正或法规修正未规定的计划修正或合同修正，则指该计划指定的生效日期）；

（ⅱ）终止于第（1）段第（B）子段中所述日期（或，采用计划修正或合同修正之日，以孰早者为准）的期间，该计划或合同按该等计划修正或合同修正生效的情况运作。

（B）该计划修正或合同修正在追溯情况下适用于该段期间。

① 《美国法典》第26编第411节注。

② 生效日期。

第十二编　免税机构相关规定

第 A 子编　慈善捐助激励措施

第 1201 节　个人退休计划作为慈善用途的免税发放款

（a）[①] **总体而言。**（涉及个人退休账户的）第 408 节第（d）子节现予修正，于末尾增补以下新段：

“（8）**作慈善用途的发放款。**

（A）**总体而言。**就一名纳税人而言，任何纳税年度中不超过 10 万美元的合格慈善发放款总额，不得包含在该纳税人该纳税年度总收入中。

（B）**合格慈善发放款。**在本段中，术语‘合格慈善发放款’一词系指个人退休计划［而非第（k）子节或第（p）子节所述计划］任何发放款：

（ⅰ）其由受托人直接付给第 170 节第（b）子节第（1）段第（A）子段中所述组织［而非第 509 节第（a）子节第（3）段中所述任何组织，或第 4966 节第（d）子节第（2）段中所述任何基金或账户］；

（ⅱ）于给付金计划维护对象达到 70.5 岁之日或之后支付。

发放款只有其在不考虑第（A）子段的情况下原本应包含在总收入中者，方视为合格慈善发放款。

（C）**缴费额原本应予扣减。**在本段中，付给第（B）子段第（ⅰ）条所述组织的发放款，唯有［不考虑其第（b）子节及本段确定］整笔给付在第 170 节下原本允许扣减的，方视为一笔合格慈善发放款。

（D）**第 72 节之适用。**即便有第 72 节的规定，确定一笔发放款是否

---

① 《美国法典》第 26 编第 408 节。

为合格慈善发放款时，该发放款整笔数额不考虑第（a）子段的情况下应视为可包含在总收入中，唯须根据第72节确定该等发放款是否应包含在总收入内时，所有个人退休计划所有发放额视为第（2）段第（A）子段下一份合同的情况下，该发放款整笔数额不超过原本应包含在总收入中的总额。对该纳税年度和后续纳税年度其他发放款适用第72节时，应作适当调整。

（E）**拒绝扣除**。根据第（A）子段不包含在总收入中的合格慈善发放款，在确定第170节下扣除时不得考虑在内。

（F）**终止**。本段不适用于2007年12月31日之后起始的纳税年度中支付的发放款。"

（b）**某些信托所做信息申报表的有关修改**。

（1）[①] **申报表**。［涉及第4947节第（a）子节第（2）段中所述信托申报表，或第642节第（c）子节下要求做出的慈善扣减的］第6034节，现予修正如下：

"第6034节　某些信托所作申报

（a）**拆分利息信托**。第4947节第（a）子节第（2）段所述每份信托，应就纳税年度提供部长以表格或规例要求提供的信息。

（b）**信托要求做出某些慈善扣减**。

（1）**总体而言**。第（a）子节下不受提交申报表要求之规定，但提出为纳税年度做出第642节第（c）子节下扣减要求的每份信托，应就该纳税年度提供部长以表格或规例要求提供的信息，包括：

（A）该年内第642节第（c）子节下所作扣减之额；

（B）该年内［能体现以往年份中做出第642节第（c）子节下扣减的数额的］支付的数额；

（C）以往年份做出扣减，但在该等年份之初尚未支付的数额；

（D）为第642节第（c）子节所述目的，当前年份和以往年份从本金中支付的数额；

（E）该年内信托总收入，及其所占费用；

（F）资产负债表，显示该信托该年份期初资产、负债和净值。

① 《美国法典》第26编第6034节。

（2）**例外**。在以下情形下，第（1）段不适用于任何纳税年度的信托：

（A）根据信托法适用原则确定的该年所有净收入，要求于当期发放给受益人；

（B）或者，该信托符合第4947节第（a）子节第（1）段的描述。”

（2）[①] **加重拆分利息信托提交信息申报表有关的处罚**。第6652节第（c）子节第（2）段（涉及免税组织和某些信托所作申报）现予修正，于末尾增补以下新设子段：

“（C）[②] **拆分利息信托**。一份信托按规定应提交第6034节第（a）子节下申报表的，第（A）子段及第（B）子段不适用而第（1）段适用，犹如受第6033节规定要求提交该等申报表，但：

（ⅰ）第（1）段第（A）子段次句中5%的限制不适用；

（ⅱ）信托总收入超过25万美元的，第（1）段第（A）子段首句应以‘100美元’替换‘20美元’而适用，其次句以‘5万美元’替换‘1万美元’而适用；

（ⅲ）第（1）段第（A）子段第三句不予理会。

除依照本子段对信托了所处任何处罚外，依规定提交该等申报表的人士，若有意不提交该申报表的，个人当受处罚的人士还应处于该等处罚。”

（3）[③] **非慈善受益人保密性**。（涉及年度信息申报表检查的）第6104节第（b）子节现予修正，于末尾增补以下新句：“一份信托按规定应提交第6034节第（a）子节下申报表的，本子节不适用于身份不符合第170节第（c）子节中所述组织的受益人有关的信息。”

（4）**文书修正**。第61章第A子章第Ⅲ部第A子部节次目录中有关第6034节的项修正如下：“第6034节　某些信托所作申报。”

（c）**生效日期**。

（1）[④] **第（a）子节**。第（a）子节所作修正应适用于2005年12月

---

① 《美国法典》第26编第6652节。

② 适用性。

③ 《美国法典》第26编第6104节。

④ 《美国法典》第26编第408节注。

31 日后起始的纳税年度所付发放款。

(2)[①] **第 (b) 子节**。第 (b) 子节所作修正应适用于 2006 年 12 月 31 日后起始的纳税年度申报表。

第 1202 节　对于食品库存捐赠所作慈善扣减，延伸对其所作修改的范围

(a) **总体而言**。(涉及终止的) 第 170 节第 (e) 子节第 (3) 段第 (C) 子段第 (ⅳ) 条现予修正，删去“2005”并插入“2007”。

(b)[②] **生效日期**。本节所作修正适用于 2005 年 12 月 31 日后的捐赠。

第 1203 节　S 类公司捐赠性财产股票基数调整

(a) **总体而言**。(涉及股东股票基数调整等的) 第 1367 (a) 节第 (2) 段现予修正，于末尾增补以下新句，与其他句子保持平齐：

“第 (B) 子段下因［第 170 节第 (c) 子节界定的］慈善性财产捐赠而作下调，应为该等财产经调整后基数股东按比例分摊部分的同等数额。前句不适用于 2007 年 12 月 31 日后起始的纳税年度中的捐赠。”

(b)[③] **生效日期**。本节所作修正适用于 2005 年 12 月 31 日后起始的纳税年度中的所作捐赠。

第 1204 节　对于账面库存捐赠所作慈善扣减，延伸对其所作修改的范围

(a) **总体而言**。(涉及终止的) 第 170 节第 (e) 子节第 (3) 段第 (D) 子段第 (ⅳ) 条现予修正，删去“2005”并插入“2007”。

(b)[④] **生效日期**。本节所作修正适用于 2005 年 12 月 31 日后的捐赠。

第 1205 节　某些向控股免税组织支付的款项，对其税务处理规定所作修改

(a) **总体而言**。(涉及为受控实体所付某些款额而设特殊条例的) 第

① 《美国法典》第 26 编第 6034 节注。

② 《美国法典》第 26 编第 170 节注。

③ 《美国法典》第 26 编第 1367 节注。

④ 《美国法典》第 26 编第 170 节注。

512节第（b）子节第（13）段现予修正，将第（E）子段更名为第（F）子段，在第（D）子段后插入以下新设子段：

“（E）**本段只适用于某些超额付款。**

（ⅰ）[①] 总体而言。第（A）子段仅适用于控股组织所收或应计合格指定款项超过在该等款项符合第482节下规定条件的情况下原应支付或应计数额的部分。

（ⅱ）**对估值错误陈述加税。**本编对控股组织所征赋税应予上调，上调幅度相当于以下孰大者之20%：

（Ⅰ）不考虑纳税申报表任何修正或补充的情况下确定的超额部分；

（Ⅱ）或者，考虑所有该等修正或补充的情况下确定的超额部分。

（ⅲ）**合格指定款项。**术语‘合格指定款项’一词系指一笔指定款项，其支付依据的是：

（Ⅰ）本子段颁布之日有效的一份有约束力的书面合同；

（Ⅱ）或者，一份第（Ⅰ）子条中所述合同按实质上类似条款续约的合同。

（ⅳ）**终止。**本子段不适用于2007年12月31日后收讫或应计款项。”

（b）**报告。**

（1）[②] **总体而言。**（涉及免税组织所作申报的）第6033节现予修正，将第（h）子节更名为第（i）子节，并在第（g）子节后插入以下新设子节：

“（h）**控股组织。**［第512节第（b）子节第（13）段所指］符合第（a）子节要求的每家控股组织，应于第（a）子节下规定的申报表上示明：

（1）从［符合第512节第（b）子节第（13）段含义的］每家受控实体收到的任何利息、年金、特许权使用费或租金；

（2）向各家该等受控实体提供的任何贷款；

（3）该等控股组织及各家该等受控实体之间的资金转让。”

（2）**向国会报告。**财政部部长应不迟于2009年1月1日向参议院财务委员会及众议院筹款委员会提交一份报告，介绍美国国内收入署管理第（a）子节所作修正的效果，及［符合《1986年国内税收法》第512节第

① 适用性。

② 《美国法典》第26编第6033节。

(b) 子节第 (13) 段含义的] 受控实体向控股实体所付款项符合该法第482 节下要求的情况。该等报告应包括任何控股组织或受控实体的任何审计结果，或受控实体向控股组织所付款项税务处理情况的建议。

(c) **生效日期。**

(1)[①] **第 (a) 子节。**第 (a) 子节所作修正适用于 2005 年 12 月 31 日之后收讫或应计款项。

(2)[②] **第 (b) 子节。**第 (b) 子节所作修正适用于（不考虑延期确定的）截止日期晚于本法颁布之日的申报表。

第 1206 节 提倡出于保全目的，动用资本收益不动产捐赠

(a) **总体而言。**

(1)[③] **个人。**(涉及百分比限制的) 第 170 节第 (b) 子节第 (1) 段现予修正，将第 (E) 子段和第 (F) 子段分别更名为第 (F) 子段和第 (G) 子段修改，并在第 (D) 子段后插入以下新设子段：

“(E) **合格保全捐赠。**

(ⅰ) **总体而言。**任何 [第 (h) 子节第 (1) 段界定的] 保全捐赠，但凡该等捐赠不超过该纳税人捐赠基数的 50% 超过本段下允许捐赠的所有其他慈善捐赠之数额的部分的，允许捐赠。

(ⅱ) **结转。**倘若第 (ⅰ) 条中所述捐赠总额超过第 (ⅰ) 条限制的，该等超额部分应 [依与第 (d) 子节第 (1) 段条例一致的方式] 按时间顺序在后续 15 年各年视为第 (ⅰ) 条适用的慈善捐赠。

(ⅲ)[④] **与其他子段统一。**为适用本子节及第 (d) 子节第 (1) 段起见，第 (ⅰ) 条所述的捐赠不得按第 (A) 子段、第 (B) 子段、第 (C) 子段或第 (D) 子段所述对待，且该等子段在不考虑该等捐赠的情况下应适用。

(ⅳ)[⑤] **对农业或畜牧业生产所用财产捐赠而设的特殊条例。**

(Ⅰ) **总体而言。**倘若一名个人在捐赠所在纳税年度为合格农民或牧

① 《美国法典》第 26 编第 512 节注。

② 《美国法典》第 26 编第 6033 节注。

③ 《美国法典》第 26 编第 170 节。

④ 适用性。

⑤ 适用性。

民，第（ⅰ）条以‘100%’替换‘50%’而适用。

（Ⅱ）**例外情况**。第（Ⅰ）子条不适用于本子段颁布之日后农业或畜牧业生产中所用（或可用）任何财产做出的捐赠，除非该等捐赠满足该等财产仍可用于生产的限制。对于在本子段适用于第（Ⅰ）子条不适用的财产之前第（Ⅰ）子条因前一句而不适用的财产，本子段应单独适用。

（ⅴ）**定义**。在第（ⅳ）条中，术语‘合格农场主或牧场主’一词，系指从事［符合第2032A节第（e）子节第（5）段含义的］农耕/畜牧行业或营生所得总收入超过其该纳税年度总收入50%以上的纳税人。

（ⅵ）**终止**。本子段不适用于2007年12月31日后起始的纳税年度中所作任何捐赠。"

（2）[①] 法人公司。第170节第（b）子节第（2）段修正如下：

"（2）**法人公司**。对于法人公司：

（A）**总体而言**。第（a）子节下任何纳税年度扣减总额［除第（B）子段适用捐赠所作扣减外］，不得超过纳税人应纳税所得额的10%。

（B）**某些农业企业和畜牧企业所做合格保全捐赠**。

（ⅰ）**总体而言**。任何［第（h）子节第（1）段界定的］合格保全捐赠：

（Ⅰ）其由在捐赠所在纳税年度身份为一名［第（1）段第（E）子段第（ⅴ）条中界定的］合格农场主或牧场主，且其股票在该年任何时候在具规模的证券市场上不可随时交易的一家法人公司做出；

（Ⅱ）对于本子段颁布之日后所做捐赠，为农业或畜牧生产所用（或可用）财产所做捐赠，并符合该等财产仍可用于生产的限制，应允许做出，唯须该等捐赠总额不超过纳税人的应纳税所得额超过第（A）子段下允许做出的慈善捐赠额的部分。

（ⅱ）[②] **结转**。倘若第（ⅰ）条中所述捐赠总额超过第（ⅰ）条限制的，该等超额部分应［依与第（d）子节第（2）段条例一致的方式］按时间顺序在后续15年各年视为第（ⅰ）条适用的慈善捐赠。

---

① 《美国法典》第26编第170节。

② 适用性。

（ⅲ）**终止**。本子段不适用于2007年12月31日后起始的纳税年度中所作任何捐赠。

（C）**应纳税所得额**。在本段中，在计算应纳税所得额时不考虑：

（ⅰ）本节；

（ⅱ）第Ⅷ部分（第248节除外）；

（ⅲ）移前扣减至第172节下纳税年度的任何经营净亏损；

（ⅳ）第199节；

（ⅴ）移前扣减至第1212节第（a）子节第（1）段下纳税年度的任何资本损失。”

（b）**为保持一致性所作修正**。

（1）[①] 第170（d）节第（2）段现予修正，删去各处“第（b）子节第（2）段”并插入“第（b）子节第（2）段第（A）子段”。

（2）第545节第（b）子节第（2）段现予修正，删去“及第（D）子段”并插入“第（D）子段及第（E）子段”。

（c）[②] **生效日期**。本节所作修正适用于2005年12月31日后起始的纳税年度中的所作捐赠。

第1207节　采血组织免征消费税

（a）**免征特殊燃料税**。（涉及其他豁免规定的）第4041节第（g）子节现予修正，删去第（3）段末“和”，删去第（4）段中句号并插入“；及”，并在第（4）段后插入以下新段：

“（5）就任何液体出售给一家［第7701节第（a）子节第（49）段中定义的］合格采血组织，供该等组织独家用于采血、贮藏，或运输。”

（b）**免征制造商消费税**。

（1）**总体而言**。（涉及某些免税销售的）第4221节第（a）子节现予修正，删去第（4）段末“或”，在第（5）段末增补“或”，并在第（5）段后插入以下新段：

“（6）给一家［第7701节第（a）子节第（49）段中定义的］合格采血组织，供该等组织独家用于采血、贮藏，或运输。”

---

① 《美国法典》第26编第170节。

② 《美国法典》第26编第170节注。

（2）**疫苗和娱乐设备不予豁免**。第4221节第（a）子节现予修正，于末尾增补以下新句："对于第（C）子段或第（D）子段所征赋税，第（6）段不适用。"

（3）**为保持一致性所作修正**。

（A）第4221节第（a）子节次句现予修正，删去"第（4）段和第（5）段"并插入"第（4）段、第（5）段及第（6）段"。

（B）第6421节第（c）子节现予修正，删去"或第（5）段"并插入"第（5）段或第（6）段"。

（c）**免征通信消费税**。

（1）**总体而言**。（涉及豁免规定的）第4253节现予修正，将第（k）子节更名为第（l）子节，并在第（j）子节后插入以下新设子节：

"（k）[1] **豁免合格采血组织**。根据部长所制规例，［第7701节第（a）子节第（49）段中定义的］合格采血组织为其所享受的服务或设施所付任何款额不得征以第4251节下的赋税。"

（2）**为保持一致性所作修正**。第（1）段更名的第4253节第（l）子节现予修正，删去"或第（j）子节"并插入"第（j）子节或第（k）子节"。

（d）**免征重型车辆税**。第4483节现予修正，将第（h）子节更名为第（i）子节，并在第（g）子节后插入以下新设子节：

"（h）**豁免采血车辆**。

（1）**总体而言**。第4481节不对合格采血组织对任何合格采血车辆的使用不课征任何赋税。

（2）**合格采血车**。在本子节中，术语'合格采血车'一词，系指在前一纳税年度，其至少80%以上时间为合格采血组织用于血液采集、贮藏或运输的车辆。

（3）**对一纳税期最初投入运行的车辆所设特殊条例**。对于一纳税期最初投入运行的车辆，一台车辆视为该纳税期一台合格采血车的前提为，该采血组织向部长证明该组织合理预计该车辆在该纳税期至少有80%的时间用于血液收集、贮藏或运输。

（4）**合格采血组织**。术语'合格采血组织'一词具有第7701节第

---

① 规例。

（a）子节第（49）段赋予该词的含义。”

（e）**某些销售与服务税种抵扣或退税。**

（1）**视为多缴。**

（A）[①] **总体而言。**第6416节第（b）子节第（2）段现予修正，将第（E）子段和第（F）子段分别更名为第（F）子段和第（G）子段，并在第（D）子段后插入以下新设子段：

“（E）出售给一家［第7701节第（a）子节第（49）段中定义的］合格采血组织，供该等组织独家用于采血、贮藏，或运输。”

（B）**疫苗和娱乐设备无抵扣或退税。**第6416节第（b）子节第（2）段现予修正，在末尾增补以下新句：“对于第32节第（C）子段或第（D）子段所征赋税，第（E）子段不适用。”

（C）**为保持一致性所作修正。**第6416节第（b）子节第（2）段现予修正：

（ⅰ）删去次句中“第（C）子段和第（D）子段”并插入“第（C）子段、第（D）子段及第（E）子段”。

（ⅱ）删去“第（B）子段、第（C）子段和第（D）子段”并插入“第（B）子段、第（C）子段、第（D）子段和第（E）子段”。

（2）**轮胎销售。**第6416节第（b）子节第（4）段第（B）子段现予修正，删去第（ⅰ）条末“或”，删去第（ⅱ）条末句号，并在第（ⅱ）条后增补以下内容：

“（ⅲ）出售给一家合格采血组织，供其配合一台该组织证明将主要用于血液采集、贮藏，或运输的车辆独家使用。”

（f）**合格采血组织的定义。**第7701节第（a）子节现予修正，于末尾插入以下新段：

“（49）**合格采血组织。**术语‘合格采血组织’系指一家组织：

（A）符合第501节第（c）子节第（3）段描述，免于第501节第（a）子节下赋税；

（B）主要用于采集人血活动；

（C）为免缴消费税而有与部长登记；

（D）在美国食品和药物管理局经过了采血登记。”

① 《美国法典》第26编第6416节。

(g)[①] **生效日期**。

(1) **总体而言**。本条所作修正应于 2007 年 1 月 1 日起生效。

(2) **第 (d) 子节**。第 (d) 子节所作修正应适用于 2007 年 7 月 1 日或之后起始的纳税期。

第 B 子编　免税机构改革

第 1 部　整体改革

第 1211 节　某些免税组织持有权益的保险合同中的权益收购事宜报告

(a) **报告要求**。

(1) **总体而言**。(经本法修正的) (涉及与其他人交易有关信息的) 第 61 章第 A 子章第Ⅲ部第 B 子部现予修正，于末尾增补以下新节：

“第 6050V 节[②]　某些免税组织持有权益的适用保险合同有关申报

(a) **总体而言**。进行应上报收购的各家适用免税组织应做出第 (c) 子节中所述申报。

(b) **申报时机**。第 (a) 子节下须做出申报的任何适用免税组织，应于部长所确定的时间做出该等申报。

(c) **申报形式及方式**。一份申报表符合本子节描述的前提为该等申报表：

(1) 遵循部长规定的形式；

(2) 载有适用免税组织的名称、地址及纳税人识别号，以及适用保险合同的签发人；

(3) 载有部长规定提供的其他信息。

(d) **定义**。在本节中：

(1) **应上报收购**。术语‘应上报收购’一词，系指在适用保险合同持有直接或间接权益的免税组织实施的收购，无论情况如何，该等收购都

① 《美国法典》第 26 编第 4041 节注。

② 《美国法典》第 26 编第 6050V 节。

属于一笔结构性交易的一部分，而此交易涉及一批该等合同。

（2）**适用保险合同。**

（A）**总体而言。**术语‘适用保险合同’一词，系指免税组织及除免税组织外的人士直接或间接持有合同中权益的（无论是否在同一时间）任何人寿保险、年金保险或养老合同。

（B）**例外。**该术语不包括人寿保险、年金、养老合同，唯须：

（ⅰ）直接或间接持有合同权益的所有人士（除适用免税组织外），在合同下受保人中持有可投保权益，不受适用免税组织在合同中的任何权益的影响；

（ⅱ）适用免税组织或除适用免税组织外的每名人士在合同中的唯一权益是作为指定的受益人；

（ⅲ）或者，除适用免税组织外的每名人士，在合同中的唯一权益是：（Ⅰ）作为持有合同中权益的信托之受益人，但唯须该人士系在未做考量的情况下，在纯粹无偿的基础上被指定为受益人，或者（Ⅱ）作为一名信托管理人，以受托人身份仅为第（Ⅰ）子条或第（ⅰ）条或第（ⅱ）条中另外所述适用免税组织或人士之利益持有合同中的权益。

（3）**适用免税组织。**术语‘适用免税组织’一词系指：

（A）第 170 节第（c）子节中所述的组织；

（B）第 168 节第（h）子节第（2）段第（A）子段第（ⅳ）条中所述组织；

（C）或者，不符合第（1）段或第（2）段中描述，但符合第 2055 节第（a）子节或第 2522 子第（a）子节中描述的组织。

（e）**终止。**本节不适用于本节的颁布之日起 2 年后发生的应上报收购。"

（2）**为保持一致性所作修正。**第 61 章第 A 子章第Ⅲ部第 B 子部现予修正，其节次目录于末尾增补以下新项："第 6050V 节　某些免税组织持有权益的适用保险合同有关申报。"

（b）**处罚。**

（1）[①] **总体而言。**（该本法修正的）第 6724 节第（d）子节第（1）段第（b）子段现予修正，将第（ⅹⅳ）条到第（ⅹⅸ）条更名为第

---

① 《美国法典》第 26 编第 6724 节。

（xv）条到第（xx）条，并在第（xiii）条后插入以下新条：

“（xiv）（涉及某些免税组织持有权益的适用保险合同有关申报的）第6050V节。”

（2）**有意忽略**。第6721节第（e）子节第（2）段现予修正，删去第（B）子段末“或”，删去第（C）子段末“和”并插入“或”，并在末尾插入以下新设子段：

“（D）对于按规定提交的第6050V节下的申报表，要求在申报表中上报有关信息的任何合同所具有的利益值的10%。”

（c）**研究**。

（1）**总体而言**。财政部部长应进行研究：

（A）免税组织为与投资人分享该组织在该等合同下受保个人中的可投保权益之利益而对［经第（a）子节增补的《1986年国内税收法》第6050V节第（d）子节第（2）段定的］适用保险合同的使用情况；

（B）该等活动是否符合该等组织的免税状态。

（2）**报告**。财政部部长应于该法颁布之日后30个月内，向参议院金融委员会和众议院筹款委员会报告第（1）段下开展的研究情况。

（d）[①] **生效日期**。本节所作修正应适用于本法颁布之日后的合同收购。

第1212节　上调公共慈善机构、社会公益组织和私人基金会惩罚性消费税

（a）**自我交易和超额收益交易税**。

（1）[②] **总体而言**。（涉及初始税）的第4941节第（a）子节现予修正：

（A）在第（1）段中，删去“5%”并插入“10%”；

（B）在第（2）段中，删去“2.5%”并插入“5%”。

（2）**加重自我交易管理者限制**。第4941节第（c）子节现予修正，删去文本中各处“1万美元”及其标题，并插入“2万美元”。

---

① 《美国法典》第26编第6050V节。

② 《美国法典》第26编第4941节。

（3）**加重超额收益交易管理者限制。**第 4958 节第（d）子节第（2）段现予修正，删去文本中各处“1 万美元”并插入“2 万美元”。

（b）**因未分配收入而征税。**（涉及初始税的）第 4942 节第（a）子节现予修正，删去“15%”并插入“30%”。

（c）**超额持股税。**（涉及征税的）第 4943 节第（a）子节第（1）段现予修正，删去“5%”并插入“10%”。

（d）**对危及慈善目的的投资课征的税。**

（1）**总体而言。**（涉及初始税的）第 4944 节第（a）子节现予修正，删去两处“5%”并插入“10%”。

（2）**加重管理者限制。**第 4944 节第（d）子节第（2）段现予修正：

（A）删去“5000 美元”并插入“1 万美元”；

（B）删去“1 万美元”并插入“2 万美元”。

（e）**应税支出税。**

（1）**总体而言。**（涉及初始税）的第 4945 节第（a）子节现予修正：

（A）在第（1）段中，删去“10%”并插入“20%”；

（B）在第（2）段中，删去“2.5%”并插入“5%”。

（2）[①] **加重管理者限制。**第 4945 节第（c）子节第（2）段现予修正：

（A）删去“5000 美元”并插入“1 万美元”；

（B）删去“1 万美元”并插入“2 万美元”。

（f）[②] **生效日期。**本节所作修正适用于本法颁布之日后起始的课税年度。

第 1213 节　备案历史街区某些地役权慈善捐赠改革及合格保全捐赠可归于修复抵免的部分下调扣减

（a）**备案历史街区建筑物特殊条例。**

（1）**总体而言。**（涉及保全目的定义的）第 170 节第（h）子节第（4）段现予修正，将第（B）子段更名为第（C）子段，在第（A）子段后插入以下新设子段：

---

① 《美国法典》第 26 编第 4945 节。

② 《美国法典》第 26 编第 4941 节注。

“(B) 关于登记在历史街区建筑的特殊条例。对于任何合格不动产权益捐赠，就第（C）子段第（ⅱ）条中所述建筑外观而言系一项限制的，该等捐赠视为仅出于保全目的的前提为：

（ⅰ）该等权益：

（Ⅰ）包含了一项限制，保留建筑物整体外观（包括建筑正面、侧面、后面及高度)；

（Ⅱ）禁止建筑物外观发生与该外观历史特征不一致的任何变动。

（ⅱ）捐赠人和受赠人订立一份书面协议，在甘受伪证处罚的情况下证明该受赠人：

（Ⅰ）系一家［第（3）段界定的］合格组织，旨在环保、节约用地、空地保留或文物保护；

（Ⅱ）具备管理和执行该限制要求的资源，并承诺如此行事。

（ⅲ）对于本子段颁布之日后起始的纳税年度中所做任何捐赠，纳税人在做出捐赠的纳税年度的申报表中提供：

（Ⅰ）该合格财产权益［符合第（f）子节第（11）段第（E）子段含义的］合格评估；

（Ⅱ）建筑物的整体外观的照片；

（Ⅲ）建筑物开发的所有限制要求的说明。”

（b）**备案历史街区构筑物和土地不予扣减。**经第（a）子节更名的第170节第（h）子节第（4）[①] 段第（C）子段现予修正：

（1）删去“任何建筑物、构筑物或土地区域”；

（2）在第（ⅰ）条中“收入列表”前插入“任何建筑物、构筑物、土地区域”；

（3）在第（ⅱ）条中“位于”之前插入“任何建筑”。

（c）**某些捐赠有关的申请费。**(涉及某些情况下不准扣减及特殊条例有关的）第170条第（f）子节现予修正，于末尾增补以下新段：

“（13）**捐赠备案历史街区建筑物中某些权益。**

（A）**总体而言。**第（B）子段中所述任何捐赠不准扣减，纳税人在做出捐赠的纳税年度申报表中附上500美元申请费的除外。

（B）**所述捐赠。**一笔捐赠符合本子段描述的前提为，该笔捐赠是一

① 《美国法典》第26编第170节。

笔［第（h）子节中界定的］合格保全捐赠，构成第（h）子节第（4）段第（C）子段第（ⅱ）条中所述建筑物外观的限制，其要求扣减额超过了1万美元。

（C）**费用专用**。本段所收取的任何费用应用于执行第（h）子节的规定。”

（d）**削减合格保全捐赠可归于修复抵免额的部分的扣减额**。经第（c）子节修正的第170节第（f）子节款现予修正，在末尾增补以下新段：

“（14）**削减可归于修复抵免额的部分**。对于［第（h）子节界定的］任何合格保全捐赠，本节下准予的扣减额，其削减额与该捐赠的公允市值所成比例为：

（A）就该等捐赠所含任何建筑物准予第47节下纳税人以往5个过往纳税年度的抵免总额；

（B）捐赠日建筑物公允市场价值之比。”

（e）[①] **生效日期**。

（1）**备案历史街区建筑物特殊条例**。第（a）子节所作修正适用于2006年7月25日之后的捐赠。

（2）**构造物和土地不准扣减、削减修复抵免额**。第（b）子节和第（d）子节所作修正适用于本法颁布之日后的捐赠。

（3）**申请费**。第（c）子节所作修正适用于本法颁布之日后180天后的捐赠。

第1214节 动物标本财产的慈善捐助

（a）[②] **拒绝长期资本收益**。第170节第（e）子节第（1）段第（B）子段现予修正，删去第（ⅱ）条末“或”，在第（ⅲ）条末插入“或”，并在第（ⅲ）条后插入以下新条：

“（ⅳ）任何动物标本财产，由制备、填充或者安装该财产者捐赠，或由支付或产生该等制备、填充或架设成本任何人所捐赠。”

（b）**基数处理**。经本法修正的第170节第（f）子节现予修正，在末尾增补以下新段：

① 《美国法典》第26编第170节注。

② 《美国法典》第26编第170节。

“（15）**动物标本的财产特殊条例**。

（A）**基数**。为本节起见，即便有第1012节的规定，对于动物标本财产，由其制备、填充或安装者做出慈善捐赠的，由支付或产生该等制备、填充或安装成本者做出慈善捐赠的，仅该制备、填充或架设成本包含在该财产的基数内。

（B）**动物标本财产**。在本节中，术语‘动物标本财产’一词系指任何艺术作品，其：

（ⅰ）是一种动物的全部或部分再现或保存方式；

（ⅱ）其制备、填充或架设的目的在于重现该动物的一种或多种特征；

（ⅲ）包含已死动物遗骸的一部分。”

（c）[①] **生效日期**。本节所作修正适用于2006年7月25日后的捐赠。

第1215节　未用于免税用途的免税用途财产，其慈善捐助赋税优惠归公

（a）**对于某些免税财产之出售，其扣减归公**。

（1）**总体而言**。（涉及普通收入和资本利得财产某些捐赠的）第170节第（e）子节第（1）段第（B）子段第（ⅰ）条修正如下：

“（ⅰ）有形动产：

（Ⅰ）倘若受赠人对其的使用，与构成第501节下豁免基数的目的或功能无关［或，对于政府单位，与第（c）子节中所述目的或职能无关］的；

（Ⅱ）或者，其为［第（7）段第（C）子段界定的］适用财产，为受赠人在做出捐赠的纳税年度末日前出售、交换或处置，而捐赠人未按第（7）段第（D）子段就其做出证明。”

（2）[②] **纳税年度结束后的处置**。第170节第（e）子节现予修正，在末尾增补以下新段：

“（7）**对于某些免税财产之处置，其扣减归公**。

（A）**总体而言**。对于适用财产的相关处置，在该等财产捐赠人在做出相关处置的纳税年度的收入中，应包括一笔数额，其为（若有）：

① 《美国法典》第26编第170节注。

② 《美国法典》第26编第170节。

（ⅰ）本节下就该等财产准予捐赠人的扣减额，超过（ⅱ）在上述财产捐赠之际，捐赠人在该财产中的基数的部分。

（B）**相关处置**。在本段中，术语‘相关处置’一词系指受赠人对适用财产做出的出售、交换或其他处置，其时间位于：

（ⅰ）捐赠人在该等财产做出捐赠的纳税年度之末日后；

（ⅱ）该等财产捐赠之日起3年之期末日前，受赠人按第（D）子段做出认证的除外。

（C）**适用财产**。在本段中，术语‘适用财产’一词，系指［第6050L节第（a）子节第（2）段第（A）子段界定的］可作慈善扣减的财产：

（ⅰ）其为有形动产，受赠人将其使用情况标识为与构成第501节下受赠人豁免基数的目的或功能有关；

（ⅱ）允许其扣减超过捐赠人基数。

（D）**证明**。一份证明符合本子段要求的前提为，其为一份书面陈述，由受赠人组织的官员在甘受伪证处罚的情况下签署，且：

（ⅰ）其：（Ⅰ）证明，受赠人对该财产的使用，与构成第501节下受赠人豁免基数的目的或功能有关，（Ⅱ）描述该财产是如何使用的，及该等使用情况如何促进该等目的或功能；

（ⅱ）或者，其：（Ⅰ）规定捐赠之际受赠人对财产的预期用途，（Ⅱ）证明，该用途已变得不可能或不可行。”

（b）**报告要求**。（涉及捐赠财产的某些处置有关申报的）第6050L节第（a）子节第（1）段现予修正：

（1）删去“2年”并插入“3年”；

（2）删去第（D）子段末“和”，删去第（E）子段末项句号并插入一个逗号，并在末尾插入以下内容：

“（F）受赠人对该财产使用情况的描述；

（G）一份声明，表明该财产的使用情况，是否与构成第501节下受赠人豁免基数的目的或功能有关。

在任何情况下，受赠人根据第（G）子段表明该［第170节第（e）子节第（7）段第（C）子段界定的］适用财产的使用情况与构成第501节下受赠人豁免基数的目的或功能有关的，但凡根据第170节第（e）子节第（7）段做出证明的，受赠人应在申报表中包含第170节第（e）子节第（7）段第（D）子段中所述证明。”

（c）**处罚。**

（1）**总体而言。**（涉及应处罚的）第68章第B子章第Ⅰ部现予修正，在第6720A节后插入以下新节：

“第6720B节[①]　冒充免税用途财产

除法律规定的任何刑事处罚外，任何人将［第170节第（e）子节第（7）段第（C）子段界定的］适用财产确认为其用途与构成第501节下受赠人豁免基数的目的或功能有关，但心知该等财产并非打算用于该等用途的，应缴纳1万的罚款。”

（2）**文书修正。**第68章第B子章第Ⅰ部节次目录现予修正，在有关第6720A节的项之后增补以下新项：“第6720B节　冒充免税用途财产”

（d）**生效日期。**

（1）[②] **归公。**第（a）子节所作修正适用于2006年9月1日后的捐赠。

（2）[③] **报告。**第（b）子节所作修正适用于2006年9月1日后提交的申报表。

（3）[④] **处罚。**第（c）子节所作修正适用于本法颁布之日后做出的确认。

第1216节　衣物和家居用品慈善捐款扣减限制

（a）[⑤] **总体而言。**第170节第（f）子节现予修正，在末尾增补以下新段：

“（16）**衣物和家居物品的捐赠。**

（A）**总体而言。**对于个人、合伙企业或法人，任何衣物或家居物品捐赠，除非处于良好使用状态甚至成色更新，否则不得做出第（a）子节下的扣减。

（B）**最低值项目。**即便有第（A）子段的规定，部长可依规例拒

① 《美国法典》第26编第6720B节。

② 《美国法典》第26编第170节注。

③ 《美国法典》第26编第6050L节。

④ 《美国法典》第26编第6720B节注。

⑤ 《美国法典》第26编第170节。

绝为仅存最低货币价值的衣物或家居物品捐赠做出第（a）子节下的扣减。

（C）**某些财产的例外情况**。第（A）子段和第（B）子段不适用于要求做出超过500美元以上扣减的任何单件衣物或家居物品捐赠，前提为该纳税人在其申报表中附上一份该财产的合格估值书。

（D）**家居用品**。在本段中：

（ⅰ）**总体而言**。术语‘家居用品’一词包括家具、陈设、电子装置、电器、床上用品，以及其他类似物品。

（ⅱ）**排除物项**。该术语不包括：（Ⅰ）食物，（Ⅱ）书画，古玩等艺术品，（Ⅲ）珠宝和宝石，以及（Ⅳ）藏品。

（E）**传递实体特殊条例**。对于合伙企业或S类公司，本段应适用于在实体层面，但合伙企业或股东层面应拒绝扣减。”

（b）[①] **生效日期**。本节所作修正适用于本法颁布之日后所作捐赠。

第1217节　修改某些慈善捐款记录保存要求

（a）[②] **记录保存要求**。经本法修正的第170节第（f）子节现予修正，于末尾增补以下新段：

“（17）**记录保存**。任何现金、支票或其他货币馈赠物捐赠不准做出第（a）子节下的扣减，捐赠人维护有一份银行记录或受赠人书面通信，留作该等捐赠的记录，显示受赠人组织名称、捐款日期及捐款数额的除外。”

（b）[③] **生效日期**。本节所作修正适用于本法颁布之日后起始的课税年度中所作捐赠。

第1218节　有形动产部分产权捐赠

（a）**所得税**。（涉及慈善等方面的捐赠和馈赠物的）第170节现予修正，将第（o）子节更名为第（p）子节，在第（n）子节后插入以下新设子节：

---

① 《美国法典》第26编第170节注。

② 《美国法典》第26编第170节。

③ 《美国法典》第26编第170节注。

“（o）**对部分馈赠物而设的特殊条例。**

（1）**在某些情况下，拒绝扣减。**

（A）**总体而言。**纳税人有形动产全部产权中不可分割的捐赠部分不予扣减，除非在紧挨做出该等捐赠前，该财产的所有权益持有人为：

（ⅰ）纳税人；

（ⅱ）或者，纳税人和受赠人。

（B）**例外。**部长可通过规例规定第（A）子段的例外情况，即对该财产持有一份产权所有人士分比例捐赠其所持整体产权不可分割的部分。

（2）**后续馈赠物之估值。**对于任何追加捐赠，确定该等捐赠的公允市值时，应采用如下孰少者：

（A）该财产在初次部分捐赠时的公允市值；

（B）或者，该财产在在追加捐赠时的公允市值。

（3）**某些情况扣减归公，加至税收。**

（A）**归公。**部长应就纳税人有形动产全部产权中不可分割的捐赠部分，规定将本节下允许的扣减额（加利息）归公：

（ⅰ）在任何情况下，捐赠人在如下孰早者之前不将财产中所有剩余产权捐给受赠人［或，受赠人不再在世，不捐给第170节第（c）子节所述任何人］的：

（Ⅰ）初次部分捐赠日10周年之日；

（Ⅱ）或者，捐赠人死亡日。

（ⅱ）在始于初次部分捐赠之日，止于第（ⅰ）条中所述日期的期间内，受赠人未：

（Ⅰ）曾实质上实际持有该财产的；

（Ⅱ）曾将该财产用于第501节下该机构豁免基数的目的或功能有关的用途。

（B）**税收上调。**应将本章对第（A）子段下扣减归公的任何纳税年所设赋税上调按此归公的金额的10%。

（4）**定义。**在本节中：

（A）**追加捐赠。**术语‘追加捐赠’一词，就此前曾做过初次部分捐赠的财产而言，系指纳税人将该财产中任何产权所做任何慈善捐赠。

（B）**初次部分捐赠**。术语‘初次部分捐赠’一词，就任何纳税人而言系指将纳税人在任何有形动产整体产权中不可分割的部分做出的首次慈善捐赠。”

（b）[①] **房产税**。（涉及出于公益、慈善和宗教用途所做转让）的第2055节现予修正，将第（g）子节更名为第（h）子节，在第（f）子节后插入以下新设子节：

“（g）**后续馈赠物估值**。

（1）**总体而言**。对于任何追加捐赠，确定该等捐赠的公允市值时，应采用如下孰少者：

（A）该财产在初次部分捐赠时的公允市值；

（B）或者，该财产在追加捐赠时的公允市值。

（2）**定义**。在本段中：

（A）**追加捐赠**。术语‘追加捐赠’一词，就一项逝者曾做过初次部分捐赠的财产而言，系指其中任何产权的遗赠、遗产、遗留或第（a）子节中所述转让。

（B）**初次部分捐赠**。术语‘初次部分捐赠’一词，就任何逝者而言系指逝者在任何有形动产中整体产权中不可分割的部分做出的任何慈善捐赠，准许做出第170节下扣减。”

（c）[②] **赠予税**。（涉及慈善性及类似馈赠物的）第2522节现予修正，将第（e）子节更名为第（f）子节，并在第（d）节后插入以下新设子节：

“（e）**部分馈赠物特殊条例**。

（1）**在某些情况下，拒绝扣减**。

（A）**总体而言**。纳税人有形动产全部产权中不可分割的捐赠部分不予扣减，除非在紧挨做出该等捐赠前，该财产的所有权益持有人为：

（ⅰ）纳税人；

（ⅱ）或者，纳税人和受赠人。

（B）**例外**。部长可通过规例规定第（A）子段的例外情况，即，对该财产持有一份产权所有人士分比例捐赠其所持整体产权不可分割的

① 《美国法典》第26编第2055节。

② 《美国法典》第26编第2522节。

部分。

（2）**后续馈赠物之估值**。对于任何追加捐赠，确定该等捐赠的公允市值时，应采用如下孰少者：

（A）该财产在初次部分捐赠时的公允市值；

（B）或者，该财产在追加捐赠时的公允市值。

（3）**某些情况扣减归公，加至税收**。

（A）**总体而言**。部长应就纳税人有形动产全部产权中不可分割的捐赠部分，规定将本节下允许的扣减额（加利息）归公：

（ⅰ）在任何情况下，捐赠人在如下孰早者之前不将财产中所有剩余产权捐给受赠人［或，受赠人不再在世，不捐给第170节第（c）子节所述任何人］的：

（Ⅰ）初次部分捐赠日10周年之日；

（Ⅱ）或者，捐赠人死亡日。

（ⅱ）在始于初次部分捐赠之日，止于第（ⅰ）条中所述日期的期间内，受赠人未：

（Ⅰ）曾实质上实际持有该财产的；

（Ⅱ）曾将该财产用于第501节下该机构豁免基数的目的或功能有关的用途。

（B）**税收上调**。应将本章对第（A）子段下扣减归公的任何纳税年所设赋税上调按此归公的金额的10%。

（4）**定义**。在本节中：

（A）**追加捐赠**。术语‘追加捐赠’一词，就一项逝者曾做过初次部分捐赠的财产而言，系指其中任何产权做出任何馈赠，允许做出第（a）子节或第（b）子节下扣减。

（B）**初次部分捐赠**。术语‘初次部分捐赠’一词，就任何捐赠人而言系指捐赠人在任何有形动产整体产权中不可分割的部分做出的初次馈赠，允许做出第（a）子节或第（b）子节下扣减。”

（d）[①] **生效日期**。本节所作修正适用于本法颁布之日后所作捐赠、遗赠。

---

① 《美国法典》第26编第170节注。

第1219节　估值重大虚报及严重虚报相关规定

（a）**估值重大错报及严重错报限度修改。**

（1）**估值重大错报。**

（A）[①] 所得税。（涉及第1章估值重大错报的）第6662节第（e）子节第（1）段第（A）子段现予修正，删去“200%”并插入“150%”。

（B）遗产税及赠予税。第6662节第（g）子节第（1）段现予修正，删去“50%”并插入“65%”。

（2）**估价严重错报。**

（A）**所得税。**（涉及加大估值严重错报处罚的）第6662节第（h）子节第（2）段第（A）子段第（ⅰ）条现予修正如下：

“（ⅰ）在第（1）段第（A）子段中，‘200%’替换‘150%的’。

（ⅱ）在第（1）段第（B）子段第（ⅰ）条中：

（Ⅰ）‘400%’替换‘200%’；

（Ⅱ）‘25%’替换‘50%’，及。”

（B）**遗产税及赠予税。**第6662节第（h）子节第（2）段第（C）子段现予修正，删去“‘25%’替换‘50%’”，并插入“‘40%’替换‘65%’”。

（3）[②] **撤销严重错报合理原因例外情形。**（涉及因例外情形导致异常付款不足的）第6664节第（c）子节第（2）段现予修正，删去“第（1）段适用的前提为”并插入“第（1）段不适用。前一句不适用于第1章下估值重大虚报，前提为”。

（b）**对估价造成重大错报及严重错报的估价师处罚。**

（1）**总体而言。**（涉及应处处罚的）第68章第B子章第Ⅰ部现予修正，在第6695节后插入以下新节：

“第6695A节[③]　可归咎于估价有误的重大及严重估值错报

（a）**处以罚款。**倘若：

（1）一人编制了一份财产估价书，且该人知道或理应知道该估价会

① 《美国法典》第26编第6662节。

② 《美国法典》第26编第6664节。

③ 《美国法典》第26编第6695A节。

用于申报表或退款申请；

（2）申报表或退款申请中基于该等估价书声称的财产价值，造成第1章下［符合第6662节第（e）子节含义的］重大估值错报，［符合第6662节第（h）子节含义的］严重估值错报的，则该人应就该财产缴纳第（b）子节确定的罚款。

（b）**罚款额**。根据第（a）子节就一项估价对任何人士所征罚款应等于如下孰少者：

（1）如下孰多者：

（A）可归咎于第（a）子节第（2）段中所述错报的［第6664节第（a）子节界定的］短付款金额的10%；

（B）或者，1000美元；

（2）或者，第（a）子节第（1）段中所述人士因编制估价书而得总收入的125%。

（c）**例外情况**。倘若该人使部长相信，该估价书中确认的价值多半为合适价值的，不得处以第（a）子节下的罚款。”

（2）**适用罚款的条例**。（涉及第6694节和第6695节适用条例的）第6696节现予修正：

（A）删去文本各处“第6694节和第6695节”及其标题，并插入“第6694节、第6695节和第6695A节”；

（B）删去文本各处“第6694节或第6695节”并插入“第6694节、第6695节或第6695A节”。

（3）**为保持一致性所作修正**。第68章第B子章第Ⅰ部节次目录现予修正，删去有关第6696节的项，并增补以下新项：“第6695A节　可归咎于估价有误的重大及严重估值错报；第6696节　适用于第6694节、第6695节和第6695A节条例。”

（c）**合格估价师及估价**。

（1）[①] **总体而言**。第170节第（f）子节第（11）段第（E）子段现予修正如下：

“（E）**合格估价及估价师**。在本段中：

（ⅰ）**合格估价**。术语‘合格估价’一词，就任何财产而言系指对该

① 《美国法典》第26编第170节。

财产的一份估价，其：

(Ⅰ) 为本段起见，视为一份部长规定规例或其他指导之下的合格估价；

(Ⅱ) 由合格估价师按照公认的估价标准及第（Ⅰ）子条下规定的任何规例或其他指导做出。

(ⅱ) **合格估价师**。除第（ⅲ）条规定外，术语‘合格估价师’一词系指一名人士，其：

(Ⅰ)[①] 获得了公认专业估价机构估价衔称，或是另外达到了部长所订规例中所规定的最低学历和经验要求；

(Ⅱ) 定期进行估价，并因此而收到报酬；

(Ⅲ) 符合部长在规例或其他指导中规定的其他要求。

(ⅲ) **特定估价**。对任何特定估价，一名个人视为一名合格估价师的前提为：

(Ⅰ) 其在估价待估价财产时，能展现可予核实的学历和经验；

(Ⅱ) 在终止于估价日的 3 年之期的任何时候，其未被部长《美国法典》根据第 31 编第 330 节第（c）子节禁止在国内收入署面前执业。”

(2) **合理原因例外情况**。第 6664 节第（c）子节第（3）段第（B）子段和第（C）子段现予修改如下：

“(B) **合格估价**。术语‘合格估价’一词具有第 170 节第（f）子节第（11）段第（E）子段第（ⅰ）条赋予该词语的含义。

(C) **合格估价师**。术语‘合格估价师’一词具有第 170 节第（f）子节第（11）段第（E）子段第（ⅱ）条赋予该词的含义。”

(d) **针对估价师的惩戒处分**。《美国法典》第 31 编第 330 节第（c）子节现予修正，删去“《1986 年国内税收法》第 6701 节第（a）子节下应受处罚者”。

(e)[②] **生效日期**。

(1)[③] **错报处罚**。除第（3）段中规定外，第（a）子节所作修正适用于本法颁布之日后提交的申报表。

(2) **估价师规定**。除第（3）段中规定外，第（b）子节、第（c）

① 规例。

② 适用性。

③ 《美国法典》第 26 编第 170 节注。

子节及第（d）子节所作修正，应适用于就本法颁布之日后提交的申报表或材料而编制的估价。

（3）**某些地役权特殊条例**。对于就《1986年国内税收法》第170节第（h）子节第（4）段第（C）子段第（ⅱ）条中所述建筑外观而言系一项限制的一项合格不动产权益捐赠及该笔捐赠的估价，第（a）子节及第（b）子节所作修正适用于2006年7月25日后提交的申报表。

第1220节　信贷咨询机构附加标准

（A）[①] **总体而言**。（涉及公司、某些信托等免税的）第501节现予修正，将第（q）子节更名为第（r）子节，并在第（p）子节后插入以下新设子节：

“（q）**信贷咨询机构特殊条例**。

（1）**总体而言**。对于主要提供信贷咨询服务的一家机构，免缴第（a）子节下赋税的前提是，该等组织符合第（c）子节第（3）段或第（4）段中的描述，且该机构按下列要求组建并运作：

（A）该机构：

（ⅰ）针对消费者的具体需求和具体情况提供订制的信贷咨询服务；

（ⅱ）不向债务人提供任何贷款（免计费用或利息的贷款除外），不代表债务人协商贷款事宜；

（ⅲ）其提供服务的目的在于改善消费者的信用记录、信用历史或信用评级，唯须该等服务附属于信贷咨询服务；

（ⅳ）不为改善消费者的信用记录、信用历史或信用评级的服务收取任何单独列示费用。

（B）该机构不因消费者无力付费、消费者无资格加入债务管理计划、无意愿加入债务管理计划而拒绝向消费者提供信贷咨询服务。

（C）该机构制定并实施有一项收费政策，其：

（ⅰ）规定向消费者收取的任何服务费用合理；

（ⅱ）允许在消费者无力付费的情况下免收费用；

（ⅲ）在国家法律允许范围之外，禁止基于消费者的债务、消费者根据债务管理计划所付款项或消费者因加入债务管理计划而致的预计或实际储蓄之一定比例的全部或部分收取任何费用。

---

① 《美国法典》第26编第501节。

(D) 在任何时候，该机构设有一个董事会或其他治理机构：

(ⅰ) 其受代表公众的兴趣权益的人士之控制，如以本职身份行事的政府官员，对信用或金融教育具备特殊知识或专长的人士及社区领袖；

(ⅱ) 其不超过20%的投票权赋予了该机构所雇人士，或直接或间接地获益于该机构活动的人士（而非领取合理董事袍金或消费者向信贷咨询机构或其分支机构外的债权人偿还债务款项）；

(ⅲ) 其不超过49%的投票权赋予了该机构所雇人士，或直接或间接地获益于该机构活动的人士（而非领取合理董事袍金）。

(E) 该机构不拥有超过35%的：

(ⅰ) 任何公司［第（c）子节第（3）段中所述机构外的公司，且免缴第（a）子节下赋税］合计总投票权，其从事行业或业务为借贷、信用修复或提供债务管理计划服务、付款处理或类似服务；

(ⅱ) 任何合伙企业［第（c）子节第（3）段中所述机构外的合伙企业，且免缴第（a）子节下赋税］利润收益，其从事行业或业务为借贷、信用修复或提供债务管理计划服务、付款处理或类似服务；

(ⅲ) 任何信托或财产［第（c）子节第（3）段中所述机构外的信托，且免缴第（a）子节下赋税］实际权益，其从事行业或业务为借贷、信用修复或提供债务管理计划服务、付款处理或类似服务。

(F) 该机构组织不以向他人推荐债务管理计划服务收取酬金，不以向他人推荐客户收取酬金。

(2) **第（c）子节第（3）段所述机构附加要求。**

(A) **总体而言。**除第（1）段规定的要求外，一家主要提供信贷咨询服务且符合第（c）子节第（3）段描述的机构，其免缴第（a）子节下赋税的前提是该等机构按以下要求组建并运作：

(ⅰ) 该机构在最初的咨询过程中，或消费者享受机构提供的服务过程中，不向消费者征纳缴款。

(ⅱ) 该机构来自其消费者的债权人所缴款项且可归于债务管理计划服务的总收入，不超过该机构总收入的适用百分比。

(B) **适用百分比。**

(ⅰ) 总体而言。在第（A）子段第（ⅱ）条中，适用百分比为50%。

(ⅱ) 过渡条例。即便有第（ⅰ）条的规定，在本子节颁布之日，一家机构，其主要提供信贷咨询服务，符合第（c）子节第（3）段描述，免缴第（a）子节下赋税的，适用百分比为：

（Ⅰ）对于本子节颁布之日1周年后该机构起始的首个纳税年度，80%；

（Ⅱ）该日期后起始的次个纳税年度，70%；

（Ⅲ）该日期后起始的第三个纳税年度，60%。

（3）**第（c）子节第（4）段所述机构附加要求**。除第（1）段下要求外，一家主要提供信贷咨询服务且符合第（c）子节第（3）段描述的机构，其免缴第（a）子节下赋税的前提是，该等机构按部长通过规例规定的方式通知部长，其在申请信贷咨询机构身份认可。

（4）**信贷咨询服务、债务管理计划服务**。在本子节中：

（A）**信贷咨询服务**。术语‘信贷咨询服务’一词系指：

（ⅰ）向普通大众提供预算、个人理财、金融知识的、储蓄和消费惯例、消费信贷合理使用方面的宣传信息；

（ⅱ）为个人和家庭提供咨询，协助他们解决金融问题；

（ⅲ）或者，第（ⅰ）条和第（ⅱ）条中所述活动的组合。

（B）**债务管理计划服务**。术语‘债务管理计划服务’一词，系指与还款、消费者债务整合或重组有关服务，并包括向债权人争取低利率、费用减免，以及债务管理计划的营销和处理。”

（b）[①] **视为无关业务的债务管理计划服务**。（涉及无关行业或业务的）第513节现予修正，于末尾增补以下内容：

“（j）**债务管理计划服务**。术语‘无关行业或业务’一词包括由符合第501节第（q）子节要求机构之外的任何组织提供［第501节第（q）子节第（4）段第（B）子段界定的］债务管理计划服务。”

（c）[②] **生效日期**。

（1）**总体而言**。除第（2）段规定外，本节所作修正应适用于本法颁布之日后起始的纳税年度。

（2）**现有机构过渡条例**。对于《1986年国内税收法》第501节第（c）子节第（3）段或第（4）段中所述任何机构，其在此法颁布之日其

① 《美国法典》第26编第513节。

② 《美国法典》第26编第501节注。

主要提供信贷咨询服务的，本节所作修正适用于本法颁布之日 1 周年后起始的纳税年度。

第 1221 节　扩大私人基金净投资收益计税基础

（a）**总投资收益。**

（1）[①] **总体而言。**（涉及总投资收益的）第 4940 节第（c）子节第（2）段现予修正，于末尾增补如下新句："该词也应包括出自前一句中类似来源的收入。"

（2）**为保持一致性所作修正。**（涉及总投资收益的）第 509 节第（e）子节现予修正，于末尾增补如下新句："该词也应包括出自前一句中类似来源的收入。"

（b）**资本收益净收入。**（涉及资本收益和损失的）第 4940 节第（c）子节第（4）段现予修正：

（1）在第（A）子段中，删去"用于产生利息、股息、租金和特许权使用费"并插入"用于产生［第（2）段界定的］总投资收益"；

（2）在第（C）子段中，在"移前扣减"之后插入"或结转"；

（3）在末尾增补以下新设子段：

"（D）除规例规定外，根据第 1031 节类似条例［包括其第（a）子节第（2）段下的例外情况］，对于财产在短于一年之期内用于构成该私人基金免税基数的目的或功能的任何部分，若紧接该段时期后，该整笔财产仅与主要用于构成该基金免税依据的目的或功能的类似财产交换的，收益或损失不得纳入在考虑之内。"

（c）[②] **生效日期。**本节所作修正适用于本法分布之日后起始的纳税年度。

第 1222 节　教派集会或协会之定义

第 7701 节（涉及定义的）现予修正，将第（o）子节更名为第（p）子节，并在第（n）子节后插入以下新设小节：

"（o）**教派集会或协会。**在本编中，原本为教会集会或协会的任何机

① 《美国法典》第 26 编第 4940 节。

② 《美国法典》第 26 编第 509 节注。

构，不得仅因该机构的成员包括个人及教堂，或仅因为个人对该等机构具有投票权，而不合资格。”

第1223节　对目前不必提交材料的各实体而设的通知要求

（a）[①] **总体而言**。（经本法修正的）（涉及免税组织所作申报的）第6033节现予修正，将第（ⅰ）子节更名为第（j）子节，并在第（h）子节后插入以下新设子节：

“（ⅰ）**附加通知要求**。任何机构，其任何纳税年度总收入使之符合第（a）子节第（3）段第（A）子段第（ⅱ）条或第（a）子节第（3）段第（B）子段中所指的：

（1）应每年按部长通过规例规定的时间及方式以电子形式提供信息，说明：

（A）该机构的法定名称；

（B）该机构运作或开展业务所采用的名义；

（C）该机构的通信地址和互联网网站地址（若有）；

（D）该机构的纳税人识别号；

（E）主要人员的名称和地址；

（F）该机构免于第（a）子节第（1）段下提交要求的持续性基础之证据。

（2）在该机构终止存续后，应提供终止通知。”

（b）**因未能提交申报表或通知而失去免税资格**。第（a）子节修正的（涉及享受豁免规定机构所作申报的）第6033节现予修正，将第（j）子节更名为第（k）子节，并在第（ⅰ）子节后插入以下新设小节：

“（j）**因未能提交申报表或通知而失去免税资格**。

（1）[②] **总体而言**。倘若第（a）子节第（1）段或第（ⅰ）子节中所述机构，连续3年未能提交两个子节之一者其下规定的年度申报表或通知的，则该机构所拥有的第501节第（a）子节下免税机构资格，自部长规定的第三年年度申报表或通知提交日起应视为取消。部长应公布一份资格被取消的机构名单并予以维护。

---

① 《美国法典》第26编第6033节。

② 取消。

(2)[①] **资格恢复申请**。第（1）段下取消其免税资格的任何机构，欲恢复该资格的，应提交申请，无论该机构最初是否被要求提出该等申请。

(3) **对未能提交申报表或通知出示合理原因的，追溯性恢复资格**。倘若提出恢复第501节第（a）子节下免税机构资格申请后，第（1）段中所述机构能向部长出示该段中所述未能提交申报表或通知情形的合理原因证据并使部长确信，经部长酌定后，该机构的免税资格可于该段下取消日之起恢复。"

(c)[②] **宣告式判决不予撤销**。(涉及限制的）第7428节第（b）子节现予修正，于末尾增补以下新段：

"（4）**不适用某些取消情形**。不得依本节就第6033节第（j）子节第（1）段中所述资格取消发起任何诉讼。"

(d) **对未能提供通知的情形，不处以罚款**。第6652节第（c）子节第（1）段现予修正，于末尾增补以下新设子段：

"（E）**某些年度通知不予处罚**。本段不适用于第6033节第（ⅰ）子节下规定的任何通知。"

(e)[③] **部长外联要求**。

(1) **通知要求**。财政部部长应及时将第6033节第（ⅰ）子节下要求及第6033节第（j）子节下所颁处罚通知（经本节增补的）《1986年国内税收法》第6033节第（i）子节中所述各家机构，通过：

(A) 邮件的方式，此方式适合身份及地址收录于部长维护的免税机构名单中的任何机构；

(B) 通过因特网或其他外联等方式，此方式适用任何其他机构。

(2)[④] **因未能提交申报表而处以取消资格的处罚**。财政部部长应以合适形式及指示并通过其他方式及时公布《1986年国内税收法》第6033节第（j）子节下为未能提交该法第6033节第（a）子节第（1）段或第（ⅰ）子节下申报表而设处罚。

(f)[⑤] **生效日期**。本条所作修正适用于2006年起始的年度期间的通

① 公布，记录。

② 《美国法典》第26编第7428节。

③ 《美国法典》第26编第6033节注。

④ 公开资料。

⑤ 《美国法典》第26编第6033节注。

知和申报表。

第1224节　向州政府官员所作免税机构有关的披露

（a）**总体而言**。第6104节第（c）子节现予修正，删去第（2）段并插入以下新段：

“（2）**慈善机构有关拟定行动的披露**。

（A）**特定通知**。对于第（1）条适用的机构，部长可向相关州政府官员披露：

（ⅰ）一份通知，即准备拒绝将该机构认可为第501节第（c）子节第（3）段中所述组织，或一份通知，即准备取消对该机构免税机构资格的认可；

（ⅱ）关于第507节、第41章或第42章下拟提争议税款信函的印发；

（ⅲ）已申请第501节第（c）子节第（3）段下所述机构认可的机构的名称、地址和纳税人识别号。

（B）**额外披露**。根据第（A）子段下披露信息的机构的申报表及申报信息，应提供给相关州政府官员检查或向其披露。

（C）**披露程序**。第（A）子段或第（B）子段披露信息的前提为：

（ⅰ）经相关政府官员提出书面要求；

（ⅱ）出于执行规范此类机构的州际法律的目的，且仅为其执行所需。

政府官员之外人士，仅在其为该州官员或雇员或由相关州政府官员指定代表相关州政府官员接收本段下申报表或申报信息的情况下，该等信息的检查方或透露对象方可为该等人士。

（D）**依照要求之外所作披露**。对于任何州的相关州政府官员，若部长认为该等申报表或申报信息可能构成其管辖区内法律下不合规的，可向其提供或披露第（1）段适用机构的申报表或申报信息。

（3）**某些其他免税机构有关的披露**。经相关州政府官员书面请求后，部长可出于为执行规范该等机构慈善基金或慈善资产募集或管理的州际法律的目的，及仅为其执行所需，提供第501节第（c）子节中所述任何机构［其第（1）段或第（3）段中所述机构除外］申报表或申报信息用于检查或披露。政府官员之外人士，仅在其为该州官员或雇员或由相关州政府官员指定代表相关州政府官员接收本段下申报表或申报信息的情况下，该等信息的检查方或透露对象方可为该等人士。

（4）**用于民事审判和行政诉讼中**。根据本子节披露的申报表和申报信息，可在与执行规范该等机构的州法律有关的民事行政诉讼及民事审判诉讼中披露，其披露方式可与部长为在第6103节第（h）子节第（4）段下税收管理诉讼中规定的披露方式类似。

（5）**若发生减值，不得披露**。申报表和申报信息，不得根据本子节或在第（4）段所述任何诉讼中披露的前提为，部长认为该等披露会严重影响美国联邦税收管理。

（6）**定义**。在本节中：

（A）**申报表和申报表信息**。术语‘申报表’和‘申报信息’分别具有第6103节第（b）子节赋予该等术语的含义。

（B）**相关州政府官员**。术语‘相关州政府官员’一词系指：

（ⅰ）州总检察长；

（ⅱ）州税务官员；

（ⅲ）对于第（1）段适用的机构，负有监管第501节第（c）子节第（3）段所述类型机构职责的任何其他州政府官员；

（ⅳ）对于第（3）段适用的机构，州总检察长指定具有慈善基金募集主要监管责任的机构主要责任人。”

（b）**为保持一致性所作修正**。

（1）[①] 第6103（a）节第（2）段现予修正，在“本节”后插入“或第6104节第（c）子节”。

（2）第6103节第（p）子节第（3）段第（A）子段现予修正，在首句“节”后插入“及第6104节第（c）子节”。

（3）第6103（p）节第（4）段现予修正：

（A）就第（A）子段而言，删去“或任何其他人士”前的“，［第6104节第（c）子节中界定的］任何相关州政府官员”；

（B）在第（F）子段第（ⅰ）条中，删去“或任何其他人士”前的“［第6104节第（c）子节中界定的］任何相关州政府官员”；

（C）就后文第（F）子段而言，在各处“包括一家机构”后插入“，［第6104节第（c）子节中界定的］相关州政府官员”。

---

① 《美国法典》第26编第6103节。

（4）第6104节第（c）子节第（1）段标题现予修正，在“条例”前插入“慈善机构”。

（5）第7213节第（a）子节第（2）段现予修正，在“第6103节”后插入“或第6104节第（c）子节下”。

（6）第7213A节第（a）子节第（2）段现予修正，在“第7213节第（a）子节第（2）段”后插入“或第6104节第（c）子节下”。

（7）第7431节第（a）子节第（2）段现予修正，在“第6103节”后插入“或违反第6104节第（c）子节”。

（c）生效日期。本节所作修正应于本法颁布之日起生效，但不适用于该日期之前提出的请求。

第1225节　无关活动收入税申报有关信息的公开披露

（a）**总体而言**。第6104节第（d）子节第（1）段第（A）子段现予修正，将第（ⅱ）条及第（ⅲ）条分别更名为第（ⅲ）条及第（ⅳ）条，并在第（ⅰ）条后插入以下新条：

“（ⅱ）第6011节下该等机构提交的涉及第511节所征任何赋税的任何年度申报表（涉及对慈善等无关活动收入税及机构征收），唯须该机构符合第501节第（c）子节第（3）段的描述。”

（b）[①] **生效日期**。本节所作修订适用于本法颁布之日以后提交申报表。

第1226节　研究捐赠人推荐的基金和支助机构

（a）**研究**。财政部部长应研究机构及捐赠人推荐的［经本法修正的《1986年国内税收法》第4966节第（d）子节第（2）段界定的］基金运行情况及该法第509节第（a）子节第（3）段中所述机构运行情况。该项研究应特别考虑：

（1）捐赠人推荐的基金［经本法修正的《1986年国内税收法》第4966节第（d）子节第（1）段界定的］出资机构或该法第509节第（a）子节第（3）段中所述机构，向其所作慈善捐赠允许做出的所得税、赠予税或遗产税扣减是否适当，尤其在考虑：

① 《美国法典》第26编第6104节注。

（A）捐赠资产的使用情况（包括使用的类型、范围及时间）时；

（B）或者，由慈善捐赠人（或与此人相关的人士）捐赠的该机构的资产使用情况时。

（2）要求捐赠人推荐的基金出于慈善目的发放一笔（基于基金收入或资产）指定的款项，以确定出资机构有关捐赠人推荐基金的运作是否符合构成第501节下豁免基数的目的或功能，或是否符合该法第509节第（a）子节中所述机构资格时。

（3）第（1）段所述机构捐赠人就转给该等机构的款项保留权利或特权（包括拨款或资产投资的咨询权或特权）的做法，是否符合将该等划转视作有资格做出所得税、赠予税或遗产税扣减的履毕馈赠的处理方式时。

（4）第（1）段、第（2）段及第（3）段提出的问题是否也属于其他形式的慈善机构或慈善捐款的问题。

（b）**报告**。财政部部长应于本法颁布之日起1年内，就第（a）子段下所作研究向参议院财务委员会和众议院筹款委员会提交一份报告，并做出其认为合适的建议。

第2部　捐赠人推荐的基金改进问责制

第1231节　捐赠人推荐的基金相关消费税

（a）**总体而言**。经《2005年增税预防和调整法》修正的（涉及私人基金和某些其他免税机构的）第42章现予修正，在末尾增补以下新设子编：

“第G子编　捐赠人推荐的基金

第4966节　应税发放款税

第4967节　禁予给付金税

第4966节[①]　应税发放款税

（a）**征收税费**。

（1）**对出资机构课税**。兹对每笔应税发放款课税，税额为该款的

① 《美国法典》第26编第4966节。

20%。本段所课税由出资机构就捐赠人推荐的基金而缴纳。

（2）**对基金管理人员课税**。任何基金管理者同意拨予发放款，且知道其为一笔应税发放款的，兹对其课税，税额为该款的5%。本段所课税应由同意拨发该发放款的基金管理者缴纳。

（b）**特殊条例**。在第（a）子节中：

（1）**连带责任**。若在第（a）子节第（2）段下，不止一人对拨发应税发放款负有责任的，所有该等人应就该发放款承担连带责任。

（2）**管理限值**。对于任何一笔应税发放款，第（a）子节第（2）段下所课税最高额不得超过1万美元。

（c）**应税发放款**。在本节中：

（1）**总体而言**。术语‘应税发放款’一词系指由捐赠人推荐的基金所拨发放款，拨发对象为：

（A）任何自然人。

（B）任何其他人，但须：

（ⅰ）该发放款不是出于第170节第（c）子节第（2）段第（B）子段中指定的任何其他目的而拨发；

（ⅱ）或者，该出资机构未按第4945节第（h）子节规定就该等发放款行使支出责任。

（2）**例外情况**。该词所指的发放款，不包括捐赠人推荐的基金拨发给：

（A）第170节第（b）子节第（1）段第（A）子段所述任何机构（不合格支助机构除外）者；

（B）捐赠人推荐的基金的出资机构者；

（C）或者，任何其他捐赠人推荐的基金者。

（d）**定义**。在本子编中：

（1）**出资机构**。术语‘出资机构’一词系任何机构，其：

（A）符合第170节第（c）子节［而非其第（1）段，且不考虑其第（2）段第（A）子段］中的描述；

（B）不是一家［第509节第（A）子节界定的］私人基金；

（C）维护有一家或多家捐赠人推荐的基金。

（2）**捐赠人推荐的基金**。

（A）总体而言。除第（B）子段或第（C）子段规定外，术语‘捐赠人推荐的基金’一词系指一项基金或账户：

（ⅰ）其以捐赠人捐赠单独标识；

（ⅱ）其由一家出资机构所拥有及控制；

（ⅲ）捐赠人（或该捐赠人派任或指定的任何人）就因捐赠人的捐赠人身份，而对其具有或可合理预期具有该基金或账户所持款发放或投资咨询特权。

（B）**例外**。术语‘捐赠人推荐的基金’一词所指任何基金或账户，不包含：

（ⅰ）仅向单个认可机构或政府实体捐赠人；

（ⅱ）或者，第（A）子段第（ⅲ）条所述人士就其提供领取旅游、学习或其他类似用途拨款建议者，但前提为：（Ⅰ）该等人士的咨询特权，系该人以（属于出资机构指定全体成员的委员会中的成员身份而事先设立的排他性特权，（Ⅱ）第（A）子段第（ⅲ）条所述人士（或此类人士相关人士）未联手直接或间接控制该等委员会，（Ⅲ）该等基金或账户拨发的所有拨款，系按照出资机构董事会事先批准的程序在客观和反歧视的前提下拨发，而该等程序旨在确保所有此类补助符合第 4945 节第（g）子节第（1）段、第（2）段或第（3）段的要求。

（C）**部长权限**。部长将不符合第（B）子段下描述的基金或账户免于视作捐赠人推荐的基金的前提为：

（ⅰ）该基金或账户不是由捐赠人或其为该基金（及任何关联方）拔发发放款提供咨询而派任或指定的任何人士直接或间接控制的委员会推荐的；

（ⅱ）或者，该基金有利于实现专个确定的慈善目的。

（3）**基金管理者**。术语‘基金管理者’一词，就任何出资机构而言系指：

（A）该等出资机构的管理人员、董事，或受托人（或与出资机构的管理人员、董事或受托人具有类似权力或责任的个人）；

（B）对于任何行为（或不作为），出资机构对该等行为（或不作为）具有权力或责任的员工。

（4）**不合格支助机构**。

（A）**总体而言**。术语‘不合格支助机构’一词就任何发放款而言系指：

（ⅰ）一家［第4943节第（f）子节第（5）段第（B）子段下界定的］第Ⅲ类型综合式支助机构之外的［第4943节第（f）子节第（5）段第（A）子段界定的］任何第Ⅲ类型支助机构。

（ⅱ）符合第（B）子段或第（C）子段描述的任何机构，前提为：

（Ⅰ）捐赠人或其为捐赠人推荐的基金（及任何关联方）拨发发放款提供咨询而指定的任何人士直接或者间接控制一家该等机构［第509节第（f）子节第（3）段界定的］受助机构；

（Ⅱ）[①] 或者，部长凭借规例认为，对机构所拨发放款在其他情况下不合适。

（B）**第Ⅰ类和第Ⅱ类支助机构。**一家机构符合第（a）子段描述的提前为，该机构符合第509节第（a）子节第（3）段第（A）子段和第（C）子段的要求。

（ⅰ）由第509节第（a）子节第（1）段或第（2）段中所述一家或多家机构运营、监督或控制；

（ⅱ）或者，与一家或多家该等机构一并受他人监督或控制。

（C）**第Ⅲ类型综合式支助机构。**一家机构符合本子段描述的前提为，该机构为［第4943节第（f）子节第（5）段第（B）子段下界定的］第Ⅲ类型综合式支助机构。

“第4967节[②]　禁予给付金税

（a）**征收税费。**

（1）**对捐赠人、捐赠人顾问，或相关人士所课税。**第（d）子节中所述任何人士建议让一家出资机构从捐赠人推荐的基金拨发发放款，使该等人士或第（d）子节中所述任何其他人士因该等捐赠之故而直接或间接领取一笔不单只是附带性的给付金的，兹对其课税，税额相当于该给付金的125%。本段所课税，应由符合第（d）子节中描述，提供发放款建议，或因该等发放款领取给付金的人士缴纳。

（2）**对基金管理者所课税。**任何基金管理者同意拨予发放款，且知道该发放款会产生第（1）段中所述给付金的，兹对其课税，税额为该给

---

① 规例。

② 《美国法典》第26编第4967节。

付金的 10%。本段所课税应同意拨发该发放款的基金管理者缴纳。

（b）**例外**。任何发放款，未根据第 4958 节对其课税的，不得课以本节下赋税。

（c）**特殊条例**。第（a）子节中：

（1）**连带责任**。第（a）子节第（1）段或第（2）段下，不止一人对第（a）子节所述发放款负有责任的，所有该等人应就该发放款承担连带责任。

（2）**管理限值**。第（a）子节中所述任何一笔发放款，第（a）子节第（2）段下所课税最高额不得超过 1 万美元。

（d）**所述人士**。一名人士符合本子节描述的提前为，就捐赠人推荐的基金而言，其符合第 4958 节第（f）子节第（7）段的描述。"

（b）**为保持一致性所作修正**。

（1）[①] 第 4963 节现予修正，在第（a）子节和第（c）子节中各处"第 4958 节"后插入"第 4966 节、第 4967 节"。

（2）第 42 章的子章目录现予修正，在末尾增补以下新项："第 G 子编　捐赠人推荐的基金。"

（c）[②] **生效日期**。本节所作修正适用于本法颁布之日后起始的课税年度。

第 1232 节　涉及捐赠人推荐的基金和支助机构的超额收益交易

（a）**不合格人士**。

（1）**总体而言**。第 4958 节第（f）子节第（1）段现予修正，删去第（B）子段末"及"，删去第（C）子段末句号并插入逗号，并在第（C）子段后增补以下新设子段：

"（D）其涉及一项［第 4966 节第（d）子节第（2）段中界定的］捐赠人推荐的基金，该等（按此界定的）捐赠人推荐的基金第（7）段中所述任何人士；

（E）其涉及一家［第 4966 节第（d）子节第（1）段界定的］出资机构，该等（按此界定的）出资机构第（8）段中所述任何人士。"

（2）**捐赠人、捐赠人顾问和投资顾问视为不合格人士**。第 4958 节第

① 《美国法典》第 26 编第 4963 节。

② 《美国法典》第 26 编第 4963 节注。

(f) 子节现予修正，在末尾增补以下新段：

“(7) **捐赠人和捐赠人顾问**。在第(1)段第(E)子段中，一名人士符合本段描述的前提为，其：

(A) 符合第4966节第(d)子节第(2)段第(A)子段第(ⅲ)条的描述；

(B) 为第(A)子段中所述人士的家庭成员；

(C) 或者，为35%受控实体[符合第(3)段之界定，在其第(A)子段第(ⅰ)条中以‘第(7)段第(A)或(B)子段中所述人士’替换‘第(1)段第(A)或(B)子段所述人士’]。

(8) **投资顾问**。在第(1)段第(F)子段中：

(A) **总体而言**。一名人士符合本段描述的前提是：

(ⅰ) 其为一名投资顾问；

(ⅱ) 第(ⅰ)条中所述个人的家庭成员；

(ⅲ) 或者，为一家35%受控实体[符合第(3)段之界定，在其第(A)子段第(ⅰ)条中以‘第(8)段第(A)子段第(ⅰ)条或第(ⅱ)条中所述人士’替换‘第(1)段第(A)子段或第(B)子段所述人士’]。

(B) **投资顾问的定义**。在第(A)子段中，术语‘投资顾问’一词，就[第4966节第(d)子节第(1)段界定的]任何出资机构而言，系指因对该等机构所拥有，但由投资捐赠人推荐的基金所维护的资产进行投资或提供相关建议而领取报酬的任何人士(该等机构雇员除外)。”

(b) **某些交易视为超额收益交易**。

(1)[①] **总体而言**。第4958节第(c)子节现予修正，将第(2)段更名为第(3)段，并在第(1)段后插入以下新段：

“(2) **针对捐赠人推荐的基金而设的特殊条例**。对于任何[第4966节第(d)子节第(2)段界定的]捐赠人推荐的基金：

(A) 术语‘超额收益交易’一词，包括该等基金付给第(f)子节第(7)段中所述人士的任何拨款、贷款、报酬，或其他类似款项；

(B) 术语‘超额收益’一词，就第(A)子段中所述任何交易而言，包括任何该等拨款、贷款、报酬或其他类似款项。”

(2) **针对交易纠正的特殊条例**。第4958节第(f)子节第(6)段现

---

① 《美国法典》第26编第4958节。

予修正，在“标准”后插入“，除对第（c）子节第（2）段中所述超额收益交易所作任何纠正外，任何捐赠人推荐的基金不得持有按部长规定方式偿付的任何款额。”。

(c)[①] **生效日期**。本条所作修正适用于本法颁布之日后发生的交易。

第 1233 节　捐赠人推荐的基金超额持股

（A）**总体而言**。第 4943 节现予修正，在末尾增补以下新设子节：

“（e）**对捐赠人推荐的基金征税**。

（1）**总体而言**。在本节中，［第 4966 节第（d）子节第（2）段界定的］捐赠人推荐的基金应视为一项私人基金。

（2）**不合格人士**。在对任何（按此界定的）捐赠人推荐的基金施行本条时，术语‘不合格人士’一词，就捐赠人推荐的基金而言系指任何人，其：

（A）符合第 4966 节第（d）子节第（2）段第（A）子段第（ⅲ）条中的描述；

（B）为第（A）子段中所述人士的家庭成员；

（C）或者，为一家 35% 受控实体［符合第 4958 节第（f）子节第（3）段之界定，在其第（A）子段第（ⅰ）条中以‘第 4943 节第（e）子节第（2）段第（A）或（B）子段中所述人士’替换‘第（1）段第（A）或（B）子段所述人士’］。

（3）**当前持股**。在本子节中，与第（c）子节第（4）段、第（5）段和第（6）段条例类似的条例适用于（按此界定的）捐赠人推荐的基金，除：

（A）‘本子节颁布之日’替代第（4）段、第（5）段和第（6）段中各处‘1969 年 5 月 26 日’；

（B）‘2007 年 1 月 1 日’替换第（4）段第（E）子段中的‘1970 年 1 月 1’。”

(b)[②] **生效日期**。本节所作修正适用于本法颁布之日后起始的课税年度。

---

① 《美国法典》第 26 编第 4958 节注。

② 《美国法典》第 26 编第 4943 节注。

第1234节　捐赠人推荐的基金慈善捐赠扣减的处理

(a)[1] **收入**。经本法修正的（涉及某些情况下不准扣减的情况及特殊条例）第170节第（f）子节现予修正，在末尾增补以下新段：

“（18）**对捐赠人推荐基金做出的捐赠**。对［第4966节第（d）子节第（2）段界定的］捐赠人推荐基金做出的捐赠，第（a）子节下另行允许做出扣减，唯须：

（A）就该捐赠人推荐的基金而言，［第4966节第（d）子节第（1）段界定的］出资机构并非：

（ⅰ）第（c）子节第（3）段、第（4）段或第（5）段所述；

（ⅱ）或者，一家［第4943节第（f）子节第（5）段第（B）子段下界定的］第Ⅲ类型综合式支助机构的［第4943节第（f）子节第（5）段第（A）子段界定的］之外的第Ⅲ类型支助机构。

（B）纳税人从该等捐赠人推荐的基金（按此界定的）出资机构取得一份［根据与第（8）段第（C）子段条例类似的条例确定的］同期书面确认，即该等机构对所捐资产具有排他性合法控制权。”

（b）**遗产**。第2055节第（e）子节现予修正，在末尾增补以下新段：

“（5）**对捐赠人推荐基金做出的捐赠**。对［第4966节第（d）子节第（2）段界定的］捐赠人推荐基金做出的捐赠，第（a）子节下另行允许做出扣减，唯须：

（A）就该捐赠人推荐的基金而言，［第4966节第（d）子节第（1）段界定的］出资机构并非：

（ⅰ）不符合第（3）段或第（4）段的描述；

（ⅱ）或者，一家［第4943节第（f）子节第（5）段第（B）子段下界定的］第Ⅲ类型综合式支助机构的［第4943节第（f）子节第（5）段第（A）子段界定的］之外的第Ⅲ类型支助机构。

（B）纳税人从该等捐赠人推荐的基金（按此界定的）出资机构取得一份［根据与第170节第（f）子节第（8）段第（C）子段条例类似的条例确定的］同期书面确认，即该等机构对所捐资产具有排他性合法控制权。”

---

① 《美国法典》第26编第170节。

(c)[①] **赠予**。第 2522 节第（c）子节现予修正，在末尾增补以下新段：

“(5) **对捐赠人推荐基金做出的捐赠**。对［第 4966 节第（d）子节第（2）段界定的］捐赠人推荐基金做出的捐赠，第（a）子节下另行允许做出扣减，唯须：

(A) 就该捐赠人推荐的基金而言，［第 4966 节第（d）子节第（1）段界定的］出资机构并非：

(ⅰ) 不符合第（3）段或第（4）段的描述；

(ⅱ) 或者，一家［第 4943 节第（f）子节第（5）段第（B）子段下界定的］第Ⅲ类型综合式支助机构的［第 4943 节第（f）子节第（5）段第（A）子段界定的］之外的第Ⅲ类型支助机构。

(B) 纳税人从该等捐赠人推荐的基金（按此界定的）出资机构取得一份［根据与第 170 节第（f）子节第（8）段第（C）子段条例类似的条例确定的］同期书面确认，即该等机构对所捐资产具有排他性合法控制权。”

(d)[②] **生效日期**。本节所作修正适用于本法颁布之日起 180 天后所作捐赠。

第 1235 节　出资机构申报表及认可申请

(a) **申报表上应报事项**。

(1) **总体而言**。经本法修正的第 6033 节现予修正，将第（k）子节更名为第（l）子节，并在第（j）子节后插入以下新设子节：

“(k) **涉及出资机构的附加条款**。第 4966 节第（d）子节第（1）段中所述各机构，应于第（a）子节下规定的纳税年度申报表上：

(1) 列明其于该纳税年度年末所拥有的［第 4966 节第（d）子节第（2）段界定的］捐赠人推荐的基金总数；

(2) 指明该纳税年度年末该等基金所持有的资产总价值；

(3) 指明该纳税年度该等基金捐赠及拨款总额。”

---

① 《美国法典》第 26 编第 2522 节。

② 《美国法典》第 26 编第 170 节注。

（2）[①] **生效日期**。本子节所作修正适用于为本法颁布之日后结束的课税年度所提交的申报表。

（b）**免税资格申请所列入事项**。

（1）**总体而言**。第508节现予修正，在末尾增补以下新设子节：

“（f）[②] **出资机构有关附加条款**。[第4966节第（d）子节第（1）段中界定的] 出资机构应（以部长规定的方式）向部长发出一份通知，告知该机构是否维护有或准备维护 [第4966节第（d）子节第（2）段界定的] 捐赠人推荐的基金，以及该机构计划以何种方式运行该等基金。”

（2）[③] **生效日期**。本子节所作修正适用于本法颁布之日后申请免税资格的机构。

第3部　支助机构改进问责制

第1241节　针对支助机构要求

（a）[④] **支助机构类型**。第509节第（a）子节第（3）段第（B）子段修正如下：

“（B）其：

（ⅰ）由第（1）段或第（2）段中所述一家或多家机构运营、监督或控制；

（ⅱ）与一家或多家该等机构一并受他人监督或控制；

（ⅲ）或者，与一家或多家该等机构联营。”

（b）**针对支助机构的要求**。（涉及经定义的私人基金的）第509节现予修正，于末尾增补以下新设子节：

“（f）**针对支助机构要求**。

（1）**第Ⅲ类支助机构**。在第（a）子节第（3）段第（B）子段第（ⅲ）条中，一家机构不视为与第（a）子节第（1）段或第（2）段中所述任何机构一起运营的前提为，该等机构符合以下要求：

（A）**响应**。对于本子节颁布之日后起始的各纳税年度，该机构应向

---

① 《美国法典》第26编第6033节注。

② 通知。

③ 《美国法典》第26编第508节注。

④ 《美国法典》第26编第509节

各受助机构提供部长规定提供的信息，以确保该机构积极响应受助机构的要求或需求。

（B）**外国受助机构。**

（ⅰ）**总体而言。**该机构不与在美国之外组建的任何受助机构联营。

（ⅱ）**现有机构过渡条例。**若在本子节颁布之日，该机构与在美国之外组建的一家机构联营的，则在本子节颁布之日后起始的该机构第3个纳税年度首日之前，第（ⅰ）条不适用。

（2）**机构受捐赠人控制。**

（A）**总体而言。**在第（a）子节第（3）段第（B）子段中，一家机构不应视为：

（ⅰ）由第（a）子节第（1）段或第（2）段中所述任何机构运营、监督或控制；

（ⅱ）或者，与第（a）子节第（1）段或第（2）段中所述任何机构联营；

前提为该机构接受第（B）子段中所述任何人士的任何赠予或捐赠。

（B）**所述人士。**一名人士符合本子段描述的前提为，就第（A）子段中所述受助机构而言，该等人士：

（ⅰ）系单独或与第（ⅱ）条和第（ⅲ）条中所述人士一起直接或间接控制该等受助机构的管理机构的任何人士［第509节第（a）子节第（1）段、第（2）段或第（4）段中所述机构除外］；

（ⅱ）第（ⅰ）条所述个人的［第4958节第（f）子节第（4）段下确定的］家庭成员；

（ⅲ）或者，为一家35%受控实体［符合第4958节第（f）子节第（3）段之界定，在其第（A）子段第（ⅰ）条中以‘第509节第（f）子节第（2）段第（B）子段第（ⅰ）条或第（ⅱ）条中所述人士’替换‘第（1）段第（A）子段或第（B）子段所述人士’］。

（3）**受助机构。**在本子节中，术语‘受助机构’一词，就第（a）子节第（3）段中所述机构而言系指第（a）子节第（1）段或第（2）段中所述机构：

（A）第（a）子节第（3）段所述机构为其利益之故而组建及运营；

（B）或者，该机构就其而执行……的职能或目的。”

(c)[①] **属于第Ⅲ类支助机构的慈善信托。**在《1986年国内税收法》第509节第(a)子节第(3)段第(B)子段第(ⅲ)条中，一家身为信托的机构，不得仅因：

(1)其为州法律之下的一家慈善信托；

(2)[该法第509节第(f)子节第(3)段界定的]受助机构是一家该信托的受益人；

(3)(按此界定的)该受助机构有权力执行信托并敦促会计处理，而视为与该法第509节第(a)子节第(1)段或第(2)段中所述任何机构联营。

(d)[②] **第Ⅲ类支助机构支出要求。**

(1)[③] **总体而言。**对于不属于第Ⅲ类型综合式支助机构的第Ⅲ类支助机构规定支付的款项，财政部部长应根据《1986年国内税收法》第509节的规定颁布新规例。该等规例应要求该等机构将一定百分比的收入或资产发放给[该法第509节第(f)子节第(3)段界定的]受助机构，以确保将一大笔款额支付给该机构。

(2)**第Ⅲ类支助机构、第Ⅲ类型综合式支助机构。**在第(1)段中，术语"第Ⅲ类支助机构"和"第Ⅲ类综合式支助机构"分别具有(经本法增补的)《1986年国内税收法》第4943节第(f)子节第(5)段第(A)子段和第(B)子段下赋予该等术语的含义。

(e)[④] **生效日期。**

(1)**总体而言。**第(a)子节及第(b)子节所作修正于本法颁布之日起生效。

(2)**属于第Ⅲ类支助机构的慈善信托。**第(c)子节生效的具体情况为：

(A)对在本法颁布之日与《1986年国内税收法》第501节第(a)子节第(1)段或第(2)段中所述机构联营的信托，于本法颁布之日周年起生效；

---

① 《美国法典》第26编第509节注。

② 《美国法典》第26编第509节注。

③ 规例。

④ 《美国法典》第26编第509节注。

（B）对于任何其他信托，于该法颁布之日起生效。

第1242节　涉及支助机构的超额收益交易

（a）[①] **不合格人士**。经本法修正的第4958节第（f）子节第（1）段现予修正，将第（D）和（E）子段分别更名为第（E）子段和第（F）子段，并在第（C）子段后增补以下新设子段：

“（D）就符合第509节第（a）子节第（3）段描述，并仅为适用免税组织之利益组建并运营，执行适用免税组织之功能并开展适用免税组织之目的的一家机构而言，符合第（A）子段、第（B）子段或第（C）子段描述的任何人士。”

（b）**视作超额收益交易的某些交易**。经本法修正的第4958节第（c）子节现予修正，将第（3）段更名为第（4）段，并在第（2）段后插入以下新段：

“（3）**针对支助机构而设的特殊条例**。

（A）**总体而言**。对于第509节第（a）子节第（3）段中所述任何组织：

（ⅰ）术语‘超额收益交易’一词包括：

（Ⅰ）由该机构向第（b）子节所述人士提供的任何拨款、贷款、补偿，或其他类似的款项；

（Ⅱ）由该机构提供给不合格人士的贷款［第509节第（a）子节第（1）段、第（2）段或第（4）段中所述机构除外］。

（ⅱ）术语‘超额收益’一词，就第（ⅰ）条中所述任何交易而言，包括任何该等拨款、贷款、报酬或其他类似款项。

（B）**所述人士**。一名人士符合本子段描述的前提是：

（ⅰ）其为该等机构的重要捐赠人；

（ⅱ）第（ⅰ）条所述个人的［第4958节第（f）子节第（4）段下确定的］家庭成员；

（ⅲ）或者，为一家35%受控实体［符合第4958节第（f）子节第（3）段之界定，在其第（A）子段第（ⅰ）条中以‘第4958节第（c）子节第（3）段第（B）子段第（ⅰ）条或第（ⅱ）条中所述人士’替换

① 《美国法典》第26编第4958节。

‘第（1）段第（A）子段或第（B）子段所述人士’]。

（C）**重要捐赠人**。在本段中：

（ⅰ）**总体而言**。术语‘重要捐赠人’一词，系指向机构捐赠或遗赠总额 5000 美元以上的任何人士，前提为在该机构从该人收到捐赠或遗赠的纳税年度结束之前，总额超过了该机构收到的捐款和遗赠总额的 2% 以上。对于信托，该术语也指信托的设立人。为本子段起见，与第 507 节第（d）子节第（2）段第（B）子段及第（C）子段条例类似的条例适用。

（ⅱ）**例外情况**。该术语不包括第 509 节第（a）子节第（1）段、第（2）段或第（4）段中所述任何机构。”

（c）[①] **生效日期**。

（1）**第（a）子节**。第（a）子节所作修订适用于本法颁布之日后发生的交易。

（2）**第（b）子节**。第（a）子节所作修正适用于 2006 年 7 月 25 日后发生的交易。

第 1243 节　支助机构超额持股

（a）[②] **总体而言**。经本法修正的第 4943 节现予修正，在末尾增补以下新设子节：

“（f）**对支助机构课税**。

（1）**总体而言**。在本节中，符合第（3）段描述机构应视为一家私人基金。

（2）**例外情况**。任何机构的超额持股，若部长认为与构成第 501 节下免税基数的目的或功能一致的，可将其豁免于本子节适用范围。

（3）**所述机构**。一家机构符合本段描述的前提为，该机构：

（A）一家第Ⅲ类支助机构（第Ⅲ类综合式支助机构除外）；

（B）或者，一家符合第 509 节第（a）子节第（3）段第（A）子段和第（C）子段要求的机构，其与第 509 节第（a）子节第（1）段或第（2）段中所述一家或多家机构一并监督或受控，其他须该机构接受第 509 节第（f）子节第（2）段第（B）子段中所述任何人士的任何赠予或

① 《美国法典》第 26 编第 4958 节注。

② 《美国法典》第 26 编第 4943 节。

捐赠。

（4）**不合格人士。**

（A）**总体而言。**在本节适用于第（3）段中所述任何机构时，术语‘不合格人士’一词，就该机构而言系指：

（ⅰ）在于第（a）子节第（2）段第（A）子段所述日期结束的5年之期内任何时候能对该机构的事宜施加重大影响的任何人士；

（ⅱ）第（ⅰ）条所述个人的［第4958节第（f）子节第（4）段下确定的］任何家庭成员；

（ⅲ）为任何一家35%受控实体［符合第4958节第（f）子节第（3）段之界定，在其第（A）子段第（ⅰ）条中以‘第4943节第（f）子节第（4）段第（A）子段第（ⅰ）条或第（ⅱ）条中所述人士’替换‘第（1）段第（A）子段或第（B）子段所述人士’］；

（ⅴ）第4958节第（c）子节第（3）段第（B）子段中所述任何人士；

（ⅴ）任何机构：（Ⅰ）其由控制该机构的相同人士（直接或间接）有效控制，（Ⅱ）由第（B）子段中所述相同人士或该人士［符合第4946节第（d）子节含义的］家庭成员向其（直接或间接）做出几乎所有捐赠。

（B）**所述人士。**一名人士符合本子段描述的前提是：

（ⅰ）为［第4958节第（c）子节第（3）段第（C）子段中界定的］机构重要捐赠人；

（ⅱ）该等机构的管理人员、董事，或受托人（或与机构的管理人员、董事或受托人具有类似权力或责任的个人）；

（ⅲ）或者，其拥有20%以上：（Ⅰ）一家公司的合计总投票权，（Ⅱ）一家伙伴企业的利润收息，或者（Ⅲ）一家信托或非法人企业的实益权益；

其为（按此界定的）机构重要捐赠人。

（5）**第Ⅲ类支助机构、第Ⅲ类综合式支助机构。**在本子节中：

（A）**第Ⅲ类支助机构。**术语‘第Ⅲ类支助机构’一词系指一家符合第509节第（a）子节第（3）段第（A）子段和第（C）子段要求，与第509节第（a）子节第（1）段或第（2）段中所述一家或多家机构一并监督或受控的机构。

（B）**第Ⅲ类综合式支助机构**。术语‘第Ⅲ类综合式支助机构’一词，系指部长所制规例未要求因该机构开展与履行一家［第509节第（f）子节第（3）段下界定的］受助机构的功能或目的有关的活动向该受助机构付款一家第Ⅲ类支助机构。

（6）**针对第Ⅲ类支助机构某些持股情况而设的特殊条例**。在本子节中，术语‘超额持股’一词，应不包括任何企业中一家第Ⅲ类支助机构的任何持股，前提为于2005年11月18日（及此后一直）按州总检察长或对该等机构有管辖权的州政府官员的指示为公众利益而持股。

（7）[①] **当前持股**。在本子节中，与第（c）子节第（4）段、第（5）段和第（6）段条例类似的条例适用于第509节第（a）子节第（3）段中所述机构，除：

（A）‘本子节颁布之日’替换第（4）段、第（5）段和第（6）段中各处‘1969年5月26日’；

（B）‘2007年1月1日’替换第（4）段第（E）子段中的‘1970年1月1’。”

（b）[②] **生效日期**。本节所作修正适用于本法颁布之日后起始的课税年度。

第1244节　私人基金支付给支助机构款项的处理

（a）**合格发放款**。第4942节第（g）子节第（4）段修正如下：

“（4）[③] **非营业性私人基金向支助机构所拨发放款的限制**。

（A）**总体而言**。在本节中，术语‘合格发放款’一词所指款项不包括由身份不为非营业性基金的私人基金支付向：

（ⅰ）一家［第4943节第（f）子节第（5）段第（B）子段下界定的］第Ⅲ类型综合式支助机构之外的［第4943节第（f）子节第（5）段第（A）子段界定的］任何第Ⅲ类型支助机构。

（ⅱ）符合第（B）子段或第（C）子段描述的任何机构，前提为：

（Ⅰ）私人基金不合格人士直接或间接控制该等机构［第509节第

① 截止日期。

② 《美国法典》第26编第4943节注。

③ 《美国法典》第26编第4942节。

(f) 子节第 (3) 段中界定的] 受助机构;

(Ⅱ)[①] 或者，部长凭借规例认为，对机构所拨发放款在其他情况下不合适。

(B) **第Ⅰ类和第Ⅱ类支助机构**。一家机构符合第 (a) 子段描述的提前为，该机构符合第 509 节第 (a) 子节第 (3) 段第 (A) 子段和第 (C) 子段的要求:

(ⅰ) 由第 509 节第 (a) 子节第 (1) 段或第 (2) 段中所述一家或多家机构运营、监督或控制;

(ⅱ) 或者，与一家或多家该等机构一并受他人监督或控制。

(C) **第Ⅲ类型综合式支助机构**。一家机构符合本子段描述的前提为，该机构为 [第 4943 节第 (f) 子节第 (5) 段第 (B) 子段下界定的] 第Ⅲ类型综合式支助机构。"

(b) **应税支出**。第 4945 节第 (d) 子节第 (4) 段第 (A) 子段现予修正如下:

"(A) 该等机构:

(ⅰ) 符合第 509 节第 (a) 子节第 (1) 段或第 (2) 段的描述;

(ⅱ) 为第 509 节第 (a) 子节第 (3) 段中所述机构 {[第 4942 节第 (g) 子节第 (4) 段第 (A) 子段第 (ⅰ) 条或第 (ⅱ) 条] 中所述机构除外};

(ⅲ) 或者，为 [第 4940 节第 (d) 子节第 (2) 段界定的] 享受豁免规定的营业性基金。"

(c)[②] **有效日期**。本节所作修正适用于本法颁布之日后的发放款和支出。

第 1245 节　支助机构申报表

(a)[③] **要求提交申请表**。第 6033 节第 (a) 子节第 (3) 段第 (B) 子段现予修正，在"第 (1) 段"后插入"[第 509 节第 (a) 子节第 (3) 段所述机构除外]"。

---

① 规例。

② 《美国法典》第 26 编第 6033 节和第 4942 节注。

③ 《美国法典》第 26 编第 6033 节注。

（b）**申报表应报事项**。经本法修正的第6033节现予修正，将第（l）子节更名为第（m）子节，并在第（k）子节后插入以下新设子节：

“（l）**涉及支助机构的附加条款**。第509节第（a）子节第（3）段中所述各机构，应于第（a）子节下规定的申报表上：

（1）列明该等机构提供资助的［第509节第（f）子节第（3）段界定的］受助机构；

（2）指明该机构是否满足第509节第（a）子节第（3）段第（B）子段第（ⅰ）条、第（ⅱ）条或第（ⅲ）条要求；

（3）证明该机构满足第509节第（a）子节第（3）段第（C）子段的要求。”

（c）[①] **生效日期**。本节所作修正适用于为本法颁布之日后结束的课税年度所提交的申报表。

---

① 前文，第500页。

第十三编　其他规定

第1301节　煤矿安全有关的技术性纠正

经《2006年煤矿改善与新应急响应法》（第109－236号《公法》）修正的《1977年联邦矿山安全与健康法》第110节（《美国法典》第30编第820节）现予修正：

（1）删去第（d）子节。

（2）在第（a）子节中：

（A）删去“（1）（1）操作人员”并插入“（1）操作人员”；

（B）在经《2006年煤矿改善与新应急响应法》第8节第（a）小节第（1）段第（B）子段（第109－236号《公法》）增补的第（2）段中：（ⅰ）删去“第（1）段”并插入“第（a）子节第（1）段”，（ⅱ）将该段更名为第（d）子节，并将该子节移至第（c）子节后。

（3）在第（b）子节中：

（A）删去“任何操作人员”并插入“（1）任何操作人员”；

（B）在经《2006年煤矿改善与新应急响应法》第8节第（a）子节第（2）段（第109－236号《公法》）增补次句中，删去“违法行为”并插入以下内容：

“（2）违反。”

第1302节　向阳大道

（a）**总体而言**。《安全负责灵活高效运输公平法：造福用户》第1940节（《美国联邦法律大全》第119卷第1511页）现予修正：

（1）在第（a）子节中：

（A）删去第（1）段和第（2）段；

（B）将第（3）段到第（5）段分别更名为第（1）段到第（3）段；

（C）删去各处“10000000美元”并插入“16666666美元”。

（2）在末尾增补如下：

“（c）**合同权限**。除本节另有规定外，本节下授权拨用的资金按该等资金依《美国法典》第23编第1章下分摊的情况专用于还债。”

（b）[①] **解除**。《安全负责灵活高效运输公平法：造福用户》第10212节（《美国联邦法律大全》第119卷第1937页）现予修正，删去各处“85.43亿美元”并插入“85.93亿美元”。

第1303节　免税债券条例地方供应要求例外情况

（a）**史奈迪谢姆水电设施**。为《1986年国内税收法》第142节第（a）子节第（8）段起见，为确定2006年5月31日前发行用于给史奈迪谢姆水电设施收购筹资的任何私人活动债券是否为合格债券，在该法典第142节第（f）子节第（1）段中，该设施向阿拉斯加州霍纳市提供的电力不予考虑在内。

（b）**多萝西湖水电设施**。为《1986年国内税收法》第142节第（a）子节第（8）段起见，为确定2006年5月31日前发行用于给多萝西湖水电设施收购筹资的任何私人活动债券是否为合格债券，在该法第142节第（f）子节第（1）段和第（3）段中，该设施向阿拉斯加州霍纳市提供的电力不予考虑在内。

（c）**定义**。在本节中：

（1）**多萝西湖水电设施**。术语“多萝西湖水电设施”一词，系指位于阿拉斯加州朱诺市约10英里以南的水电设施，通常被称为“多萝西湖工程”。

（2）**史奈迪谢姆水电设施**。术语“史奈迪谢姆水电设施”一词，系指《1996年小型企业工作保护法》第1804节中所述水电工程。

---

① 《美国法典》第23编第101节注。

第 1304 节[①]　合格教学项目

(a) **修改内容永久延长**。《2011 经济增长与减税调整法》(涉及定期废止条款的) 第 901 节不适用于该法 (涉及合格教学项目修改的) 第 402 条。

(b)[②] **监管部门禁止滥行**。(涉及合格教学项目的) 第 529 节于末尾增补以下新设子节:

"(f) **规例**。即便本节有任何其他规定，为执行本节之目的，及防止在执行该等目的过程中滥行，部长还是应制定必要或合格的规例，包括本编第 11 章、第 12 章及第 13 章下的规例。"

① 《美国法典》第 26 编第 1 节注。

② 《美国法典》第 26 编第 529 节。

第十四编　关税规定

第 1401 节[①]　简扼标题、目录表

(a)[②] **简扼标题**。本编可援引为“《2006 年综合贸易和技术更正法》”。

(b) **目录表**。

第 1402 节　引述

除非另有明文规定外，在本编中，但凡明文对一章、子章、注、美法补注、标题、副标题或其他规定之修正做出一项修正或废除的，其引述应视为《美国统一关税税则》对一章、子章、注、美法补注、标题、副标题或其他规定（《美国法典》第 9 编第 3007 节）的引述。

第 A 子编　暂缓纳税及减税的暂行规定

第 1 章　暂缓纳税和减税的新规定

第 1411 节　供汽车修理工使用的某些非针织手套

(a) **总体而言**。第 99 章第Ⅱ子章现予修正，按数字顺序插入以下新标题：

① 《2006 年综合贸易和技术更正法》。

② 《美国法典》第 19 编第 1654 节注。

9902. 14. 01	机修工工作手套，每双估值不超过 3. 50 美元（在副标题 6216. 00. 58 中有规定）	2. 8%	无变动	无变动	2009 年 12 月 31 日或之前
9902. 14. 02	机修工工作手套，每双估值超过 3. 50 美元，但不超过 3. 70 美元（规定于副标题 6216. 00. 58 中）	2. 8%	无变动	无变动	2009 年 12 月 31 日或之前
9902. 14. 03	机修工工作手套，每双估值超过 3. 70 美元，但不超过 4. 99 美元（规定于副标题 6216. 00. 58 中）	2. 8%	无变动	无变动	2009 年 12 月 31 日或之前
9902. 14. 04	机修工工作手套，每双估值超过 4. 99 美元，但不超过 7. 72 美元（规定于副标题 6216. 00. 58 中）	2. 8%	无变动	无变动	2009 年 12 月 31 日或之前
9902. 14. 05	机修工工作手套，每双估值超过 7. 72 美元（在副标题 6216. 00. 58 中有规定）	2. 8%	无变动	无变动	2009 年 12 月 31 日或之前

（b）**美法注解修正**。第 99 章第Ⅱ子章现予修正，在该子章美法注解末增补以下新加美法注解：

"18. 在标题 9902. 14. 01、9902. 14. 02、9902. 14. 03、9902. 14. 04 和 9902. 14. 05 中，术语'机修工工作手套'一词，系指人造纤维的手套，掌部和指部用合成皮革制成；指叉为合成革或尼龙或弹性纱线面料；手套掌背为一层或三层弹性纱织物，外层为弹性纱织物，中间层为泡沫，内层为经编织物；前述部分中，无论其是否包括有掌背热塑性橡胶标志或衬垫；以及带热塑成型橡胶钩环罩的弹性腕带。"

第 1412 节　供汽车内饰中使用的某些麦克风

第 99 章第Ⅱ子章现予修正，按数字顺序插入以下新标题：

9902.10.17	标题 8701—8705 中规定用于机动车辆中的单向（心型）驻极体电容麦克风模块（手持、传声器架或衣襟麦克风除外），前述各模块包括外连引线，无论其是否包括一个引脚板级型连接器，但不包括一个电池盒；频率响应范围 250 赫兹至 7000 赫兹，其偏差不大于 20 分贝，静电放电抗扰度为 4000V（接触）和 8000V（空气）；运行和存储温度范围为 -40℃ 至 85℃，湿度不超过 95%（规定于副标题标题 8518.10.80 中）	免税	无变动	无变动	2009 年 12 月 31 日或之前

第 1413 节　丙烯酸或变性聚丙烯腈合成丝束

第 99 章第Ⅱ子章现予修正，按数字顺序插入以下新标题：

9902.10.21	合成丝束：丙烯酸或变性聚丙烯腈（规定于副标题 5501.30.00 中）	6.8%	无变动	无变动	2009 年 12 月 31 日或之前

第 1414 节　为纺纱而机梳、精梳或以其他方式处理的丙烯酸或变性聚丙烯腈合成短纤维

第 99 章第Ⅱ子章现予修正，按数字顺序插入以下新标题：

9902. 10. 22	为纺纱而机梳、精梳或以其他方式处理的合成短纤维：丙烯酸或变性聚丙烯腈（规定于副标题 5506. 30. 00 中）	免税	无变动	无变动	2009 年 12 月 31 日或之前

第 1415 节　硝化纤维素

第 99 章第Ⅱ子章现予修正，按数字顺序插入以下新标题：

9902. 10. 23	纤维素硝酸酯（硝化棉，包括胶棉）（CAS 9004 – 70 – 0）（规定于副标题 3912. 20. 00 中）	4. 4%	无变动	无变动	2009 年 12 月 31 日或之前

第 1416 节　山梨酸钾

第 99 章第Ⅱ子章现予修正，按数字顺序插入以下新标题：

9902. 10. 24	山梨酸钾（CAS 编号 24634 – 61 – 5）（规定于副标题 2916. 19. 10 中）	1. 4%	无变动	无变动	2009 年 12 月 31 日或之前

第1417节　山梨酸

第99章第Ⅱ子章现予修正，按数字顺序插入以下新标题：

9902.10.25	山梨酸（CAS编号110－44－1）（规定于副标题2916.19.20中）	1.9%	无变动	无变动	2009年12月31日或之前

第1418节　某些刺山果花蕾

第99章第Ⅱ子章现予修正，按数字顺序插入以下新标题：

9902.10.26	以醋（而非该等货物）制作或保存的刺山果花蕾，盛装在3.4千克或以下的直接容器中（规定于副标题2001.90.20中）	免税	无变动	无变动	2009年12月31日或之前

第1419节　不使用醋或醋酸制作或保存的某些希腊金椒

第99章第Ⅱ子章现予修正，按数字顺序插入以下新标题：

9902.10.27	不使用醋制作或保存的希腊金椒，不冻藏（规定于副标题2005.90.55中）	免税	无变动	无变动	2009年12月31日或之前

第1420节　某些刺山果花蕾

第99章第Ⅱ子章现予修正，按数字顺序插入以下新标题：

9902.10.28	以醋制作或保存的刺山果花蕾，盛装在3.4千克以上的直接容器中（规定于副标题2001.90.10中）	免税	无变动	无变动	2009年12月31日或之前

第1421节　用浓度0.5%或以上的醋或醋酸制作或保存的某些希腊金椒

第99章第Ⅱ子章现予修正，按数字顺序插入以下新标题：

9902.10.29	用醋制作或保存的希腊金椒（规定于副标题2001.90.38中）	2.2%	无变动	无变动	2009年12月31日或之前

第1422节　不使用浓度小于0.5%的醋或醋酸制作或保存的某些希腊金椒

第99章第Ⅱ子章现予修正，按数字顺序插入以下新标题：

9902.10.30	不使用醋或醋酸制作或保存的辣腌菜。标题2005.90.55中）	免税	无变动	无变动	2009年12月31日或之前

第1423节　三氯乙醛

第99章第Ⅱ子章现予修正，按数字顺序插入以下新标题：

9902.10.31	三氯乙醛（CAS编号75－87－6）（规定于副标题2913.00.50中）	免税	无变动	无变动	2009年12月31日或之前

第1424节　吡虫啉原药（吡虫啉）

第99章第Ⅱ子章现予修正，按数字顺序插入以下新标题：

9902.10.32	1-［（6-氯-3-吡啶基）甲基］-N-硝基-咪唑啉亚胺（吡虫啉）（CAS编号138261-41-3）（规定于副标题2933.39.27中）	免税	无变动	无变动	2009年12月31日或之前

第1425节　三唑酮

第99章第Ⅱ子章现予修正，按数字顺序插入以下新标题：

9902.10.33	1-（4-氯苯氧基）-3，3-二甲基-1-（1H-1，2，4-三唑-1-yl）-2-丁酮（CAS编号43121-43-3）（三唑酮）（规定于副标题2933.99.22中）	免税	无变动	无变动	2009年12月31日或之前

第1426节　聚乙烯HE1878

第99章第Ⅱ子章现予修正，按数字顺序插入以下新标题：

9902.10.34	聚乙烯HE1878（CAS编号25087-34-7），与1-丁烯作为共聚单体（规定于副标题3901.20.50中）	3.6%	无变动	无变动	2009年12月31日或之前

第1427节　噻虫啉

第99章第Ⅱ子章现予修正，按数字顺序插入以下新标题：

9902.10.35	(Z) – [3 – [(6 – 氯 – 3 – 吡啶基)甲基] – 2 – 噻唑亚烷基]氰胺（噻虫啉）（CAS编号111988 – 49 – 9）（规定于副标题2934.10.10中）	免税	无变动	无变动	2009年12月31日或之前

第1428节　嘧霉胺

第99章第Ⅱ子章现予修正，按数字顺序插入以下新标题：

9902.10.36	4，6 – 二甲基 – N – 苯基 – 2 – 嘧啶胺（嘧霉胺）（CAS编号53112 – 28 – 0）（规定于副标题2933.59.15中）	免税	无变动	无变动	2009年12月31日或之前

第1429节　甲酰胺磺隆

第99章第Ⅱ子章现予修正，按数字顺序插入以下新标题：

9902.10.37	甲酰胺磺隆（苯甲酰胺，2－（（（（（4，6－二甲氧基－2－嘧啶基）氨基）羰基）氨基）磺酰基）－4－（甲酰氨基）－N，N－二甲基－，）（CAS 编号 173159－57－4），散装形式或包装零售（规定于副标题 2935.00.75 或 3808.30.15 中）	2.6%	无变动	无变动	2009年12月31日或之前

第1430节　咪唑菌酮

第99章第Ⅱ子章现予修正，按数字顺序插入以下新标题：

9902.10.38	(5S)－3，5－二氢－5－甲基－2－（甲硫基）－5－苯基－3－（苯基氨基）－4H咪唑－4－酮（咪唑菌酮）(CAS编号161326－34－7)（规定于副标题 2933.29.35 中）	免税	无变动	无变动	2009年12月31日或之前

第1431节　环丙酰草胺原药

第99章第Ⅱ子章现予修正，按数字顺序插入以下新标题：

9902.10.39	1－（2，4－二氯氨基羰基）环丙烷－羧酸（环丙酰草胺）（CAS 编号 113136－77－9）（规定于副标题 2924.29.47 中）	免税	无变动	无变动	2009 年 12 月 31 日或之前

第 1432 节　对苯醌

第 99 章第Ⅱ子章现予修正，按数字顺序插入以下新标题：

9902.10.40	1，4－苯醌（CAS 编号 106－51－4）（规定于副标题 2914.69.90 中）	免税	无变动	无变动	2009 年 12 月 31 日或之前

第 1433 节　邻氨基苯甲醚

第 99 章第Ⅱ子章现予修正，按数字顺序插入以下新标题：

9902.10.41	邻氨基苯甲醚（CAS 编号 9004－4）（规定于副标题 2922.22.10 中）	免税	无变动	无变动	2009 年 12 月 31 日或之前

第 1434 节　2，4－二甲基苯胺

第 99 章第Ⅱ子章现予修正，按数字顺序插入以下新标题：

9902.10.43	2，4－二甲基苯胺（CAS 编号 9568－1）（规定于副标题标题 2921.49.10 中）	免税	无变动	无变动	2009 年 12 月 31 日或之前

第1435节　巴豆醛

第99章第Ⅱ子章现予修正，按数字顺序插入以下新标题：

9902.10.44	巴豆醛（2－丁烯醛）（CAS编号4170－30－3）（规定于副标题2912.19.50中）	免税	无变动	无变动	2009年12月31日或之前

第1436节　丁二酸，二甲酯，与4－羟基－2，2，6，6－四甲基－1－哌啶乙醇的聚合物

第99章第Ⅱ子章现予修正，按数字顺序插入以下新标题：

9902.10.47	丁二酸，二甲酯，与4－羟基－2，2，6，6，－四甲基－1－哌啶乙醇的聚合物（CAS编号65447－77－0）（规定于副标题3907.99.00中）	免税	无变动	无变动	2009年12月31日或之前

第1437节　CAS编号106990－43－6和65447－77－0的混合物

第99章第Ⅱ子章现予修正，按数字顺序插入以下新标题：

9902. 10. 48	1，3，5－三嗪－2，4，6－三胺，N，N‴－［1，2－乙二基双［［［4，6－双［丁基（1，2，2，6，6－五甲基－4－哌啶基）氨基］－1，3，5－三嗪－2－基］亚氨基］－3，1－丙二基］双［N′，N″－二丁基－N′，N″－二（1，2，2，6，6－五甲基－4－哌啶基）－（CAS 编号 106990－43－6）和丁二酸，二甲酯与4－羟基－2，2，6，6－四甲基－1－哌啶乙醇的聚合物（CAS 编号 6544777－0）（规定于副标题 3812. 30. 90 中）	免税	无变动	无变动	2009 年 12 月 31 日或之前

第 1438 节　2－甲－4－氯苯氧基乙酸

第 99 章第Ⅱ子章现予修正，按数字顺序插入以下新标题：

9902. 10. 54	2－乙基己基（4－氯－2－甲基苯氧基）乙酸乙酯（CAS 编号 29450－45－1）（规定于副标题 2918. 90. 20 中）	免税	无变动	无变动	2009 年 12 月 31 日或之前

第 1439 节　高级氰氯混剂

第 99 章第Ⅱ子章现予修正，按数字顺序插入以下新标题：

9902.10.55	2，6－二溴－4－氰基苯基辛酸（CAS编号168999－2），2，6－二溴－4－氰基苯基庚酸甲酯（CAS编号56634－95－8），和2－乙基己基（4－氯制剂－2－甲基苯氧基）乙酸乙酯（CAS编号29450－45－1）制剂（规定于副标题3808.30.15中）		2.8%	无变动	无变动2009年12月31日或之前

第1440节　辛酰溴苯腈辛酸酯原药

第99章第Ⅱ子章现予修正，按数字顺序插入以下新标题：

9902.10.56	2，6－二溴－4－氰基苯基辛酸（CAS编号1689－99－2）（规定于副标题2926.90.25中）	免税	无变动	无变动	2009年12月31日或之前

第1441节　甲氧基溴苯

第99章第Ⅱ子章现予修正，按数字顺序插入以下新标题：

9902.10.57	2，6－二溴－4－氰基苯基辛酸/庚酸甲酯（CAS编号1689－99－2和56634－958）（规定于副标题3808.30.15中）	免税	无变动	无变动	2009年12月31日或之前

第 1442 节　液压控制单元

第 99 章第Ⅱ子章现予修正，按数字顺序插入以下新标题：

9902. 10. 62	标题 8703 混合动力汽车制动系统中所用液压控制单元（规定于副标题标题 9032. 89. 60 中）	免税	无变动	无变动	2009 年 12 月 31 日或之前

第 1443 节　屏蔽总成转向齿轮

第 99 章第Ⅱ子章现予修正，按数字顺序插入以下新标题：

9902. 10. 63	额定值 80 安培 12V 的单齿轮恒比电子助力转向系统转向齿轮总成，用于标题 8703 混合动力汽车（规定于副标题标题 8708. 99. 73 中）	免税	无变动	无变动	2009 年 12 月 31 日或之前

第 1444 节　2，4 – 二氯苯胺

第 99 章第Ⅱ子章现予修正，按数字顺序插入以下新标题：

9902. 10. 64	2，4 – 二氯苯胺（CAS 编号 554 – 00 – 7）（规定于副标题 2921. 42. 18 中）	免税	无变动	无变动	2009 年 12 月 31 日或之前

第 1445 节　2 – 乙酰基丁内酯

第 99 章第Ⅱ子章现予修正，按数字顺序插入以下新标题：

9902.10.65	2-乙酰基丁内酯（CAS编号517-23-7）（规定于副标题2932.29.50中）	免税	无变动	无变动	2009年12月31日或之前

第1446节 烷基酮

第99章第Ⅱ子章现予修正，按数字顺序插入以下新标题：

9902.10.66	1-（4-氯苯基）-4，4-二甲基-3-戊酮（CAS编号66346-01-8）（规定于副标题2914.70.40中）	免税	无变动	无变动	2009年12月31日或之前

第1447节 氟氯氰菊酯（百树得）

第99章第Ⅱ子章现予修正，按数字顺序插入以下新标题：

9902.10.67	氰基（4-氟-3-苯氧基苯基）甲基3-（2，2-二氯）-2，2-二甲基环丙烷羧酸酯（氟氯氰菊酯，不包括对-氟氯氰菊酯）（CAS编号68359-37-5）（规定于副标题2926.90.30中）	3.5%	无变动	无变动	2009年12月31日或之前

第 1448 节　高效氟氯氰菊酯

第 99 章第Ⅱ子章现予修正，按数字顺序插入以下新标题：

9902.10.68	含有（R）－α－氰基－4－氟－3－苯氧基苄基（1S，3S）－3－（2，2－二氯乙烯基）－2，2－二甲基环丙烷羧酸酯和（S）－α－氰基－4－氟－3－苯氧基苄基（1R，3R）－3－（2，2－二氯乙烯基）－2，2－二甲基环丙烷羧酸酯 1：2 对映体对与（R）－α－氰基4－氟－3－苯氧基苄基（1S，3R）－3－（2，2－二氯乙烯基）－2，2－二甲基环丙烷羧酸酯和（S）－α－氰基－4－氟－3－苯氧基苄基（1R，3S）－3－（2，2－二氯）－2，2－二甲基环丙烷羧酸酯（对氟氯氰菊酯）对映体对的反应混合物（CAS 编号 68359－37－5）（规定于副标题 2926.90.30 中）	免税	无变动	无变动	2009 年 12 月 31 日或之前

第 1449 节　环丙烷－1，1－二羧酸，二甲酯

第 99 章第Ⅱ子章现予修正，按数字顺序插入以下新标题：

9902.10.69	环丙烷－1，1－二羧酸，二甲酯（CAS 编号 6914－71－2）（规定于副标题 2917.20.00 中）	1.8%	无变动	无变动	2009年12月31日或之前

第1450节　螺环菌胺

第99章第Ⅱ子章现予修正，按数字顺序插入以下新标题：

9902.10.70	8－（1，1－二甲基乙基）－N－乙基－N－丙基－1，4－二氧杂螺［4，5］癸烷－2－甲胺（CAS 118134－30－8）（规定于副标题 2932.99.90 中）	免税	无变动	无变动	2009年12月31日或之前

第1451节　螺甲螨酯

第99章第Ⅱ子章现予修正，按数字顺序插入以下新标题：

9902.10.71	3，3－二甲基丁酸，2－氧代－3－（2，4，6－三甲基苯基）－1－氧杂螺［4.4］壬－3－烯基酯（CAS 283594－90－1）（规定于副标题 2932.29.10 中）	免税	无变动	无变动	2009年12月31日或之前

第1452节　4－氯苯甲醛

第99章第Ⅱ子章现予修正，按数字顺序插入以下新标题：

9902.10.72	4－氯苯甲醛（CAS 编号 104－88－1）（规定于副标题 2913.00.40 中）	免税	无变动	无变动	2009 年 12 月 31 日或之前

第 1453 节　恶草酮

第 99 章第Ⅱ子章现予修正，按数字顺序插入以下新标题：

9902.10.73	5－叔丁基－3－（2，4－二氯－5－异丙基苯基）－1，3，4－恶二唑－2（3H）－酮（恶草酮）（CAS 编号 19666－30－9）（规定于副标题 2934.99.11 中）	免税	无变动	无变动	2009 年 12 月 31 日或之前

第 1454 节　磷酸钠

第 99 章第Ⅱ子章现予修正，按数字顺序插入以下新标题：

9902.10.74	2－（1，1－二甲基乙基）－5－羟基嘧啶钠盐（CAS 编号 146237－62－9）（规定于副标题 2933.59.70 中）	免税	无变动	无变动	2009 年 12 月 31 日或之前

第 1455 节　三氯化磷

第 99 章第Ⅱ子章现予修正，按数字顺序插入以下新标题：

9902.10.75	三氯化磷（CAS编号3982－91－0）（规定于副标题2851.00.00中）	免税	无变动	无变动	2009年12月31日或之前

第1456节　肟菌酯

第99章第Ⅱ子章现予修正，按数字顺序插入以下新标题：

9902.10.76	甲基（E）－甲氧基亚氨基－｛（E）－α－[1－（α，α，α－三氟－间－甲苯基）亚甲基氨氧基]－邻甲苯基｝乙酸乙酯（肟菌酯）（CAS编号141517－21－7）（规定于副标题2929.90.20中）	2.4%	无变动	无变动	2009年12月31日或之前

第1457节　掺杂铈铽的磷酸镧

第99章第Ⅱ子章现予修正，按数字顺序插入以下新标题：

9902.10.77	掺杂铈铽的磷酸镧（CAS编号95823－34－0）（规定于副标题2846.90.80中）	免税	无变动	无变动	2009年12月31日或之前

第1458节　氧化镥

第99章第Ⅱ子章现予修正，按数字顺序插入以下新标题：

9902.10.78	氧化镥（CAS 编号 12032－20－1）（规定于副标题 2846.90.80 中）	免税	无变动	无变动	2009 年 12 月 31 日或之前

第 1459 节　丙烯酸酯橡胶

第 99 章第Ⅱ子章现予修正，按数字顺序插入以下新标题：

9902.10.79	（3－乙酰氧基－3－氰基丙基）甲基次膦酸，丁基酯（CAS 编号 167004－78－6）（规定于副标题 2931.00.90 中）	0.7%	无变动	无变动	2009 年 12 月 31 日或之前

第 1460 节　氯菊酯

第 99 章第Ⅱ子章现予修正，按数字顺序插入以下新标题：

9902.10.80	（3－苯氧基苯基）甲基 3－（2，2－二氯苯基）－2，2－二甲基环丙烷羧酸酯（氯菊酯）（CAS 编号 52645－53－1）（规定于副标题 2916.20.50 中）	免税	无变动	无变动	2009 年 12 月 31 日或之前

第 1461 节　噻苯隆

第 99 章第Ⅱ子章现予修正，按数字顺序插入以下新标题：

9902. 10. 81	N－苯基－N－（1，2，3－噻二唑－5－基）脲（噻苯隆）CAS 编号 51707－55－2），无论是否与辅助剂混合（规定于副标题 2934. 99. 15 或 3808. 30. 15 中）	免税	无变动	无变动	2009 年 12 月 31 日或之前

第 1462 节　氟酰胺

第 99 章第Ⅱ子章现予修正，按数字顺序插入以下新标题：

9902. 10. 82	N－［3－（1－甲基乙氧基）苯基］－2－（三氟甲基）苯甲酰胺（氟酰胺）（CAS 编号 66332－96－5）（规定于副标题 2924. 29. 47 中）	免税	无变动	无变动	2009 年 12 月 31 日或之前

第 1463 节　呋菊酯

第 99 章第Ⅱ子章现予修正，按数字顺序插入以下新标题：

9902. 10. 83	［5－（苯基甲基）－3－呋喃基］甲基 2，2－二甲基－3－（2－甲基－1－丙基）环丙烷羧酸（苄呋菊酯）（CAS 编号 10453－86－8）（规定于副标题 2932. 19. 10 中）	免税	无变动	无变动	2009 年 12 月 31 日或之前

第 1464 节　噻虫胺

第 99 章第Ⅱ子章现予修正，按数字顺序插入以下新标题：

9902. 10. 84	（E）－1－（2－氯－1，3－噻唑－5－基甲基）－3－甲基－2－硝基胍（可尼丁）（CAS 编号 210880－92－5）（规定于副标题 2934. 10. 90 中）	5. 4%	无变动	无变动	2009 年 12 月 31 日或之前

第 1465 节　某些主缸总成

第 99 章第Ⅱ子章现予修正，按数字顺序插入以下新标题：

9902. 10. 92	制动系统主缸总成，无真空助力器集成，设计用于副标题 8703 的混合动力汽车中（规定于副标题 8708. 39. 50 中）	免税	无变动	无变动	2009 年 12 月 31 日或之前

第 1466 节　某些变速驱动桥

第 99 章第Ⅱ子章现予修正，按数字顺序插入以下新标题：

9902. 10. 93	变速驱动桥，集成一个一体式电子控制器，设计用于标题 8703 的混合动力汽车中（规定于副标题 8708. 40. 20 中）	1. 5%	无变动	无变动	2009 年 12 月 31 日或之前

第1467节 换流器总成

第99章第Ⅱ子章现予修正，按数字顺序插入以下新标题：

9902.10.94	静态换流器，将300伏直流电转换为12伏直流，设计用于标题8703的混合动力汽车中（规定于副标题8504.40.95中）	免税	无变动	无变动	2009年12月31日或之前

第1468节 模块和支架总成—动力转向

第99章第Ⅱ子章现予修正，按数字顺序插入以下新标题：

9902.10.95	电子助力转向系统控制器，额定值为80安培，12伏，设计用于标题8703的混合动力汽车中（规定于副标题8537.10.90中）	免税	无变动	无变动	2009年12月31日或之前

第1469节 装置总成—电池高压

第99章第Ⅱ子章现予修正，按数字顺序插入以下新标题：

9902.10.96	镍氢蓄电池，超过300伏，设计用于标题8703的混合动力汽车中（规定于副标题8507.80.80中）	2.8%	无变动	无变动	2009年12月31日或之前

第 1470 节　某些天然软木制品

第 99 章第Ⅱ子章现予修正，按数字顺序插入以下新标题：

9902.10.99	天然软木制品，未在它处指定或收列（规定于副标题 4503.90.60 中）	6%	无变动	无变动	2009 年 12 月 31 日或之前

第 1471 节　乙醛酸

第 99 章第Ⅱ子章现予修正，按数字顺序插入以下新标题：

9902.11.01	乙醛酸（CAS 编号 298－12－4）（规定于副标题 2918.30.90 中）	1.6%	无变动	无变动	2009 年 12 月 31 日或之前

第 1472 节　环戊酮

第 99 章第Ⅱ子章现予修正，按数字顺序插入以下新标题：

9902.11.02	环戊酮（CAS 编号 120－92－3）（规定于副标题 2914.29.50 中）	免税	无变动	无变动	2009 年 12 月 31 日或之前

第 1473 节　甲基磺草酮原药

（a）**2006 日历年和 2007 日历年**。第 99 章第Ⅱ子章现予修正，按数字顺序插入以下新标题：

9902.11.03	2-［4-（甲基磺酰基）-2-硝基苯甲酰基］-1，3-环己二酮（硝磺草酮）（CAS 编号 104206-82-8）（规定于副标题 2930.90.10 中）	6.04%	无变动	无变动	2006 年 12 月 31 日或之前

（b）**2007 日历年。**

（1）**总体而言。**［经第（a）子节修正的］标题 9902.11.03 现予修正：

（A）删去"6.04%"并插入"6.08%"。

（B）删去"2006 年 12 月 31 日"并插入"2007 年 12 月 31 日"。

（2）**生效日期。**第（1）段下所作修正应于 2007 年 1 月 1 日起施行。

（c）**日历年 2008 和 2009。**

（1）**总体而言。**［经第（a）子节增补及第（b）子节修正的］标题 9902.11.03 现予进一步修正：

（A）删去"6.08%"并插入"6.11%"。

（B）删去"2007 年 12 月 31 日"并插入"2009 年 12 月 31 日"。

（2）**生效日期。**第（1）段下所作修正应于 2008 年 1 月 1 日起施行。

第 1474 节　丙二酸二腈 50% N-甲基吡咯烷酮

第 99 章第Ⅱ子章现予修正，按数字顺序插入以下新标题：

9902.11.04	丙二腈溶于甲基-2-吡咯烷酮溶剂中的浓度 50% 的溶液（CAS 编号 109-77-3 和 87250-4）（规定于副标题 3824.90.9190 中）	免税	无变动	无变动	2009 年 12 月 31 日或之前

第 1475 节 NOA 446510 制剂

第 99 章第Ⅱ子章现予修正，按数字顺序插入以下新标题：

9902. 11. 05	包括 NOA446510 原药 2－（4－氯－苯基）－N－［2－（3－甲氧基－4－丙－2－苯基氧基）乙基］－2－丙－2－炔氧基乙酰胺的 NOA 446510 制剂（CAS 编号 374726－62－2）（规定于副标题 3808. 20. 15 中）	免税	无变动	无变动	2009 年 12 月 31 日或之前

第 1476 节 DEMBB 蒸馏集装罐

第 99 章第Ⅱ子章现予修正，按数字顺序插入以下新标题：

9902. 11. 06	2－溴－1，3－二乙基－5－甲基苯（CAS 编号 314084－61－2）（规定于副标题 2903. 69. 80 中）	免税	无变动	无变动	2009 年 12 月 31 日或之前

第 1477 节 甲基紫罗兰酮

第 99 章第Ⅱ子章现予修正，按数字顺序插入以下新标题：

9902. 11. 10	3 - 甲基 - 4 - （2，6，6 - 三甲基吡啶 - 2 - 基）丁 - 3 - 烯 - 2 - 酮（甲基紫罗兰酮）（CAS 编号 1335 - 46 - 2）（规定于副标题 2914. 23. 00 中）	免税	无变动	无变动	2009 年 12 月 31 日或之前

第 1478 节　某些丙烯腈系纤维丝束

第 99 章第Ⅱ子章现予修正，按数字顺序插入以下新标题：

9902. 11. 11	丙烯腈系纤维丝束（聚丙烯腈纤维束），重量上含有至少 92% 的丙烯腈，不超过 0. 1% 的锌及 4—8% 的水，以 1—12 卷子束导入，各含 24000 根长丝（0. 06% 的正负偏差），平均长丝旦数 1. 5 分特（正负 0. 08% 偏差）（规定于副标题 5501. 30. 00 中）	免税	无变动	无变动	2009 年 12 月 31 日或之前

第 1479 节　某些丙烯腈系纤维丝束

第 99 章第Ⅱ子章现予修正，按数字顺序插入以下新标题：

9902.11.12	丙烯腈系纤维丝束（聚丙烯腈纤维束），重量上含有至少92%的丙烯腈，不超过0.1%的锌及2—8%的水，以6—12卷子束导入，各含45，000根长丝（0.06%的正负偏差），平均长丝旦数1.48分特（正负0.08%偏差）或1.32分特（正负0.09%）（规定于副标题5501.30.00中）	免税	无变动	无变动	2009年12月31日或之前

第1480节　MKH 6561异氰酸酯

第99章第Ⅱ子章现予修正，按数字顺序插入以下新标题：

9902.11.13	2－（甲酯）苯异氰酸酯（CAS编号74222－95－0）（规定于副标题2930.90.29中）	免税	无变动	无变动	2009年12月31日或之前

第1481节　硫丹

第99章第Ⅱ子章现予修正，按数字顺序插入以下新标题：

9902.11.14	6，7，8，9，10，10－六氯六氢化甲醇－2，4，3－苯并二噁硫频－3－氧化物（硫丹）（CAS编号115－29－7）（规定于副标题2920.90.50或3808.10.50中）	免税	无变动	无变动	2009年12月31日或之前

第1482节　氟醚唑

第99章第Ⅱ子章现予修正，按数字顺序插入以下新标题：

9902.11.15	1－［2－（2，4－二氯苯基）－3－（1，1，2，2－四氟乙基）丙基］－1H－1，2，4－三唑（氟醚唑）（CAS编号112281－77－3）（规定于副标题2933.99.22中）	免税	无变动	无变动	2009年12月31日或之前

第1483节　M－酒精

第99章第Ⅱ子章现予修正，按数字顺序插入以下新标题：

9902.11.16	2－（2，4－二氯苯基）－3－（1H－1，2，4－三唑－1－基）丙醇（CAS编号112281－82－0）（规定于副标题2933.99.82中）	1%	无变动	无变动	2009年12月31日或之前

第1484节　摩托车车轮总成中使用的某些机器

第99章第Ⅱ子章现予修正，按数字顺序插入以下新标题：

9902.11.17	轮辐拧紧机（规定于副标题8479.89.98中），与标题8711车辆的车轮配套使用	免税	无变动	无变动	2009年12月31日或之前

第 1485 节　溴氰菊酯

第 99 章第Ⅱ子章现予修正，按数字顺序插入以下新标题：

9902.11.26	(S) –α–氰基–3–苯氧基苄基（1R，3R）–3–（2，2–二氯乙烯基）–2，2–二甲基环丙烷羧酸酯（溴氰菊酯）（CAS 编号 52918–63–5）（规定于副标题 2926.90.30 中）	免税	无变动	无变动	2009 年 12 月 31 日或之前

第 1486 节　棕榈脂肪酸蒸馏物

第 99 章第Ⅱ子章现予修正，按数字顺序插入以下新标题：

9902.11.32	棕榈油提炼的一元脂肪酸（规定于副标题 3823.19.20 中）	1%	无变动	无变动	2009 年 12 月 31 日或之前

第 1487 节　4–甲氧基–2–甲基二苯胺

第 99 章第Ⅱ子章现予修正，按数字顺序插入以下新标题：

9902.11.35	4–甲氧基–2–甲基二苯基胺（CAS 编号 41317–15–1）（规定于副标题 2922.29.60 中）	1.1%	无变动	无变动	2009 年 12 月 31 日或之前

第 1488 节　2－甲基氢醌

第 99 章第Ⅱ子章现予修正，按数字顺序插入以下新标题：

9902.11.36	2－甲基氢醌（CAS 编号 95－71－6）（规定于副标题 2907.29.90 中）	免税	无变动	无变动	2009 年 12 月 31 日或之前

第 1489 节　1－氟－2－硝基苯

第 99 章第Ⅱ子章现予修正，按数字顺序插入以下新标题：

9902.11.37	1－氟－2－硝基苯（CAS 编号 1493－27－2）（规定于副标题 2904.90.30 中）	免税	无变动	无变动	2009 年 12 月 31 日或之前

第 1490 节　增强或层压聚氯乙烯（PVC）挠性表面化妆袋

第 99 章第Ⅱ子章现予修正，按数字顺序插入以下新标题：

9902.11.43	柔软材质双面结构的化妆箱，采用增强或层压聚氯乙烯塑料，通常为口袋或手提包携带类型，用于盛装和施涂化妆品制剂（规定于副标题 4202.12.20 中）	13.3%	无变动	无变动	2009 年 12 月 31 日或之前

第 1491 节　甲基 4 – 碘 – 2 – ［3 – （4 – 甲氧基 – 6 – 甲基 – 1，3，5 – 三嗪 – 2 – 基）脲基磺酰基］苯甲酸，钠盐（甲基碘磺隆）的混合物

第 99 章第Ⅱ子章现予修正，按数字顺序插入以下新标题：

9902. 11. 44	甲基 4 – 碘 2 – ［3 – （4 – 甲氧基 – 6 – 甲基 1，3，5 – 三嗪 – 2 – 基）脲基磺酰基］苯甲酸、钠盐（甲基碘磺隆，钠盐）混合物（CAS 编号 144550 – 36 – 7）及辅助剂（规定于副标题 3808. 30. 15 中）	免税	无变动	无变动	2009 年 12 月 31 日或之前

第 1492 节　乙基 4，5 – 二氢 – 5，5 – 二苯基 – 1，2 – 恶唑 – 3 – 甲酸乙酯（双苯恶唑酸乙基）

第 99 章第Ⅱ子章现予修正，按数字顺序插入以下新标题：

9902. 11. 45	乙基 4，5 – 二氢 – 5，5 – 二苯基 – 1，2 – 恶唑 – 3 – 甲酸乙酯（双苯恶唑酸乙基）（CAS 编号 16352033 – 0）（规定于副标题 2934. 99. 39 中）	免税	无变动	无变动	2009 年 12 月 31 日或之前

第 1493 节　（5－环丙基－4－异恶唑）［2－（甲基磺酰基）－4－（三氟甲基）苯基］甲酮（异氟草）

第 99 章第Ⅱ子章现予修正，按数字顺序插入以下新标题：

9902.11.46	（5－环丙基－4－异恶唑）［2－（甲基磺酰基）－4－（三氟甲基）苯基］甲酮（异氟草）（CAS 编号 141112－29－0）（规定于副标题 2934.99.15 中）	4.8%	无变动	无变动	2009 年 12 月 31 日或之前

第 1494 节　甲基 2－［（4，6－二甲氧基嘧啶－2－基氨基甲酰基）氨磺酰］－α－（二磺法胺）－对－甲苯甲酸甲酯（甲磺隆），无论是否与辅助剂混合

第 99 章第Ⅱ子章现予修正，按数字顺序插入以下新标题：

9902.11.48	甲基 2－［（4，6－二甲氧基嘧啶－2－基氨基甲酰基）氨磺酰］－α－（二磺法胺）－对－甲苯甲酸甲酯（甲磺隆）（CAS 编号 20846521－8），无论是否与辅助剂混合（规定于副标题 2935.00.75 或 3808.30.15 中）	免税	无变动	无变动	2009 年 12 月 31 日或之前

第 1495 节　甲酰胺磺隆和碘甲磺隆钠的混合物

第 99 章第Ⅱ子章现予修正，按数字顺序插入以下新标题：

9902. 11. 49	N，N－二甲基－2－[3－(4，6－二甲氧基嘧啶－2－基) 脲基磺酰基] －4－甲酰基氨基苯甲酰胺（甲酰胺磺隆）(CAS 编号 173159－57－4)，4－碘－2－[3－(4－甲氧基－6－甲基－1，3，5－三嗪－2－基) 脲基磺酰基] 苯甲酸甲酯钠盐（甲基碘磺隆钠盐）与辅助剂的混合物 (CAS 编号 144550－36－7)（规定于副标题 3808. 30. 15 中）	免税	无变动	无变动	2009 年 12 月 31 日或之前

第 1496 节　Vulcuren UPKA 1988①

第 99 章第Ⅱ子章现予修正，按数字顺序插入以下新标题：

9902. 11. 54	1，6－二（N，N－二苄基硫代氨基甲酰基二硫）己烷（CAS 编号号 151900－44－6）（规定于副标题 2930. 20. 20 中）	免税	无变动	无变动	2009 年 12 月 31 日或之前

① 一种高抗硫化返原的新型交联剂。——译者注

第1497节　Vullcanox 41010 NA/LG[①]

第99章第Ⅱ子章现予修正，按数字顺序插入以下新标题：

9902.11.55	N-异丙基-N′-苯基-对苯二胺（CAS编号101-72-4）（规定于副标题2921.51.50中）	免税	无变动	无变动	2009年12月31日或之前

第1498节　Vulkazon AFS/LG[②]

第99章第Ⅱ子章现予修正，按数字顺序插入以下新标题：

9902.11.56	季戊四醇二（四氢苯甲醛缩醛）（CAS编号660031-3）（规定于副标题2932.99.90中）	免税	无变动	无变动	2009年12月31日或之前

第1499节　对甲氧基苯甲醛

第99章第Ⅱ子章现予修正，按数字顺序插入以下新标题：

9902.11.57	对甲氧基苯甲醛（CAS编号123-11-5）（苯甲醛，4-甲氧基）（规定于副标题2912.49.10中）	免税	无变动	无变动	2009年12月31日或之前

第1500节　1，2-戊二醇

第99章第Ⅱ子章现予修正，按数字顺序插入以下新标题：

---

① 一种促进剂。——译者注

② 一种抗臭氧剂。——译者注

9902.11.60	1，2－戊二醇（CAS 编号 5343－92－0）（规定于副标题 2905.39.90 中）	免税	无变动	无变动	2009 年 12 月 31 日或之前

第 1501 节　乙酸邻－叔丁基环己酯

第 99 章第Ⅱ子章现予修正，按数字顺序插入以下内容：

9902.11.62	邻叔丁基环己酯，顺式（CAS 编号 20298－69－9）（乙酸邻叔丁基环己酯）（环己醇，2－（1，1－二甲基）（规定于副标题 2915.39.45 中）	免税	无变动	无变动	2009 年 12 月 31 日或之前

第 1502 节　Cohedur RL①

第 99 章第Ⅱ子章现予修正，按数字顺序插入以下新标题：

9902.11.63	间苯二酚（CAS 编号 108－46－3）、六甲蜜胺醚（CAS 编号 3089－110）和邻苯二甲酸二丁酯（CAS 编号 84－74－2）混合物（规定于副标题 3824.90.28 中）	免税	无变动	无变动	2009 年 12 月 31 日或之前

第 1503 节　氟磺隆制剂

第 99 章第Ⅱ子章现予修正，按数字顺序插入以下新标题：

① 一种黏结剂。——译者注

9902.11.64	氟磺隆（1－（4－甲氧基－6－甲基－1，3，5－三嗪－2－基）－3－［2－（3，3，3－三氟丙基）－苯基磺酰基］脲）（CAS编号94125－34－5）及辅助剂的混合物。（规定于副标题3808.30.15中）	免税	无变动	无变动	2009年12月31日或之前

第1504节　卢泰特

第99章第Ⅱ子章现予修正，按数字顺序插入以下新标题：

9902.11.71	离子交换树脂（阳离子H型），丙烯酸和二甘醇二乙烯基醚的共聚物构成（CAS编号359785－58－3）（规定于副标题3914.00.60中）	免税	无变动	无变动	2009年12月31日或之前

第1505节　对氯苯酚

第99章第Ⅱ子章现予修正，按数字顺序插入以下新标题：

9902.11.72	对氯苯酚（CAS编号106－48－9）（规定于副标题2908.10.60中）	免税	无变动	无变动	2009年12月31日或之前

第1506节　氯氰菊酯

第99章第Ⅱ子章现予修正，按数字顺序插入以下新标题：

9902. 11. 74	氰基（3－苯氧基苯基）甲基 3－（2，2－二氯苯基）－2，2－二甲基环丙烷羧酸酯（氯氰菊酯）（CAS 编号 52315－07－8）（规定于副标题 2926. 90. 30 中）	免税	无变动	无变动	2009 年 12 月 31 日或之前

第 1507 节　离子交换树脂粉末

第 99 章第Ⅱ子章现予修正，按数字顺序插入以下新标题：

9902. 11. 78	由甲基丙烯酸与二乙烯基苯交联的共聚物构成的离子交换树脂粉末，其形式为氢离子，标称粒度介于 0. 025 毫米和 0. 150 毫米之间，干燥至水分少于 5%（CAS 编号 50602－21－6）（规定于副标题 3914. 00. 60 中）	免税	无变动	无变动	2009 年 12 月 31 日或之前

第 1508 节　离子交换树脂粉末

第 99 章第Ⅱ子章现予修正，按数字顺序插入以下新标题：

9902.11.79	由甲基丙烯酸与二乙烯基苯交联的共聚物构成的离子交换树脂粉末，其形式为钾离子，标称粒度介于0.025毫米和0.150毫米之间，干燥至水分少于10%（CAS编号65405－55－2）（规定于副标题3914.00.60中）	免税	无变动	无变动	2009年12月31日或之前

第1509节　氨基甲酸酯E 14

第99章第Ⅱ子章现予修正，按数字顺序插入以下新标题：

9902.11.80	1，2，3－丙三醇，与2，4－二异氰酸根乙基苯，2－乙基－（羟甲基）－1，3－丙二醇，甲基环氧乙烷和环氧乙烷的聚合物（CAS编号12782100－5）（规定于副标题3909.50.50中）	免税	无变动	无变动	2009年12月31日或之前

第1510节　氨基甲酸酯VP LS 2253

第99章第Ⅱ子章现予修正，按数字顺序插入以下新标题：

9902. 11. 82	己烷，1，6－二异氰酸，均聚物，3，5－二甲基－1H－吡唑封端（CAS 编号 163206－31－3）（规定于副标题 3911. 90. 90 中）	免税	无变动	无变动	2009 年 12 月 31 日或之前

第 1511 节　氨基甲酸酯 R－E

第 99 章第Ⅱ子章现予修正，按数字顺序插入以下新标题：

9902. 11. 83	4，4′，4″－TT 氨基甲酸酯 R－E 的溶剂（CAS 编号 242291－5）（规定于副标题 3824. 90. 28 中）	免税	无变动	无变动	2009 年 12 月 31 日或之前

第 1512 节　华洛塞 MW 3000 PFV

第 99 章第Ⅱ子章现予修正，按数字顺序插入以下新标题：

9902. 11. 83	2－羟乙基甲基醚纤维素（“MHEC”）与乙二醛反应产物含量 30% 或以上的甲基羟乙基纤维素产品（CAS 编号 6844163－4）（规定于副标题 3912. 39. 00 中）	免税	无变动	无变动	2009 年 12 月 31 日或之前

第 1513 节　TSME

第 99 章第Ⅱ子章现予修正，按数字顺序插入以下新标题：

9902. 11. 85	邻/对 – 甲苯磺酸甲酯（CAS 编号 23373 – 38 – 8 和 80 – 48 – 8）（规定于副标题 2904. 10. 32 中）	免税	无变动	无变动	2009 年 12 月 31 日或之前

第 1514 节　华洛塞 VP – M 20660

第 99 章第Ⅱ子章现予修正，按数字顺序插入以下新标题：

9902. 11. 86	2 – 羟乙基甲基醚纤维素含量 77% 或以上的甲基羟乙基纤维素（CAS 编号 903242 – 2）（规定于副标题 3912. 39. 00 中）	免税	无变动	无变动	2009 年 12 月 31 日或之前

第 1515 节　XAMA 2

第 99 章第Ⅱ子章现予修正，按数字顺序插入以下新标题：

9902. 11. 87	三甲基丙烷三甲醇氨基甲烷（3 氮丙啶丙酸）（CAS 编号 52234 – 82 – 9）（规定于副标题 2933. 99. 97 中）	免税	无变动	无变动	2009 年 12 月 31 日或之前

第 1516 节　XAMA 7

第 99 章第Ⅱ子章现予修正，按数字顺序插入以下新标题：

9902.11.88	多元氮丙啶（CAS 编号 57116－45－7）（规定于副标题 2933.99.97 中）	免税	无变动	无变动	2009 年 12 月 31 日或之前

第 1517 节　某些玩具盒

第 99 章第Ⅱ子章现予修正，按数字顺序插入以下新标题：

9902.11.90	所述货物的箱子或盒子，其型制或尺寸适合标题 9503 或 9504 电子绘图玩具或电子游戏，在容器外表上有标签、标识或其他描述性信息，表明其用于该等电子绘图玩具或电子游戏（规定于副标题 4202.92.90 中，不盛有标题 9902.01.81 中）	免税	无变动	无变动	2009 年 12 月 31 日或之前

第 1518 节　某些玩具盒

第 99 章第Ⅱ子章现予修正，按数字顺序插入以下新标题：

9902.11.91	规定的箱子或盒子，有一个或多个模制塑料托架、夹子或紧固件，用于托持玩偶，无论该箱子或盒子是否也能够装盛其他货物（副标题 4402.12.80 或 4202.92.90 中）	免税	无变动	无变动	2009 年 12 月 31 日或之前

第1519节 苯胺-2，5-二磺酸

第99章第Ⅱ子章现予修正，按数字顺序插入以下新标题：

9902.11.92	苯胺-2，5-二磺酸（CAS编号98-44-2）（1，4-苯二磺酸，2-氨基）（规定于副标题2921.42.90中）	免税	无变动	无变动	2009年12月31日或之前

第1520节 1，4-苯二甲酸，与N，N-双（2-氨基乙基）-1，2-乙二胺形成的聚合物

第99章第Ⅱ子章现予修正，按数字顺序插入以下新标题：

9902.11.93	1，4-苯二甲酸，与N，N-双（2-氨基乙基）-1，2-乙二胺形成的聚合物，环化，甲基硫酸盐。（CAS编号68187-22-4）（规定于副标题3908.90.70中）	免税	无变动	无变动	2009年12月31日或之前

第1521节 硫化蓝7

第99章第Ⅱ子章现予修正，按数字顺序插入以下新标题：

9902.11.94	4-［（4-氨基-3-甲基苯基）氨基］苯酚，与硫-化钠反应产物（硫化蓝7）（CAS编号1327-57-7）（规定于副标题3204.19.50中）	免税	无变动	无变动	2009年12月31日或之前

第 1522 节 甲醛，与 1，4 - 苯二酚和间苯二胺形成的反应产物，硫化

第 99 章第Ⅱ子章现予修正，按数字顺序插入以下新标题：

9902.11.95	甲醛，与 1，4 - 苯二酚和间苯二胺的反应产物，硫化（CAS 编号 110392 - 46 - 6）（规定于副标题 3204.19.50 中）	免税	无变动	无变动	2009 年 12 月 31 日或之前

第 1523 节 异氰酸根合磺酰基

第 99 章第Ⅱ子章现予修正，按数字顺序插入以下新标题：

9902.11.96	2 - （异氰酸根合磺酰基）苯甲酸乙酯（CAS 编号 77375 - 79 - 2）（规定于副标题 2930.90.29 中）	免税	无变动	无变动	2009 年 12 月 31 日或之前

第 1524 节 异氰酸根合磺酰基

第 99 章第Ⅱ子章现予修正，按数字顺序插入以下新标题：

9902.11.97	2 - （异氰酸根合磺酰基）苯甲酸甲酯（CAS 编号 74222 - 950）（规定于副标题 2930.90.29 中）	免税	无变动	无变动	2009 年 12 月 31 日或之前

第 1525 节　吉米沙星、甲磺酸吉米沙星、甲磺酸吉米沙星倍半水合物

第 99 章第Ⅱ子章现予修正，按数字顺序插入以下新标题：

9902.11.99	吉米沙星（CAS 编号 175463 - 14 - 6）；甲磺酸吉米沙星（CAS 编号 210353 - 53 - 0 或 204519 - 65 - 3）甲磺酸吉米沙星倍半水合物（CAS 编号 210353 - 56 - 3）（规定于副标题 2933.99.46 中）	免税	无变动	无变动	2009 年 12 月 31 日或之前

第 1526 节　地乐胺

第 99 章第Ⅱ子章现予修正，按数字顺序插入以下新标题：

9902.12.01	地乐胺（CAS 编号 3362947 - 9）（苯胺，4 -（1，1 - 二甲基乙基）- N -（1 - 甲基丙基）- 2，6 - 二硝基）（规定于副标题 2921.43.90 中）	免税	无变动	无变动	2009 年 12 月 31 日或之前

第 1527 节　螺螨酯

第 99 章第Ⅱ子章现予修正，按数字顺序插入以下新标题：

9902.12.02	2，2－二甲基丁酸，3－（2，4－二氯苯基）－2－氧代－1－氧杂螺（4.5）癸－3－烯－4－基酯（螺螨酯）（CAS编号148477－71－8）（规定于副标题2932.29.10中）	免税	无变动	无变动	2009年12月31日或之前

第1528节　霜霉威盐酸盐（PREVICUR）

第99章第Ⅱ子章现予修正，按数字顺序插入以下新标题：

9902.12.03	丙基3－（二甲基氨基）丙基氨基甲酸叔丁酯一盐酸盐（霜霉威盐酸盐）（CAS编号2560641－1）与辅助剂的混合物（规定于副标题3808.20.50中）	免税	无变动	无变动	2009年12月31日或之前

第1529节　氨基甲酸酯IL

第99章第Ⅱ子章现予修正，按数字顺序插入以下新标题：

9902.12.04	溶于有机溶剂的聚乙烯（甲苯二异氰酸）（CAS编号26006－20－2）（规定于副标题3911.90.45中）	免税	无变动	无变动	2009年12月31日或之前

第1530节　一氯丙酮

第99章第Ⅱ子章现予修正，按数字顺序插入以下新标题：

9902.12.05	1－氯－2－丙酮（CAS编号78－95－5）（规定于副标题2914.70.90中）	免税	无变动	无变动	2009年12月31日或之前

第1531节　IPN（间苯二甲腈）

（a）**2006日历年和2007日历年**。第99章第Ⅱ子章现予修正，按数字顺序插入以下新标题：

9902.12.06	1，3－苯二腈（CAS编号626－17－5）（规定于副标题2926.90.48中）	3.04%	无变动	无变动	2006年12月31日或之前

（b）**2007日历年**。

（1）**总体而言**。［经第（a）子节修正的］标题9902.12.06现予修正：

（A）删去“3.04%”并插入“3.23%”；

（B）删去“2006年12月31日或之前”，并插入“2007年12月31日或之前”。

（2）**生效日期**。第（1）段下所作修正应于2007年1月1日起施行。

（c）**2008日历年和2009日历年**。

（1）**总体而言**。［经第（a）子节增补及第（b）子节修正的］标题9902.12.06现予进一步修正

（A）删去“3.23%”并插入“3.4%”；

（B）删去“2007年12月31日或之前”，并插入“2009年12月31

日或之前”。

（2）**生效日期**。第（1）段下所作修正应于2008年1月1日起施行。

第1532节　NOA 446510原药

第99章第Ⅱ子章现予修正，按数字顺序插入以下新标题：

9902.12.07	4-氯-N-［2-［3-甲氧基-4-（2-丙炔氧基）苯基］乙基］-α-（2-丙炔氧基）苯乙酰胺（双炔酰菌胺）（CAS编号374726-62-2）（规定于副标题2924.29.47中）	1.2%	无变动	无变动	2009年12月31日或之前

第1533节　噻螨酮原药

第99章第Ⅱ子章现予修正，按数字顺序插入以下新标题：

9902.12.08	反式-5-（4-氯苯基）-N-环己基-4-甲基-2-氧代硫氮杂戊环烷-3-甲酰胺（尼索朗技术）（CAS编号78587-05-0）（规定于副标题2934.10.10中）	免税	无变动	无变动	2009年12月31日或之前

第1534节　Crelan[①]

第99章第Ⅱ子章现予修正，按数字顺序插入以下新标题：

① 自封端环脂肪族聚氨酯。——译者注

9902.12.10	2－己内酯与1，4－丁二醇和5－异氰酸基－1－（异氰酸甲酯）－1，3，3－三甲基环己烷，2－乙基－1－乙醇封端聚合物（CAS编号189020－69－7）（规定于副标题3909.50.50中）	免税	无变动	无变动	2009年12月31日或之前

第1535节　阿司匹林

第99章第Ⅱ子章现予修正，按数字顺序插入以下新标题：

9902.12.11	乙酰水杨酸（阿司匹林）（CAS编号50－78－2）（规定于副标题2918.22.10中）	3.0%	无变动	无变动	2009年12月31日或之前

第1536节　氨基甲酸酯BL XP 2468

第99章第Ⅱ子章现予修正，按数字顺序插入以下新标题：

9902.12.12	甲基乙基酮肟和甲苯二异氰酸酯的共聚物（CAS编号352462－03－4）（规定于副标题3911.90.45中）	免税	无变动	无变动	2009年12月31日或之前

第1537节　氨基甲酸酯RF－E

第99章第Ⅱ子章现予修正，按数字顺序插入以下新标题：

9902.12.17	三（4－异氰酸）硫代磷酸酯（CAS 编号 4151－51－3）和乙酸乙酯和氯苯作为溶剂的混合物（规定于副标题 3824.90.28 中）	免税	无变动	无变动	2009 年 12 月 31 日或之前

第 1538 节　氨基甲酸酯 HL

第 99 章第Ⅱ子章现予修正，按数字顺序插入以下新标题：

9902.12.18	1，3－二异氰酸根合甲基苯与 1，6－二异氰酸根合己烷的聚合物（CAS 编号 63368－95－6）（规定于副标题 3911.90.45 中）	免税	无变动	无变动	2009 年 12 月 31 日或之前

第 1539 节　D－甘露糖

第 99 章第Ⅱ子章现予修正，按数字顺序插入以下新标题：

9902.12.19	D－甘露糖（CAS 编号 3458－28－4）（规定于副标题 2940.00.60 中）	免税	无变动	无变动	2009 年 12 月 31 日或之前

第 1540 节　某些驼毛

第 99 章第Ⅱ子章现予修正，按数字顺序插入以下新标题：

9902.12.20	超出去脂或炭化条件处理的驼毛（规定于副标题5102.19.90中）	免税	无变动	无变动	2009年12月31日或之前

第1541节　驼毛废料

第99章第Ⅱ子章现予修正，按数字顺序插入以下新标题：

9902.12.21	驼毛废料（规定于副标题5103.20.00中）	免税	无变动	无变动	2009年12月31日或之前

第1542节　某些驼毛

第99章第Ⅱ子章现予修正，按数字顺序插入以下新标题：

9902.12.22	机梳或精梳驼毛（规定于副标题5105.39.00中）	免税	无变动	无变动	2009年12月31日或之前

第1543节　骆马毛织物

第99章第Ⅱ子章现予修正，按数字顺序插入以下新标题：

9902.12.23	重量上含骆马毛85%以上的织物（规定于副标题5111.11.70、5111.19.60、5112.11.60或5112.19.95）	免税	无变动	无变动	2009年12月31日或之前

第 1544 节　某些驼毛

第 99 章第Ⅱ子章现予修正，按数字顺序插入以下新标题：

9902.12.24	只在去脂或炭化条件下处理的驼毛（规定于副标题 5102.19.20 中）	免税	无变动	无变动	2009 年 12 月 31 日或之前

第 1545 节　驼毛落绵

第 99 章第Ⅱ子章现予修正，按数字顺序插入以下新标题：

9902.12.25	驼毛落绵（规定于副标题 5103.10.00 中）	免税	无变动	无变动	2009 年 12 月 31 日或之前

第 1546 节　氯乙酸、乙酯

第 99 章第Ⅱ子章现予修正，按数字顺序插入以下新标题：

9902.12.33	氯乙酸，乙酯（CAS 编号 105－39－5）（规定于副标题 2915.40.50 中）	免税	无变动	无变动	2009 年 12 月 31 日或之前

第 1547 节　氯乙酸、钠盐

第 99 章第Ⅱ子章现予修正，按数字顺序插入以下新标题：

9902.12.34	氯乙酸，钠盐（CAS 编号3926－62－3）（规定于副标题 2915.40.50 中）	免税	无变动	无变动	2009年12月31日或之前

第1548节　低膨胀实验室玻璃

第99章第Ⅱ子章现予修正，按数字顺序插入以下新标题：

9902.12.39	低膨胀硼硅酸盐玻璃或铝硼硅酸盐玻璃的实验室、卫生或医药玻璃制品（无论有无刻度或校准），在0℃至300℃温度范围内线性膨胀系数不超过3.3 × 107/开尔文（规定于副标题 7017.20.00 中）	3.6%	无变动	无变动	2009年12月31日或之前

第1549节　塞子、盖子和其他封闭物

第99章第Ⅱ子章现予修正，按数字顺序插入以下新标题：

9902.12.40	低膨胀硼硅酸盐玻璃或铝硼硅玻璃制成的塞子、盖子和其他封闭物，在0℃至300℃温度范围内线性膨胀系数不超过3.3 × 107/开尔文，采用自动化机器或手工生产（规定于副标题 7010.20.30 中）	免税	无变动	无变动	2009年12月31日或之前

第 1550 节　颜料黄 213

第 99 章第Ⅱ子章现予修正，按数字顺序插入以下新标题：

9902.12.41	1，4－苯二甲酸，2－［［2－氧代－1－［［1，2，3，4－四氢－7－甲氧基－2，3－二氧代－6－喹喔啉基）胺］羰基］丙基］偶氮］－，二甲酯（颜料黄 213）（CAS 编号 22019821－0）（规定于副标题 3204.17.60 中）	免税	无变动	无变动	2009 年 12 月 31 日或之前

第 1551 节　茚虫威

第 99 章第Ⅱ子章现予修正，按数字顺序插入以下新标题：

9902.12.42	（4aS）－7－氯－2，5－二氢－2－［［（甲氧羰基）［4－（三氟甲氧基）苯基］氨基］羰基］茚并［1，2－e］［1，3，4］恶二－4a（3H）－羧酸甲酯（CAS 编号 173584－44－6）（规定于副标题 2934.99.16 中）	免税	无变动	无变动	2009 年 12 月 31 日或之前

第 1552 节　碳酸二甲酯

第 99 章第Ⅱ子章现予修正，按数字顺序插入以下新标题：

9902. 12. 43	碳酸二甲酯（CAS 编号 616 – 38 – 6）（规定于副标题 2920. 90. 50 中）	免税	无变动	无变动	2009 年 12 月 31 日或之前

第 1553 节　5 – 氯 – 1 – 茚满酮（EK179）

第 99 章第Ⅱ子章现予修正，按数字顺序插入以下新标题：

9902. 12. 44	5 – 氯 – 1 – 茚满酮（CAS 编号 42348 – 86 – 7）（规定于副标题 2914. 39. 90 中）	免税	无变动	无变动	2009 年 12 月 31 日或之前

第 1554 节　恶唑菌酮和霜脲氰的混合物

第 99 章第Ⅱ子章现予修正，按数字顺序插入以下新标题：

9902. 12. 45	5 – 甲基 – 5 – （4 – 苯氧基苯基） – 3 – （苯氨基） – 2，4 – 恶唑烷二酮（恶唑菌酮）（CAS 编号 131807 – 57 – 3），2 – 氰基 – N – ［（乙基氨基）羰基］ – 2 – （甲氧基亚氨基）乙酰胺（霜脲氰）（CAS 编号 57966 – 95 – 7）和辅助剂的混合物（规定于副标题 3808. 20. 15 中）	免税	无变动	无变动	2009 年 12 月 31 日或之前

第1555节　癸二酸，双（2，2，6，6-四甲基-4-哌啶基）酯

第99章第Ⅱ子章现予修正，按数字顺序插入以下新标题：

9902. 12. 47	癸二酸，双（2，2，6，6-四甲基-4-哌啶基）酯（CAS编号52829-07-9）（规定于副标题2933. 39. 91中）	免税	无变动	无变动	2009年12月31日或之前

第1556节　酸性蓝80

第99章第Ⅱ子章现予修正，按数字顺序插入以下新标题：

9902. 12. 49	酸性蓝80（CAS编号4474-24-2）（规定于副标题3204. 12. 50中）	免税	无变动	无变动	2009年12月31日或之前

第1557节　颜料棕25

第99章第Ⅱ子章现予修正，按数字顺序插入以下新标题：

9902. 12. 50	颜料棕25（CAS编号6992-11-6）（规定于副标题3204. 17. 04中）	免税	无变动	无变动	2009年12月31日或之前

第1558节　嘧菌酯制剂

（a）**2006日历年和2007日历年**。第99章第Ⅱ子章现予修正，按数字顺序插入以下新标题：

9902.12.51	苯乙酸，（aE）-2-[[6-（2-氰基苯氧基）-4-嘧啶基]氧基]-α-（甲氧基亚甲基）-甲酯（嘧菌酯）（CAS编号131860-33-8）及辅助剂的混合物。（规定于副标题3808.20.15中）	6.14%	无变动	无变动	2006年12月31日或之前

（b）**2007日历年**。

（1）**总体而言**。［经第（a）子节修正的］标题9902.12.51现予修正：

（A）删去"6.14%"并插入"6.15%"；

（B）删去"2006年12月31日或之前"，并插入"2007年12月31日或之前"。

（2）**生效日期**。第（1）段下所作修正应于2007年1月1日起施行。

（c）**2008日历年和2009日历年**。

（1）**总体而言**。［经第（a）子节增补及第（b）子节修正的］标题9902.12.51现予进一步修正：

（A）删去"6.15%"并插入"6.17%"；

（B）删去"2007年12月31日或之前"，并插入"2009年12月31日或之前"。

（2）**生效日期**。第（1）段下所作修正应于2008年1月1日起施行。

第1559节　唑啉草酯/解毒制剂

（a）**2006日历年和2007日历年**。第99章第Ⅱ子章现予修正，按数字顺序插入以下新标题：

9902.12.52	8（2，6－二乙基－对－甲苯基）－1，2，4，5－四氢－7－氧代－7H－吡唑并［1，2－d］［1，4，5］氧二氮杂－9－基 2，2－二甲基丙酸酯（唑啉草酯）（CAS 编号 243973－20－8），乙酸，［5－氯－8－喹啉基］氧基］－，1－甲基己基酯（解草酯）（CAS 编号 99607－70－2）及辅助剂的混合物（规定于副标题 3808.30.15 中）	免税	无变动	无变动	2007 年 12 月 31 日或之前

（b）**2008 日历年和 2009 日历年。**

（1）**总体而言。**［经第（a）子节修正的］标题 9902.12.52 现予修正：

（A）删去“免税”并插入“1.74%”；

（B）删去“2007 年 12 月 31 日或之前”，并插入“2009 年 12 月 31 日或之前”。

（2）**生效日期。**第（1）段下所作修正应于 2008 年 1 月 1 日起施行。

第 1560 节　醚唑/精甲霜灵混合物

第 99 章第Ⅱ子章现予修正，按数字顺序插入以下新标题：

9902.12.53	1H－1，2，4－三唑，1－（（2－氯苯氧基）苯基）－4－甲基－1，3－二氧戊环－2－基）甲基）－（恶醚唑）（CAS编号119446－68－3），（R，S）－2－（（2，6－二甲基苯基）甲基乙酰氨基）丙酸，甲酯（精甲霜灵）（CAS编号70630－17－0和6951634－3）和辅助剂的混合物（规定于副标题2904.10.32中）	免税	无变动	无变动	2009年12月31日或之前

第1561节　咯菌腈原药

第99章第Ⅱ子章现予修正，按数字顺序插入以下新标题：

9902.12.54	1H－吡咯－3－甲腈，4－（2，2－二氟－1，3－苯并二氧杂环戊－4－基）－（咯菌腈）（CAS编号131341－86－1）（规定于副标题2934.99.12中）	1.6%	无变动	无变动	2009年12月31日或之前

第1562节　炔草酯混合物

第99章第Ⅱ子章现予修正，按数字顺序插入以下新标题：

9902.12.55	丙酸，2-（4-（（5-氯-3-氟-2-吡啶基）氧基）苯氧基-2-丙炔酯，（炔草酯）及辅助剂的混合物。（规定于副标题3808.30.15中）	1.7%	无变动	无变动	2009年12月31日或之前

第1563节　阿维菌素B，1，4"-脱氧-4"-甲氨基-，（4" R）-，苯甲酸

第99章第Ⅱ子章现予修正，按数字顺序插入以下新标题：

9902.12.56	阿维菌素B，1，4"-脱氧-4"-甲氨基-，（4" R）-，苯甲酸。（CAS编号155569-91-8）（规定于副标题3824.90.91或2932.29.50中）	免税	无变动	无变动	2009年12月31日或之前

第1564节　解毒喹

第99章第Ⅱ子章现予修正，按数字顺序插入以下新标题：

9902.12.57	乙酸，5-氯-8-喹啉氧基-，1-甲基己基酯（解草酯）（CAS编号99607-70-2）（规-定于副标题2933.49.30中）	免税	无变动	无变动	2009年12月31日或之前

第 1565 节　甲霜灵－M 原药

第 99 章第Ⅱ子章现予修正，按数字顺序插入以下新标题：

9902. 12. 58	(R，S) －2－（（2，6－二甲苯基）甲基甲基氨基）丙酸，甲酯（精甲霜灵和 L－甲霜灵精甲霜灵）（CAS 编号 70630－17－0 和 69516－34－3）（规定于副标题 2904. 10. 32 中）	免税	无变动	无变动	2009 年 12 月 31 日或之前

第 1566 节　环唑醇原药

第 99 章第Ⅱ子章现予修正，按数字顺序插入以下新标题：

9902. 12. 59	[α－（4－氯苯基）－α－（1－环丙基乙基）－1H－1－1，2，4－三唑－1－乙醇（环唑醇）（CAS 编号 94361－06－5）（规定于副标题 2934. 99. 12 中）	免税	无变动	无变动	2009 年 12 月 31 日或之前

第 1567 节　唑啉草酯原药

第 99 章第Ⅱ子章现予修正，按数字顺序插入以下新标题：

9902.12.60	8－（2，6－二乙基－4－甲基苯基）－1，2，4，5－四氢－7－氧代－7H－吡唑并［1，2－d］［1，4，5］氧二氮杂－9－基2，2－二甲基丙酸酯（唑啉草酯）（CAS编号243973－20－8）（规定于副标题2934.99.15中）	1.8%	无变动	无变动	2009年12月31日或之前

第1568节　肟草酮混合物

第99章第Ⅱ子章现予修正，按数字顺序插入以下新标题：

9902.12.61	原料药2－［1－（乙基氨基）丙基］－3－羟基－5－（2，4，6－三甲基苯基）－2－环己烯－1－酮（肟草酮）（CAS编号87820－88－0）及辅助剂的混合物。（规定于副标题3808.30.15中）	免税	无变动	无变动	2009年12月31日或之前

第1569节　某些化学物质

第99章第Ⅱ子章现予修正，按数字顺序插入以下新标题：

9902. 12. 72	锌二烷基二硫代（CAS 编号 6990－43－8）与乙烯－丙烯－二烯单体和乙烯醋酸乙烯酯、分散剂和二氧化硅的弹性体黏合剂的混合物（规定于副标题 3812. 10. 50 中）	免税	无变动	无变动	2009 年 12 月 31 日或之前
9902. 12. 73	二硫代氨基甲酸、噻唑、福美双和硫－脲与乙烯－丙烯－二烯单体和乙烯醋酸乙烯酯、分散剂的弹性体黏合剂的混合物（规定于副标题 3812. 10. 50 中）	免税	无变动	无变动	2009 年 12 月 31 日或之前
9902. 12. 74	二硫化已内酰胺（CAS 编号 23847－08－7）和乙烯－丙烯－二烯单体和乙烯醋酸乙烯酯和分散剂的弹性体黏合剂的混合物（规定于副－标题 3812. 10. 50 中）	免税	无变动	无变动	2009 年 12 月 31 日或之前
9902. 12. 75	N′－（3，4－二氯苯基）－N，N－二甲基脲（CAS 编号 330－54－1）与丙烯酸酯橡胶的混合物（规定于副标题 3812. 10. 50 中）	免税	无变动	无变动	2009 年 12 月 31 日或之前

续表

9902.12.76	锌二异氰酸二元胺（CAS 编号 122012－526）和乙烯－丙烯－二烯单体和乙烯醋酸乙烯酯和分散剂的弹性体黏合剂的混合物（规定于副标题 3812.10.50 中）	免税	无变动	无变动	2009 年 12 月 31 日或之前
9902.12.77	4，8－二环己基－6－2，10－二甲基－12H－二苯并［d，g］［1，3，2］二氧磷杂八环（CAS 编号 73912－21－7）（规定于副标题 2920.90.50 中）	免税	无变动	无变动	2009 年 12 月 31 日或之前
9902.12.78	苯磺酸，十二烷基－，2－氨基乙醇（CAS 编号 26836－07－7）和聚（氧－1，2－乙二基），α－［1－氧代－9－十八烯基］－ω－羟基，(9Z)（CAS 编号 9004－96－0）混合物（规定于副标题 3402.90.50 中）	免税	无变动	无变动	2009 年 12 月 31 日或之前
9902.12.79	1，3－二氢－3，3－双（4－羟基－对－甲苯基）－2H－吲哚－2－酮（CAS 编号 47465－97－4）（规定于副标题 2933.79.08 中）	免费	无变化	无变化	2009 年 12 月 31 日

第1570节　（±）－（顺式和反式）－1－［［2－（2，4－二氯苯基）－4－丙基－1，3二氧戊环－2－基］甲基］－1H－1，2，4－三唑混合物

（a）**总体而言。**第99章第Ⅱ子章现予修正，按数字顺序插入以下新标题：

9902.12.80	（±）－（顺式和反式）－1－［［2－（2，4－二氯苯基）－4－丙基－1，3二氧戊环－2－基］甲基］－1H－1，2，4－三唑和辅助剂的混合物（CAS编号60207－90－1）（规定于副标题3808.20.15中）	1.1%	无变动	无变动	2009年12月31日或之前

（b）**为保持一致性所作修正。**第99章第Ⅱ子章现予修正，删去标题9902.32.04。

第1571节　百草枯

（a）**总体而言。**第99章第Ⅱ子章现予修正，按数字顺序插入以下新标题：

9902.13.06	百草枯（1，1′二甲基－4，4′－二氯联吡啶）（CAS编号1910－42－5）（规定于副标题2933.39.23中）	3.59%	无变动	无变动	2006年12月31日或之前

（b）**2007日历年。**

（1）**总体而言。**［经第（a）子节修正的］标题9902.11.06现予

修正：

（A）删去“3.59%”并插入“4.02%”；

（B）删去“2006 年 12 月 31 日或之前”，并插入“2007 年 12 月 31 日或之前”。

（2）**生效日期**。第（1）段下所作修正应于 2007 年 1 月 1 日起施行。

（c）**2008 日历年和 2009 日历年**。

（1）**总体而言**。［经第（a）子节增补及第（b）子节修正的］标题 9902.13.06 现予进一步修正：

（A）删去“4.02%”并插入“4.41%”；

（B）删去“2007 年 12 月 31 日或之前”，并插入“2009 年 12 月 31 日或之前”。

（2）**生效日期**。第（1）段下所作修正应于 2008 年 1 月 1 日起施行。

第 1572 节　某些篮球

第 99 章第Ⅱ子章现予修正，按数字顺序插入以下新标题：

9902.13.07	外部表面不采用皮革、橡胶或合成材料的篮球（规定于副标题 9506.62.80 中）	0.9%	无变动	无变动	2009 年 12 月 31 日或之前

第 1573 节　某些皮革篮球

第 99 章第Ⅱ子章现予修正，按数字顺序插入以下新标题：

9902.13.08	皮革篮球（规定于副标题 9506.62.80 中）	免税	无变动	无变动	2009 年 12 月 31 日或之前

第 1574 节　某些橡胶篮球

第 99 章第Ⅱ子章现予修正，按数字顺序插入以下新标题：

9902. 13. 09	橡胶篮球（规定于副标题 9506. 62. 80 中）	1.5%	无变动	无变动	2009 年 12 月 31 日或之前

第 1575 节　某些排球

第 99 章第Ⅱ子章现予修正，按数字顺序插入以下新标题：

9902. 13. 10	排球（规定于副标题 9506. 62. 80 中）	免税	无变动	无变动	2009 年 12 月 31 日或之前

第 1576 节　4 – 氯 – 3 – ［［3 – （4 – 甲氧基苯基） – 1，3 – 氧代丙基］ – 胺］ – 十二烷基酯

第 99 章第Ⅱ子章现予修正，按数字顺序插入以下新标题：

9902. 13. 11	4 – 氯 – 3 – ［［3 – （4 – 甲氧基苯基） – 1，3 – 氧代丙基］ – 胺］ – 十二烷基酯（CAS 编号 33942 – 96 – 0）（规定于副标题 2924. 29. 71 中）	免税	无变动	无变动	2009 年 12 月 31 日或之前

第 1577 节　利谷隆

第 99 章第Ⅱ子章现予修正，按数字顺序插入以下新标题：

9902.13.24	3－（3，4－二氯苯基）－1－甲氧基－1－甲基脲（CAS编号330－55－2）（规定于副标题2924.21.16中）	免税	无变动	无变动	2009年12月31日或之前

第1578节　N，N－二甲基哌啶氯化物（缩节胺）

第99章第Ⅱ子章现予修正，按数字顺序插入以下新标题：

9902.13.25	N，N－二甲基哌啶氯化物（缩节胺）（CAS编号24307－264）（规定于副标题2933.39.25中）	免税	无变动	无变动	2009年12月31日或之前

第1579节　敌草隆

第99章第Ⅱ子章现予修正，按数字顺序插入以下新标题：

9902.13.26	3－（3，4－二氯苯基）－1，1－二甲基（CAS编号330－54－1）和辅助剂制剂（规定于副标题3808.30.15中）	免税	无变动	无变动	2009年12月31日或之前

第1580节　配制产品除敌混剂ⅠDF

第99章第Ⅱ子章现予修正，按数字顺序插入以下新标题：

9902. 13. 27	含 5 - 溴 - 3 - 仲丁基 - 6 - 甲基尿嘧啶（除草定）（CAS 编号 314 - 40 - 9），3 - （3，4 - 二氯苯基） - 1，1 - 二甲基脲（敌草隆）（CAS 编号 330 - 54 - 1）和辅助剂的制剂（规定于副 - 标题 3808. 30. 15 中）	2. 5%	无变动	无变动	2009 年 12 月 31 日或之前

第 1581 节　醚苯磺隆原药

第 99 章第Ⅱ子章现予修正，按数字顺序插入以下新标题：

9902. 13. 28	3 - （6 - 甲氧基 - 4 - 甲基 - 1，3，5 - 三嗪 - 2 - 基） - 1 - ［2 - （2 - 氯乙氧基）苯基磺酰基］脲（醚苯磺隆）（CAS 编号 82097 - 50 - 5）（规定于副标题 2935. 00. 75 中）	免税	无变动	无变动	2009 年 12 月 31 日或之前

第 1582 节　大隆原药

第 99 章第Ⅱ子章现予修正，按数字顺序插入以下新标题：

9902.13.29	3－［3－（4′－溴［1，1′－联苯基］－4－基）－1，2，3，4－四氢－1－萘酚］－4－羟基－2H－1－苯并吡喃－2－酮（溴鼠灵）（CAS编号56073－10－0）（规定于副标题2932.29.10中）	免税	无变动	无变动	2009年12月31日或之前

第1583节　吡蚜酮原药

第99章第Ⅱ子章现予修正，按数字顺序插入以下新标题：

9902.13.30	1，2，4－三嗪－3（2H）－酮，4，5－二氢－6－甲基－4－［3－吡啶亚甲基氨基）氨基］－（吡蚜酮）（CAS编号123312－89－0）（规定于副标题2933.69.60中）	免税	无变动	无变动	2009年12月31日或之前

第1584节　噻虫嗪、苯醚甲环、咯菌腈和精甲霜灵制剂

第99章第Ⅱ子章现予修正，按数字顺序插入以下新标题：

9902. 13. 31	3 -［（2 - 氯 - 5 - 噻唑基 - 1）甲基］四氢 - 5 - 甲基 - N - 硝基 - 1，3，5 - 恶二嗪 - 4 - 亚胺）（噻虫嗪）（CAS 编号 153719 - 23 - 4）；1H - 1，2，4 - 三唑，1 -［［2 -［2 - 氯 - 4 -（4 - 氯苯氧基）苯基］- 4 - 甲基 - 1，3 - 二氧戊环 - 2 - 基］甲基］-（苯醚甲环）（CAS 编号 119446 - 68 - 3）；1H - 吡咯 - 3 - 腈，4 -（2，2 - 二氟 - 1，3 - 苯并二氧杂环戊 - 4 - 基）-（咯菌腈）（CAS 编号 131341 - 86 - 1）；及（R，S）- 2 -［（2，6 - 二甲基苯基甲氧基）乙酰氨基］- 丙酸甲酯（精甲霜灵）（CAS 编号 70630 - 17 - 0 和 6951634 - 3）制剂（规定于副标题 3808. 20. 15 中）	免税	无变动	无变动	2009 年 12 月 31 日或之前

第 1585 节　啶钠原药

第 99 章第Ⅱ子章现予修正，按数字顺序插入以下新标题：

9902.13.32	N-[[(4，6-二甲氧基-2-嘧啶基)氨基]羰基]-3-(2，2，2-三氟乙氧基)-2-吡啶磺酰胺单钠盐(CAS编号199119-58-9)(三氟啶钠)(规定于副标题2935.00.75中)	免税	无变动	无变动	2009年12月31日或之前

第1586节　2苄基-3-乙基磺酰基吡啶

第99章第Ⅱ子章现予修正，按数字顺序插入以下新标题：

9902.13.41	2苄基-3-乙基磺酰基吡啶(CAS编号175729-82-5)(规定于副标题2933.39.61中)	免税	无变动	无变动	2009年12月31日或之前

第1587节　2-氨基-4-甲氧基-6-甲基-1，3，5-三嗪

第99章第Ⅱ子章现予修正，按数字顺序插入以下新标题：

9902.13.42	2-氨基-4-甲氧基-6-甲基-1，3，5-三嗪(CAS编号1668-54-8)(规定于副标题2933.69.60中)	免税	无变动	无变动	2009年12月31日或之前

第 1588 节　含有活性成分 2 – 氯 – N – ［［（4 – 甲氧基 – 6 – 甲基 – 1，3，5 – 三嗪 – 2 – 基）氨基］羰基］苯磺酰胺和辅助剂的混合物的配制产品

第 99 章第Ⅱ子章现予修正，按数字顺序插入以下新标题：

9902. 13. 43	含有活性成分 2 – 氯 – N – ［［（4 – 甲氧基 – 6 – 甲基 1，3，5 – 三嗪 – 2 – 基）氨基］羰基］苯磺酰胺和辅助剂的混合物（氯磺隆）的配制产品（CAS 编号 64902 – 72 – 3）（规定于副标题 3808. 30. 15 中）	免税	无变动	无变动	2009 年 12 月 31 日或之前

第 1589 节　2 – 甲基 – 4 – 甲氧基 – 6 – 甲基氨基 – 1，3，5 – 三嗪

第 99 章第Ⅱ子章现予修正，按数字顺序插入以下新标题：

9902. 13. 44	2 – 甲基 – 4 – 甲氧基 – 6 – 甲基氨基 – 1，3，5 – 三嗪（CAS 编号 5248 – 39 – 5）（规定于副标题 2933. 69. 60 中）	免税	无变动	无变动	2009 年 12 月 31 日或之前

第 1590 节　钠 – 2 – 氯 – 6 – ［（4，6 – 二甲氧基 – 2 – 基）硫基］苯甲酸甲酯和辅助剂（硫苯甲酸钠）的混合物

第 99 章第Ⅱ子章现予修正，按数字顺序插入以下新标题：

9902. 13. 45	钠 -2 - 氯 -6 - [(4, 6 - 二甲氧基 -2 - 基)硫基] 苯甲酸甲酯(CAS 编号 123343 -16 -8)和辅助剂(硫苯甲酸钠)的混合物(规定于副标题 3808. 30. 15 中)	3. 5%	无变动	无变动	2009 年 12 月 31 日或之前

第 1591 节 某些装饰板、装饰性雕塑、装饰性匾块和建筑微缩模型

第 99 章第Ⅱ子章现予修正，按数字顺序插入以下新标题：

9902. 13. 46	装饰板，无论是否配有饰边或雕花；装饰性雕塑，与板匾相连，装饰性匾块不超过 7. 65 厘米厚；建筑 - 微缩模型，无论是否成套；所有前述物件都采用树脂材料，含人造合成石，供邮购零售，无论是用于挂在墙上或作桌面，加零售包装重量不超过 1. 36 千克(规定于副标题 3926. 40. 00 中)	免税	无变动	无变动	2009 年 12 月 31 日或之前

第 1592 节 某些音乐盒

第 99 章第Ⅱ子章现予修正，按数字顺序插入以下新标题：

9902.13.47	有音乐机芯的音乐盒，采用方便最终购买者收货的直接包装，加零售包装重量不超过 6 千克（规定于副标题 9208.10.00 中）	免税	无变动	无变动	2009 年 12 月 31 日或之前

第 1593 节　2 – 甲基 – 4 – 氯苯氧酸

第 99 章第Ⅱ子章现予修正，按数字顺序插入以下新标题：

9902.13.60	2 – 甲基 – 4 – 氯苯氧酸（CAS 编号 94 – 74 – 6）（规定于副标题 2918.90.20 中）	免税	无变动	无变动	2009 年 12 月 31 日或之前

第 1594 节　甜菜宁

第 99 章第Ⅱ子章现予修正，按数字顺序插入以下新标题：

9902.13.76	3 – 甲基羰基氨基苯基 – 3 – 甲基苯氨基甲酸酯（甜菜宁）（CAS 编号 13684 – 63 – 4），散装，或与辅助剂混合（规定于副标题 2924.29.47 或 3808.30.15 中）	免税	无变动	无变动	2009 年 12 月 31 日或之前

第 1595 节　甜菜安

第 99 章第Ⅱ子章现予修正，按数字顺序插入以下新标题：

9902.13.77	3-甲氧基羰基氨基苯基-N-苯基氨基甲酸酯（甜菜安）（CAS编号13684-56-5），散装，或与辅助剂混合（规定于副标题2924.29.43或3808.30.15中）	免税	无变动	无变动	2009年12月31日或之前

第1596节　鞋头开口或鞋跟开口的某些鞋具

第99章第Ⅱ子章现予修正，按数字顺序插入以下新标题：

9902.13.78	橡胶或塑料大底，植物纤维鞋面，鞋头或鞋跟开口的鞋具（居家拖鞋除外）（规定于副标题6404.19.25中）	免税	无变动	无变动	2009年12月31日或之前

第1597节　某些工作鞋

第99章第Ⅱ子章现予修正，按数字顺序插入以下新标题：

9902.13.85	居家拖鞋，橡胶、塑料、皮革或再生皮革大底，皮革鞋面，价值不超过2.50美元/双（规定于副标题6403.99.75中）；运动鞋；网球鞋、篮球鞋、运动鞋、训练鞋等，所有上述物件，属于女鞋的，都为橡胶或塑料大底和纺织材料鞋面（规定于副标题6404.11.20中）	免税	无变动	无变动	2009年12月31日或之前

第 1598 节　某些折射和反射望远镜

第 99 章第Ⅱ子章现予修正，按数字顺序插入以下新标题：

9902. 13. 86	物镜 50 毫米或以下的折射望远镜，及反射镜 76 毫米或以下的反射望远镜，配备相应零部件和附件（规定于副标题 9005. 80. 40 或 9005. 90. 80 中）	免税	无变动	无变动	2009 年 12 月 31 日或之前

第 1600 节　某些工作鞋

第 99 章第Ⅱ子章现予修正，按数字顺序插入以下新标题：

9902. 13. 90	橡胶、塑料、皮革或再生皮革大底，猪皮鞋面，保护性金属鞋头的绲边鞋类（规定于副标题 6403. 40. 30 中）	免税	无变动	无变动	2009 年 12 月 31 日或之前

第 1601 节　某些男鞋

第 99 章第Ⅱ子章现予修正，按数字顺序插入以下新标题：

9902. 13. 91	纺织材料鞋面男鞋（规定于副标题 6405. 20. 30 中）	4. 5%	无变动	无变动	2009 年 12 月 31 日或之前

第 1602 节　某些橡胶或塑料鞋

第 99 章第Ⅱ子章现予修正，按数字顺序插入以下新标题：

9902. 13. 92	纺织材料鞋面的其他鞋具，此类男鞋或女鞋除外（规定于副标题 6405. 20. 30 中）	6. 5%	无变动	无变动	2009 年 12 月 31 日或之前

第 1604 节　二甲基二硫代氨基甲酸锌

第 99 章第Ⅱ子章现予修正，按数字顺序插入以下新标题：

9902. 13. 97	二甲基二硫代氨基甲酸锌（福美锌）（CAS 编号 137 - 304）（规定于副标题 3808. 20. 28 中）	免税	无变动	无变动	2009 年 12 月 31 日或之前

第 1605 节　某些液晶装置（LCD）面板组件

第 99 章第Ⅱ子章现予修正，按数字顺序插入以下新标题：

9902. 85. 21	用于 LCD 阴极射线管的液晶装置（LCD）面板组件（规定于副标题 9013. 80. 90 中）	免税	无变动	无变动	2009 年 12 月 31 日或之前

第 1606 节　某些水管锅炉和反应堆容器封头

（a）**水管锅炉**。第 99 章第Ⅱ子章现予修正，按数字顺序插入以下新标题：

9902.84.01	蒸汽产量超过每小时45t，用于2008年12月31日后2010年12月31日或之前订立的核设施中的水管锅炉（该等水管锅炉采购合同订立于2006年7月31日或之后）（规定于副标题8402.11.00中）	免税	无变动	无变动	2010年12月31日或之前

（b）**反应堆容器封头**。第99章第Ⅱ子章现予修正，按数字顺序插入以下新标题：

9902.84.04	用于2008年12月31日后2010年12月31日或之前订立的核反应堆的反应堆容器封头及稳压器（该等水管锅炉采购合同订立于2006年7月31日或之后）（规定于副标题8401.40.00中）	免税	无变动	无变动	2010年12月31日或之前

第2章　暂缓纳税和减税的现行规定

第1611节　延长某些现有暂缓纳税和减税规定

（a）**暂缓纳税和减税的现行规定**。以下各标题现予修正，删去有效期间栏中的日期，并插入“2009年12月31日”：

（1）（涉及Orgasol聚酰胺粉末的）标题9902.39.08。

（2）［涉及3－氨基－2′－（硫酸根合乙基磺酰基）乙基苯甲酰胺的］标题9902.30.90。

（3）（涉及 MUB 738 INT 的）标题 9902.32.91。

（4）［涉及 5－氨基－N－（2－羟乙基）－2，3－二甲基苯磺酰胺的］标题 9902.30.31。

（5）（涉及灭克磷的）标题 9902.01.83。

（6）（涉及乙膦铝的）标题 9902.01.73。

（7）［涉及氟噻草胺（FOE 羟基）的］标题 9902.03.38。

（8）（涉及杀扑磷原药的）标题 9902.02.02。

（9）（涉及苯醚甲环唑的）标题 9902.02.12。

（10）（涉及高效氯氟氰菊酯的）标题 9902.02.09。

（11）（涉及嘧菌环胺的）标题 9902.02.08。

（12）（涉及诺华士 XL 的）标题 9902.02.04。

（13）（涉及嘧菌酯原药的）标题 9902.02.06。

（14）（涉及糠氯酸的）标题 9902.02.05。

（15）［涉及高韧性多股（合股）或粗股粘胶纱的］标题 9902.03.06。

（16）（涉及分特 1000 或以上的高韧性单股粘胶纱的）标题 9902.05.07。

（17）（涉及防焦剂 VulkalentE/C 的）标题 9902.38.31。

（18）（涉及己二酸，与 1，3－苯二甲胺聚合物的）标题 9902.01.71。

（19）（涉及抗倒酯的）标题 9902.29.93。

（20）（涉及醚苯磺隆制剂的）标题 9902.38.52。

（21）（涉及某些离子交换树脂的）标题 9902.39.30。

（22）（涉及 2，6 二氯甲苯的）标题 9902.32.82。

（23）（涉及离子交换树脂，由苯乙烯与乙烯基苯、氨基磷酸交联的聚合物，钠型的）标题 9902.02.33。

（24）（涉及阴离子交换树脂，由苯乙烯与乙苯，亚氨基二乙酸交联共聚物构成，钠型的）标题 9902.02.32。

（25）（涉及某些玩具袋的）标题 9902.01.78。

（26）（涉及某些儿童产品盒的）标题 9902.01.81。

（27）（涉及某些儿童产品的）标题 9902.01.80。

（28）（涉及某些吸光照片染料的）标题 9902.29.34。

（29）（涉及某些 R 型铁芯变压器的）标题 9902.85.04。

（30）（涉及已还原还原蓝 43 的）标题 9902.03.04。

（31）（涉及硫化黑 1 的）标题 9902.03.03。

（32）（涉及 DMSIP 的）标题 9902. 01. 22。

（33）［涉及 2 －（甲氧羰基）苯磺酰胺的］标题 9902. 29. 35。

（34）（涉及吡虫啉农药的）标题 9902. 02. 52。

（35）（涉及 BaytronC － R 的）标题 9902. 38. 15。

（36）（涉及 3，4 －乙烯二氧噻吩的）标题 9902. 29. 87。

（37）（涉及某些长丝纱线的）标题 9902. 01. 90。

（38）（涉及某些长丝纱线的）标题 9902. 01. 91。

（39）（涉及黄金的某些半成品形式的）标题 9902. 71. 08。

（40）（涉及巴豆酸的）标题 9902. 04. 10。

（41）（涉及 3，6，9 －三氧杂十一烷二酸的）标题 9902. 04. 09。

（42）［涉及苯甲酸，2 －氨基－4 －［［（2，5 －二氯苯基）氨基］羰基］－，甲基酯的］标题 9902. 02. 51。

（43）（涉及溶剂蓝 124 的）标题 9902. 32. 73。

（44）［涉及甲基巯基乙酸（MTG）的］标题 9902. 32. 55。

（45）（涉及丙酮酸乙酯的）标题 9902. 01. 48。

（46）［涉及 1，3 －苯甲酰胺，N，N′－双（2，2，6，6 －四甲基－4 －哌啶基）－的］标题 9902. 04. 11。

（47）［涉及三氯化磷与 1，1′－联苯和 2，4 －双（1，1 －二甲基乙基）苯酚的反应产物的］标题 9902. 04. 07。

（48）［涉及基于乙二胺，N －（2 －甲氧基苯基）－N′－（4 －异丁基苯基）－的制剂的］标题 9902. 04. 05。

（49）［涉及 1 －乙酰基－4 －（3 －十二烷基－2，5 －二氧代－1 －吡咯烷基）－2，2，6，6 －四甲基的］标题 9902. 04. 06。

（50）［涉及 3 －十二烷基－1 －（2，2，6，6 －四甲基－4 －哌啶基）－2，5 －吡咯烷二酮的］标题 9902. 04. 12。

（51）（涉及四乙酰乙二胺的）标题 9902. 29. 70。

（52）（涉及钠石油磺酸盐的）标题 9902. 34. 01。

（53）（涉及酯和对羟基苯甲酸的钠盐酯的）标题 9902. 02. 75。

（54）（涉及禾草甲基的）标题 9902. 30. 16。

（55）［涉及（（3 －（（二甲氨基）羰基）－2 －吡啶基）磺酰基）氨基甲酸苯酯的］标题 9902. 33. 61。

（56）（涉及顺式氰戊菊酯的）标题 9902. 01. 45。

（57）［涉及甲基－2－［［［［［［4－（二甲氨基）－6－（2，2，2－三氟乙氧基）－1，3，5－三嗪－2－基］－氨基］羰基］氨基］磺酰基］－3－甲基苯甲酸甲酯和辅佐剂的］标题9902.05.01。

（58）（涉及苯肼的）标题9902.01.44。

（59）（涉及苯四甲酸二酐的）标题9902.05.14。

（60）（涉及4，4′－氧双邻苯二甲酸酐的）标题9902.05.13。

（61）（涉及4，4′－二氨基二苯醚的）标题9902.05.12。

（62）（涉及3，3′，4，4′－联苯四甲酸二酐的）标题9902.05.11。

（63）［涉及1－［［2－（2，4－二氯苯基）－4－丙基－1，3－二氧戊环－2－基］－甲基］－1H－1，2，4－三唑的］标题9902.29.80。

（64）（涉及甜菜呋的）标题9902.05.19。

（65）（涉及NemacurVL的）标题9902.02.60。

（66）（涉及甲基托布津的）标题9902.03.77。

（67）（涉及吊扇的）标题9902.84.14。

（b）**其他修改**。

（1）**2－氯苄基氯**。标题9902.01.56现予修正：

（A）删去“2903.69.70”并插入“2903.69.80”；

（B）删去“2006年12月31日”并插入“2009年12月31日”。

（2）**三甘醇双［3－（3－叔丁基－4－羟基－5－甲基苯基）丙酸酯］**。标题9902.01.88现予修正：

（A）删去“免税”并插入“4.1%”；

（B）删去“2006年12月31日”并插入“2009年12月31日”。

（3）**醚苯磺隆和麦草畏制剂**。标题9902.38.21现予修正：

（A）在制品介绍栏中：

（ⅰ）将“（醚苯磺隆）”前置于“（CAS编号82097－50－5）”；

（ⅱ）将“（麦草畏）”前置于“（CAS编号1918－00－9）”。

（B）删去“2003年12月31日”并插入“2009年12月31日”。

（4）**11－氨基十一酸**。标题9902.32.49现予修正：

（A）删去“免税”并插入“2.3%”；

（B）删去“2006年12月31日”并插入“2009年12月31日”。

（5）**PHBA**。标题9902.29.03现予修正：

（A）删去“免税”并插入“3.1%”；

（B）删去“2006 年 12 月 31 日”并插入“2009 年 12 月 31 日”。

（6）**啶虫脒原药**。标题 9902.03.92 现予修正：

（A）删去“免税”并插入“2.5%”；

（B）删去“2006 年 12 月 31 日”并插入“2009 年 12 月 31 日”。

（7）**Baytron 和 Baytronp**。标题 9902.39.15 现予修正：

（A）在“（CAS 编号”之前插入“无论是否不含有黏合剂树脂和有机溶剂”；

（B）删去“2006 年 12 月 31 日”并插入“2009 年 12 月 31 日”。

（8）**异菌脲**。标题 9902.01.51 现予修正：

（A）删去“4.1%”并插入“2.0%”；

（B）删去“2006 年 12 月 31 日”并插入“2009 年 12 月 31 日”。

（9）**乙二酰胺，N－（2－乙氧基苯基）－N′－（2－乙基苯基）－）**。标题 9902.04.13 现予修正：

（A）删去“2924.29.76”并插入“2924.29.71;”；

（B）删去“2006 年 12 月 31 日”并插入“2009 年 12 月 31 日”。

（10）**噻虫嗪原药**。标题 9902.03.11 现予修正：

（A）删去“3.2%”并插入“3.0%”；

（B）删去“2006 年 12 月 31 日”并插入“2009 年 12 月 31 日”。

（11）**1，3－二（4－氨基苯氧基）苯（RODA）**。标题 9902.05.15 现予修正：

（A）在“苯”之后插入“（RODA）”；

（B）删去“2006 年 12 月 31 日”并插入“2009 年 12 月 31 日”。

（12）**n－［［（4，6－二甲氧基－2－L）氨基］羰基］－3－（乙基磺酰基）－2－吡啶磺酰胺和辅助剂的混合物**。标题 9902.33.60 现予修正：

（A）删去制品介绍并插入以下：“N－［［（4，6－二甲氧基嘧啶－2－基）氨基］羰基］－3－（乙基磺酰基）－2－吡啶磺酰胺和辅助剂的混合物（CAS 编号 122931－48－0）（规定于副标题 3808.30.15 中）”；

（B）删去“2003 年 12 月 31 日”并插入“2009 年 12 月 31 日”。

第 B 子编　其他关税规定

第 1 章　某些条目清算及重新清算

第 1621 节[①]　某些电车和相关备件

(a)[②] **总体而言**。对于由捷克共和国俄斯特拉发所产，供俄勒冈州波特兰市使用，根据与俄勒冈州波特兰市所签合同进口的（《美国统一关税税则》副标题 8603.10.00 中规定的）3 台电车，及根据该合同进口的（《美国统一关税税则》副标题 8607 或其他标题中规定的）相关备件，国土安全部海关和边境保护局委员应予免税，前述物件应不迟于 2006 年 12 月 31 日进入美国关境。

(b) **重新清算、退回欠款**。倘若第（a）子节中所述电车或相关备件在本法颁布日之前进行入境最终清算，即便有其他法律条款的规定，国土安全部海关和边境保护局委员应：

(1) 在该日期后 15 日内，按照本节规定对入境物件重新进行清算；

(2) 在重新清算之际，就该入境物件所纳关税做出相应退款。

第 1622 节[③]　某些入境火花塞的重新清算

(a) **入境物件清算**。即便有《1930 年关税法》第 514 节和第 520 节（《美国法典》第 19 编第 1514 节和第 1520 节）或任何其他法律条款的规定，海关和边境保护局应于本法颁布日起 90 天内：

(1) 在不征收反倾销税或利息的情况下重新清算第（b）子节中所列入境物件；

(2) 退还该等入境物件先前所缴反倾销税及利息。

(b) **受影响的入境物件**。第（a）子节中所指入境物件如下：

① 截止日期。

② 捷克共和国。俄勒冈州。

③ 截止日期。

入境编号	入境日期	港口
110 - 3447557 - 3	03/18/00	洛杉矶
110 - 3447591 - 2	03/19/00	洛杉矶
110 - 3447595 - 3	03/19/00	洛杉矶
110 - 1201638 - 1	03/21/00	底特律
110 - 1201639 - 9	03/21/00	底特律
110 - 1201640 - 7	03/21/00	底特律
110 - 3447613 - 4	03/21/00	洛杉矶
110 - 1201697 - 7	03/23/00	底特律
110 - 1201695 - 1	03/23/00	底特律
110 - 1201696 - 9	03/23/00	底特律
110 - 1201756 - 1	03/27/00	底特律
110 - 1201757 - 9	03/27/00	底特律
110 - 1201758 - 7	03/27/00	底特律
110 - 1740905 - 2	03/30/00	洛杉矶
110 - 1740943 - 3	03/30/00	洛杉矶
110 - 1201845 - 2	03/31/00	底特律
110 - 1201813 - 0	04/03/00	底特律
110 - 1201814 - 8	04/03/00	底特律
110 - 1201815 - 5	04/03/00	底特律
110 - 1201875 - 9	04/04/00	底特律
110 - 1201868 - 4	04/04/00	底特律
110 - 1201858 - 5	04/04/00	底特律
110 - 3447959 - 1	04/11/00	洛杉矶
110 - 3447958 - 3	04/11/00	洛杉矶
110 - 3759536 - 9	04/12/00	底特律
110 - 3759561 - 7	04/12/00	底特律
110 - 3759542 - 7	04/12/00	底特律
110 - 3759540 - 1	04/12/00	底特律
110 - 3447977 - 3	04/12/00	洛杉矶
110 - 3759539 - 3	04/12/00	底特律
110 - 3448045 - 8	04/14/00	洛杉矶

续表

入境编号	入境日期	港口
110 - 3448046 - 6	04/14/00	洛杉矶
110 - 3448110 - 0	04/20/00	洛杉矶
110 - 3759670 - 6	04/25/00	底特律
110 - 3759673 - 0	04/25/00	底特律
110 - 3759669 - 8	04/25/00	底特律
110 - 3759667 - 2	04/25/00	底特律
110 - 3759671 - 4	04/25/00	底特律
110 - 3759668 - 0	04/25/00	底特律
110 - 3448241 - 3	04/27/00	洛杉矶
110 - 3448247 - 0	04/27/00	洛杉矶
110 - 3448276 - 9	04/28/00	孟菲斯
110 - 3448274 - 4	04/28/00	孟菲斯
110 - 3448282 - 7	05/04/00	孟菲斯
101 - 4081779 - 1	05/07/00	孟菲斯
101 - 4088945 - 1	05/23/00	孟菲斯
101 - 4089954 - 3	05/23/00	孟菲斯
101 - 4088960 - 0	05/23/00	孟菲斯
101 - 4092192 - 4	05/25/00	孟菲斯
101 - 4089312 - 3	05/26/00	底特律
101 - 4089942 - 7	05/26/00	底特律
101 - 4089893 - 2	05/26/00	底特律
101 - 4092221 - 1	05/26/00	孟菲斯
101 - 4089697 - 7	05/26/00	洛杉矶
101 - 4092215 - 3	05/26/00	孟菲斯
101 - 4086053 - 6	05/26/00	洛杉矶
101 - 4122700 - 8	07/27/00	洛杉矶
101 - 4122707 - 3	07/27/00	洛杉矶
101 - 4122712 - 3	07/27/00	洛杉矶
101 - 4127147 - 7	08/03/00	洛杉矶
101 - 4132485 - 4	08/09/00	诺福克
101 - 4129989 - 0	08/11/00	底特律
101 - 4130345 - 2	08/17/00	底特律
101 - 4129976 - 7	08/23/00	底特律

续表

入境编号	入境日期	港口
101 －4149476 －4	09/06/00	洛杉矶
101 －4149483 －0	09/06/00	洛杉矶
101 －4149493 －9	09/06/00	洛杉矶
101 －4148595 －2	09/08/00	底特律
101 －4153301 －7	09/18/00	底特律
101 －4154523 －5	09/14/00	洛杉矶
101 －4153389 －2	09/18/00	底特律
101 －4157161 －1	09/20/00	诺福克
101 －4153333 －0	09/21/00	底特律
101 －4155542 －4	09/26/00	底特律
101 －4166291 －5	10/07/00	洛杉矶
101 －4167325 －0	10/09/00	底特律
101 －4167363 －1	10/12/00	底特律
101 －4164567 －0	10/13/00	诺福克
101 －4168049 －5	10/14/00	洛杉矶
101 －4172904 －5	10/21/00	洛杉矶
101 －4175579 －2	10/30/00	洛杉矶
101 －4183996 －8	11/07/00	底特律
101 －4183234 －4	11/09/00	底特律
101 －4183251 －8	11/09/00	底特律
101 －4183253 －4	11/09/00	底特律
101 －4183257 －5	11/09/00	底特律
101 －4183264 －1	11/09/00	底特律
101 －4183264 －1	11/09/00	底特律
101 －4184811 －8	11/13/00	洛杉矶
101 －4184819 －1	11/13/00	洛杉矶
101 －4189001 －1	11/14/00	坦帕
101 －4185526 －1	11/16/00	底特律
101 －4185535 －2	11/16/00	底特律
101 －4186580 －7	11/20/00	底特律
101 －4189830 －3	11/20/00	底特律

续表

入境编号	入境日期	港口
101 – 4189774 – 3	11/21/00	底特律
101 – 4191183 – 3	11/24/00	洛杉矶
101 – 4191188 – 2	11/24/00	洛杉矶
101 – 4191193 – 2	11/24/00	洛杉矶
101 – 4194796 – 9	11/29/00	底特律
101 – 4194801 – 7	11/29/00	底特律
101 – 4196383 – 4	12/01/00	洛杉矶
101 – 4196389 – 1	12/01/00	洛杉矶
101 – 4199308 – 8	12/13/00	底特律

第 1623 节[①]　某些入境滚子链

（a）**入境物件清算或重新清算。**即便有《1930 年关税法》第 514 节和第 520 节（《美国法典》第 19 编第 1520 节）或任何其他法律条款的规定，海关和边境保护局应于本法颁布日起 90 天内，在不征收反倾销税或利息的情况下清算中重新清算第（b）子节中所列入境物件，并退还先前所缴利息。

（b）**受影响的入境物件。**第（a）子节及第（b）子节中所指入境物件如下：

入境编号	入境日期	港口
858442975	08/21/1985	芝加哥
868558147	01/28/1986	芝加哥
868565499	03/14/1986	芝加哥
858440922	07/31/1985	芝加哥
868565499	03/14/1986	芝加哥
868558147	01/28/1986	芝加哥
858442975	08/21/1985	芝加哥
858440922	07/31/1985	芝加哥
847648353	06/18/1984	芝加哥

① 截止日期。

续表

入境编号	入境日期	港口
858268324	01/04/1985	芝加哥
858264302	11/08/1984	芝加哥
858265107	11/19/1984	芝加哥
847658150	07/18/1984	芝加哥
847412877	05/09/1984	芝加哥
837078386	03/21/1983	芝加哥
837077691	02/07/1983	芝加哥
837077701	02/07/1983	芝加哥
826735834	01/13/1982	芝加哥
826736309	01/18/1982	芝加哥
821020081	02/12/1982	芝加哥
821020052	02/17/1982	芝加哥
821026768	04/13/1982	芝加哥
827119569	06/18/1982	芝加哥
837075114	10/06/1982	芝加哥
826727088	10/14/1981	芝加哥
837124777	05/19/1983	芝加哥
847405240	11/28/1983	芝加哥
837127606	08/18/1983	芝加哥
837125132	06/08/1983	芝加哥
847406100	12/22/1983	芝加哥
847404034	11/02/1983	芝加哥
837128090	09/07/1983	芝加哥
837126762	08/05/1983	芝加哥
837125569	06/22/1983	芝加哥
837078991	04/12/1983	芝加哥
837129222	10/03/1983	芝加哥
847406414	12/29/1983	芝加哥
847408014	01/31/1984	芝加哥
868569204	07/03/1986	芝加哥
868730813	08/14/1986	芝加哥

第 1624 节[①]　某些入境声音安抚器闹钟收音机

（a）**总体而言**。即便有《1930 年关税法》第 5140 节（《美国法典》第 19 编第 1514 节）或任何其他法律条款的规定，海关和边境保护局应于本法颁布日起 90 天内。

（1）重新清算第（c）子节下在最初清算日包含有归类于《美国统一关税税则》副标题 8527. 19. 50 下商品的每件入境物件；

（2）以该商品于其入境日根据《美国统一关税税则》副标题 8527. 19. 10 清算的情况下原本适用于该商品的关税税率重新清算。

（b）**退款欠款**。第（a）子节下美国所欠任何款项应计息退还。

（c）**受影响的入境物件**。第（a）子节中所指入境物件如下：

入境编号
110 - 1199345 - 7
110 - 1199542 - 9
110 - 1199558 - 5
110 - 1201694 - 4
110 - 3759754 - 8
110 - 3759785 - 2
101 - 4082299 - 9
101 - 4088073 - 2
101 - 4089053 - 3
101 - 4120875 - 0
101 - 4133671 - 8
101 - 4138302 - 5
101 - 4145092 - 3
101 - 4148477 - 3
101 - 4153108 - 6
101 - 4159322 - 7

① 截止日期。

续表

入境编号
101 －4158601 －5
101 －4163243 －9
101 －4164448 －3
101 －4168318 －4
101 －4172197 －6
101 －4172489 －7
101 －4193123 －7
101 －4264820 －2
101 －4271724 －7
101 －4277850 －4
101 －4287672 －0
101 －4301588 －0
101 －4306238 －7
101 －4306235 －3
101 －6011727 －0
101 －6012796 －4
101 －6015492 －7
101 －6021099 －2
101 －6026903 －0
101 －6024120 －3
101 －6028079 －7
101 －6027052 －5
101 －6036728 －9
101 －6048069 －4
101 －6079830 －1
101 －6082949 －4
101 －6115954 －5
101 －6119379 －1
101 －6127048 －2
101 －6150035 －9
101 －6148556 －9

续表

入境编号
101 - 6172630 - 1
101 - 6172406 - 6
101 - 6186497 - 9
101 - 4208407 - 7
101 - 6035939 - 3

第 2 章　杂项规定

第 1631 节　船只修理税

(a) **豁免**。《1930 年关税法》第 466 节第（h）子节［《美国法典》第 19 编第 1466 节第（h）子节］现予修正，删去第（4）段并插入以下内容：

"(4) 于美国法律下备案，从事外贸或沿海贸易的船只，当船只处于在公海、国外水域，或者外国港口时，由该船只正式船员安装在该船只上，且不涉及外国劳工在外国船厂实施的修理的设备、维修配件和材料的成本。"

(b) **HTS 修正**。《美国统一关税税则》第 98 章第 XⅧ子章美法注解现予修正，将美法注解 2 修正如下：

"2. '即便有副标题 9818.00.03 至 9818.00.07 的规定，于美国法律下备案，从事外贸或沿海贸易的船只，当船只处于在公海、国外水域，或者外国港口时，由该船只正式船员安装在该船只上，且不涉及外国劳工在外国船厂实施的修理的设备、维修配件和材料的成本，无关税适用。'该等安装行为、设备、部件和材料不要求办理报关及入境手续。"

(c)① **有效日期**。本节所作修正适用于 2001 年 4 月 25 日或之后安装船只设备、维修部件和材料。

第 1632 节　暂缓新托运人审查规定

(a)② **暂缓向新托运人提供保证金**。《1930 年关税法》第 751 节第

① 《美国法典》第 19 编第 1466 节注。

② 《美国法典》第 19 编第 1675 节注。

（a）子节第（2）段第（B）子段第（ⅲ）条［《美国法典》第 19 编第 1675 节第（a）子节第（2）段第（B）子段第（ⅲ）条］在始于 2006 年 4 月 1 日止于 2009 年 6 月 30 日的期间无效。

（b）[①] **报告暂缓规定造成的影响**。财政部部长经与商务部部长、美国贸易代表，以及国土安全部部长协商后，应最迟于 2008 年 12 月 31 日，向众议院筹款委员会和参议院财务委员会提交一份报告，载明：

（1）就《1930 年关税法》第 751 节第（a）子节第（2）段第（B）子段第（ⅱ）条的暂缓期应延长至第（a）子节规定的日期之后给出建议；

（2）为解决第（a）子节下暂缓困境而实施的行政措施的效果评估，包括：（A）向新托运人就进口物件征收反倾销关税中遇到的任何问题，（B）因暂缓向新托运人提供保证金而对合法贸易和商业的造成的任何负担。

（c）报告征税中遇到的问题，及拟用解决方案的分析。

（1）[②] **报告**。财政部部长应与国土安全部长及商务部长协商后，最迟于本法颁布日 180 天向众议院筹款委员会和参议院财务委员会提交一份报告，说明：

（A）在有数据可用的最近 4 个财年中，征收关税中遇到的任何重大问题，包括旨在逃避关税的任何欺诈行为；

（B）[③] 在有数据可用的最近一个财政年度中，未能征得的关税的估计总额，并分产品说明为何未能征得。

（2）**建议**。该报告须包括：

（A）就解决关税征收有关问题需采用的任何其他行动提出的建议；

（B）对于每项建议：（ⅰ）对所提建议怎样解决具体问题的分析，（ⅱ）就建议实施后将会对国际贸易和商业产生的影响（包括对美国企业造成的任何额外费用）进行评估。

① 截止日期。

② 截止日期。

③ 截止日期。

第 1633 节　延长及修改羊毛制品暂缓纳税规定、羊毛研究基金、羊毛税退税

（a）[①] **延长减税规定暂行期**。《美国统一关税税则》以下各标题现予修正，删去有效期栏中的日期，并插入“2009 年 12 月 31 日”：

（1）（涉及精纺羊毛织物的）标题 9902. 51. 11。

（2）（涉及精梳羊毛纱的）标题 9902. 51. 13。

（3）（涉及羊毛纤维、废料、回收纤维、精梳羊毛或毛条的）标题 9902. 51. 14。

（4）（涉及精梳羊毛织物的）标题 9902. 51. 15。

（5）（涉及精梳羊毛织物的）标题 9902. 51. 16。

（b）**退税延期及羊毛研究信托基金**。

（1）**总体而言**。《2004 年羊毛套装和纺织品贸易延长法》第 4002 节第（c）子节［第 108 －429 号《公法》；《美国联邦法律大全》第 118 卷第 2603 页（《美国法典》第 7 编第 7101 节注）］现予修正：

（A）在第（3）段中：

（ⅰ）删去“两笔额外支付款”并插入“年度额支付款”；

（ⅱ）在末尾增补如下内容：

“（C）[②] 于后续各年 1 月 1 日之后，但于该年至 2010 年的 4 月 15 日或之前应付的每笔后续年度支付款”。

（B）在第（6）段中：

（ⅰ）[③] 在第（A）子段中，删去“至 2007 年”并插入“至 2009 年”；

（ⅱ）在末尾增补如下内容：

“（C）[④] 合格制造商。仅在美国织制精纺呢绒的制造商有资格领取本段下的补助金。”

（2）[⑤] **定期作废**。经《2004 年羊毛套装和纺织品贸易延长法》第

---

① 生效日期。

② 截止日期。

③ 补助款。

④ 补助款。

⑤ 信托基金，延长。

4002节第（c）子节第（5）段（第108－429号《公法》；《美国联邦法律大全》第118卷第2603页）修正的《2000年贸易和发展法案》第506节第（f）子节（第106－200号《公法》；《美国联邦法律大全》第114卷303页）现予修正，删去“2008年”并插入“2010年”。

第1634节　《中美洲自由贸易协定》有关权限

（a）**执行与尼加拉瓜、萨尔瓦多、洪都拉斯和危地马拉所签《中美洲自由贸易协定》某些修正的权限。**

（1）**颁布权限**。对于美国及《中美洲自由贸易协定》缔约国提议对该《协定》做出的修正，授予总统权限宣布对《美国统一关税税则》做出必要修改，该协议的条款载明于第（2）段所述谅解书中。

（2）**谅解书**。第（1）段中所指谅解书如下：

（A）2006年3月24日尼加拉瓜贸易副部长胡利奥·特兰致美国特种纺织品谈判代表斯科特·奎森·贝里的谅解书。

（B）2006年3月27日美国特种纺织品谈判代表斯科特·奎森·贝里致尼加拉瓜贸易副部长胡利奥·特兰的谅解书。

（C）2006年1月27日萨尔瓦多经济副部长爱德华·阿亚拉致美国特种纺织品谈判代表斯科特·奎森·贝里的谅解书。

（D）2006年1月27日美国特种纺织品谈判代表斯科特·奎森·贝里致萨尔瓦多经济副部长爱德华·阿亚拉的谅解书。

（E）2006年3月7日洪都拉斯外贸副部长豪尔赫·罗萨致美国特种纺织品谈判代表斯科特·奎森·贝里的谅解书。

（F）2006年3月7日美国特种纺织品谈判代表斯科特·奎森·贝里致洪都拉斯外贸副部长豪尔赫·罗萨的谅解书。

（G）2006年6月23日危地马拉经济部长马尔西奥·奎瓦斯克萨达致美国特种纺织品谈判代表斯科特·奎森·贝里的谅解书。

（H）2006年6月23日美国特种纺织品谈判代表斯科特·奎森·贝里致危地马拉经济部长马尔西奥·奎瓦斯克萨达的谅解书。

（3）**定期作废**。总统根据第（1）段宣布修改的权限于2007年12月31日失效。

（b）**执行与哥斯达黎加和多米尼加共和国所签《中美洲自由贸易协定》（以下简称《协定》）某些修正的权限。**

（1）**颁布权限**。对于美国及《协定》缔约国哥斯达黎加和多米尼加共和国提议对该《协定》做出的修正，授予总统权限宣布对《美国统一关税税则》做出必要修改，该协议的条款载明于第（2）段所述谅解书中。

（2）**谅解书**。

（A）**总体而言**。第（1）段所指谅解书，为第（1）段中所述国家之间含有第（B）子段中所述袋布面料物品原产地规定的往来谅解书。

（B）**所述袋布面料说明**。在第（A）子段中，术语“袋布面料”一词系指可归入《美国统一关税税则》第61章或第62章下有若干口袋的服装制品中所用袋布面料。

（3）**磋商和临时滞留要求**。总统依据第（1）段宣布的任何修改，须遵守《多米尼加共和国—中美洲—美国自由贸易协定实施法案》第104节（《公法》第109－53期；《美国法典》第19编第4014节）的磋商和临时滞留规定。

（4）**美国国会不予赞成**。

（A）**总体而言**。第（b）子节中所述联合决议颁布成为法律的，总统根据第（1）段宣布的任何修改不得生效。

（B）**所述联合决议**。在第（A）子段中，术语“联合决议”一词，系指美国国会的一项联合决议，该联合决议的决议条款后的唯一事项为：“国会不赞成向参议院财政务员会及众议院筹款委员会提交的报告中所载总统宣布的修改，依据《多米尼加共和国—中美洲—美国自由贸易协定实施法》第104节第（2）段［第109－53号《公法》；《美国法典》第19编第4014节第（2）段］”，空格处填入相应日期。

（5）**定期作废**。总统根据第（1）段宣布修改的权限于2007年12月31日失效。

（c）**《中美洲自由贸易协定》尼加拉瓜关税优惠限额有关权限**。

（1）**资格证明**。为实施《协定》附件3.28下的关税优惠限额，进口商提出《协定》附件3.28下的优惠关税待遇申请时，海关税务局可要求其提供一份资格证明，由尼加拉瓜政府的授权官员正确填写并签署，或根据一套授权电子数据交换系统提交。

（2）**执行承诺**。总统认为尼加拉瓜未能遵守根据美国和尼加拉瓜之间关于该等关税优惠限额管理的协议下所作承诺的，有权宣布削减《协定》附件3.28规定的尼加拉瓜关税优惠限额总体限额。

（3）**生效日期**。第（1）条适用于2006年4月1日或之后的入境物件。

（d）**有关某些纺织及服装商品合作生产的技术纠正**。《多米尼加共和国—中美洲—美国自由贸易协定实施法》第205节第（a）子节第（2）段［《美国法典》第19编第4034节第（a）子节第（2）段］现予修正，在“就该国而言”后插入如下：“或就任何其他《中美洲自由贸易协定》缔约国而言”。

（e）**《中美洲自由贸易协定》某些谈判和修正的报告要求**。

（1）**总体而言**。对于美国、尼加拉瓜、萨尔瓦多、洪都拉斯、危地马拉、哥斯达黎加、多米尼克共和国提议就第（2）段所述袜子原产地或关税待遇变动有关规定的变更或第（3）段中所述任何技术纠正对《协定》进行协商及修正，美国贸易代表应最晚不迟于法颁布之日起30天及其后每季度向相关国会委员会提交一份状态报告。此外，美国贸易代表应在修正提出前，向相关国会委员会提供由美国所提修正的副本及美国就该等谈判收到的有关任何修正的副本。

（2）**所述袜子**。在第（1）段中，“袜子”一词，系指可归入《美国统一关税税则》副标题6111.20.6050、6111.30.5050、6111.90.5050、6115.91.00、6115.92.60、6115.92.90、6115.93.60、6115.93.90、6115.99.14或6115.99.18的物品。

（3）**所述技术纠正**。第（1）段所指技术纠正如下：

（A）《美国统一关税税则》第50—63章注解、副标题注解、美法补注、统计注解中所载“弹性纱线”引述澄释。

（B）缝纫线、细窄松紧带、可见衬里缺供规定运用能力澄释。

（C）《协定》附件4.1下妇女及女童家居裤待遇。

（D）加设一条妇女及女童家居裤原产地规则，以体现《美国统一关税税则》副标题6207.11.00中规定的及《协定》附件4.1中载明的原产地规则。

（E）《协定》附件4.1－A下妇女及女童家居裤规定。

（4）**定义**。在本子节中，“相关国会委员会”系指众议院筹款委员会和参议院财务委员会。

（5）**定期作废**。第（1）段的要求，于原产地规则为第（2）段中所述任何货物根据《协定》第3.25条做出任何变更之日或2007年12月31日（以孰晚者为准）失效。

（f）**定义**。在本节中：

（1）协定。术语“协定”一词具有《多米尼加共和国—中美洲—美国自由贸易协定实施法》第3节第（1）段［第109-53号《公法》；《美国法典》第19编第4002节第（1）段］赋予该词的含义。

（2）**《中美洲自由贸易协定》缔约国**。术语“《中美洲自由贸易协定》缔约国”一词具有《多米尼加共和国—中美洲—美国自由贸易协定实施法》第3节第（2）段［第109-53号《公法》；《美国法典》第19编第4002节第（2）段］赋予该词的含义。

第1635节　关于海关现代化的技术修正

（a）**商品入境**。［经《美国法典》第19编第1484节第（a）子节］修正的《1930年关税法》第484节第（a）子节现予修正：

（1）在第（1）段中，修正第（A）子段如下：

“（A）向海关和边境保护局提交必要文件及（根据授权电子数据交换系统提交的）信息，使海关和边境保护局确认商品能否经其通关，由此而为之办理入境手续。”

（2）在第（2）段第（A）子段中，在第二句中于“覆盖”之后插入：“依据第448节第（b）子节凭特殊交付许可证放行的商品”。

（b）**退款及错误**。《1930年关税法》第520节第（a）子节［《美国法典》第19编第1520节第（a）子节］现予修正：

（1）在第（1）段中，删去末尾分号并插入句号。

（2）在第（2）段中，删去末尾“；和”并插入句号。

（3）在第（4）段中：

（A）插入在“确定”之前插入“备案进口商申报或”；

（B）删去“因书写错误”。

（c）**自仓库入境**。《1930年关税法》第557节第（a）子节［《美国法典》第19编第1557节第（a）子节］现予修正：

（1）在第（1）段中：

（A）在第二句中，在“进口日期”之后插入：“，或收到正式申请及充分理由后，海关和边境保护局酌情允许的稍长期限”；

（B）在第（A）子段中，在“进口日期”后插入：“或收到正式申请及充分理由后，海关和边境保护局酌情允许的稍长期限”。

（2）在第（2）段中，在“进口日期”之后插入：“，或收到正式申请及充分理由后，海关和边境保护局酌情允许的稍长期限”。

（d）**废弃商品**。《1930年关税法》第559节（《美国法典》第19编第1559节）现予修正，在各处“进口日期”后插入如下：“，或收到正式申请及充分理由后，海关和边境保护局酌情允许的稍长期限”。

（e）**库内操作**。《1930年关税法》第562节（《美国法典》第19编第1562节）现予修正：

（1）[①] 第一句修正如下：“商品从保税仓库撤回的，必须符合财政部部长凭规例规定的数量和条件。”；

（2）在第二句中，删去“所有按此撤回的商品”及其后至“除经相应许可外”的所有部分，并插入“经许可后”。

（f）**其他技术修正**。

（1）《1930年关税法》第629节第（e）子节［《美国法典》第19编第1629节第（e）子节］现予修正，删去“保险”并插入“确保”。

（2）经《2006年综合贸易和技术更正法》第2004节第（i）子节第（1）段修正的《1974年贸易法》第135节第（f）子节第（2）段第（B）子段现予修正，删去“它们的设施”并插入“它的设施”。

（3）《1974年贸易法》第245段第（a）子节［《美国法典》第19编第2317段第（a）子节］现予修正，删去“，第D子章除外”。

（4）《1974年贸易法》第291节第（2）子节［《美国法典》第19编第2401节第（2）子节］现予修正：

（A）删去“第1001节第（5）段”并插入“第1001节第（e）子节”；

（B）删去“第1308节第（5）段”并插入“第1308节第（e）子节”。

（5）《1985年统一综合预算协调法》第13031节第（e）子节第（6）段第（C）子段第（i）条［《美国法典》第19编第58C节第（e）子节第（6）段第（C）子段第（i）条］现予修正，删去“俗称”并插入

① 规例。

“俗称的”。

(6)《2002 年超党派贸易促进法》第 2107 节第（a）子节第（4）段［《美国法典》第 19 编第 3807 节第（a）子节第（4）段］现予修正：

(A) 删去“第（2）段第（A）子段”并插入“第（2）段第（A）等子段”；

(B) 删去“第（2）段第（B）子段”并插入“第（2）段第（B）等子段”。

(7)《1930 年关税法》第 514 节第（c）子节第（3）段［《美国法典》第 19 编第 1514 节第（c）子节第（3）段］现予修正，将末尾两句两个全身单位左移，成为左对齐文本。

第 C 子编　生效日期

第 1641 节　生效日期

除本编中另有规定外，本编所作修正应适用于本法颁布之日起后第 15 天或之后入境或从仓库撤回待用的货物。

审核于 2006 年 8 月 17 日。

立法史，H. R. 4：

国会议事录，第152卷（2006年）：

7月28日，经众议院审议。

8月3日，经参议院审议。

总统文件每周汇编，第42卷（2006年）：

8月17日，总统备注。

后　记

20 世纪 90 年代初，中国开始构建社会保障制度。经过七八年的努力，到 20 世纪末 21 世纪初，社会保障制度经历了一个政策密集发布和制度快速建设的历史时期，各项社会保障制度逐步建立起来。进入 21 世纪以来，社会保障制度建设进入快速成长期。截至目前，中国已经建立起覆盖人数和支付规模相当可观的社会保障制度，取得了令世人瞩目的伟大成就。但总体来看，中国社会保障制度相关法律体系仍需要不断完善和调整，亟须借鉴国外一些国家社会保障法律法规作为参考。

2009 年 12 月，中国社会科学院世界社保研究中心受中华人民共和国人力资源和社会保障部基金监督司（现中华人民共和国人力资源和社会保障部社会保险基金监督局）委托，牵头分别组建了中国社会科学院世界社保研究中心项目组和中国政法大学项目组，共同完成了部分国家的社会保障法律的翻译工作。此后的半年多时间里，在人力资源和社会保障部基金监督司的领导下，两个项目组共十余人，多次开展交流活动，密切合作，互通有无，团队成员付出极大的努力，初译了筛选的相关国家社会保障法律文件。后期又通过几次封闭式研讨，对中英文逐句对照校对，规范了大量的法律词汇和社会保障专业词汇，最终翻译国外社会保障法律共 16 部。但由于经费等原因，这些翻译稿件一直没有公开出版发行。

几年来，中国社会科学院世界社保研究中心越来越认识到，了解和借鉴国外社会保障法律法规具有极大的理论和现实意义。因此，2015 年 7 月再次启动该项工作，增选翻译了多部经典的国外社会保障法律并顺利完成。对本译丛的出版起关键性推动作用的是，2015 年 4 月在北京郊区开会时得到了中国社会科学院科研局局长马援同志的支持，从而纳入中国社会科学院创新工程学术出版资助项目之中，获得近百万元的资助，使这套几百万字的译丛“起死回生”。从那时到现在，两年多时间过去了，终于迎来了付梓面世的这一刻。应该说，20世纪建立社会保障制度至今尚未有专业翻译出版的国外社会保障法律的丛书，这套译丛的出版填补了这一空白。为此，对中国社会科学院的支持、对马援局长的伯乐精神表示衷心感谢！

本译丛的出版历时两期、跨度长达8年，如今能够顺利出版发行，实属不易。这不仅是翻译团队成员努力的结果，与政府、学界和企业界等各方的大力支持也分不开。

其一，要感谢中华人民共和国人力资源和社会保障部原副部长、中国社会保险学会会长胡晓义先生的支持和指导，是他在2009年催生了这个宏大的翻译项目。还要感谢人力资源和社会保障部基金监督司原司长陈良先生，在他的直接指导下，这个项目才得以集中社会力量进入实际操作层面。另外，还要重点感谢基金监督司林志超处长，他在2009年启动的第一期翻译工作时，多次亲自组织团队成员进行封闭式研讨，并提出了很多建设性意见；在此期间，翻译团队还得到了胡玉玮和肖宏振等专业人士的大量建议，这些都为第二期翻译工作的顺利开展奠定了坚实的基础。

其二，要感谢中国证券投资基金业协会的支持。由于这套译丛是开放式的，不断增加新的翻译内容就意味着需要不断地增加出版经费。在中国证券投资基金业协会的倡议和资助下，增加了新的法律文件翻译，为此，这里要感谢洪磊会长和钟蓉萨副会长的支持，钟蓉萨副会长还在百忙中多次询问这个项目的进展情况。黄钊蓬、靳珂语、胡俊英和姚竣曦等其他同志都积极参与了翻译和出版的协调工作，为此，他们付出了大量汗水。

其三，要感谢中国社会科学出版社赵剑英社长的支持。重大项目出版中心王茵主任多次抽出宝贵时间参加翻译合同的草拟和协调工作，为本译丛的顺利出版花费了大量时间。重大项目出版中心王衡女士，作为主要协调人和责任编辑，与译丛出版所涉及的多个单位和部门做了大量沟通工作，使得出版工作顺利开展。

其四，要感谢中国政法大学的胡继晔教授的热情参与和敬业精神。胡继晔教授既是社会保障专家，在法律研究上也颇有造诣，与他合作，使得整个翻译团队工作效率更高，水平大幅提升。在他的指导下，中国政法大学项目组所有成员保质保量的完成了大量翻译工作，为出版工作争取了宝贵时间。

其五，感谢西北大学的校译团队，他们的教学和学习任务重，却欣然承担了《美国社会保障法》三卷 200 多万字的校译工作，专业又高效。这支团队由西北大学公共管理学院社会保障学系系主任许琳教授率领，唐丽娜副教授负责，成员有朱楠副教授、杨波老师，以及硕士研究生高静瑶、贺文博、杨娜和赵思凡。感谢校译者们的辛勤付出。

最后，还要感谢中国社会科学院世界社保研究中心团队的诸多同事。从 2009 年开始，中心副秘书长齐传钧博士就一直负责这个项目的组织和联络工作，后来，张盈华博士也加入进来。房连泉博士和高庆波博士等为这个项目也做出了很多努力，包括董玉齐和闫江两位同志。因此，对中国社会科学院拉丁美洲研究所和中国社会科学院美国研究所的支持表示感谢，同时也要感谢拉美所的吴白乙和王立峰两位老同事，以及美国所的孙海泉、郭红和陈宪奎等同事。

这套译丛是开放式的，目前出版了六卷，即将出版的还有两卷德国的社会保障法律。之后，这套译丛将不断“扩容”，尤其那些具有重要意义的社会保障法律，欢迎业内同行踊跃推荐。愿这套译丛成为中国社会保障工作者案头的一部重要工具书。

翻译社会保障法律不仅需要较高的外语翻译水平，还需要具有社会保障专业知识和法律知识，所有这些对翻译者和校对者都是极大的挑战和考验。因此，尽管所有参与者付出了极大的艰辛和努力，但由于时间、水平和理解等诸多方面的原因，本译丛中存在的错误、遗漏和不当之处在所难免，敬请读者批评指正。

郑秉文

中国社会科学院世界社保研究中心主任

中国社会科学院美国研究所所长

2017 年 6 月 12 日